ŒUVRES COMPLÈTES

DE

P. CORNEILLE

THÉATRE

I

PARIS. — IMPRIMERIE DE J. CLAYE
RUE SAINT-BENOIT,

ŒUVRES COMPLÈTES

DE

P. CORNEILLE

NOUVELLE ÉDITION, REVUE ET ANNOTÉE

PAR

M. J. TASCHEREAU

TOME I

PARIS

Chez P. Jannet, Libraire

—

MDCCCLVII

AVERTISSEMENT

PRESQUE toujours, plus les œuvres d'un auteur classique ont été publiées, plus il est difficile d'en donner une bonne édition. A chaque réimpression le typographe a ajouté de nouvelles fautes aux fautes des impressions précédentes, et l'éditeur des bévues nouvelles aux bévues de ses devanciers. Pour peu qu'ensuite vienne un homme qui réunisse, sans grande critique, tous les travaux antérieurs, il se forme alors un assemblage inextricable d'erreurs dont la constatation est d'autant plus difficile que bon nombre ont pour elles la prescription séculaire.

Corneille avait pourtant pris des mesures qu'il devait croire suffisantes pour se mettre à l'abri contre ce danger. Non content d'avoir revu ses pièces presque à chaque réimpression successive, de leur avoir fait subir les changements qu'exigeaient et les progrès qu'il avait si puissamment concouru à faire faire à la langue, et les convenances auxquelles la scène s'était vu assujettir par lui, il avait donné avec soin, en 1660, 1663, 1664, 1668, quatre éditions de son Théâtre, complet jusqu'à chacune de ces époques, et en 1682, deux ans avant sa mort, une édition définitive de toutes ses œuvres dramatiques.

Dans ses éditions de 1663, 1664, 1668 et de 1682,

il avait exposé en partie [1] et suivi un système orthographique que, depuis, l'usage a, dans plus d'un cas, sanctionné. C'est lui qui le premier proposa, entre autres modifications, d'écrire *éblouïr, ébranler, il étoit,* au lieu de *esblouïr, esbranler, il estoit,* et d'accentuer *sévérité* qu'on écrivait *severité*.

L'introduction de ces réformes semblait devoir assurer quelque attention à son système entier, au moins de la part de ses éditeurs. Mais ils n'en tinrent, sans savoir pourquoi, aucun compte, et ceux qui promirent le plus d'être fidèles au texte de l'auteur ne se bornèrent pas à changer sa manière d'écrire les mots ; ils lui prêtèrent leur manière de s'exprimer [2].

Voici, quant à nous, sur ce point et quelques

1. Voir ci-après, dans ce même volume, pages 2-6.
2. Ne voulant ni multiplier des citations qui deviendraient fastidieuses pour le lecteur, ni aller chercher nos exemples bien loin, nous nous bornerons à les prendre uniquement dans la préface mise par Corneille en tête des éditions de 1663, 1664, 1668 et 1682, et reproduite ci-après, pages 2 et suivantes :

Corneille a imprimé :	M. Lefèvre (T. XII de son édition de 1854-56) imprime :
« ...Ainsi la prononciation de ces deux lettres ne peut estre douteuse dans les impressions où l'on garde le mesme ordre COMME EN celle-cy. »	« ...Ainsi la prononciation de ces deux lettres ne peut être douteuse dans les impressions où l'on garde le même ordre QU'EN celle-ci. »
« ...J'ay donc fait ORTHOGRAPHER... »	« ...J'ai donc fait ORTHOGRAPHIER... »
« ...Ce dernier verbe ne laisse pas d'avoir quelques temps dans sa conjugaison où il faut luy rendre l'ſ	« ...Ce dernier verbe ne laisse pas d'avoir quelques temps dans sa conjugaison où il faut lui rendre l'ſ

autres, le parti que nous avons adopté pour cette édition :

Nous nous sommes, dans les cas indiqués par Corneille, conformé à son système d'orthographe, dont l'adoption complète par l'usage eût mis souvent les étrangers à même de mieux saisir les différentes nuances de prononciation de notre langue. M. Jannet, dont tous les efforts et les sacrifices tendent à rendre cette jolie Bibliothèque digne de la faveur avec laquelle elle a été accueillie, n'a pas hésité à faire graver des lettres nécessaires pour cette reproduction fidèle, et les ſ longs nous ont, par exemple, permis d'écrire réſiſter comme Corneille l'écrivait pour faire sentir la valeur distincte de chacun des deux s de ce même mot, et de différencier l'orthographe d'une syllabe commune, ayant des sons différents, comme la syllabe EST dans *le vent eſt à l'est*.

Nous avons ensuite reproduit ses habitudes orthographiques, alors même qu'il ne les avait pas érigées en principes dans ses préfaces :

Ainsi la suppression fréquente d'une des consonnes redoublées (Corneille écrit *conſone*), comme

parcequ'elle allonge la ſyllabe ; comme à l'impératif *arreſte* qui rime bien avec *teſte* ; mais à l'infinitif et en quelques autres où elle ne fait pas cet effet... »	parce qu'elle allonge la syllabe ; comme à l'impératif *arreſte* qui rime bien avec *teſte* ; mais à l'infinitif et en quelques autres TEMPS où elle ne fait pas cet effet... »
« ...J'ay cru à propos de NOUS ſervir de différents caractères, puisque nous en avons... »	« ...J'ai cru à propos de ME servir de différents caractères, puisque nous en avons... »
« ...Le meſme arrive... »	« ...Le même CAS arrive... »

dans ces quatre vers de *la Galerie du Palais*
(acte III, sc. 4) :

Auſſi ce grand amour a rallumé ma *flame;*
Le change n'a plus rien qui chatoüille mon ame,
Il n'a plus de douceurs pour mon esprit *flotant,*
Auſſi ferme à preſent qu'il le croit inconstant;

Ainsi sa persévérance à écrire *maiſtre* et *maitreſſe*, comme dans ce vers de *l'Illusion comique*
(acte II, sc. 7) :

Que voſtre *maiſtre* enfin faſſe une autre *maitreſſe;*

Ainsi son parti bien pris d'écrire à l'impératif, devant une consonne, *fay, tien, pren, atten,* et devant une voyelle *fais, tiens, prens, attens;* à l'indicatif, dans le premier cas, *je voy, je finy,* et dans le second *je vois, je finis,* comme dans *la Place Royale* (acte V, sc. 8) :

Je *vy* doreſnavant, puisque je *vis* à moy.

Nous pourrions multiplier ces indications, mais le lecteur y suppléera. Nous éprouvons seulement le besoin de lui dire que quant aux *e* muets, aux *é* aigus et aux *è* graves, hormis quelques cas précisés par Corneille, il pourra bien rencontrer dans notre édition, comme dans celle de 1682, *preſent* et *préſent*, *prémier* et *premier*, *cinquiéme* et *cinquième*. Corneille parle de la liberté qu'il avait, sur certains points, laissée à ses imprimeurs et de la peine qu'ils avaient eue d'ailleurs à s'accoutumer à ses innovations ; le nôtre aura bien quelquefois à invoquer la même excuse.

Mais ce que nous croyons avoir reproduit toutes les fois que Corneille en a donné l'exemple, c'est l'orthographe étymologique à laquelle il a ramené une foule de mots dans l'édition de 1682. Ainsi, bien qu'il eût écrit dès 1637, dans l'épître dédicatoire de *la Place Royale*, *intrigues*, il écrivait constamment dans cette édition dernière *intriques*[1]; bien qu'il eût écrit *ambroifie* en 1639, il écrivait *ambrofie* alors[2]; il ne manquait pas d'écrire non plus *functions*[3], *prétenfions*[4], *diffentions*[5]; il imprimait le plus ordinairement *submiffions*[6], et c'est par distraction sans doute qu'on l'a fait cesser d'imprimer *punctüellement*[7].

Corneille a, dans le même esprit, ramené plusieurs mots à l'étymologie française. Ainsi il écrit *courier*, avec un seul *r* comme *courir*, et non avec deux comme *currere*. Il avait toujours écrit *vangeance*, longtemps même après que cette orthographe était abandonnée[8]; il écrit *vengeance* dans la seule édition de 1682. Il y écrit *orthographer*[9] et volontiers *chois*[10] devant une voyelle, au lieu de *choix* dont il s'était constamment servi antérieurement.

Nous avons la confiance qu'on ne nous repro-

1. Du latin *intricare*, embrouiller. Voir page 86 de ce volume et *passim*.
2. Voir Tome II, p. 119 et note.
3. Acte II, sc. 1 de *la Galerie du Palais*, p. 294 de ce volume.
4. Pages 77, 87, 200 et 219 de ce volume.
5. Acte V, sc. 6 de *la Galerie du Palais*, p. 347 de ce volume.
6. Pages 209, 312, 321 et 346 de ce volume. On le voit écrire aussi, mais plus rarement, *soubmiffions* et *soùmiffions*.
7. Voir page 6 et note dans ce volume.
8. Dès 1651, dans l'*errata* des *Odes sacrées* de Racan, on invitait à lire *vengeance* au lieu de *vangeance*.
9. Page 4 de ce volume.
10. Voir page 297 et note.

chera pas de nous être trop étendu au sujet des théories lexicographiques que Corneille a fait en partie prévaloir, dont quelques-unes sont devenues des lois. L'exemple de notre premier tragique a été suivi par Voltaire, qui, lui aussi, a imposé à notre orthographe d'autres modifications. Charles Nodier a beaucoup tenu à établir qu'elles avaient été proposées avant Voltaire. Sans doute; mais la proposition n'avait pas même été prise en considération. Consacrer des réformes de cette nature, les faire passer dans la coutume, n'appartient qu'au génie.

Les détails dans lesquels nous sommes entré ici nous permettront de ne revenir dans la suite, sur ce sujet, que bien rarement, dans un très petit nombre de cas particuliers. Nous serons donc sobre de notes grammaticales; nous le serons aussi de variantes : nous considérons comme insignifiantes toutes celles qui ne montrent pas Corneille faisant disparaître de son texte primitif les mots qu'il avait concouru à faire bannir de la langue, ou les expressions et les images devenues choquantes sur une scène qu'il avait soumise aux convenances [1].

Quant aux autres notes, à celles qui tiennent à l'histoire dramatique, notre travail sur la vie et les ouvrages de Corneille, imprimé en tête de cette édition, nous dispensait d'en surcharger le bas de nos pages. Nous aurons cependant à consigner le fruit de recherches récentes. Nous ferons entrer ceux de ces renseignements nouveaux dont le peu d'étendue nous le permettra, et qui porteront sur une pièce, dans les notes qui l'accompagneront, et le

---

1. Voir, pour exemples, dans la seule comédie de *Mélite*, les variantes des pages 14, 22, 23, 45, 78 et 83 de ce volume.

plus habituellement dans la note bibliographique qui se trouve placée sur le faux titre de chacune d'elles. Pour les détails biographiques sur Corneille que nous avons recueillis depuis la réimpression de notre *Histoire*, classés par ordre chronologique, ils suivront cet Avertissement.

Nous aurions pu augmenter considérablement le nombre de ces notes et l'étendue de ces additions si nous avions voulu nous lancer dans le champ si vaste de l'hypothèse et de la fantaisie historiques. M. Lefèvre, dans son édition de Corneille, a donné place à des notes de M. Aimé Martin qui sont le *nec plus ultra* de l'affirmation sans commencement de preuve. Comme dans ses travaux sur le théâtre de Molière et sur celui de Racine, M. Aimé Martin vous dit sans hésitation, comme aussi, bien entendu, sans indication de sources, quels sont les acteurs qui ont joué d'original les rôles des pièces de Corneille. Il était ici plus à son aise pour inventer impunément, car, s'il s'est retrouvé des registres du théâtre du Palais-Royal, établissant qu'il n'a, pour les distributions de rôles dans les pièces de Molière, rien recherché, mais tout imaginé, les archives de l'Hôtel de Bourgogne et du Marais paraissent plus sûrement détruites. Mais il avait compté sans les contemporains; et, par exemple, dans ses notes sur *l'Illusion comique*, à la suite d'un roman hypothétique sur Mondory et sur Corneille lui-même, le voilà qui, pour le besoin de sa fable, donne à Bellerose le rôle du capitan Matamore. Les frères Parfait nous avaient cependant appris déjà que ce rôle était joué par un acteur « qui en prit le nom; » mais M. Aimé Martin n'en avait tenu compte, quand arrive Tallemant qui nous dit : « Ce fut lui (Mon-

« dory) qui fit venir Bellemore, dit *le capitan*
« *Matamore,* bon acteur. Il quitta le théâtre parce
« que Desmarets lui donna, à la chaude, un coup
« de canne derrière le théâtre de l'hôtel Richelieu.
« Il se fit ensuite commissaire de l'artillerie et y
« fut tué. Il n'osa se venger de Desmarets, à cause
« du Cardinal, qui ne lui eût pas pardonné[1]. »
Bellerose, qui ne cessa jamais de s'appeler Bellerose, eut une tout autre carrière et une tout autre
fin; mais, malgré la générosité de M. Aimé Martin,
il n'eut donc pas plus ce rôle que la plupart des
acteurs et actrices mis en avant par le même
annotateur ne créèrent également les rôles qu'il
leur distribue par une inconcevable manie. Se taire
sur ce qu'il n'est pas possible de savoir est-il donc
si difficile?

Cette édition sera plus complète que toutes celles
qui l'ont précédée. Dans le volume renfermant les
Œuvres diverses, on trouvera, outre des vers non
recueillis, une lettre et des vers inédits. Ce volume
sera précédé d'un avertissement, et la plupart des
pièces de vers seront accompagnées de notes faisant connaître dans quelles circonstances elles ont
été composées.

Quant au Théâtre, la seule partie de ses Œuvres
que Corneille ait jamais recueillie, nous avons con-
sulté toutes les éditions qu'il en a données et ras-
semblé ce qui ne se trouvait être que dans les unes
ou dans les autres. Ainsi notre édition réunit les
Arguments, les Épîtres dédicatoires et les avis Au
Lecteur ne se trouvant les uns que dans les éditions
originales des pièces isolées, les autres que dans les
éditions des *Œuvres* publiées par Corneille avant

---

1. *Historiettes* de Tallemant des Réaux, 2e édit.,
T. X, p. 46 et 47.

1660. Elle renferme en outre les Extraits des historiens qui ont fourni à l'auteur quelques-uns de ses sujets, Extraits par lui supprimés également à partir de cette dernière date. Elle reproduit les Examens des pièces de théâtre et les Discours sur l'art dramatique par lesquels il remplaça alors tout ce que nous venons de le voir retrancher. Enfin, outre la préface qui est au premier volume de toutes ses éditions de 1663 à 1682, nous avons réimprimé deux préfaces se trouvant l'une en tête de la Première Partie de ses *Œuvres* publiée en 1644, l'autre en tête de la Seconde Partie publiée en 1648 [1], cette dernière ignorée et non reproduite depuis plus de deux siècles.

Nous croyons utile, pour l'intelligence des dates d'éditions indiquées dans nos variantes, de terminer ces préliminaires par un tableau des éditions de Corneille qui nous paraissent constituer réellement la série bibliographique des recueils de son Théâtre publiés par lui. Nous ne tirerons hors ligne que ceux où il y a trace de révision de l'auteur, ne tenant pas plus compte ici que nous ne l'avons fait dans nos notes des réimpressions publiées par les libraires sans le concours de Corneille.

APPENDICE HISTORIQUE.

(1630 — 16..?)

Le *Trésor chronologique et historique* par le R. P. Dom Pierre de Saint-Romuald, dans sa Troi-

---

[1]. Voir ci-après, dans ce même volume, page 1, et Tome II, page 143. M. Lefèvre a donné à tort la première comme n'ayant paru qu'en 1654. Il n'a pas connu la seconde.

sième Partie, publiée en 1647, nous fournit, aux pages 899-900, le renseignement que voici :

« Achevons cette année (1629) par l'achevement
« de la vie des deux plus grands ornemens de
« nostre Congregation, je veux dire de Dom Jean
« de S. François, premier assistant de nostre Père
« General, et de Dom Sens de Saincte Catherine,
« premier visiteur. Celuy-là nasquit à Paris l'an
« 1576, le 25 aoust feste de Saint-Louys. Son père
« s'appelloit Nicolas Goulu, et estoit Professeur du
« Roy en langue grecque, et sa mère se nommoit
« Magdelaine Daurat, et estoit fille de feu M. Dau-
« rat, poëte, et aussi professeur du Roy en la
« mesme langue, de qui Ronsard se vante d'avoir
« esté le nourrisson.... Il *(Jean Goulu)* repose
« à Paris dans le chœur de nostre monastère de
« Saint-Bernard sous une tombe de marbre noir
« que la beneficence de M. et de Mme de Ven-
« dosme luy ont fait faire et où se voit un bel épi-
« taphe en prose latine du style du sieur Cor-
« neille. »

Une note de la page 899 donne à penser que la mort de Jean Goulu n'est que du 5 janvier 1630. Le monument fut-il élevé immédiatement après cette mort et alors que Corneille n'avait fait que *Mélite*, ou bien monument et épitaphe sont-ils d'une date un peu postérieure et du temps où Corneille avait acquis un plus grand renom? Nous penchons de ce dernier côté.

Nous avons eu le regret de ne pas trouver cette épitaphe dans le *Recueil d'épitaphes* des églises de Paris, n° 5024 du supplément français du Département des Manuscrits de la Bibliothèque Impériale, recueil malheureusement incomplet de quelques volumes.

(1638— 1643.)

Nous arrivons à un ensemble de découvertes beaucoup plus importantes faites dans les archives de l'ancien Parlement de Normandie [1].

Nous avons dit (page 2 de l'*Histoire de Corneille*) que son père lui avait acheté à la fin de 1628 la charge d'Avocat du roi au siége général des eaux et forêts à la table de marbre du Palais à Rouen. A dix ans de là un sieur François Hays obtint, à ce qu'il paraît, des provisions de *second avocat du roi* au même siége. C'était un coup funeste porté aux intérêts de Corneille, avec qui le nouveau venu allait partager les profits de la charge. Aussi le voit-on, tout poëte qu'il est, rédiger, écrire de sa main et signer l'acte suivant qu'il expédie *A Maistre Charles Ycard, advocat au privé conseil de Sa Majesté :*

« A la requeste de Pierre Corneille, escuyer,
« conseiller du Roy et advocat de Sa Majesté au
« siege general des eaües et forests à la table de
« marbre du Palais à Rouen, soit signifié en copies
« les exploicts d'opposition du quinziesme jour
« d'octobre 1638 et du troisiesme de juin 1639 à
« Monseigneur le Chancelier ou à.....[2] garde des
« roolles des offices de finance, que le requerant
« s'oppose, comme de faict il s'oppose, à l'expe-
« dition des provisions ou lettres du pretendu of-
« fice de *second avocat du Roy* au dit siege,

---

[1]. Nous en devons la communication précieuse, on va le voir, à l'obligeance inépuisable de leur auteur, M. Gosselin, greffier à la Cour Impériale de Rouen.
[2]. Demeuré en blanc sur l'original.

« cy-devant possedé par Maistre Gilles Aubert, le-
« dict office vacquant à cause de mort; employant
« pour moyen en la presente opposition qu'il n'y
« avoit eu aulcun edict de creation dudict office, en
« quoy Sa Majesté.....[1] y auroit esté surprise en la
« delivrance desdictes provisions, et telles et
« aultres raisons qu'il entend desduire en temps
« et lieu. Elisant, aux fins de la presente opposi-
« tion, son domicile en la maison et personne de
« Maistre Charles Ycard, advocat au privé conseil
« de Sa Majesté. Dont ledict Corneille a requis
« acte.

CORNEILLE.

On voit par cet acte, écrit avec la plume qui servait peut-être en ce même temps à transcrire *Polyeucte*, on voit que la lutte avait commencé dès 1638; mais, pas plus au Conseil privé que devant les parlements, on ne se hâtait d'expédier les affaires. Les incidents ne manquaient pas alors : les arrêts de closion, les délais pour répondre éternisaient les plus simples procès et lassaient quelquefois les plaideurs, même en Normandie. C'est ainsi sans doute que Corneille fut déterminé à présenter au roi la requête ci-après dans laquelle il semble amené, par le désir d'en finir, à faire une concession :

« *Au Roy et à nos Seigneurs de son Conseil.*

SIRE,

« Pierre Corneille, Vostre conseiller et advocat à
« la table de marbre du Palais, remonstre qu'il y

1. Ici deux ou trois mots effacés par l'humidité.

« auroit instance pendante en Vostre Conseil sur l'op-
« position qu'il a formée aux provisions de l'office de
« second advocat à la table de marbre du Palais,
« entre luy d'une part, et Françoys Hays, preten-
« dant obtenir, d'aultre, et la vefve de M° Gilles
« Aubert aussy opposante, en la quelle instance,
« bien que ses soubstiens soient justes tant contre
« ledict Hays que contre la dicte vefve, et bien que
« ses conclusions aillent à faire declarer ledict
« office supprimé et exteinct, neantmoins, si le bon
« plaisir de Vostre Majesté est tel que lesdictes
« provisions ayent lieu et que ledict office revive,
« Il Vous supplie de considerer que ledict office
« faict la moitié du sien qui est d'antienne crea-
« tion, et, à ces causes, d'estre receu à l'offre du
« faict de rembourser ledict Hays de ce qu'il aura
« financé en Vos coffres et que les provisions seront
« delivrées en blanc audict suppliant, pour par
« luy ledict office estre exercé conjoinctement ou
« separement.

« Et il priera Dieu pour Vostre prosperité, longue
« et heureuse vie. »

Un inventaire des pièces du dossier soumises
au Conseil privé contient, comme il était d'usage
alors, les moyens à l'appui de la demande de Corneille. Cette sorte de plaidoirie écrite est présentée
par Jacques Goujon, avocat au Conseil privé du
roi, au nom de son client. Elle tend à faire décider
que les provisions de second avocat ne seront
point délivrées par le motif que cette fonction n'a
été créée que par l'abus d'un sieur Isaac Poyer,
« seul advocat du Roy audict siege, lequel en 1611,
« en un temps où ceulx de la relligion pretendue
« reformée faisoient leurs efforts de s'accroistre
« en la magistrature, s'estant faict desinteresser par

« un nommé Gilles Aubert, huguenot comme luy,
« luy permit d'obtenir des provisions de second
« advocat; qu'Aubert estant decedé dernièrement,
« sa vefve n'a pu vendre à Francoys Hays un droit
« qui n'existoit pas et qui n'estoit que la suite d'un
« abus; qu'enfin ledict Hays, après avoir esté con-
« trainct par certaines considerations de vendre sa
« charge de M^e particulier au mesme siege des
« eaües et forests, ne desdaignant pas de s'y venir
« asseoir au dernier rang, monstroit par là com-
« bien peu il meritoit que le Roy prist sa demande
« en consideration. »

Comment se termina ce procès? c'est ce qu'il n'a pas été possible, du moins jusqu'ici, de découvrir dans les archives du Parlement de Normandie. Du reste la présence fort peu naturelle dans ces archives d'un volumineux paquet de papiers provenant de Jacques Goujon, avocat au Conseil privé, et au milieu desquels se trouve un dossier de huit pièces émanant de Corneille ou à lui relatives, semble pouvoir être expliquée seulement par une saisie opérée chez cet avocat. Rien n'indique si ce fut pendant les troubles de la Fronde ou dans telle autre circonstance.

Poursuivons le dépouillement de ces pièces qui vont achever de nous faire connaître Corneille sous un jour assurément tout nouveau, de nous montrer en lui l'entente des affaires et de leurs détails, et l'aptitude à mener de front la procédure et la poésie.

Vient dans l'ordre des dates une lettre de notre auteur à Jacques Goujon, son conseil, lettre fort étendue que nous imprimerons dans le volume des Œuvres diverses. Toute pleine de détails sur une contestation faite à la famille de Corneille à l'occa-

sion de droits qu'il considérait comme incontestables, elle le montre fort au fait des moyens de s'assurer la bienveillance de certains hommes de justice. « Que si, écrit-il à Jacques Goujon, il est
« besoin de lever des extraicts de la Chambre des
« Contes de Paris où se sont rendus les contes
« de Normandie au precedent l'année 1580, je
« vous supplie de les lever. La partie est assez
« considerable pour ne la vouloir pas perdre. Le
« plus court seroit de donner quelque chose à
« ceux qui font lesdictes verifications. On m'a dit
« qu'il y a un certain M. Nicolas, qui est Procureur du Roy de la commission, qui fait tout. Il
« vaudroit mieux lui donner double taxe et qu'il
« ne nous fist point de peine. On m'a dit aussi
« qu'il y a un certain M. de Courcelles, que nous
« avons veu à Rouen, grand amy de Dom Robert
« de Saincte Marie, feuillant, qui y peut beaucoup.
« Il demeure à la rue Jean-Pain-Mollet, près des
« coches. Si vous jugez qu'il en soit besoin, je luy
« escriray. Pour l'argent qu'il faudra debourser je
« donneray ordre à Courbin qu'il vous en baille...
« Obligez-moi de dresser les requestes l'une soubs
« le nom de M. Antoine Corneille, prestre curé de
« Saincte-Marie [1], et l'autre de M⁶ François Cor-

1. Antoine Corneille, curé de Sainte-Marie-des-Champs, arrondissement d'Yvetot, l'aîné des oncles de Pierre Corneille. (Voir *Histoire de Corneille*, p. 273.) Une note que nous devons à l'obligeance de M. Ch. de Beaurepaire nous le montre, par un registre de comptes du trésor ou fabrique de cette paroisse, curé de Sainte-Marie dès 1614, sans pouvoir déterminer l'époque où il avait été investi de cette cure, et nous apprend qu'il mourut dans ces mêmes et pieuses fonctions en janvier 1648.

« neille, procureur au Parlement[1]. Si vous jugez
« que mon nom soit assez considerable pour
« rendre l'affaire plus aisée, vous pourrez dire
« qu'ils me les ont donnez comme à leur heritier. »

Cette lettre est terminée par un alinéa qui porte à penser que Jacques Goujon et sa famille devaient être de Rouen et que Pierre Corneille n'avait pas de secret pour lui :

« J'ay veu icy M^r vostre frère que j'ay trouvé
« fort melancholique. Je n'ay peu en savoir la
« cause. — Je pense vous avoir mandé que je me
« sens des benedictions du mariage et tire main-
« tenant à coup perdu aussi bien que vous. »

Cet *aussi bien que vous* nous fait croire que la confidence de Corneille est faite ici dans les termes mêmes, peu irréprochables et peu Cornéliens, dont Goujon s'était servi pour lui faire la sienne. Il n'y a pas à se méprendre sur leur sens véritable : la lettre est datée de « *Rouen, ce 1er de juillet* 1641 », et le 10 janvier 1642 madame Corneille donnait le jour à sa fille Marie, l'aînée de leurs enfants[2].

C'est à cette date de 1642 que vient se placer un quatrain qui fait partie du même dossier de pièces émanant de Corneille. Ce curieux quatrain, le voici :

> La Sorbonne est heureuse et riche
> D'avoir eu gratis un bien,
> Pour lequel la maison d'Autriche
> Eust donné la moitié du sien.

Un brouillon d'acte au dos duquel ces vers sont

---

1. François Corneille, autre oncle de notre auteur. Voir *Histoire de Corneille*, p. 273.
2. Voir *Histoire de Corneille*, p. 334.

écrits porte la date du 7 novembre 1642. Ils doivent être du mois suivant et l'événement auquel ils font malignement allusion est évidemment la mort du Cardinal de Richelieu, décédé le 4 décembre et enterré dans l'église de la Sorbonne, où se voit encore son tombeau.

Enfin la dernière de ces pièces rassemblées que nous ayons à mentionner est un projet de lettres patentes écrit par un clerc de Jacques Goujon et corrigé en plusieurs endroits de la main de Corneille. Il nous dit ce que l'auteur poursuivait dans un temps où la propriété littéraire était assez peu garantie et où les droits d'auteur étaient bien souvent illusoires.

« Louis, etc., à nos amez feaux conseillers les
« mes des reqtes ordres de nostre hostel, salut.
« Not. cher et bien ame conseiller et advocat au
« siege *gñal* de la table de marbre du Palais des
« eaües et forests de Rouen, le sr Corneille nous a
« fait remonstrer qu'il a cy-devant employé beau-
« coup de temps à composer plusieurs pièces tra-
« giques nommées CINNA, POLYEUCTE *et* LA MORT
« DE POMPÉE, lesquelles il avoit fait representer
« par nos comediens ordinaires, representant au
« Marais du Temple à Paris; et d'autant qu'il a
« appris que depuis quelque temps les aultres
« comediens auroient, à son grand prejudice,
« entreprins de representer lesdictes pièces et que
« si Ils avoient cette liberté l'exposant seroit
« frustré *de son labeur* [1], nous suppliant sur ce

1. Ces trois mots sont écrits de la main de Corneille au-dessus des mots *ses intentions*, qui sont biffés dans le projet. Les mots que nous avons imprimés dans cette pièce en italiques sont également des additions et corrections de la main de Corneille.

« luy pourvoir et luy accorder nos lettres neces-
« saires ; nous, à ces causes, desirant favorable-
« ment traiter l'exposant, luy avons de nos grace
« specialle, pleine puissance et auctorité royalle,
« permis et permettons par ces presentes de faire
« joüer et representer lesdictes pièces de théatre
« cy-dessus speciffiées, nommées CINNA, PO-
« LYEUCTE *et* LA MORT DE POMPÉE par telle troupe
« de nos comediens, en tels lieux et endroicts de
« nostre royaulme que bon luy semblera, et ce
« durant le temps de..... à compter du jour qu'elles
« auront esté representées la première fois, pen-
« dant lequel temps vous ferez, comme nous faisons
« par ces presentes, très-expresses inhibitions et
« defenses à tous nos comediens representant tant
« en nostre dicte ville de Paris qu'aultres lieux de
« nostre royaulme de jouer ny representer lesdictes
« piéces sans le vouloir et consentement dudict
« exposant ou de ceux qui auront droit de luy, à
« peine de dix mille livres d'amende et de tous
« despens, dommages et interests. Si vous mandons
« que du contenu en ces presentes....[1] fassiez, souf-
« friez et laissiez jouir et.... exposant pleinement
« et paisiblement, et à ce.... souffrir et obeir tous
« ceux qu'il appartien.... Mandons au premier nos-
« tre huissier et sergent royal sur ce requis faire,
« pour l'execution des presentes, tous exploicts
« de justice à ce requis et necessaires sans aucune
« aultre plus.... que ces presentes. Car tel est
« nostre plaisir. Donné à.... le.... jour de.... l'an
« de grace 1643 et de nostre regne le premier.

« Par le Roy. »

1. Ce blanc et les quatre suivants sont causés par une déchirure.

On lit au bas de ce projet, dans la marge, ces mots écrits perpendiculairement de la main de Jacques Goujon : *Privilége Corneille refusé.*

(1648.)

Dans le *Journal de Dubuisson-Aubenay*[1] de 1648 à 1653, manuscrit authographe de la Bibliothèque Mazarine (in-folio, H, n° 1775), on lit :

Janvier 1648. — « L'affaire de la comedie fran« çoise d'*Andromède*, pour l'avancement de la« quelle le sieur Corneille avoit receu 2,400 livres, « et le sieur Torelli, gouverneur des machines de « la piéce d'*Orphée*, ajustandes à celle-cy, plus de « 12,000 livres, a esté de rechef rompue ou inter« mise, après avoir esté naguères remise sus. »

Janvier 1648 (vers le 15). — « La comedie « d'*Orphée et Eurydice*, jouée au Palais-Royal tout « l'hyver passé avec machines, se fait françoise par « le sieur Corneille, qui, pour cela, a receu 2,400 « livres d'avance, et Torrelli, conducteur des ma« chines, plus de 13 à 14 mille livres pour les rac« commoder. La maladie du roy survenant[2], a « rompu tout le dessein qui en est demeuré d'en « par delà. Mais les petits Comediens du Marais « ont joué la pièce d'*Andromède* et Persée la deli« vrant, un mois ou plus à present expirant, avec « machines imitées de celles de l'*Orphée* des Ita« liens. »

Jeudy 13 *février* 1648. — « Comédie du *Cid*

1. Communication de M. Chéruel.
2. Louis XIV avait eu la petite vérole à la fin de 1647.

« au Palais-Cardinal[1] par les grands Comediens.
« Les petits Comediens du Marais jouèrent aussi,
« avec leurs machines, leur pièce d'*Orphée* qui
« est une belle chose, et ne prennent plus que
« 20 sols au parterre et quelques escus aux loges
« où premièrement ils prenoient demi-pistole. »

(1652.)

Un commis au greffe du Parlement de Normandie, entraîné par la passion des livres, s'était composé une bibliothèque, et se trouva ensuite dans l'impossibilité de s'acquitter envers les libraires de Rouen, dans les boutiques desquels il avait puisé à crédit. Il y avait puisé assez largement, car le catalogue de sa collection ne contient pas moins de 92 pages. Les libraires, las d'attendre leur paiement, obtinrent du bailli l'autorisation de faire saisir et vendre tous ces livres à leur profit. On voit par le procès-verbal et par les noms des adjudicataires qui y figurent, que cette vente dura six jours, et attira tout ce que Rouen renfermait d'hommes instruits et lettrés. Corneille n'y manqua pas.

Dès le premier jour l'huissier constate sa présence par son procès-verbal, que nous transcrivons textuellement :

Corneille.   « Neuf livres in-octavo couverts de
  10   « parchemin, tous différents, contre les
            « jésuites, numéro dix, de moy para-
            « phés, adjugés à monsieur Corneille,
            « demeurant rue de la Pie, à 6 livres. »

1. Dubuisson-Aubenay l'a appelé dans l'extrait précédent le Palais-Royal. Il emploie les deux expressions indifféremment.

A une des vacations suivantes :

Corneille. « Un Blondi *De Roma triumphante*,
227 « in-folio couvert en bois, numéro
« deux cent vingt-sept, de moy para-
« phé, adjugé audit sieur Corneille, à
« 8 livres. »

Et enfin le sixième et dernier jour :

Corneille. « Un Dante italien, in-folio, numéro
244 « deux cent quarante-quatre, paraphé,
« adjugé audit sieur Corneille, 12 li-
« vres. »

M. Gosselin, de Rouen, auquel nous devons encore la communication de ce procès-verbal, trouvé également par lui dans les archives du Parlement de Normandie, ajoute à ce renseignement la particularité suivante, de nature à causer quelque émotion aux bibliophiles : « D'après le
« texte de ce procès-verbal, nous écrit-il, on pour-
« rait peut-être objecter que rien ne prouve que
« l'adjudicataire de ces livres fut plutôt Pierre que
« Thomas Corneille. A cela je n'ai qu'une réponse
« à faire : c'est que, l'année dernière, ayant trouvé
« à la foire de Saint-Romain un mauvais exemplaire
« de *De Roma triumphante*, j'y ai vu, à ne m'y
« pas tromper, cinq à six mots de la main de
« Pierre Corneille. J'ai voulu l'acheter, mais il était
« trop tard ; une personne que je n'ai pu connaître,
« l'avait, avant moi, payé et fait mettre en ré-
« serve. »

(1664.)

On lit dans les notes manuscrites de Tralage, à la Bibliothèque de l'Arsenal :

« M. de Corneille a refait jusqu'à trois fois le
« cinquième acte de sa tragédie d'*Othon*. Cet acte
« lui coûtoit plus de douze cents vers, à ce qu'il
« disoit, tant il avoit peine à se contenter [1]. »

(1675.)

Nous exprimions le regret dans notre *Histoire
de Corneille*, p. 361, de ne pouvoir dire si Corneille, en venant se fixer à Paris en 1662, y avait eu, dès cette époque, pour demeure la maison de la rue d'Argenteuil, où il mourut en 1684. Dans le nombre des documents mis à notre disposition par M. Gosselin, nous en trouvons un qui, sans nous apprendre où Corneille demeura à son arrivée, nous prouve que la maison de la rue d'Argenteuil ne fut pas sa première habitation. C'est une procuration donnée par Pierre Corneille, escuyer, à François Le Bovier, escuyer, sieur de Fontenelle, pour élire tuteur aux enfants mineurs de défunt Pierre Corneille (cousin paternel du constituant) et de Catherine de Melun. Cette procuration est passée par-devant Mes Torinon et Dumont, notaires au Châtelet

---

[1]. Nous sommes redevable de cette communication à M. Paul Lacroix, un des conservateurs de la Bibliothèque de l'Arsenal. Elle apprendra aux écrivains qui s'occupent de l'histoire du théâtre, que les notes manuscrites de Tralage, qui étaient autrefois à la Bibliothèque de l'abbaye de Saint-Victor, et que les frères Parfait ont souvent citées, ne sont pas complétement perdues, comme on se croyait autorisé à le penser par suite de leur absence du fonds Saint-Victor apporté par la révolution au Département des Manuscrits de la Bibliothèque Impériale. Une partie de ces notes s'est retrouvée à la Bibliothèque de l'Arsenal.

de Paris, le 23 août 1675. Le domicile de notre auteur y est indiqué *rue de Cléry, paroisse Saint-Eustache.*

Dans les délibérations du conseil de famille dont nous dirons un mot tout à l'heure, et pour lesquelles était donnée la procuration que nous venons d'énoncer, on voit que Thomas Corneille demeurait également rue de Cléry, sans doute dans la même maison que son frère. La vie en commun de la rue de la Pie, à Rouen, avait ainsi été continuée rue de Cléry, à Paris. Ceci peut porter à penser que c'est là que les deux frères s'installèrent à leur arrivée dans la capitale. Ils auront été forcés de se séparer plus tard, car, en octobre 1684, quand Pierre Corneille mourut rue d'Argenteuil, Thomas ne demeurait plus avec lui, mais demeurait non loin de lui, *rue du Clos-Georgeot*[1].

Quant au conseil de famille, dont les délibérations portent les dates des 17, 23, 30 août, 6, 9, 10 septembre et 8 octobre 1675, un sieur Emery, procureur au Parlement de Normandie, et oncle des mineurs du côté maternel, voulut s'opposer à ce que les deux frères Pierre et Thomas fissent partie ensemble du conseil de tutelle. « Il n'en doibt, » y est-il dit, « estre appelé qu'un de leur famille, de plus y en ayant un septuagenaire. » Cette opposition était produite le 23 août. L'affaire fut renvoyée au 30. Et le 30, Thomas Corneille, venu de Paris (où il demeurait *rue de Cléry*, dit le procès-verbal), demanda à n'être pas compris sur la liste, parce que, son frère aîné y figurant, « pas n'estoit besoin de deux de la mesme famille. » Le Bovier de Fontenelle produisit alors la procuration de Pierre Corneille, et il fut décidé que Pierre serait com-

---

1. *Histoire de Corneille*, p. 361.

pris dans le conseil de tutelle et que Thomas en serait dégagé.

(1678.)

Nous clorons par un dernier détail assez curieux ces additions, qui jalonnent, pendant près de cinquante ans, la carrière de Corneille.

On a vu qu'il s'entendait fort bien en procédure et n'avait pas peur des procès; il va sembler, à soixante-douze ans, les rechercher comme de plus jeunes les fuiraient.

Son père, mort dès 1640, avait fait partie du conseil de famille appelé à élire un tuteur à deux mineures nommées Lengeigneur, filles de défunt Georges Lengeigneur, écuyer, vice-bailli à Rouen. Robert de Hanoy, sieur de la Coffinière, avait été élu. Ce tuteur ayant opéré, pour le compte de ses pupilles, le placement d'une somme de 2,000 livres dont le remboursement paraissait compromis, une de ces ex-mineures, devenue depuis longtemps épouse de Louis Duval, sieur de Beneray, intenta une action en garantie tant contre le fils de son tuteur, décédé, que, solidairement, contre les membres du conseil de famille qui avait élu ce tuteur, ou contre leurs héritiers. Soit ménagement pour Corneille, soit par suite de la translation de son domicile à Paris depuis seize ans, on ne l'avait pas compris dans la poursuite. Par une requête en date du 21 avril 1678, il s'empressa de demander à être reçu partie intervenante, et par une autre requête du 27 juin suivant, corrigée de sa main, il produisit ses moyens de défense[1].

1. Les documents auxquels sont empruntés les détails de cette dernière circonstance font également partie

Il se peut que, s'il se montrait aussi empressé à figurer dans ce débat, c'était qu'il redoutait d'être atteint par la condamnation pouvant intervenir contre les autres électeurs ou leurs héritiers, et qu'il espérait d'un autre côté que sa défense personnelle donnerait plus de force à celle de ses cointéressés. Nous aimons mieux croire à cette hypothèse que d'admettre la recherche d'un procès pour un procès.

NOTE BIBLIOGRAPHIQUE.

1644. — OEUVRES DE CORNEILLE. PREMIÈRE PARTIE. *Imprimé à Rouen, et se vend à Paris, chez Antoine de Sommaville, en la gallerie des Merciers, à l'Escu de France. Et Augustin Courbé, en la mesme gallerie, à la Palme. Au Palais. M. DC. XLIV.*

Petit in-12 de 654 pages numérotées et de 4 feuillets préliminaires, non paginés, comprenant le frontispice gravé, le portrait, le titre et l'avis *Au Lecteur*[1]. — Le frontispice gravé porte : *OEuvres de Corneille.* 1645; et le portrait gravé par Michel Lasne : *Anno Dñi.* 1644. — On lit sur la dernière page du volume : *Imprimé à Rouen, par Laurens Maurry.*

Il n'y a ni Privilége à la fin ou au commencement du volume, ni mention de Privilége sur le titre. C'était, comme le fait bien comprendre du reste le Privilége de l'édition de 1648, c'était en vertu des permissions accordées pour chacune des pièces séparément qu'elles avaient été recueillies

des archives du Parlement de Normandie, et nous en devons encore la communication à M. Gosselin.

1. Celui que nous avons reproduit page 1 de ce volume.

dans cette Première Partie, qui ne contient que les huit premières pièces de Corneille, *Mélite, Clitandre, la Veuve, la Galerie du Palais, la Place royale, la Suivante, Médée* et *l'Illusion comique.* Comme à la date où fut publiée cette *Première Partie* (1644), Corneille avait en outre fait représenter *le Cid, Horace, Cinna, Polyeucte, la Mort de Pompée, le Menteur* et *la Suite du Menteur,* on s'est demandé s'il n'avait pas publié en même temps une Seconde Partie, devenue, par une raison ou par une autre, introuvable. Il est pour nous évident qu'il n'en a pas publié et que la Seconde Partie n'est que de 1648. D'abord si *le Cid* avait été imprimé dès 1637, Corneille en avait fait faire une troisième édition séparée en 1644, dont la vente aurait été complétement arrêtée par la publication simultanée d'un recueil où, pour le même prix, on eût eu sept pièces au lieu d'une. *Polyeucte* n'avait été imprimé pour la première fois qu'en 1643, *la Mort de Pompée* et *le Menteur* qu'en 1644, et *la Suite du Menteur* qu'en 1645 : la même considération interdisait la réunion des trois premières de ces pièces, et il y avait impossibilité pour la dernière. Au contraire, en autorisant la réunion de pièces déjà anciennes et laissées bien en arrière par le succès de leurs cadettes, Corneille ne pouvait plus nuire à leur vente séparée, arrêtée depuis longtemps.

1648. — ŒUVRES DE CORNEILLE. PREMIÈRE (— SECONDE) PARTIE. *Imprimé à Rouen, et se vend à Paris, chez Toussainct Quinet, au Palais sous la montée de la Cour des Aydes.* M. DC. XLVIII. *Avec Privilége du Roy.*

2 volumes petit in-12. Le premier, de 656 pages numérotées et de 4 feuillets préliminaires, est une reproduction exacte, sans corrections de l'auteur, avec les mêmes caractères et le même nombre de pages pour le texte, du volume de 1644. Le bas de la page 654 et les deux pages suivantes sont consacrés

au Privilége du Roi, daté du 25 février 1647, et accordé pour 7 années à dater de l'Achevé d'imprimer pour la première fois qui est du 30 mars 1648 pour ce premier volume. Le Privilége est au nom d'Augustin Courbé. Il est suivi d'une mention d'association pour son exploitation entre Courbé, Antoine de Sommaville et Toussainct Quinet.

Le second volume, ou plutôt la Seconde Partie destinée à compléter simultanément le recueil de 1644, renferme sept pièces : *le Cid, Horace, Polyeucte, Pompée, le Menteur* et *la Suite du Menteur*. Corneille aurait bien pu y comprendre *Rodogune* et *Héraclius*, puisque ces tragédies avaient été imprimées l'une dès janvier 1647, l'autre dans le courant de la même année, mais le calcul que nous avons indiqué précédemment les fit laisser en dehors de cette Seconde Partie. Elle se compose de 639 pages numérotées, de 3 pages à la suite consacrées à la reproduction du Privilége et à la mention d'Achevé d'imprimer qui est, pour ce second volume, du 31 (*sic*) septembre 1648, et enfin de 2 feuillets préliminaires, non paginés, comprenant le titre et un avis *Au Lecteur*[1].

1652. — ŒUVRES DE CORNEILLE. Première (— Troisième) Partie. *Imprimé à Rouen, et se vend à Paris, chez Antoine de Sommaville, au Palais, en la gallerie des Merciers, à l'Escu de France. M. DC. LII. Avec Privilége du Roy.*

3 volumes petit in-12. Les deux premiers sont conformes pour le nombre de pages et les caractères, l'un à la Première Partie de 1644 et de 1648, l'autre à la Seconde Partie de cette dernière date ; l'un et l'autre publiés en vertu du précédent Privilége, et sans changements dans le texte. Le troi-

---

1. Celui que tous les éditeurs semblent avoir ignoré et que nous avons reproduit T. II, p. 143 de cette édition.

sième volume, portant sur le titre Troisième Partie, ne renferme que *Théodore, Rodogune* et *Héraclius*, et ne comprend que 287 pages numérotées. La pagination commence à la page 7; le volume débute par un feuillet blanc. Il n'est point accompagné d'un Privilége particulier, et la mention qu'il porte sur le titre, comme les deux premiers, se réfère, comme on le voit dans les éditions subséquentes, aux Priviléges accordés séparément pour la publication de chacune des pièces qu'il contient. Dans l'exemplaire de ce volume possédé par la Bibliothèque Impériale, on trouve à la fin, pour le compléter, *Don Sanche d'Arragon* (édition de 1653), *Andromède* (édition de 1651) et *Nicomède* (édition de 1652), dans le même format, même justification, et, pour les deux premières pièces, mêmes caractères [1].

1654. — OEUVRES DE CORNEILLE. Première (—Troisième) Partie. *Imprimé à Rouen, et se*

[1]. Nous avons sous les yeux cette même Troisième Partie, en caractères à peu près identiques, avec le même nombre de pages (287), avec la pagination commençant également à la page 7, et le premier feuillet blanc. La disposition typographique du titre est la même, mais le fleuron et le nom du libraire sont différents : *A Paris, chez Louis Chamhoudry, au Palais, devant la Saincte Chapelle.* M.DC.LV. Le volume est complété avec *Andromède* (édition de 1655) et *Don Sanche d'Arragon* (édition de 1655), dans les mêmes format, justification et caractères. Le texte est entièrement conforme à la Troisième Partie de 1652. Il est à remarquer que nous allons trouver sous la date plus ancienne de 1654 une Troisième Partie corrigée, comme les deux premières, par Corneille, et renfermant sous une pagination continue *Théodore, Rodogune, Héraclius, Andromède, Don Sanche d'Arragon, Nicomède* et *Pertharite*.

vend à Paris, chez Augustin Courbé, au Palais, en la gallerie des Merciers, à la Palme. M. DC. LIV. Avec Privilége du Roy,

3 volumes in-12, imprimés en caractères plus forts que tous les recueils dont nous avons précédemment parlé. Le premier volume renferme les huit pièces contenues dans le volume de 1644, dans la Première Partie de 1648 et de 1652, avec le même avis *Au Lecteur*. Il est suivi du Privilége qui accompagne le premier volume de 1648 et rappelle la date de l'Achevé d'imprimer de celui-ci. Il comprend 691 pages numérotées, plus 4 feuillets préliminaires non paginés, constitués comme ceux qui se trouvent en tête de 1644 et de 1648.

La Seconde Partie renferme les sept pièces contenues dans les tomes II de 1648 et de 1652 avec le même avis *Au Lecteur*. Il est suivi du Privilége déjà imprimé au tome I. Il comprend 643 pages numérotées et 2 feuillets préliminaires non paginés.

La Troisième Partie renferme : *Théodore, Rodogune, Héraclius, Andromède, Don Sanche d'Arragon, Nicomède* et *Pertharite*. Elle n'est précédée d'aucun avertissement. Le volume comprend 670 pages. Sa numérotation commence à la page 7. Il débute par un feuillet blanc. Chacune des quatre dernières pièces, recueillies là pour la première fois, est suivie de son Privilége particulier ou d'un Extrait de ce Privilége, avec indication de la date de son Achevé d'imprimer primitif. Du moins l'intention du libraire éditeur a été de donner cette indication; mais la manière dont cette intention a été réalisée fournit un commencement de preuve de la supposition de la date de 1654 portée sur le titre de cette Troisième Partie, qui paraîtrait n'avoir été publiée au plus tôt que dans les derniers mois de 1655. Disons les motifs que nous avons pour le supposer.

Nous répétons que chacune des quatre dernières pièces de cette Troisième Partie devait y être suivie de l'indication de son Achevé d'imprimer primitif. Dans les deux tirages différents de ce volume, les seuls que nous ayons rencontrés, tous deux bien entendu portant la date de 1654, il a été commis par l'imprimeur des distractions de nature à éclairer la question. Dans l'un de ces tirages, celui que nous considérons comme le plus ancien, après avoir donné à l'Achevé d'imprimer d'*Andromède* la date du 13 août 1650, qui est bien en effet celle de l'Achevé d'imprimer de l'édition originale de cette pièce ; à *Don Sanche* également la date exacte du 14 mai 1650, avant d'arriver à *Pertharite* qui termine le volume, avec l'indication irréprochable du 30 avril 1653, l'imprimeur, à la page 575, à la suite de *Nicomède*, imprime naïvement : « *Achevé d'imprimer le 20 jour d'octobre* 1655 ». Ce n'est pas là une erreur de millésime, car l'Achevé d'imprimer de la première édition de *Nicomède* est du 29 novembre 1651 ; c'est l'aveu naïf fait par un compositeur d'imprimerie qui croyait qu'on avait à accuser la date à laquelle on terminait l'impression dans ce volume de chacune des quatre pièces qu'on y recueillait pour la première fois. — Dans l'autre tirage la méprise de l'imprimeur jette encore un jour plus grand. Elle a été déterminée sans doute par celle que nous venons de signaler, mais elle est ici logiquement complète. On lit après *Andromède* : « Achevé d'imprimer le 6 jour d'octobre 1655 ; » après *Don Sanche* : « Achevé d'imprimer le 26 jour d'octobre 1655 ; » après *Nicomède* : « Achevé d'imprimer le 20 jour d'octobre 1655 ; » enfin après *Pertharite* : « Achevé d'imprimer le 29 jour d'octobre 1655 ». Tout cela, nous l'avons déjà dit, avec un titre portant la date de 1654.

Ceci expliquerait pourquoi l'édition de la Troisième Partie de 1655 dont nous avons précédemment parlé dans la note de la page XXXII, ne renferme pas les corrections de l'édition de 1654 : malgré les millésimes des titres, elle lui était antérieure. Elle avait paru sans doute dans les premiers mois de 1655, et la Troisième Partie, se disant de 1654, n'avait au contraire été publiée que tout à la fin de cette même année 1655.

1660. — LE THÉATRE DE P. CORNEILLE. REVEU ET CORRIGÉ PAR L'AUTHEUR. I. (— III.) PARTIE. *Imprimé à Rouen, et se vend à Paris, chez Augustin Courbé, au Palais, en la gallerie des Merciers, à la Palme. Et Guillaume de Luyne, Libraire Juré dans la mesme gallerie, à la Justice. M. DC. LX. Avec Privilege du Roy.*

Nous abordons ici des éditions qui ne demandent pas à être décrites avec la même minutie que les précédentes. Non pas qu'elles soient moins recherchables : mais elles se sont conservées complètes et sont beaucoup plus connues que les éditions antérieures.

Nous nous bornerons à dire que l'édition de 1660 forme 3 volumes in-8º avec frontispices gravés et figures ; que Corneille, qui a revu son texte, a fait précéder chacun de ces volumes d'un Discours sur le poëme dramatique et des Examens des pièces qui y sont renfermées et que par contre il en a retranché les avis Au Lecteur, les Dédicaces, les Arguments et les Extraits d'historiens et d'auteurs imités.

Chacun des deux premiers volumes renferme huit pièces. Le troisième en renferme sept seulement : *Rodogune, Héraclius, Andromède, Don Sanche d'Arragon, Nicomède, Pertharite* et *Œdipe*.

Il est à remarquer que c'est en vertu d'un Privilége de janvier 1653, concédé pour neuf ans à partir du jour où il serait commencé à en faire usage, privilége qui n'a pas été invoqué pour l'impression des éditions de 1654 et années suivantes, qu'a été imprimée par les presses de Laurens Maurry, de Rouen, cette édition de 1660. L'Achevé d'imprimer, le même pour les 3 volumes, est du dernier d'octobre.

1663. — LE THÉATRE DE P. CORNEILLE. REVEU ET CORRIGÉ PAR L'AUTHEUR. I. (— II.) PARTIE. *Imprimé à Rouen, Et se vend à Paris chez Guillaume de Luyne, Libraire-Juré, au Palais, en la gallerie des Merciers, à la Justice. M. DC. LXIII. Avec Privilége du Roy.*

2 volumes in-folio, avec frontispice gravé[1] au tome I. Cette édition, dont il y a également des exemplaires à la date de 1664, et au nom du libraire Louis Billaine comme à celui du libraire Thomas Jolly, est accompagnée du même Privilége que l'édition précédente. Elle sortit comme elle de l'imprimerie de Laurens Maurry de Rouen. Le premier volume fut achevé d'imprimer le 24 avril 1660 et le second le 15 septembre suivant. Elle renferme, outre les mêmes Discours et Examens, une pièce de plus que l'édition de 1660 : *la Toison d'or.*

Elle est précédée de l'avis *Au Lecteur* de Corneille sur son système orthographique, avis qui parut pour la première fois dans cette édition où Corneille commença à appliquer ce système.

1664. — LE THÉATRE DE P. CORNEILLE. REVEU ET CORRIGÉ PAR L'AUTHEUR. I. (— III.) PARTIE. *A Rouen et se vend à Paris, chez Thomas Jolly, au Palais dans la petite Salle, à la Palme, et aux armes de Hollande. M. DC. LXIV. Avec Privilége du Roy.*

3 volumes in-8°, contenant le même nombre de pièces que l'édition in-folio. Ils furent publiés en vertu du Privilége de 1653 et Achevés d'imprimer le 15 août 1664, suivant la déclaration insérée dans le premier volume, ou le 14, suivant la déclaration insérée dans le second. Les 3 volumes

---

1. Voir *Histoire de Corneille*, p. 196.

ont, outre les mêmes figures à chaque pièce, les mêmes frontispices gravés que l'édition de 1660 sur lesquels on a encore laissé subsister cette dernière date.

1666. — LE THÉATRE DE P. CORNEILLE. REVEU ET CORRIGÉ PAR L'AUTHEUR. IV. PARTIE. *A Paris, chez Thomas Jolly, au Palais, dans la Salle des Merciers à la Palme, et aux Armes de Hollande, M. D. C. LXVI. Avec Privilége du Roy.*

Cette Quatrième Partie in-8º, destinée à être ajoutée aux exemplaires des éditions de ce format de 1660 et de 1664, renferme *Sertorius*, *Sophonisbe* et *Othon* et forme un volume de 252 pages numérotées, plus 2 feuillets en tête non paginés. Elle est ornée de trois figures. Elle a été imprimée en vertu d'un privilége du 3 décembre 1657 accordé pour vingt ans à Augustin Courbé. L'Achevé d'imprimer pour la première fois est du 30 octobre 1665.

1668. — LE THÉATRE DE P. CORNEILLE. REVEU ET CORRIGÉ PAR L'AUTHEUR. I. (— IV.) PARTIE. *A Rouen, et se vend à Paris chez Guillaume de Luyne, au Palais, dans la petite Salle, à la Palme, et aux Armes de Hollande. M. DC. LXVIII. Avec Privilége du Roy.*

La Quatrième Partie de cette édition en 4 volumes in-12, se compose de 364 pages numérotées, outre les préliminaires, et renferme cinq tragédies, *Sertorius*, *Sophonisbe*, *Othon*, *Agezilas* et *Attila*. Elle est précédée de l'avis suivant :

Le Libraire au Lecteur.

« Je n'ay pû tirer de l'Autheur pour ce quatrième
« volume, un discours pareil à ceux qu'il a mis au
« devant des trois qui l'ont précédé, ny sa critique

« sur les pièces qui le composent, mais il m'a pro-
« mis l'un et l'autre quand ce volume sera com-
« plet, et qu'il en aura huit comme les précé-
« dents. En attendant l'effet de cette promesse,
« je vous donne icy les Préfaces dont il a accom-
« pagné chacune de celles-cy quand il les a fait
« imprimer. »

Cette promesse du libraire ne fut pas tenue. Corneille fit bien représenter et imprimer le nombre de pièces nécessaire pour compléter le volume, *Tite* et *Bérénice*, *Pulchérie* et *Suréna*, mais elles ne furent réunies à leurs aînées que quatorze ans plus tard, en 1682, sans quatrième Discours et sans Examens. Le libraire G. de Luyne et ses associés pour l'exploitation des priviléges de Corneille se bornèrent à ajouter au tome IV de cette édition de 1668 des exemplaires des éditions originales, puis des réimpressions séparées des trois dernières pièces de l'auteur. Pour hâter sans doute l'épuisement de ces quatre volumes, ils prirent même le parti, en 1672, de faire imprimer pour un certain nombre d'exemplaires 40 pages in-12, avec pagination particulière (36 pages numérotées et en tête 2 feuillets non paginés), mais avec signatures faisant suite à celles des 364 pages du volume, contenant les Vers et les Poëmes sur les victoires de Louis XIV, les uns composés, les autres traduits par P. Corneille.

Nous croyons que l'explication du long temps qu'il fallut pour épuiser cette édition est fournie par l'existence d'une contrefaçon, de la même date, d'un in-12 un peu plus grand, en 4 volumes également, supposant le même Privilége et accusant le même Achevé d'imprimer. Tous les volumes que nous en avons vus portent le nom de Thomas Jolly, un des libraires associés de Guillaume de Luyne. Le papier en est beaucoup moins blanc et moins fort que celui de la bonne édition; mais ce qui la distingue particulièrement et ce qui nous dispense de donner le nombre de pages de chacun des volumes de l'une et de l'autre, c'est que la contrefaçon, au lieu d'avoir le nom du personnage qui parle en vedette, l'a, en abrégé, au commencement du vers.

Nous n'avons jamais trouvé un tome IV de cette contrefaçon complété par des exemplaires des trois dernières pièces de Corneille.

1682. — LE THÉATRE DE P. CORNEILLE, REVEU ET CORRIGÉ PAR L'AUTHEUR. I. (— IV.) PARTIE. *A Paris chez Guillaume de Luyne, Libraire Juré, au Palais, en la galerie des Merciers, sous la montée de la Cour des Aydes, à la Justice.* M. DC. LXXXII. *Avec Privilége du Roy*.

4 volumes in-12. Cette édition, la dernière donnée par l'auteur, paraît être la première qui ne soit pas sortie des presses de Laurens Maurry de Rouen. Elle fait peu d'honneur, comme correction typographique, à l'imprimeur parisien dont elle peut être le produit. Toutefois c'est elle, au travers de ses fautes, qui seule donne le texte définitif de Corneille. L'Achevé d'imprimer est du 26 février 1682.

ERRATA

Page 3, ligne 24. Au lieu de : *nous l'afpirons* : lisez : *nous l'aspirons*.

— 7, entre la ligne 22 et la ligne 23 de la note, ajouter ce qui suit : Dans l'édition de 1668, achevée d'imprimer le 15 septembre, Corneille dit, même passage, T. I, p. XVII : « Je hazarderay quelque chofe fur *quarante ans* de travail sur la fcéne[1]. »

— 104, ligne 5 de la note. Au lieu de : *Horace* (acte I, sc. 2), lisez : *Horace* (acte III, sc. 2).

— 276, ligne 2 de la note. Au lieu de : Née vers 1660, lisez : Née vers 1600.

---

1. S'il était encore besoin, après toutes ces preuves, d'établir que le début de Corneille ne remonte pas à 1625, nous ajouterions ici que dans l'avis Au Lecteur de *Pertharite*, imprimé en 1653, notre auteur dit : » Il est juste qu'après vingt années de travail je commence à m'appercevoir que je deviens trop vieux pour eftre encor à la mode. »

AU LECTEUR[1]

C'eſt contre mon inclination que mes libraires vous font ce préſent, et j'aurois été plus aiſe de la ſuppreſſion entiére de la plus grande partie de ces poëmes, que d'en voir renouveler la mémoire par ce recueil. Ce n'eſt pas qu'ils n'ayent tous eu des ſuccès aſſez heureux pour ne me repentir point de les avoir faits : mais il y a une ſi notable différence d'eux à ceux qui les ont ſuivis, que je ne puis voir cette inégalité ſans quelque ſorte de confuſion. Et certes, j'aurois laiſſé périr entiérement ceux-cy, ſi je n'euſſe reconnu que le bruit qu'ont fait les derniers obligeoit déja quelques curieux à la recherche des autres, et pourroit être cauſe qu'un imprimeur, faiſant ſans mon aveu ce que je ne voulois pas conſentir, ajouſteroit mille fautes aux miennes. J'ay donc creu qu'il valoit mieux, et pour voſtre contentement et pour ma réputation, y jetter un coup d'œil, non pas pour les corriger exactement (il euſt été beſoin de les refaire preſque entiers), mais du moins pour en oſter ce qu'il y a de plus inſupportable. Je vous les donne dans l'ordre que je les ay compoſez, et vous avoüeray franchement que pour les vers, outre la foibleſſe d'un homme qui commençoit à en faire, il eſt malaiſé qu'ils ne ſentent la province où je ſuis né. Comme Dieu m'a fait naiſtre mauvais courtiſan, j'ay trouvé dans la cour plus de loüanges que de bien-faits, et plus d'eſtime que d'établiſſement. Ainſi étant demeuré provincial, ce n'eſt pas merveille ſi mon élocution en conſerve quelque fois le caractére. Pour la conduite, je me dédirois de peu de choſe ſi j'avois à les

---

1. Préface des *Œuvres de Corneille*, première partie, Rouen et Paris, 1644, pet. in-12.

refaire. Je ne m'étendray point à vous spécifier quelles régles j'y ay observées; ceux qui s'y connoissent s'en apercevront aisément, et de pareils discours ne font qu'importuner les sçavans, embarasser les foibles, et étourdir les ignorans.

AU LECTEUR [1]

Ces quatre volumes contiennent trente deux piéces de théatre. Ils sont réglez à huit chacun [2].

Vous pourrez trouver quelque chose d'étrange aux innovations en l'orthographe que j'ay hazardées icy, et je veux bien vous en rendre raison. L'usage de nostre langue est à présent si épandu par toute l'Europe, principalement vers le Nord, qu'on y voit peu d'États où elle ne soit connuë; c'est ce qui m'a

1. Préface de : *Le Théâtre de P. Corneille, revu et corrigé par l'auteur*, édition de 1682, 4 vol. in-12.
2. L'édition de 1660, in-8º, n'est précédée d'aucun avis *Au Lecteur*. Voici les variantes que présentent les préfaces des éditions de 1663, in-folio, et de 1664, in-8º :
[1663] Ces deux volumes contiennent autant de piéces de théatre que les trois que vous avez veus cy-devant imprimez in-octavo. Ils sont réglez à douze chacun, et les autres à huit. *Sertorius* et *Sophonisbe* ne s'y joindront point, qu'il n'y en aye assez pour faire un troisiéme de cette impression, ou un quatriéme de l'autre. Cependant comme il ne peut entrer en celle-cy que deux des trois discours qui ont servy de préfaces à la précédente, et que dans ces trois discours, j'ay tasché d'expliquer ma pensée touchant les plus curieuses et les plus importantes questions de l'art poëtique, cét ouvrage de mes réflexions demeureroit imparfait, si j'en retranchois le troisiéme. Et c'est ce qui me fait vous le donner en suite du second volume, attendant qu'on le puisse reporter au devant de celuy qui le suivra, sitôt qu'il pourra estre complet.
Vous trouverez quelque chose d'étrange...
[1664] Ces trois volumes contiennent autant de piéces de théatre que les deux nouvellement imprimez in-folio. Ils sont réglez à huit chacun, et les autres à douze. *Sertorius*, *Sophonisbe* et *Othon* ne s'y joindront point qu'il n'y en aye assez pour faire un quatriéme.
Cependant vous pourrez trouver quelque chose d'étrange...

fait croire qu'il ne feroit pas mal à propos d'en faciliter la prononciation aux étrangers, qui s'y trouvent fouvent embaraffez par les divers fons qu'elle donne quelquefois aux mefmes lettres. Les Hollandois m'ont frayé le chemin, et donné ouverture à y mettre distinction par de différens caractéres, que jusqu'icy nos imprimeurs ont employé indifféremment. Ils ont féparé les *i* et les *u* consones d'avec les *i* et les *u* voyelles en fe fervant toûjours de l'*j* et de l'*v*, pour les premiéres, et laiffant l'*i* et l'*u* pour les autres, qui jusqu'à ces derniers temps avoient été confondus. Ainfi la prononciation de ces deux lettres ne peut eftre douteufe, dans les impreffions où l'on garde le mefme ordre, comme en celle-cy. Leur exemple m'a enhardy à paffer plus avant. J'ay veu quatre prononciations différentes dans nos *f*, et trois dans nos *e*, et j'ay cherché les moyens d'en ofter toutes ambiguitez, ou par des caractéres différens, ou par des régles générales, avec quelques exceptions. Je ne fçay fi j'y auray réüffi, mais fi cette ébauche ne déplaift pas, elle pourra donner jour à faire un travail plus achevé fur cette matiére, et peut-eftre que ce ne fera pas rendre un petit fervice à noftre langue et au public.

Nous prononçons l'*f* de quatre diverfes maniéres: tantoft nous l'afpirons, comme en ces mots, *pefte*, *chafte*; tantoft elle allonge la fyllabe, comme en ceux-cy, *pafte, tefte*; tantoft elle ne fait aucun fon, comme à *esbloüir, esbranler, il estoit*; et tantoft elle fe prononce comme un *z*; comme à *préfider*, *préfumer*. Nous n'avons que deux différens caractéres, *f*, et *s*, pour ces quatre différentes prononciations; il faut donc établir quelques maximes générales pour faire les distinctions entiéres. Cette lettre fe rencontre au commencement des mots, ou au milieu, ou à la fin. Au commencement elle aspire toûjours; *foy, fien, fauver, fuborner*; à la fin, elle n'a presque point de fon, et ne fait qu'allonger tant foit peu la fyllabe, quand le mot qui fuit le commence par une confone; et, quand il commence par une voyelle, elle fe détache de celuy qu'elle finit pour fe joindre avec elle, et fe prononce toûjours comme un *z*, foit qu'elle foit précédée par une confone, ou par une voyelle.

Dans le milieu du mot, elle eft, ou entre deux voyelles, ou après une confone, ou avant une confone. Entre deux voyelles elle paffe toûjours pour *z*, et après une consone elle aspire toûjours, et cette différence fe remarque entre les verbes compoſez qui viennent de la meſme racine. On prononce *prézumer*, *rézifter*, mais on ne prononce pas *conzumer*, ny *perzifter*. Ces régles n'ont aucune exception, et j'ay abandonné en ces rencontres le choix des caractéres à l'imprimeur, pour ſe ſervir du grand ou du petit, ſelon qu'ils ſe ſont le mieux accommodez avec les lettres qui les joignent. Mais je n'en ay pas fait de meſme, quand l'*s* eſt avant une conſone dans le milieu du mot, et je n'ay pû ſouffrir que ces trois mots, *rofte*, *tempefte*, *vous eftes*, fuſſent écrits l'un comme l'autre, ayant des prononciations ſi différentes. J'ay réſervé la petite *s* pour celle où la ſyllabe eſt aſpirée, la grande pour celle où elle eſt ſimplement allongée, et l'ay ſupprimée entiérement au troiſiéme mot où elle ne fait point de ſon, la marquant ſeulement par un accent ſur la lettre qui la précede. J'ay donc fait orthographer ainſi les mots ſuivans et leurs ſemblables, *peste*, *funeste*, *chaste*, *réfiste*, *espoir*, *tempefte*, *hafte*, *tefte*, *vous étes*, *il étoit*, *éblouir*, *écouter*, *épargner*, *arréter*. Ce dernier verbe ne laiſſe pas d'avoir quelques temps dans ſa conjugaiſon, où il faut luy rendre l'*f*, parce qu'elle allonge la ſyllabe ; comme à l'impératif *arrefte*, *qui rime bien avec tefte* ; mais à l'infinitif et en quelques autres où elle ne fait pas cet effet, il eſt bon de la ſupprimer et écrire, *j'arrétois*, *j'ay arrété*, *j'arréteray*, *nous arrétons*, etc.

Quant à l'*e*, nous en avons de trois ſortes. L'*e* féminin, qui ſe rencontre toûjours, ou ſeul, ou en diphtongue, dans toutes les dernières ſyllabes de nos mots qui ont la terminaiſon féminine, et qui fait si peu de ſon, que cette ſyllabe n'eſt jamais contée à rien à la fin de nos vers féminins, qui en ont toûjours une plus que les autres. L'*e* masculin, qui ſe prononce comme dans la langue latine, et un troiſiéme *e* qui ne va jamais ſans l'*s*, qui luy donne un ſon plus élevé qui ſe prononce à bouche ouverte, en ces mots *fucces*, *acces*, *expres*. Or, comme ce ſeroit une grande confuſion, que ces trois *e* en ces trois mots, *afpres*, *verite*, et *apres*, qui ont une prononciation ſi différente, euſſent un caractére pareil, il eſt aiſé d'y remédier, par ces trois ſortes d'*e* que nous donne l'imprimerie, *e*, *é*, *è*, qu'on peut nommer l'*e* ſimple, l'*e* aigu, et l'*e* grave. Le premier ſervira pour nos terminaiſons féminines, le ſecond pour les latines, et le troiſième pour les élevées, et nous écrirons ainſi ces trois mots et leurs pareils, *afpres, vérité, après*, ce que nous étendrons à *fuccès, excès, procès*, qu'on avoit julqu'icy écrits avec l'*e* aigu, comme les terminaifons latines, quoy que le fon en foit fort différent. Il est vray que les imprimeurs y avoient mis quelque différence, en ce que cette terminaifon n'étant jamais fans *f*, quand il s'en rencontroit une après un *é* latin, ils la changeoient en *z*, et ne la faifoient précéder que par un *e* simple. Ils impriment *veritez, Deïtez, dignitez*, et non pas *vérités, Deïtés, dignités*; et j'ay confervé cette orthographe : mais pour éviter toute forte de confufion entre le fon des mots qui ont l'*e* latin sans *f*, comme *vérité*, et ceux qui ont la prononciation élevée, comme *succès*, j'ay cru à propos de nous servir de différens caractéres, puisque nous en avons, et donner l'*è* grave à ceux de cette dernière espece. Nos deux articles pluriels *les* et *des*, ont le mefme fon, quoy qu'écrits avec l'*e* fimple : il eft fi mal aifé de les prononcer autrement, que je n'ay pas crû qu'il fuft befoin d'y rien changer. Je dy la mefme chofe de l'*e* devant deux *ll*, qui prend le fon auffi élevé en ces mots, *belle, fidelle, rebelle*, etc. qu'en ceux-cy *fuccès, excès*; mais comme cela arrive toûjours quand il fe rencontre avant ces deux *ll*, il fuffit d'en faire cette remarque fans changement de caractére. Le mefme arrive devant la simple *l*, à la fin du mot, *mortel, appel, criminel*, et non pas au milieu, comme en ces mots, *celer, chanceler*, où l'*e* avant cette *l*, garde le fon de l'*e* féminin.

Il est bon auffi de remarquer qu'on ne fe fert d'ordinaire de l'*é* aigu, qu'à la fin du mot, ou quand on fupprime l'*f* qui le fuit; comme à *établir, étonner* : cependant il fe rencontre fouvent au milieu des mots avec le mefme fon, bien qu'on ne l'écrive qu'avec un *e* fimple; comme en ce mot *feverité*, qu'il faudroit écrire *févérité*, pour le faire prononcer exactement, et je l'ay fait obferver dans cette impreffion, bien que je n'aye pas gardé le mefme ordre dans celle qui s'eft faite in-folio.

La double *ll* dont je viens de parler à l'occafion de l'*e*, a auffi deux prononciations en noftre langue, l'une feche et fimple, qui fuit l'orthographe, l'autre molle qui femble y joindre une *h*. Nous n'avons point de différens caractéres à les distinguer; mais on en peut donner cette régle infaillible : toutes les fois qu'il n'y a point d'*i* avant les deux *ll*, la prononciation ne prend point cette mollesse : En voicy des exemples dans les quatre autres voyelles: *baller, rebeller, coller, annuller.* Toutes les fois qu'il y a un *i* avant les deux *ll*, soit seul, soit en diphtongue, la prononciation y adjoute une *h*. On écrit *bailler, éveiller, briller, chatoüiller, cueillir,* et on prononce *baillher, éveillher, brillher, chatouillher, cueillhir.* Il faut excepter de cette règle tous les mots qui viennent du latin, et qui ont deux *ll* dans cette langue, comme *ville, mille, tranquille, imbécille, distille, illustre, illégitime, illicite,* etc. Je dis qui ont deux *ll* en latin, parce que les mots de *fille* et *famille* en viennent, et se prononcent avec cette mollesse des autres qui ont l'*i* devant les deux *ll* et n'en viennent pas; mais ce qui fait cette différence, c'est qu'ils ne tiennent pas les deux *ll* des mots latins, *filia* et *familia*, qui n'en ont qu'une, mais purement de nostre langue. Cette régle et cette exception sont générales et asseurées. Quelques modernes, pour oster toute l'ambiguité de cette prononciation, ont écrit les mots qui se prononcent sans la mollesse de l'*h*, avec une *l* simple, en cette manière: *tranquile, imbécile, distile,* et cette orthographe pourroit s'accommoder dans les trois voyelles *a, o, u,* pour écrire simplement *baler, affoler, annuler,* mais elle ne s'accomoderoit point du tout avec l'*e*, et on auroit de la peine à prononcer *fidelle* et *belle*, si on écrivoit *fidele* et *bele*; l'*i* mesme sur lequel ils ont pris ce droit, ne le pourroit pas souffrir toûjours, et particuliérement en ces mots *ville, mille,* dont le premier, si on le réduisoit à une *l* simple, se confondroit avec *vile,* qui a une signification toute autre.

Il y auroit encor quantité de remarques à faire sur les différentes manières que nous avons de prononcer quelques lettres en nostre langue : mais je n'entreprens pas de faire un traité entier de l'orthographe et de la prononciation, et me contente de vous avoir donné ce mot d'avis touchant ce que j'ay innové icy: comme les imprimeurs ont eu de la peine à s'y accoustumer, ils n'auront pas suivy ce nouvel ordre si ponctüellement [1], qu'il ne s'y soit coulé bien de fautes; vous me ferez la grace d'y suppléer.

1. [1663—1664] Punctüellement.

MÉLITE

COMÉDIE [1]

— 1629 [2]. —

1. Dans l'édition originale de cette pièce (A Paris, chez François Targa, 1633, in-4°), elle portait pour titre : *Mélite ou les fausses lettres, pièce comique*. Le privilége du roi, accordé au libraire Targa, est daté du dernier jour de janvier 1633, et l'achevé d'imprimer pour la première fois est du 12 février suivant. C'est à partir de l'édition de ses Œuvres de 1644 que Corneille donna à sa pièce le titre simplifié et la qualification que nous reproduisons ici.

2. Nous avons dit, pages 7 et 277 de notre *Histoire de la vie et des ouvrages de Corneille* (édition de cette même Collection) les raisons que nous avions pour fixer à 1629, plutôt qu'à 1625 comme l'a fait Fontenelle, la première représentation de *Mélite*. Nous avons à ajouter en faveur de 1629 une autorité nouvelle à toutes celles que nous avons déjà citées, autorité décisive : c'est celle de Corneille lui-même, que nous a fournie la collation des textes de ses différentes éditions.

Dans l'édition in-8o de son *Théâtre* donnée par lui en 1660, Corneille dit T. I, p. IX (*Discours de l'utilité et des parties du Poëme dramatique*) : « Je hazarderay quelque chofe *fur trente ans* de travail pour la fcéne... »

Dans l'édition de 1664, même format, Corneille dit au même passage, T. I, p. XIX : « Je hazarderay quelque chofe *fur plus de trente ans* de travail pour la fcéne... »

Dans l'édition de 1682, même passage. T. I, p. XVII, il imprime : « Je hazarderay quelque chofe *fur cinquante ans* de travail pour la fcéne... »

Tous ces chiffres successifs s'appliquent bien à un début datant de 1629 et non à un début remontant à 1625. Dans cette dernière hypothèse, Corneille, en 1660, aurait eu *trente cinq ans* et non trente de travail pour la scène ; en 1664, *trente neuf ans* et non uniquement plus de trente ; en 1682, *cinquante sept ans* et non cinquante. Prenant le soin de refaire son compte à chaque fois, Corneille ne l'eût pas constamment fait inexact : la différence en valait la peine.

A MONSIEUR
DE LIANCOUR[1]

Monſieur,

Mélite ſeroit trop ingratte de rechercher une autre protection que la voſtre; elle vous doit cét hommage et cette légére reconnoiſſance de tant d'obligations qu'elle vous a : non qu'elle préſume par là s'en acquitter en quelque ſorte, mais ſeulement pour les publier à toute la France. Quand je conſidére le peu de bruit qu'elle fit à ſon arrivée à Paris, venant d'un homme qui ne pouvoit ſentir que la rudeſſe de ſon pays, et tellement inconnu qu'il étoit avantageux d'en taire le nom; quand je me ſouviens, dy-je, que les trois prémiéres repréſentations enſemble n'eurent point tant d'affluence que la moindre de celles qui les ſuivirent dans le meſme hyver, je ne puis rapporter de ſi foibles commencemens qu'au loiſir qu'il falloit au monde pour apprendre que vous en faiſiez état, ni des progrès ſi peu attendus qu'à voſtre approbation, que chacun ſe croyoit obligé de ſuivre après l'avoir ſçeuë. C'eſt de là, Monſieur, qu'eſt venu tout le bon-heur de *Mélite*; et quelques hauts effets qu'elle ait produits depuis, celui dont je me tiens le plus glorieux, c'eſt l'honneur d'eſtre connu de vous, et de vous pouvoir ſouvent aſſeurer de bouche que je ſeray toute ma vie,

Monſieur,

Voſtre trés-humble et trés-obéiſſant ſerviteur,

CORNEILLE.

[1] Roger Du Plessis, d'abord seigneur de Liancourt, était, à l'époque de la publication de *Mélite*, premier gentilhomme de la chambre du Roi. Il fut, dans cette même année (1633), disgracié pendant quelque temps, à l'occasion des intrigues de la duchesse de Chevreuse et du garde des sceaux Châteauneuf. On lit dans une notice manuscrite sur lui, qui se trouve au cabinet des titres de la Bibliothèque Impériale : « L'amour du jeu, du « luxe, des amusements et ce que le monde se contente de « nommer galanterie, le possédèrent jusqu'à l'âge de 40 ans... « Il se nommait alors M. de Liancourt. » Il était né en 1599; il fut fait duc de La Roche-Guyon en 1643 et mourut en 1674. Nous verrons en 1637 Corneille dédier *la Galerie du Palais* à Madame de Liancourt.

AU LECTEUR

Je sçay bien que l'impreffion d'une piéce en affoiblit la réputation : la publier, c'eſt l'avilir[1], et meſme il ſ'y rencontre un particulier defavantage pour moi, veu que ma façon d'écrire étant ſimple et familiére, la lecture fera prendre mes naïvetez pour des baſſeſſes. Auſſi beaucoup de mes amis m'ont toujours conſeillé de ne rien mettre ſous la preſſe, et ont raiſon, comme je croy ; mais, par je ne ſais quel mal-heur, c'eſt un conſeil que reçoivent de tout le monde ceux qui écrivent, et pas un d'eux ne l'en ſert. Ronſard, Malherbe et Théophile l'ont mépriſé ; et, ſi je ne puis les imiter en leurs graces, je les veux du moins imiter en leurs fautes, ſi c'en eſt une que de faire imprimer. Je contenteray par là deux ſortes de perſonnes, mes amis et mes envieux, donnant aux uns de quoy ſe divertir, aux autres de quoy cenſurer : et j'eſpére que les prémiers me conſerveront encore la meſme affection qu'ils m'ont témoignée par le paſſé ; que des derniers, ſi beaucoup font mieux, peu réuſſiront plus heureuſement, et que le reſte fera encore quelque ſorte d'eſtime de cette piéce, ſoit par coutume de l'approuver, ſoit par honte de ſe dédire. En tout cas, elle eſt mon coup d'eſſai ; et d'autres que moy ont intéreſt à la défendre, puiſque, ſi elle n'eſt pas bonne, celles qui ſont demeurées au deſſous doivent eſtre fort mauvaiſes.

1. Voir *Hiſtoire de Corneille*, pages 20-21.

ARGUMENT

Éraste, amoureux de Mélite, la fait connoiſtre à ſon amy Tircis, et, devenu puis après jaloux de leur hantiſe, fait rendre des lettres d'amour ſuppoſées, de la part de Mélite, à Philandre, accordé de Chloris, ſœur de Tircis. Philandre s'étant réſolu, par l'artifice et les ſuaſions d'Éraste, de quitter Chloris pour Mélite, montre ces lettres à Tircis. Ce pauvre amant en tombe en deſeſpoir, et ſe retire chez Liſis, qui vient donner à Mélite de fauſſes alarmes de ſa mort. Elle ſe paſme à cette nouvelle, et témoignant par là ſon affection, Liſis la déſabuſe et fait revenir Tircis qui l'épouſe. Cependant Cliton ayant veu Mélite paſmée, la croit morte, et en porte la nouvelle à Éraste, auſſi bien que de la mort de Tircis. Éraste, ſaiſi de remords, entre en folie : et remis en ſon bon ſens par la nourrice de Mélite, dont il apprend qu'elle et Tircis ſont vivans, il lui va demander pardon de ſa fourbe, et obtient de ces deux amans Cloris, qui ne vouloit plus de Philandre après ſa légéreté.

ACTEURS

ÉRASTE, amoureux de Mélite.
TIRCIS, amy d'Éraste et ſon rival.
PHILANDRE, amant de Cloris.
MÉLITE, maîtreſſe d'Éraste et de Tircis.
CLORIS, ſœur de Tircis.
LISIS, amy de Tircis.
CLITON, voiſin de Mélite.
LA NOURRICE de Mélite.

La Scéne eſt à Paris.

MELITE

COMÉDIE

—

ACTE PREMIER.

SCÉNE I.

ÉRASTE, TIRCIS.

ÉRASTE.

Je te l'avoüe, amy, mon mal eft incurable,
Je n'y fçay qu'un reméde, et j'en fuis inca-
⸤pable :
Le change feroit juste après tant de ri-
⸤gueur,
Mais malgré les dédains Mélite a tout mon cœur.
Elle a fur tous mes fens une entiére puiffance,
Si j'ofe en murmurer, ce n'eft qu'en fon abfence,
Et je ménage en vain dans un éloignement
Un peu de liberté pour mon reffentiment,
D'un feul de fes regards l'adorable contrainte
Me rend tous mes liens, en refferre l'étrainte,
Et par un fi doux charme aveugle ma raifon,
Que je cherche mon mal, et fuy ma guérifon.
Son œil agit fur moy d'une vertu fi forte
Qu'il ranime foudain mon efpérance morte,
Combat les déplaifirs de mon cœur irrité,
Et foûtient mon amour contre fa crüauté :
Mais ce flateur espoir qu'il rejette en mon ame,

N'eſt qu'un doux impoſteur qu'authoriſe ma flame,
Et qui ſans m'aſſeurer ce qu'il ſemble m'offrir,
Me fait plaire en ma peine et m'obſtine à ſouffrir.
TIRCIS.
Que je te trouve, amy, d'une humeur admirable!
Pour paroiſtre éloquent tu te feins miſérable;
Eſt-ce à deſſein de voir avec quelles couleurs
Je ſçaurois adoucir les traits de tes malheurs?
Ne t'imagine pas qu'ainſi ſur ta parole
D'une fauſſe douleur un amy te conſole :
Ce que chacun en dit ne m'a que trop appris
Que Mélite pour toy n'eut jamais de mépris.
ÉRASTE.
Son gracieux accueil et ma perſévérance
Font naiſtre ce faux bruit d'une vaine apparence :
Ses mépris ſont cachez, et s'en font mieux ſentir,
Et n'étant point connus on n'y peut compâtir.
TIRCIS.
En étant bien receu, du reſte que t'importe?
C'eſt tout ce que tu veux des filles de ſa ſorte.
ÉRASTE.
Cét accès favorable, ouvert, et libre à tous,
Ne me fait pas trouver mon martyre plus doux.
Elle ſouffre aiſément mes ſoins et mon ſervice,
Mais, loin de ſe réſoudre à leur rendre juſtice,
Parler de l'hyménée à ce cœur de rocher,
C'eſt l'unique moyen de n'en plus approcher.
TIRCIS.
Ne diſſimulons point : tu régles mieux ta flame,
Et tu n'es pas ſi foû que d'en faire ta femme.
ÉRASTE.
Quoy, tu ſembles douter de mes intentions?
TIRCIS.
Je croy malaiſément que tes affections
Sur l'éclat d'un beau teint qu'on voit ſi périſſable
Réglent d'une moitié le choix invariable;
Tu ſerois incivil de la voir chaque jour,
Et ne lui pas tenir quelques propos d'amour;
Mais d'un vain compliment ta paſſion bornée
Laiſſe aller tes deſſeins ailleurs pour l'hyménée.

Tu sçais qu'on te souhaite aux plus riches maisons,
Que les meilleurs partis...
ÉRASTE.
Tréve de ces raisons,
Mon amour s'en offense, et tiendroit pour supplice,
De recevoir des loix d'une sale avarice ;
Il me rend insensible aux faux attraits de l'or,
Et trouve en sa personne un assez grand trésor.
TIRCIS.
Si c'est-là le chemin qu'en aimant tu veux suivre,
Tu ne sçais guére encor ce que c'est que de vivre.
Ces visages d'éclat sont bons à cajoler,
C'est-là qu'un apprentif doit s'instruire à parler :
J'aime à remplir de feux ma bouche en leur présence,
La mode nous oblige à cette complaisance,
Tous ces discours de livre alors sont de saison,
Il faut feindre des maux, demander guérison,
Donner sur le Phœbus, promettre des miracles,
Jurer qu'on brisera toute sorte d'obstacles,
Mais du vent et cela doivent estre tout un.
ÉRASTE.
Passe pour des beautez qui sont dans le commun :
C'est ainsi qu'autrefois j'amusay Crisolite,
Mais c'est d'autre façon qu'on doit servir Mélite.
Malgré tes sentimens, il me faut accorder
Que le souverain bien n'est qu'à la posséder.
Le jour qu'elle nasquit, Vénus, bien qu'immortelle,
Pensa mourir de honte en la voyant si belle,
Les Graces à l'envy descendirent des cieux
Pour se donner l'honneur d'accompagner ses yeux,
Et l'Amour, qui ne pût entrer dans son courage,
Voulut obstinément loger sur son visage.
TIRCIS.
Tu le prens d'un haut ton, et je croy qu'au besoin
Ce discours emphatique iroit encor bien loin.
Pauvre amant, je te plains, qui ne sçais pas encore
Que bien qu'une beauté mérite qu'on l'adore,
Pour en perdre le goust on n'a qu'à l'épouser !
Un bien qui nous est dû se fait si peu priser,
Qu'une femme fust-elle entre toutes choisie,
On en voit en six mois passer la fantaisie.

Tel au bout de ce temps n'en voit plus la beauté
Qu'avec un esprit sombre, inquiet, agité;
Au premier qui luy parle, ou jette l'œil sur elle,
Mille sottes frayeurs luy brouillent la cervelle,
Ce n'est plus lors qu'une aide à faire un favory,
Un charme pour tout autre, et non pour un mary.

ÉRASTE.

Ces caprices honteux et ces chimères vaines
Ne sçauroient ébranler des cervelles bien saines,
Et quiconque a sçeu prendre une fille d'honneur
N'a point à redouter l'appas d'un suborneur.

TIRCIS.

Peut-estre dis-tu vray, mais ce choix difficile
Assez et trop souvent trompe le plus habile,
Et l'Hymen de soy-mesme est un si lourd fardeau,
Qu'il faut l'appréhender à l'égal du tombeau.
S'attacher pour jamais aux costez d'une femme!
Perdre pour des enfans le repos de son ame!
Voir leur nombre importun remplir une maison!
Ah! qu'on aime ce joug avec peu de raison!

ÉRASTE.

Mais il y faut venir : c'est en vain qu'on recule,
C'est en vain qu'on refuit, tost ou tard on s'y brûle;
Pour libertin qu'on soit, on s'y trouve attrapé :
Toy-mesme, qui fais tant le cheval échapé,
Nous te verrons un jour songer au mariage.

TIRCIS.

Alors ne pense pas que j'épouse un visage.
Je régle mes desirs suivant mon interest :
Si Doris me vouloit, toute laide qu'elle est,
Je l'estimerois plus qu'Aminte et qu'Hippolyte,
Son revenu chez moy tiendroit lieu de mérite :
C'est comme il faut aimer. L'abondance des biens
Pour l'amour conjugal a de puissans liens,
La beauté, les attraits, l'esprit, la bonne mine,
Echauffent bien le cœur, mais non pas la cuisine,
Et l'hymen qui succéde à ces folles amours,
Après quelques douceurs a bien de mauvais jours [1].

---

[1] Dans toutes les éditions qui ont précédé celle de 1660, cette pensée est exprimée beaucoup plus crûment :

La beauté, les attraits, le port, la bonne mine,

ACTE I.

Une amitié si longue est fort mal asseurée
Dessus des fondemens de si peu de durée,
L'argent dans le ménage a certaine splendeur
Qui donne un teint d'éclat à la mesme laideur [1],
Et tu ne peux trouver de si douces caresses,
Dont le goust dure autant que celui des richesses.

ÉRASTE.

Auprès de ce bel œil qui tient mes sens ravis,
A peine pourrois-tu conserver ton avis.

TIRCIS.

La raison en tous lieux est également forte.

ÉRASTE.

L'essay n'en coûte rien, Mélite est à sa porte;
Allons, et tu verras dans ses aimables traits
Tant de charmans appas, tant de brillans attraits,
Que tu seras forcé toy-mesme à reconnoistre
Que si je suis un fou j'ay bien raison de l'estre.

TIRCIS.

Allons, et tu verras que toute sa beauté
Ne sçaura me tourner contre la vérité.

SCÉNE II.

ÉRASTE, MÉLITE, TIRCIS.

ÉRASTE.

De deux amis, Madame, appaisez la querelle:
Un esclave d'Amour se défend d'un rebelle,
Si toutefois un cœur qui n'a jamais aimé,
Fier et vain qu'il en est, peut estre ainsi nommé.
Comme dès le moment que je vous ay servie
J'ay creu qu'il étoit seul la véritable vie,

Échauffent bien les draps, mais non pas la cuisine,
Et l'hymen qui succéde à ces folles amours,
Pour quelques bonnes nuits, a bien de mauvais jours.

1. Ces deux vers, qui datent de 1644, ont fourni à Boileau :
L'or même à la laideur donne un teint de beauté.

Il n'eſt pas merveilleux que ce peu de rapport
Entre nos deux esprits ſéme quelque discord.
Je me ſuis donc piqué contre ſa médiſance,
Avec tant de malheur, ou tant d'inſuffiſance,
Que des droits ſi ſacrez et ſi pleins d'équité
N'ont pû le garantir de ſa ſubtilité,
Et je l'améne icy n'ayant plus que répondre,
Aſſeuré que vos yeux le ſçauroient mieux confondre.
MÉLITE.
Vous deviez l'aſſeurer plûtoſt qu'il trouveroit
En ce mépris d'amour qui le ſeconderoit.
TIRCIS.
Si le cœur ne dédit ce que la bouche exprime,
Et ne fait de l'amour une plus haute estime,
Je plains les malheureux à qui vous en donnez,
Comme à d'étranges maux par leur ſort destinez.
MÉLITE.
Ce reproche ſans cauſe avec raiſon m'étonne :
Je ne reçoy d'amour et n'en donne à perſonne ;
Les moyens de donner ce que je n'eus jamais ?
ÉRASTE.
Ils vous ſont trop aisez, et par vous déſormais
La nature pour moy montre ſon injustice,
A pervertir ſon cours pour me faire un ſupplice.
MÉLITE.
Supplice imaginaire, et qui ſent ſon moqueur.
ÉRASTE.
Supplice qui déchire et mon ame et mon cœur.
MÉLITE.
Il eſt rare qu'on porte avec ſi bon viſage
L'ame et le cœur enſemble en ſi triste équipage.
ÉRASTE.
Voſtre charmant aspect ſuspendant mes douleurs,
Mon viſage du voſtre emprunte les couleurs.
MÉLITE.
Faites mieux, pour finir vos maux et voſtre flame
Empruntez tout d'un temps les froideurs de mon ame.
ÉRASTE.
Vous voyant, les froideurs perdent tout leur pouvoir,
Et vous n'en conſervez que faute de vous voir.

MÉLITE.
Et quoy ! tous les miroirs ont-ils de faulſes glaces !
ÉRASTE.
Penſeriez-vous y voir la moindre de vos graces ?
De ſi freſles ſujets ne ſçauroient exprimer
Ce que l'amour aux cœurs peut luy ſeul imprimer,
Et quand vous en voudrez croire leur impuiſſance,
Cette légére idée et foible connoiſſance
Que vous aurez par eux de tant de raretez
Vous mettra hors du pair de toutes les beautez.
MÉLITE.
Voila trop vous tenir dans une complaiſance
Que vous deuſſiez quitter, du moins en ma préſence,
Et ne démentir pas le rapport de vos yeux,
Afin d'avoir ſujet de m'entreprendre mieux.
ÉRASTE.
Le rapport de mes yeux aux dépens de mes larmes
Ne m'a que trop appris le pouvoir de vos charmes.
TIRCIS.
Sur peine d'eſtre ingrate, il faut de voſtre part
Reconnoiſtre les dons que le ciel vous départ.
ÉRASTE.
Voyez que d'un ſecond mon droit ſe fortifie.
MÉLITE.
Voyez que ſon ſecours montre qu'il s'en défie.
TIRCIS.
Je me range toûjours avec la vérité.
MÉLITE.
Si vous la voulez ſuivre, elle eſt de mon coſté.
TIRCIS.
Ouy ſur voſtre viſage, et non en vos paroles.
Mais ceſſez de chercher ces refuites frivoles,
Et prenant déſormais des ſentimens plus doux,
Ne ſoyez plus de glace à qui bruſle pour vous.
MÉLITE.
Un ennemy d'amour me tenir ce langage !
Accordez voſtre bouche avec voſtre courage,
Pratiquez vos conſeils, ou ne m'en donnez pas.
TIRCIS.
J'ay connu mon erreur auprès de vos appas,

Il vous l'avoit bien dit.
ÉRASTE.
Ainſi donc par l'iſſuë
Mon ame ſur ce point n'a point été deceuë?
TIRCIS.
Si tes feux en ſon cœur produiſoient meſme effet,
Croy-moy, que ton bon-heur feroit bien-toſt parfait.
MÉLITE.
Pour voir ſi peu de choſe auſſi-toſt vous dédire,
Me donne à vos dépens de beaux ſujets de rire;
Mais je pourrois bien-toſt, à m'entendre flater,
Concevoir quelque orgueil qu'il vaut mieux éviter;
Excuſez ma retraite.
ÉRASTE.
Adieu, belle inhumaine,
De qui ſeule dépend et ma joye et ma peine.
MÉLITE.
Plus ſage à l'avenir, quittez ces vains propos,
Et laiſſez voſtre eſprit et le mien en repos.

SCÉNE III.

ÉRASTE, TIRCIS.

ÉRASTE.

Maintenant ſuis-je un foû? méritay-je du [blaſme?
Que dis-tu de l'objet, que dis-tu de ma
TIRCIS. [flame?
Que veux tu que j'en die? elle a je ne ſçay quoy
Qui ne peut conſentir que l'on demeure à ſoy;
Mon cœur, juſqu'à préſent à l'amour invincible,
Ne ſe maintient qu'à force aux termes d'inſenſible,
Tout autre que Tircis mourroit pour la ſervir.
ÉRASTE.
Confeſſe franchement qu'elle a ſçeu te ravir,
Et que tu ne veux pas prendre pour cette belle
Avec le nom d'amant le titre d'infidelle.
Rien que noſtre amitié ne t'en peut détourner;

Mais ta muſe du moins, facile à ſuborner [1],
Avec plaiſir déjà prépare quelques veilles
A de puiſſans efforts pour de telles merveilles.
TIRCIS.
En effet, ayant veu tant et de tels appas,
Que je ne rime point, je ne le promets pas.
ÉRASTE.
Tes feux n'iront-ils point plus avant que la rime?
TIRCIS.
Si je bruſle jamais, je veux bruſler ſans crime.
ÉRASTE.
Mais ſi ſans y penſer tu te trouvois ſurpris?
TIRCIS.
Quitte pour décharger mon cœur dans mes écrits.
J'aime bien ces discours de plaintes et d'alarmes
De ſoupirs, de ſanglots, de tourmens et de larmes;
C'eſt de quoy fort ſouvent je baſtis ma chanson,
Mais j'en connoy, ſans plus, la cadence et le ſon.
Souffre qu'en un ſonnet je m'efforce à dépeindre
Cét agréable feu que tu ne peux éteindre :
Tu le pourras donner comme venant de toy.
ÉRASTE.
Ainsi ce cœur d'acier qui me tient ſous ſa loy
Verra ma paſſion pour le moins en peinture :
Je doute néantmoins qu'en cette portraiture
Tu ne ſuives plûtoſt tes propres ſentimens.
TIRCIS.
Me prépare le ciel de nouveaux châtimens,
Si jamais un tel crime entre dans mon courage.
ÉRASTE.
Adieu, je suis content, j'ay ta parole en gage,
Et ſçay trop que l'honneur t'en fera ſouvenir.
TIRCIS seul.
En matiére d'amour rien n'oblige à tenir,

---

1. Ici, comme dans beaucoup d'autres passages, Corneille a fait disparaître un archaïsme en révisant ses œuvres dramatiques pour l'édition de 1660. Il y avait d'abord :

Mais ta muſe du moins s'en lairra ſuborner.

Et les meilleurs amis, lorsque son feu les preſſe,
Font bien-toſt vanité d'oublier leur promeſſe.

SCÉNE IV.

PHILANDRE, CLORIS.

PHILANDRE.

Je meure, mon ſoucy, tu dois bien me haïr,
Tous mes ſoins depuis peu ne vont qu'à te [trahir.
CLORIS.
Ne m'épouvante point : à ta mine je penſe
Que le pardon ſuivra de fort près cette offenſe,
Si-toſt que j'auray ſceu quel eſt ce mauvais tour.
PHILANDRE.
Sçache donc qu'il ne vient ſinon de trop d'amour.
CLORIS.
J'euſſe oſé le gager, qu'ainſi par quelque ruſe
Ton crime officieux porteroit ſon excuſe.
PHILANDRE.
Ton adorable objet, mon unique vainqueur
Fait naiſtre chaque jour tant de feux en mon cœur,
Que leur excès m'accable, et que pour m'en défaire
J'y cherche des défauts qui puiſſent me déplaire :
J'examine ton teint dont l'éclat me ſurprit,
Les traits de ton viſage, et ceux de ton esprit,
Mais je n'en puis trouver un ſeul qui ne me charme.
CLORIS.
Et moy je ſuis ravie, après ce peu d'alarme,
Qu'ainſi tes ſens trompez te puiſſent obliger
A chérir ta Cloris et jamais ne changer.
PHILANDRE.
Ta beauté te répond de ma perſévérance,
Et ma foy, qui t'en donne une entière aſſeurance.
CLORIS.
Voilà fort doucement dire que ſans ta foy
Ma beauté ne pourroit te conſerver à moy.

Philandre.
Je traiterois trop mal une telle maîtresse,
De l'aimer seulement pour tenir ma promesse :
Ma passion en est la cause, et non l'effet ;
Outre que tu n'as rien qui ne soit si parfait
Qu'on ne peut te servir sans voir sur ton visage
De quoy rendre constant l'esprit le plus volage.
Cloris.
Ne m'en conte point tant de ma perfection :
Tu dois estre asseuré de mon affection,
Et tu pers tout l'effort de ta galanterie
Si tu crois l'augmenter par une flaterie.
Une fausse loüange est un blasme secret.
Je suis belle à tes yeux, il suffit ; sois discret,
C'est mon plus grand bonheur, et le seul où j'aspire.
Philandre.
Tu sçais adroitement adoucir mon martyre [1] :
Mais parmy les plaisirs qu'avec toy je ressens,
A peine mon esprit ose croire mes sens,
Toûjours entre la crainte et l'espoir en balance ;
Car s'il faut que l'amour naisse de ressemblance,
Mes imperfections nous éloignant si fort,
Qu'oserois-je prétendre en ce peu de rapport ?
Cloris.
Du moins ne prétens pas qu'à présent je te loüe
Et qu'un mépris rusé que ton cœur désavoüe
Me mette sur la langue un babil affété
Pour te rendre à mon tour ce que tu m'as prêté :
Au contraire, je veux que tout le monde sçache
Que je connois en toy des défauts que je cache.
Quiconque avec raison peut estre négligé,
A qui le veut aimer est bien plus obligé.
Philandre.
Quant à toy, tu te crois de beaucoup plus aimable.
Cloris.
Sans doute, et qu'aurois-tu qui me fust comparable ?

---

1. Toutes les éditions antérieures à 1660 portent :

Que tu sçais dextrement adoucir mon martyre!

PHILANDRE.

Regarde dans mes yeux, et reconnoy qu'en moy
On peut voir quelque chose aussi parfait que toy.

CLORIS.

C'est sans difficulté, m'y voyant exprimée.

PHILANDRE.

Quitte ce vain orgueil dont ta veuë est charmée.
Tu n'y vois que mon cœur, qui n'a plus un seul trait
Que ceux qu'il a receus de ton charmant portrait,
Et qui, tout aussi-tost que tu t'és fait paroistre,
Afin de te mieux voir s'est mis à la fenestre.

CLORIS.

Le trait n'est pas mauvais, mais puisqu'il te plaist tant,
Regarde dans mes yeux, ils t'en montrent autant,
Et nos feux tous pareils ont mesmes étincelles.

PHILANDRE.

Ainsi, chére Cloris, nos ardeurs mutuelles
Dedans cette union prenant un mesme cours,
Nous préparent un heur qui durera toûjours,
Cependant en faveur de ma longue souffrance [1]...

---

1. L'auteur a changé la fin de cette scène et le commencement de la suivante à partir de l'édition de 1660. Voici la rédaction primitive :

> Cependant un baiser accordé par avance
> Soulageroit beaucoup ma pénible souffrance.
>
> CLORIS.
>
> Prens-le sans demander; poltron, pour un baiser
> Crois-tu que ta Cloris te voulust refuser ?

SCÉNE DERNIÉRE.

TIRCIS, PHILANDRE, CLORIS.

TIRCIS (*Il les surprend sur ce baiser*).

Voila traiter l'amour justement bouche à bouche
C'est par où vous alliez commencer l'escarmouche?
Encore n'est-ce pas trop mal passer son temps.

PHILANDRE.

Que t'en semble, Tircis ?

TIRCIS.

Je vous voy si contens,
Qu'à ne vous rien céler touchant ce qu'il me semble

CLORIS.
Tay-toy, mon frére vient.

SCÉNE V.

TIRCIS, PHILANDRE, CLORIS.

TIRCIS.
Si j'en croy l'apparence,
Mon arrivée icy fait quelque contre-temps.
PHILANDRE.
Que t'en femble, Tircis?
TIRCIS.
Je vous voy fi contens,
Qu'à ne vous rien céler touchant ce qu'il me femble
Du divertiffement que vous preniés enfemble,
De moins forciers que moy pourroient bien deviner
Qu'un troifiéme ne fait que vous importuner.
CLORIS.
Dy ce que tu voudras, nos feux n'ont point de crimes,
Et pour t'appréhender ils font trop légitimes;
Puis qu'un hymen facré promis ces jours paffez
Sous ton confentement les authorife affez.
TIRCIS.
Ou je te connoy mal, ou fon heure tardive
Te defoblige fort de ce qu'elle n'arrive [1].
CLORIS.
Ta belle humeur te tient, mon frére.
TIRCIS.
Affeurément.

Du divertiffement que vous preniés enfemble,
Je pense ne pouvoir vous eftre qu'importun :
Vous feriés mieux un tiers, que d'en accepter un.

1. Vers supprimés :

Cette légère amorce irritant tes defirs
Fait que l'illufion d'autres meilleurs plaifirs
Vient la nuit chatouiller ton espérance avide,
Malfatisfaicte après de tant mafcher à vuide.

CLORIS.

Le sujet?

TIRCIS.

J'en ay trop dans ton contentement.

CLORIS.

Le cœur t'en dit d'ailleurs.

TIRCIS.

Il est vray, je te jure,
J'ay veu je ne sçay quoy...

CLORIS.

Dy tout, je t'en conjure.

TIRCIS.

Ma foy, si ton Philandre avoit veu de mes yeux,
Tes affaires, ma sœur, n'en iroient guére mieux.

CLORIS.

J'ay trop de vanité pour croire que Philandre
Trouve encore après moy qui puisse le surprendre.

TIRCIS.

Tes vanitez à part, repose-t'en sur moy,
Que celle que j'ay veüe est bien autre que toy.

PHILANDRE.

Parle mieux de l'objet dont mon ame est ravie :
Ce blasphéme à tout autre auroit coûté la vie.

TIRCIS.

Nous tomberons d'accord, sans nous mettre en pour-
CLORIS.   [point.
Encor cette beauté, ne la nomme-t'on point?

TIRCIS.

Non pas si-tost. Adieu, ma présence importune
Te laisse à la mercy d'Amour et de la brune.
Continuez les jeux que vous avez quittez[1].

---

1. Dans les éditions antérieures à celle de 1660 cet acte finissait ainsi :

Continuez les jeux que j'ay...
    CLORIS.
               Tout beau! gausseur;
Ne t'imagine point de contraindre une sœur;
N'importe qui l'éclaire en ces chastes caresses,
Et pour te faire voir des preuves plus expresses,

CLORIS.
Ne croy pas éviter mes importunitez;
Ou tu diras le nom de cette incomparable,
Ou je vay de tes pas me rendre inséparable.
TIRCIS.
Il n'est pas fort aisé d'arracher ce secret.
Adieu, ne perds point temps.
CLORIS.
O l'amoureux discret!
Et bien, nous allons voir si tu sçauras te taire.
PHILANDRE. *Il retient Cloris qui suit son frère.*
C'est donc ainsi qu'on quitte un amant pour un frère!
CLORIS.
Philandre, avoir un peu de curiosité,
Ce n'est pas envers toy grande infidélité;
Souffre que je dérobe un moment à ma flame,
Pour lire malgré luy jusqu'au fond de son ame;
Nous en rirons après ensemble, si tu veux.
PHILANDRE.
Quoy, c'est là tout l'état que tu fais de mes feux?
CLORIS.
Je ne t'aime pas moins pour estre curieuse,
Et ta flame à mon cœur n'est pas moins précieuse,
Conserve-moy le tien, et fois seur de ma foy.
PHILANDRE.
Ah! folle, qu'en t'aimant il faut souffrir de toy!

Qu'elle ne craint en rien ta langue, ny tes yeux,
Philandre, d'un baiser scelle encor tes adieux.
PHILANDRE.
Ainsi vienne bien-tost cette heureuse journée
Qui nous donne le reste en faveur d'Hyménée.
TIRCIS.
Sa nuit est bien plûtost ce que vous attendez,
Pour vous récompenser du temps que vous perdez.

Fin du premier acte.

ACTE II.

SCÉNE I.

ÉRASTE.

Je l'avois bien prévu, que ce cœur infidelle
Ne se défendroit point des yeux de ma crüelle,
Qui traite mille amans avec mille mépris,
Et n'a point de faveurs que pour le dernier pris.
Si-tost qu'il l'aborda, je leus sur son visage
De sa déloyauté l'infaillible présage ;
Un inconnu frisson dans mon corps épandu,
Me donna les avis de ce que j'ay perdu.
Depuis, cette volage évite ma rencontre,
Ou si malgré ses soins le hazard me la montre,
Si je puis l'aborder, son discours se confond,
Son esprit en désordre à peine me répond,
Une réfléxion vers le traistre qu'elle aime
Presques à tous momens le ramène en luy mesme,
Et tout resveur qu'il est, il n'a point de soucis
Qu'un soupir ne trahisse au seul nom de Tircis.
Lors par le prompt effet d'un changement étrange
Son silence rompu se déborde en loüange ;
Elle remarque en luy tant de perfections,
Que les moins éclairez verroient ses passions ;
Sa bouche ne se plaist qu'en cette flaterie,
Et tout autre propos luy rend sa resverie.
Cependant chaque jour au discours attachez,
Ils ne retiennent plus leurs sentimens cachez,
Ils ont des rendez-vous où l'amour les assemble,
Encor hier sur le soir je les surpris ensemble,
Encor tout de nouveau je la voy qui l'attend.

Que cét œil asseuré marque un esprit content!
Perds tout respect, Eraste, et tout soin de luy plaire,
Ren, sans plus différer, ta vengeance éxemplaire;
Mais il vaut mieux t'en rire, et pour dernier effort
Luy montrer en raillant combien elle a de tort.

SCÉNE II.
ÉRASTE, MÉLITE.

ÉRASTE.

Quoy, seule et sans Tircis! vraiment c'est un [prodige,
Et ce nouvel amant déjà trop vous néglige,
Laissant ainsi couler la belle occasion
De vous conter l'excès de son affection.
MÉLITE.
Vous sçavez que son ame en est fort dépourvuë.
ÉRASTE.
Toutesfois, ce dit-on, depuis qu'il vous a veuë,
Il en porte dans l'ame un si doux souvenir,
Qu'il n'a plus de plaisirs qu'à vous entretenir.
MÉLITE.
Il a lieu de s'y plaire avec quelque justice :
L'amour ainsi qu'à luy me paroist un supplice,
Et sa froideur, qu'augmente un si lourd entretien,
Le résout d'autant mieux à n'aimer jamais rien.
ÉRASTE.
Dites à n'aimer rien que la belle Mélite.
MÉLITE.
Pour tant de vanité j'ay trop peu de mérite.
ÉRASTE.
En faut-il tant avoir pour ce nouveau venu?
MÉLITE.
Un peu plus que pour vous.
ÉRASTE.
De vray, j'ay reconnu,
Vous ayant pû servir deux ans et davantage,
Qu'il faut si peu que rien à toucher mon courage.

MÉLITE.
Encor fi peu que c'eft vous étant refufé,
Préfumez comme ailleurs vous ferez méprifé.
ÉRASTE.
Vos mépris ne font pas de grande conséquence,
Et ne vaudront jamais la peine que j'y penfe ;
Sçachant qu'il vous voyoit, je m'étois bien douté
Que je ne ferois plus que fort mal écouté.
MÉLITE.
Sans que mes actions de plus près j'examine,
A la meilleure humeur je fais meilleure mine,
Et s'il m'ofoit tenir de femblables discours,
Nous romprions enfemble avant qu'il fut deux jours.
ÉRASTE.
Si chaque objet nouveau de mefme vous engage,
Il changera bien-toft d'humeur et de langage :
Careffé maintenant auffi-toft qu'aperceu,
Qu'auroit-il à fe plaindre, étant fi bien receu ?
MÉLITE.
Éraste, voyez-vous, tréve de jaloufie !
Purgez voftre cerveau de cette frénéfie ;
Laiffez en liberté mes inclinations ;
Qui vous a fait cenfeur de mes affections ?
Eft-ce à voftre chagrin que j'en doy rendre conte ?
ÉRASTE.
Non, mais j'ay malgré moy pour vous un peu de honte
De ce qu'on dit par tout du trop de privauté
Que déjà vous fouffrez à fa témérité.
MÉLITE.
Ne foyez en foucy que de ce qui vous touche.
ÉRASTE.
Le moyen fans regret de vous voir fi farouche
Aux légitimes vœux de tant de gens d'honneur,
Et d'ailleurs fi facile à ceux d'un suborneur ?
MÉLITE.
Ce n'eft pas contre luy qu'il faut en ma préfence
Lafcher les traits jaloux de voftre médifance :
Adieu, fouvenez-vous que ces mots infenfez
L'avanceront chez moy plus que vous ne penfez.

SCÉNE III.

ÉRASTE.

C'est-là donc ce qu'enfin me gardoit ton caprice ?
C'est ce que j'ay gagné par deux ans de service ?
C'est ainsi que mon feu s'étant trop abaissé,
D'un outrageux mépris se voit récompensé ?
Tu m'oses préférer un traistre qui te flatte;
Mais, dans ta lascheté, ne croy pas que j'éclate,
Et que par la grandeur de mes ressentimens
Je laisse aller au jour celle de mes tourmens.
Un aveu si public qu'en feroit ma colére
Enfleroit trop l'orgueil de ton ame legére,
Et me convaincroit trop de ce desir abjet
Qui m'a fait soûpirer pour un indigne objet.
Je sçauray me venger, mais avec l'apparence
De n'avoir pour tous deux que de l'indifférence :
Il fut toûjours permis de tirer sa raison
D'une infidélité par une trahison.
Tien, déloyal amy, tien ton ame asseurée
Que ton heur surprenant aura peu de durée,
Et que par une adresse égale à tes forfaits
Je mettray le desordre où tu crois voir la paix.
L'esprit fourbe et vénal d'un voisin de Mélite
Donnera prompte issuë à ce que je médite :
A servir qui l'achéte il est toûjours tout prest,
Et ne voit rien d'injuste où brille l'interest.
Allons sans perdre temps luy payer ma vengeance,
Et la pistole en main presser sa diligence.

SCÉNE IV.

TIRCIS, CLORIS.

TIRCIS.

Ma sœur, un mot d'avis sur un méchant sonnet,
Que je viens de brouiller dedans mon cabinet.
CLORIS.
C'est à quelque beauté que ta muse l'adresse ?

TIRCIS.
En faveur d'un amy je flate la maîtreſſe.
Voy ſi tu le connois, et ſi, parlant pour luy,
J'ay ſceu m'accommoder aux paſſions d'autruy.

SONNET [1].

prés l'œil de Mélite il n'eſt rien d'admirable.
        CLORIS.
Ah, frére, il n'en faut plus.
        TIRCIS.
                Tu n'és pas ſupportable
De me rompre ſi-toſt.
        CLORIS.
                C'étoit ſans y penſer.

1. Ce Sonnet a donné lieu à une singulière méprise de la part de Palissot, éditeur du *Corneille* de 1801, méprise reproduite depuis par tous les annotateurs et commentateurs des Œuvres complètes de Corneille jusqu'à M. Lefèvre inclusivement. Voici comment :
Clitandre, la seconde pièce de Corneille, représentée trois ans après *Mélite*, fut le premier ouvrage qu'il fit imprimer. Il le publia en 1632, grossit le volume de *Mélanges poétiques*, et, comme *Mélite* n'avait pas encore trouvé de libraire, il comprit dans ces *Mélanges* le *Sonnet* à Mélite, comme il y eût mis les stances de Rodrigue si *le Cid* avait été antérieur à *Clitandre* et non imprimé. En 1738, Granet, éditant un volume d'*Œuvres diverses de P. Corneille*, réimprima bien entendu ces Mélanges poétiques et n'eut pas de raisons pour en retrancher ce Sonnet puisqu'il ne publiait pas en même temps le Théâtre. Palissot, qui publia, lui, les *Œuvres complètes de Corneille*, ne s'aperçut pas que ce Sonnet était tout simplement et uniquement un fragment de *Mélite*, qu'il l'avait déjà imprimé comme partie intégrante de cette comédie, et il le reproduisit dans le volume des poésies diverses avec accompagnement de cette note romanesque : « Ce Sonnet était adressé à une femme charmante que Corneille, dans sa première jeunesse, avait aimée avec passion et chez laquelle il lui arriva l'aventure qui donna lieu à sa comédie de *Mélite*. Ce sont les seuls vers qui soient restés de tous ceux qu'il avait composés pour elle. » Et pendant plus d'un-demi siècle la bévue et la note ont eu beaucoup d'éditions.

Achéve.

TIRCIS.
Tay-toy donc, je vay recommencer.

SONNET.

près l'œil de Mélite il n'est rien d'admirable,
Il n'est rien de solide après ma loyauté,
Mon feu comme son teint se rend incom-
[parable,
Et je suis en amour ce qu'elle est en beauté.

Quoy que puisse à mes sens offrir la nouveauté,
Mon cœur à tous ses traits demeure invulnérable,
Et bien qu'elle ait au sien la mesme crüauté,
Ma foy pour ses rigueurs n'en est pas moins durable.

C'est donc avec raison que mon extrème ardeur
Trouve chez cette belle une extrème froideur,
Et que sans estre aimé je brusle pour Mélite.

Car de ce que les Dieux, nous envoyant au jour,
Donnèrent pour nous deux d'amour et de mérite,
Elle a tout le mérite, et moy j'ay tout l'amour.

CLORIS.
Tu l'as fait pour Eraste?

TIRCIS.
Ouy, j'ay dépeint la flame.

CLORIS.
Comme tu la ressens peut-estre dans ton ame?

TIRCIS.
Tu sçais mieux qui je suis, et que ma libre humeur
N'a de part en mes vers que celle de rimeur.

CLORIS.
Pauvre frére, vois-tu, ton silence t'abuse;
De la langue ou des yeux, n'importe qui t'accuse:
Les tiens m'avoient bien dit malgré toy que ton cœur
Soûpiroit sous les lois de quelque objet vainqueur,
Mais j'ignorois encor qui tenoit ta franchise,
Et le nom de Mélite a causé ma surprise
Si-tost qu'au prémier vers ton sonnet m'a fait voir
Ce que depuis huit jours je bruslois de sçavoir,

TIRCIS.
Tu crois donc que j'en tiens?
CLORIS.
Fort avant.
TIRCIS.
Pour Mélite?
CLORIS.
Pour Mélite, et de plus, que ta flame n'excite
Au cœur de cette belle aucun embrafement.
TIRCIS.
Qui t'en a tant appris? mon fonnet?
CLORIS.
Justement.
TIRCIS.
Et c'eſt ce qui te trompe avec tes conjectures,
Et par où ta fineſſe a mal pris ſes meſures.
Un visage jamais ne m'auroit arrété
S'il falloit que l'amour fuſt tout de mon coſté.
Ma rime ſeulement eſt un portrait fidelle
De ce qu'Eraste ſouffre en ſervant cette belle;
Mais quand je l'entretiens de mon affection,
J'en ay toûjours aſſez de ſatisfaction.
CLORIS.
Montre, ſi tu dis vray, quelque peu plus de joye,
Et ren-toy moins reſveur afin que je te croye.
TIRCIS.
Je reſve, et mon eſprit ne s'en peut éxempter;
Car ſi-toſt que je viens à me repréſenter
Qu'une vieille amitié de mon amour s'irrite
Qu'Eraste s'en offenſe, et s'oppoſe à Mélite,
Tantoſt je ſuis amy, tantoſt je ſuis rival,
Et toûjours balancé d'un contrepoids égal,
J'ay honte de me voir inſenſible, ou perfide;
Si l'amour m'enhardit, l'amitié m'intimide,
Entre ces mouvemens mon esprit partagé
Ne ſçait duquel des deux il doit prendre congé.
CLORIS.
Voilà bien des détours pour dire au bout du conte
Que c'eſt contre ton gré que l'amour te ſurmonte;
Tu préſumes par là me le perſuader,

Mais ce n'eſt pas ainſi qu'on m'en donne à garder.
A la mode du temps, quand nous ſervons quelqu'autre,
C'eſt ſeulement alors qu'il n'y va rien du noſtre,
Chacun en ſon affaire eſt ſon meilleur amy,
Et tout autre intereſt ne touche qu'à demy.
TIRCIS.
Que du foudre à tes yeux j'éprouve la furie,
Si rien que ce rival cauſe ma reſverie.
CLORIS.
C'eſt donc aſſurément ſon bien qui t'eſt ſuspect,
Son bien te fait reſver, et non pas ſon respect,
Et, toute amitié bas, tu crains que ſa richeſſe
En dépit de tes feux n'obtienne ta maitreſſe.
TIRCIS.
Tu devines, ma ſœur; cela me fait mourir.
CLORIS.
Ce ſont vaines frayeurs dont je veux te guérir.
Depuis quand ton Eraste en tient-il pour Mélite?
TIRCIS.
Il rend depuis deux ans hommage à ſon mérite.
CLORIS.
Mais dit-il les grands mots? parle-t-il d'épouſer?
TIRCIS.
Presque à chaque moment.
CLORIS.
               Laiſſe-le donc jaſer.
Ce malheureux amant ne vaut pas qu'on le craigne,
Quelque riche qu'il ſoit, Mélite le dédaigne :
Puisqu'on voit ſans effet deux ans d'affection,
Tu ne dois plus douter de ſon averſion.
Le temps ne la rendra que plus grande et plus forte
On prend ſoudain au mot les hommes de ſa ſorte,
Et ſans rien hazarder à la moindre longueur
On leur donne la main dès qu'ils offrent le cœur.
TIRCIS.
Sa mére peut agir de puiſſance abſoluë.
CLORIS.
Croy que déja l'affaire en ſeroit réſoluë,
Et qu'il auroit déja de quoy ſe contenter
Si ſa mére étoit femme à la violenter.

TIRCIS.

Ma crainte diminuë, et ma douleur s'appaife ¹,
Mais fi je t'abandonne, excufe mon trop d'aife.
Avec cette lumiére et ma dextérité
J'en veux aller fçavoir toute la vérité.
Adieu.

CLORIS.

Moy, je m'en vay paifiblement attendre
Le retour defiré du pareffeux Philandre.
Un moment de froideur luy fera fouvenir ²
Qu'il faut une autre fois tarder moins à venir.

SCÉNE V.

ÉRASTE, CLITON.

ÉRASTE *luy donnant une lettre*.

Va-t'en chercher Philandre, et dy-luy que
A dedans ce billet fa paffion décrite, [Mélite
Dy-luy que fa pudeur ne fçauroit plus cacher
Un feu qui la confume ³, et qu'elle tient fi
Mais pren garde furtout à bien joüer ton rôle, [cher.
Remarque fa couleur, fon maintien, fa parole,
Voy fi dans la lecture un peu d'émotion
Ne te montrera rien de fon intention.

CLITON.

Cela vaut fait, Monfieur.

ÉRASTE.

Mais après ce meffage
Sçache avec tant d'adreffe ébranfler fon courage,
Que tu viennes à bout de fa fidélité.

---

1. On lit dans l'édition originale :

   Pour de fi bons avis il faut que je te baife.

2. Éditions antérieures à 1654 :

   Un baifer refufé luy fera fouvenir.

3. Éditions antérieures à 1660 :

   Un feu qui la confomme.

CLITON.
Monſieur, repoſez-vous ſur ma ſubtilité :
Il faudra malgré luy qu'il donne dans le piége,
Ma teſte ſur ce point vous ſervira de plége [1],
Mais auſſi, vous ſcavez...
ÉRASTE.
Ouy, va, ſois diligent.
Ces ames du commun n'ont pour but que l'argent,
Et je n'ay que trop veu par mon expérience...
Mais tu reviens bien-toſt ?
CLITON.
Donnez-vous patience,
Monſieur, il ne nous faut qu'un moment de loiſir,
Et vous pourrez vous-meſme en avoir le plaiſir.
ÉRASTE.
Comment ?
CLITON.
De ce carfour j'ay vû venir Philandre,
Cachez-vous en ce coin, et de là ſcachez prendre
L'occaſion commode à ſeconder mes coups.
Par là nous le tenons. Le voicy, ſauvez-vous.

SCÉNE VI.

PHILANDRE, ÉRASTE, CLITON.

PHILANDRE. *Eraste eſt caché et les écoute.*

Quelle réception me fera ma maîtreſſe ?
Le moyen d'excuſer une telle pareſſe ?
CLITON.
Monſieur, tout à propos je vous rencontre icy,
Expreſſément chargé de vous rendre cecy.
PHILANDRE.
Qu'eſt-ce ?
CLITON.
Vous allez voir en liſant cette lettre
Ce qu'un homme jamais n'oſeroit le promettre ;
Ouvrez-la ſeulement.

---

1. *Plége*, gage, caution, garantie.

PHILANDRE.
Va, tu n'és qu'un conteur.
CLITON.
Je veux mourir au cas qu'on me trouve menteur.

LETTRE SUPPOSÉE
DE MÉLITE A PHILANDRE.

algré le devoir et la bien-féance du féxe, celle-cy m'échape en faveur de vos mérites, pour vous apprendre que c'eft Mélite qui vous écrit, et qui vous aime. Si elle eft affez heureufe pour recevoir de vous une réciproque affection, contentez-vous de cét entretien par lettres, jusques à ce qu'elle ait ofté de l'esprit de fa mère quelques perfonnes qui n'y font que trop bien pour fon contentement.

ÉRASTE, *feignant d'avoir leu la lettre par deffus son épaule.*
C'eft donc la vérité, que la belle Mélite
Fait du brave Philandre une loüable élite,
Et qu'il obtient ainfi de fa feule vertu
Ce qu'Eraste et Tircis ont en vain débatu!
Vraiment dans un tel choix mon regret diminuë,
Outre qu'une froideur depuis peu furvenuë,
De tant de vœux perdus ayant fçeu me laffer,
N'attendoit qu'un prétexte à m'en débaraffer.
PHILANDRE.
Me dis-tu que Tircis brufle pour cette belle?
ÉRASTE.
Il en meurt.
PHILANDRE.
Ce courage à l'amour fi rebelle?
ÉRASTE.
Luy-mefme.
PHILANDRE.
Si ton cœur ne tient plus qu'à demy,
Tu peux le retirer en faveur d'un amy;

Sinon, pour mon regard ne cesse de prétendre ;
Etant pris une fois, je ne suis plus à prendre.
Tout ce que je puis faire à ce beau feu naissant,
C'est de m'en revancher par un zéle impuissant,
Et ma Cloris la prie, afin de s'en distraire,
De tourner, s'il se peut, sa flame vers son frére.
ÉRASTE.
Auprès de sa beauté qu'est-ce que ta Cloris ?
PHILANDRE.
Un peu plus de respect pour ce que je chéris !
ÉRASTE.
Je veux qu'elle ait en soy quelque chose d'aimable,
Mais enfin, à Mélite est-elle comparable ?
PHILANDRE.
Qu'elle le soit, ou non, je n'éxamine pas
Si des deux l'une ou l'autre a plus ou moins d'appas ;
J'aime l'une, et mon cœur pour toute autre insensible...
ÉRASTE.
Avise touteffois, le prétexte est plausible.
PHILANDRE.
J'en serois mal voulu des hommes et des Dieux.
ÉRASTE.
On pardonne aisément à qui trouve son mieux.
PHILANDRE.
Mais en quoy gist ce mieux ?
ÉRASTE.
En esprit, en richesse.
PHILANDRE.
O le honteux motif à changer de maitresse !
ÉRASTE.
En amour.
PHILANDRE.
Cloris m'aime, et si je m'y connoy,
Rien ne peut égaler celuy qu'elle a pour moy.
ÉRASTE.
Tu te détromperas si tu veux prendre garde
A ce qu'à ton sujet l'une et l'autre hazarde.
L'une en t'aimant s'expose au péril d'un mépris,
L'autre ne t'aime point que tu n'en sois épris :
L'une t'aime engagé vers une autre moins belle,

L'autre le rend lenſible à qui n'aime rien qu'elle :
L'une au deſceu des ſiens te montre ſon ardeur,
Et l'autre après leur choix quitte un peu ſa froideur :
L'une...
####### PHILANDRE.
Adieu ! Des raiſons de ſi peu d'importance
Ne pourroient en un ſiècle ébranler ma constance [1].
Il dit ce vers à Cliton tout bas.
Dans deux heures d'icy tu viendras me revoir.
####### CLITON.
Diſpoſez librement de mon petit pouvoir.
####### ÉRASTE *ſeul.*
Il a beau déguiſer, il a gouſté l'amorce ;
Cloris déjà ſur luy n'a preſque plus de force.
Ainſi je ſuis deux fois vengé du raviſſeur,
Ruïnant tout enſemble, et le frére, et la sœur.

SCÉNE VII.

TIRCIS, ÉRASTE, MÉLITE.

####### TIRCIS.

raste, arrête un peu.
####### ÉRASTE.
Que me veux-tu ?
####### TIRCIS.
Te rendre
Ce ſonnet que pour toy j'ay promis d'entreprendre.
####### MÉLITE, *au travers d'une jalouſie, cependant qu'Eraſte lit le ſonnet.*
Que font-ils là tous deux ? qu'ont-ils à démeſler ?
Ce jaloux à la fin le pourra quereller ;
Du moins les complimens dont peut-eſtre ils ſe jouent
Sont des civilitez qu'en l'ame ils déſavoüent.
####### TIRCIS.
J'y donne une raiſon de ton ſort inhumain,

---

1. L'édition originale de 1633 porte seule :
   N'ont rien qui ſoit baſtant d'ébranler ma constance.

Allons, je le veux voir préfenter de ta main
A ce charmant objet dont ton ame eft bleffée.
ÉRASTE luy rendant fon fonnet.
Une autre fois, Tircis ; quelque affaire preffée
Fait que je ne fçaurois pour l'heure m'en charger.
Tu trouveras ailleurs un meilleur meffager.
TIRCIS feul.
La belle humeur de l'homme ! ô Dieux, quel perfonnage!
Quel amy j'avois fait de ce plaifant vifage !
Une mine froncée, un regard de travers,
C'eft le remerciment que j'auray de mes vers.
Je manque, à fon avis, d'affurance ou d'adreffe
Pour les donner moy-mefme à fa jeune maitreffe,
Et prendre ainfi le temps de dire à fa beauté
L'empire que fes yeux ont fur ma liberté.
Je penfe l'entrevoir par cette jaloufie :
Ouy, mon ame de joye en eft toute faifie.
Hélas ! et le moyen de pouvoir luy parler,
Si mon premier aspect l'oblige à s'en aller ?
Que cette joye eft courte, et qu'elle eft cher venduë !
Touteffois tout va bien, la voila defcenduë,
Ses regards pleins de feu s'entendent avec moy,
Que dy-je ! en s'avançant elle m'appelle à foy.

SCÉNE VIII.
TIRCIS, MÉLITE.
MÉLITE.
Hé bien! qu'avez-vous fait de voftre compagnie?
TIRCIS.
Je ne puis rien juger de ce qui l'a bannie :
A peine ay-je eu loifir de luy dire deux mots,
Qu'auffi-toft le fantafque en me tournant le dos
S'eft échapé de moy.
MÉLITE.
Sans doute il m'aura veuë,
Et c'eft de là que vient cette fuite imprévenuë [1].

---

1. On lit dans l'édition de 1633 : *impourveuë*, au lieu d'*imprévenuë*, qui l'a remplacé dès 1644.

TIRCIS.
Vous aimant comme il fait, qui l'euſt jamais penſé ?
MÉLITE.
Vous ne ſçavez donc rien de ce qui ſ'eſt paſſé ?
TIRCIS.
J'aimerois beaucoup mieux ſçavoir ce qui ſe paſſe,
Et la part qu'a Tircis en voſtre bonne grace.
MÉLITE.
Meilleure aucunement qu'Eraste ne voudroit.
Je n'ay jamais connu d'amant ſi mal-adroit !
Il ne ſçauroit ſouffrir qu'autre que luy m'approche.
Dieux ! qu'à voſtre ſujet il m'a fait de reproche !
Vous ne ſçauriez me voir ſans le deſobliger.
TIRCIS.
Et de tous mes ſoucis c'eſt là le plus léger ;
Toute une légion de rivaux de ſa ſorte
Ne divertiroit pas l'amour que je vous porte,
Qui ne craindra jamais les humeurs d'un jaloux.
MÉLITE.
Auſſi le croit-il bien, ou je me trompe.
TIRCIS.
Et vous ?
MÉLITE.
Bien que cette croyance à quelque erreur m'expoſe,
Pour luy faire dépit, j'en croiray quelque choſe.
TIRCIS.
Mais afin qu'il receuſt un entier déplaiſir,
Il faudroit que nos cœurs n'euſſent plus qu'un deſir,
Et quitter ces discours de volontez ſujettes,
Qui ne ſont point de miſe en l'état où vous étes.
Vous meſme conſultez un moment vos appas,
Songez à leurs effets, et ne préſumez pas
Avoir sur tous les cœurs un pouvoir ſi ſuprème
Sans qu'il vous ſoit permis d'en uſer ſur vous-meſme ;
Un ſi digne ſujet ne reçoit point de loy,
De régle, ny d'avis d'un autre que de ſoy.
MÉLITE.
Ton mérite, plus fort que ta raiſon flateuſe,
Me rend, je le confeſſe, un peu moins ſcrupuleuſe.
Je doy tout à ma mére, et pour tout autre amant

Je voudrois tout remettre à ſon commandement :
Mais attendre pour toy l'effet de ſa puiſſance,
Sans te rien témoigner que par obéiſſance,
Tircis, ce ſeroit trop ; tes rares qualitez
Dispenſent mon devoir de ces formalitez.
TIRCIS.
Que d'amour et de joye un tel aveu me donne !
MÉLITE.
C'eſt peut-eſtre en trop dire, et me montrer trop bonne,
Mais par là tu peux voir que mon affection
Prend confiance entiére en ta discrétion.
TIRCIS.
Vous la verrez toûjours dans un respect ſincére
Attacher mon bon-heur à celuy de vous plaire,
N'avoir point d'autre ſoin, n'avoir point d'autre esprit
Et ſi vous en voulez un ſerment par écrit,
Ce ſonnet que pour vous vient de tracer ma flame
Vous fera voir à nû jusqu'au fond de mon ame.
MÉLITE.
Garde bien ton ſonnet, et penſe qu'aujourd'huy
Mélite veut te croire autant et plus que luy.
Je le prens touteſfois comme un précieux gage
Du pouvoir que mes yeux ont pris ſur ton courage.
Adieu, ſois moy fidelle en dépit du jaloux.
TIRCIS.
O Ciel ! jamais amant eut-il un ſort plus doux !

Fin du ſecond acte.

ACTE III.

SCÉNE PREMIÉRE.

PHILANDRE.

Tu l'as gagné, Mélite; il ne m'eſt pas poſſible
D'eſtre à tant de faveurs plus long-temps
[inſenſible :
Tes lettres, où ſans fard tu dépeins ton eſprit,
Tes lettres, où ton cœur eſt ſi bien par écrit,
Ont charmé tous mes ſens par leurs douces promeſſes;
Leur attente vaut mieux, Cloris, que tes careſſes,
Ah, Mélite, pardon, je t'offenſe à nommer
Celle qui m'empeſcha ſi long-temps de t'aimer.
  Souvenirs importuns d'une amante laiſſée,
Qui venez malgré moy remettre en ma penſée
Un portrait que j'en veux tellement effacer,
Que le ſommeil ait peine à me le retracer,
Haſtez-vous de ſortir ſans plus troubler ma joye,
Et, retournant troubler celle qui vous envoye,
Dites-luy de ma part pour la derniére fois
Qu'elle eſt en liberté de faire un autre choix;
Que ma fidélité n'entretient plus ma flame,
Ou que s'il en demeure encor un peu dans l'ame
Je ſouhaite en faveur de ce reſte de foy
Qu'elle puiſſe gagner au change autant que moy.
Dites-luy que Mélite, ainſi qu'une Déeſſe
Eſt de tous nos deſirs ſouveraine maîtreſſe,
Diſpoſe de nos cœurs, force nos volontez
Et que par ſon pouvoir nos deſtins ſurmontez
Se tiennent trop heureux de prendre l'ordre d'elle,
Enfin que tous mes vœux...

SCÉNE II.

TIRCIS, PHILANDRE.

TIRCIS.
Philandre!
PHILANDRE.
Qui m'appelle?
TIRCIS.
Tircis, dont le bonheur, au plus haut point monté,
Ne peut eſtre parfait ſans te l'avoir conté.
PHILANDRE.
Tu me fais trop d'honneur par cette confidence.
TIRCIS.
J'uſerois envers toy d'une ſotte prudence,
Si je faiſois deſſein de te diſſimuler
Ce qu'auſſi bien mes yeux ne ſçauroient te celer.
PHILANDRE.
En effet, ſi l'on peut te juger au viſage,
Si l'on peut par tes yeux lire dans ton courage,
Ce qu'ils montrent de joye à tel point me ſurprend,
Que je n'en puis trouver de ſujet aſſez grand.
Rien n'atteint, ce me ſemble, aux ſignes qu'ils en don-
TIRCIS. [nent.
Que fera le ſujet, ſi les ſignes t'étonnent?
Mon bonheur eſt plus grand qu'on ne peut ſoupçonner,
C'eſt quand tu l'auras ſçeu qu'il faudra t'étonner.
PHILANDRE.
Je ne le ſçauray pas ſans marque plus expreſſe.
TIRCIS.
Poſſeſſeur, autant vaut...
PHILANDRE.
De quoy?
TIRCIS.
D'une maitreſſe,
Belle, honneſte, jolie, et dont l'esprit charmant
De ſon ſeul entretien peut ravir un amant,
En un mot, de Mélite.

PHILANDRE.
Il est vray qu'elle est belle,
Tu n'as pas mal choisi, mais...
TIRCIS.
Quoy, mais?
PHILANDRE.
T'aime-t'elle?
TIRCIS.
Cela n'est plus en doute.
PHILANDRE.
Et de cœur?
TIRCIS.
Et de cœur.
Je t'en réponds.
PHILANDRE.
Souvent un visage moqueur
N'a que le beau semblant d'une mine hypocrite.
TIRCIS.
Je ne crains rien de tel du costé de Mélite
PHILANDRE.
Écoute, j'en ay veu de toutes les façons.
J'en ay veu qui sembloient n'estre que des glaçons,
Dont le feu retenu par une adroite feinte
S'allumoit d'autant plus qu'il souffroit de contrainte;
J'en ay veu, mais beaucoup, qui sous le faux appas
Des preuves d'un amour qui ne les touchoit pas,
Prenoient du passe-temps d'une folle jeunesse,
Qui se laisse affiner à ces traits de souplesse,
Et pratiquoient sous-main d'autres affections :
Mais j'en ay veu fort peu de qui les passions
Fussent d'intelligence avec tout le visage.
TIRCIS.
Et de ce petit nombre est celle qui m'engage.
De sa possession je me tiens aussi seur
Que tu te peux tenir de celle de ma sœur.
PHILANDRE.
Donc, si ton espérance à la fin n'est deceuë,
Ces deux amours auront une pareille issuë?
TIRCIS.
Si cela n'arrivoit, je me tromperois fort.

ACTE III.

PHILANDRE.

Pour te faire plaifir j'en veux eftre d'accord.
Cependant, appren moy comment elle te traite,
Et qui te fait juger fon ardeur fi parfaite.

TIRCIS.

Une parfaite ardeur a trop de truchemens
Par qui fe faire entendre aux esprits des amans,
Un coup d'œil, un foûpir...

PHILANDRE.

Ces faveurs ridicules
Ne fervent qu'à duper des ames trop crédules.
N'as-tu rien que cela ?

TIRCIS.

Sa parole, et fa foy.

PHILANDRE.

Encor c'eft quelque chofe ; achéve et conte moy
Les petites douceurs, les aimables tendreffes [1],
Qu'elle fe plaift à joindre à de telles promeffes.
Quelques lettres du moins te daignent confirmer
Ce vœu qu'entre tes mains elle a fait de t'aimer?

TIRCIS.

Recherche qui voudra ces menus badinages,
Qui n'en font pas toûjours de fort feurs témoignages,
Je n'ay que fa parole, et ne veux que fa foy.

PHILANDRE.

Je connoy donc quelqu'un plus avancé que toy.

TIRCIS.

J'entens qui tu veux dire, et pour ne te rien feindre,

---

1. Dans les éditions antérieures à celle de 1660 ces *petites douceurs* étaient fort complaifamment énumérées. Voci le paffage :

Les douceurs que la belle, à tout autre farouche,
T'a laiffé defrober fur fes yeux, fur fa bouche,
Sur fa gorge, où, que fçay-je ?

TIRCIS.

Ah, ne préfume pas
Que ma témérité profane fes appas ;
Et quand bien j'aurois eu tant d'heur, ou d'infolence,
Ce fecret étouffé dans la nuit du filence
N'échaperoit jamais à ma difcrétion.

Ce rival eſt bien moins à redouter qu'à plaindre.
Éraſte, qu'ont banny ſes dédains rigoureux...
PHILANDRE.
Je parle de quelque autre un peu moins malheureux.
TIRCIS.
Je ne connoy que luy qui ſoûpire pour elle.
PHILANDRE.
Je ne te tiendray point plus long-temps en cervelle :
Pendant qu'elle t'amuſe avec ſes beaux discours,
Un rival inconnu poſſéde ſes amours,
Et la diſſimulée, au mépris de ta flame,
Par lettres chaque jour luy fait don de ſon ame.
TIRCIS.
De telles trahiſons luy ſont trop en horreur.
PHILANDRE.
Je te veux par pitié tirer de cette erreur.
Tantoſt, ſans y penſer, j'ay trouvé cette lettre,
Tien, voy ce que tu peux déſormais t'en promettre.

LETTRE SUPPOSÉE
DE MÉLITE A PHILANDRE.

Je commence à m'eſtimer quelque choſe puisque je vous plais, et mon miroir m'offenſe tous les jours, ne me repréſentant pas aſſez belle, comme je m'imagine qu'il faut eſtre pour mériter voſtre affection. Auſſi je veux bien que vous ſçachiez que Mélite ne croit la poſſéder que par faveur, ou comme une récompenſe extraordinaire d'un excès d'amour, dont elle taſche de ſuppléer au défaut des graces que le Ciel luy a refuſées.

PHILANDRE.
Maintenant qu'en dis-tu? n'eſt-ce pas t'affronter?
TIRCIS.
Cette lettre en tes mains ne peut m'épouvanter.
PHILANDRE.
La raiſon?
TIRCIS.
Le porteur a ſceu combien je t'aime,

Et par galanterie il t'a pris pour moy-mefme,
Comme auffi ce n'eft qu'un de deux parfaits amis.
PHILANDRE.
Voila bien te flater plus qu'il ne t'eft permis,
Et pour ton intéreft aimer à te méprendre.
TIRCIS.
On t'en aura donné quelqu'autre pour me rendre,
Afin qu'encore un coup je fois ainfi deceu.
PHILANDRE.
Ouy, j'ay quelque billet que tantoft j'ay receu,
Et puisqu'il eft pour toy...
TIRCIS.
     Que ta longueur me tuë!
Dépefche.
PHILANDRE.
  Le voilà que je te restituë.

AUTRE LETTRE SUPPOSÉE
DE MÉLITE A PHILANDRE.

Vous n'avez plus affaire qu'à Tircis, je le fouffre encore, afin que par sa hantife je remarque plus exactement fes défauts, et les faffe mieux goufter à ma mére. Après cela Philandre et Mélite auront tout loifir de rire enfemble des belles imaginations dont le frére et la fœur ont repu leurs espérances.

PHILANDRE.
Te voila tout refveur, cher amy! par ta foy,
Crois-tu que ce billet s'adreffe encore à toy?
TIRCIS.
Traiftre, c'eft donc ainfi que ma fœur méprifée
Sert à ton changement d'un fujet de rifée,
C'eft ainfi qu'à fa foy Mélite ofant manquer,
D'un parjure fi noir ne fait que fe moquer?
C'eft ainfi que fans honte à mes yeux tu fubornes
Un amour qui pour moy devoit eftre fans bornes?
Suy-moy tout de ce pas, que l'épée à la main
Un fi cruel affront fe répare foudain;

Il faut que pour tous deux ta teſte me réponde.
PHILANDRE.
Si pour te voir trompé tu te déplais au monde,
Cherche en ce déſespoir qui t'en veuille arracher :
Quant à moy, ton trépas me coûteroit trop cher.
TIRCIS.
Quoy, tu crains le duël !
PHILANDRE.
                Non, mais j'en crains la fuite,
Où la mort du vaincu met le vainqueur en fuite,
Et du plus beau ſuccès le dangereux éclat
Nous fait perdre l'objet et le prix du combat.
TIRCIS.
Tant de raiſonnement et ſi peu de courage
Sont de tes laſchetez le digne témoignage.
Viens, ou dy que ton ſang n'oſeroit s'expoſer.
PHILANDRE.
Mon ſang n'eſt plus à moy, je n'en puis diſposer.
Mais puisque ta douleur de mes raiſons s'irrite,
J'en prendray dés ce ſoir le congé de Mélite.
Adieu.

SCÉNE III.

TIRCIS.

Tu fuis, perfide, et ta légéreté
T'ayant fait criminel, te met en ſeureté !
Revien, revien défendre une place uſurpée
Celle qui te chérit vaut bien un coup d'épée.
Fay voir que l'infidelle en ſe donnant à toy
A fait choix d'un amant qui valoit mieux que moy ;
Soûtien ſon jugement, et ſauve ainſi de blâme
Celle qui pour la tienne a négligé ma flame.
Crois-tu qu'on la mérite à force de courir ?
Peux-tu m'abandonner ſes faveurs ſans mourir ?
O lettres, ô faveurs indignement placées,
A ma discrétion honteuſement laiſſées,
O gages qu'il néglige ainſi que ſuperflus,
Je ne ſçay qui de nous vous diffamez le plus,

Je ne sçay qui des trois doit rougir davantage,
Car vous nous apprenez qu'elle est une volage,
Son amant un parjure, et moy sans jugement
De n'avoir rien prévu de leur déguisement.
Mais il le falloit bien, que cette ame infidelle,
Changeant d'affection, prist un traistre comme elle,
Et que le digne amant qu'elle à sceu rechercher
A sa déloyauté n'eust rien à reprocher.
Cependant j'en croyois cette fausse apparence
Dont elle repaissoit ma frivole espérance,
J'en croyois ses regards, qui tous remplis d'amour
Étoient de la partie en un si lasche tour.
O ciel, vit-on jamais tant de supercherie
Que tout l'extérieur ne fust que tromperie?
Non, non, il n'en est rien, une telle beauté
Ne fut jamais sujette à la déloyauté.
Foibles et seuls témoins du malheur qui me touche,
Vous étes trop hardis de démentir sa bouche,
Mélite me chérit, elle me l'a juré :
Son oracle receu, je m'en tiens asseuré.
Que dites-vous là-contre? étes vous plus croyables?
Caractéres trompeurs, vous me coutez des fables,
Vous voulez me trahir, mais vos efforts sont vains,
Sa parole a laissé son cœur entre mes mains.
A ce doux souvenir ma flâme se r'allume,
Je ne sçay plus qu'y croire, ou d'elle, ou de sa plume,
L'un et l'autre en effet n'ont rien que de léger,
Mais du plus ou du moins je n'en puis que juger.
Loin, loin, doutes flatteurs que mon feu me suggére,
Je voy trop clairement qu'elle est la plus légére;
La foy que j'en receus s'en est allée en l'air,
Et ces traits de la plume osent encor parler,
Et laissent en mes mains une honteuse image,
Où son cœur peint au vif remplit le mien de rage.
Ouy, j'enrage, je meurs, et tous mes sens troublez
D'un excès de douleur se trouvent accablez;
Un si cruel tourment me gesne et me déchire,
Que je ne puis plus vivre avec un tel martyre;
Mais cachons-en la honte, et nous donnons du moins
Ce faux soulagement en mourant sans témoins;

Que mon trépas secret empesche l'infidelle
D'avoir la vanité que je sois mort pour elle.

SCÉNE IV.

TIRCIS, CLORIS.

CLORIS.

on frére, en ma faveur retourne sur tes pas,
Dy-moy la vérité : tu ne me cherchois pas.
Et quoy, tu fais semblant de ne me pas con-
[noistre ?
O Dieux ! en quel état te voy-je icy paroistre !
Tu pallis tout à coup, et tes louches regards
S'élancent incertains presque de toutes parts !
Tu manques à la fois de couleur et d'haleine !
Ton pied mal affermy ne te soûtient qu'à peine !
Quel accident nouveau te trouble ainsi les sens !
TIRCIS.
Puisque tu veux sçavoir le mal que je ressens,
Avant que d'assouvir l'inéxorable envie
De mon sort rigoureux qui demande ma vie,
Je vay t'assassiner d'un fatal entretien,
Et te dire en deux mots mon mal-heur et le tien :
En nos chastes amours de tous deux on se moque,
Philandre... Ah! la douleur m'étouffe et me suffoque,
Adieu, ma sœur, adieu, je ne puis plus parler,
Lis, et si tu le peux, tasche à te consoler.
CLORIS.
Ne m'échape donc pas.
TIRCIS.
　　　　　Ma sœur, je te supplie...
CLORIS.
Quoy ? que je t'abandonne à ta mélancolie ?
Voyons auparavant ce qui te fait mourir,
Et nous aviserons à te laisser courir.
TIRCIS.
Hélas! quelle injustice!

Acte III.

CLORIS *aprés avoir leu les lettres qu'il luy a données.*

Eſt-ce là tout, fantasque ?
Quoy ? ſi la déloyale enfin léve le masque,
Oſes-tu te fâſcher d'eſtre déſabuſé ?
Appren qu'il te faut eſtre en amour plus ruſé,
Appren que les discours des filles bien ſenſées
Découvrent rarement le fond de leurs penſées,
Et que, les yeux aidant à ce déguiſement,
Noſtre ſéxe a le don de tromper finement.
Appren auſſi de moy que ta raiſon s'égare :
Que Mélite n'eſt pas une piéce ſi rare
Qu'elle ſoit ſeule icy qui vaille la ſervir :
Aſſez d'autres objets y ſçauroient te ravir.
Ne t'inquiéte point pour une écervelée,
Qui n'a d'autre ambition que d'eſtre cajolée,
Et rend à plaindre ceux qui, flatant ſes beautez,
Ont aſſez de malheur pour en eſtre écoutez.
Damon luy plût jadis, Aristandre, et Géronte ;
Éraste après deux ans n'y voit pas mieux ſon conte ;
Elle t'a trouvé bon ſeulement pour huit jours,
Philandre eſt aujourd'huy l'objet de ſes amours,
Et peut-eſtre déjà (tant elle aime le change)
Quelque autre nouveauté le ſupplante et nous venge.
Ce n'eſt qu'une coquette avec tous ſes attraits,
Sa langue avec ſon cœur ne s'accorde jamais,
Les infidélitez ſont ſes jeux ordinaires,
Et ſes plus doux appas ſont tellement vulgaires
Qu'en elle homme d'esprit n'admira jamais rien
Que le ſujet pourquoy tu luy voulois du bien.

TIRCIS.

Penſes-tu m'arrêter par ce torrent d'injures ?
Que ce ſoient véritez, que ce ſoient impoſtures,
Tu redoubles mes maux au lieu de les guérir :
Adieu, rien que la mort ne peut me ſecourir.

SCÉNE V.

CLORIS.

Mon frére! Il s'eſt ſauvé, ſon déſespoir l'em-
[porte,
Me préſerve le ciel d'en uſer de la ſorte,
Un volage me quitte, et je le quitte auſſi;
Je l'obligerois trop de m'en mettre en ſoucy.
Pour perdre des amans celles qui s'en affligent
Donnent trop d'avantage à ceux qui les négligent,
Il n'eſt lors que la joye; elle nous venge mieux,
Et la fiſt-on à faux éclater par les yeux,
C'eſt montrer par bravade à leur vaine inconstance
Qu'elle eſt pour nous toucher de trop peu d'importance.
Que Philandre à son gré rende ſes vœux contens,
S'il attend que j'en pleure, il attendra long-temps.
Son cœur eſt un tréſor dont j'aime qu'il diſpoſe,
Le larcin qu'il m'en fait me vole peu de choſe,
Et l'amour qui pour luy m'éprit ſi follement
M'avoit fait bonne part de ſon aveuglement.
On enchérit pourtant ſur ma faute paſſée:
Dans la meſme folie une autre embaraſſée
Le rend encor parjure, et ſans ame, et ſans foy,
Pour ſe donner l'honneur de faillir après moy.
Je meure s'il n'eſt vray que la moitié du monde
Sur l'exemple d'autruy ſe conduit et ſe fonde!
A cauſe qu'il parut quelque temps m'enflamer,
La pauvre fille a crû qu'il valoit bien l'aimer,
Et ſur cette croyance elle en a pris envie;
Luy pûſt-elle durer juſqu'au bout de ſa vie!
Si Mélite a failly me l'ayant débauché,
Dieux, par là ſeulement puniſſez ſon péché.
Elle verra bien toſt que ſa digne conqueſte
N'eſt pas une avanture à me rompre la teſte,
Un ſi plaiſant malheur m'en conſole à l'inſtant.
Ah! ſi mon foû de frére en pouvoit faire autant,
Que j'en aurois de joye, et que j'en ferois gloire!
Si je puis le rejoindre, et qu'il me veuille croire,

Nous leur ferons bien voir que leur change indiscret
Ne vaut pas un foûpir, ne vaut pas un regret.
Je me veux toutefois en venger par malice;
Me divertir une heure à m'en faire juſtice;
Ces lettres fourniront aſſez d'occaſion
D'un peu de défiance et de diviſion.
Si je prens bien mon temps, j'auray pleine matière
A les joüer tous deux d'une belle manière.
En voicy déja l'un qui craint de m'aborder.

SCÉNE VI.

PHILANDRE, CLORIS.

CLORIS.

uoy, tu paſſes, Philandre, et fans me regar-
PHILANDRE.   [der?
Pardonne-moy, de grace; une affaire impor-
                              [tune
M'empefche de joüir de ma bonne fortune,
Et ſon empreſſement, qui porte ailleurs mes pas,
Me rempliſſoit l'eſprit jusqu'à ne te voir pas.
CLORIS.
J'ay donc ſouvent le don d'aimer plus qu'on ne m'aime:
Je ne penfe qu'à toy, j'en parlois en moy-mefme.
PHILANDRE.
Me veux-tu quelque choſe?
CLORIS.
  Il t'ennuye avec moy!
Mais comme de tes feux j'ay pour garand ta foy,
Je ne m'alarme point. N'étoit ce qui te preſſe,
Ta flame un peu plus loin euſt porté la tendreſſe,
Et je t'aurois fait voir quelques vers de Tircis
Pour le charmant objet de fes nouveaux ſoucis.
Je viens de les ſurprendre, et j'y pourrois encore,
Joindre quelques billets de l'objet qu'il adore;
Mais tu n'as pas le temps. Toutefois, ſi tu veux
Perdre un demy-quart-d'heure à les lire nous deux...

PHILANDRE.
Voyons donc ce que c'est, sans plus longue demeure;
Ma curiosité pour ce demy-quart-d'heure
S'osera dispenser.

CLORIS.
　　　　Aussi tu me promets,
Quand tu les auras leus, de n'en parler jamais;
Autrement, ne croy pas...

PHILANDRE *reconnoissant les lettres.*
　　　　　　Cela s'en va sans dire,
Donne, donne-les moy : tu ne les sçaurois lire,
Et nous aurions ainsi besoin de trop de temps.

CLORIS *les resserrant.*
Philandre, tu n'és pas encor où tu prétends;
Quelques hautes faveurs que ton mérite obtienne,
Elles sont aussi bien en ma main qu'en la tienne :
Je les garderay mieux; tu peux en asseurer
La belle qui pour toy daigne se parjurer.

PHILANDRE.
Un homme doit souffrir d'une fille en colére,
Mais je sçay comme il faut les r'avoir de ton frére,
Tout exprès je le cherche, et son sang ou le mien...

CLORIS.
Quoy, Philandre est vaillant, et je n'en sçavois rien!
Tes coups sont dangereux quand tu ne veux pas feindre,
Mais ils ont le bonheur de se faire peu craindre,
Et mon frére, qui sçait comme il s'en faut guérir,
Quand tu l'aurois tué, pourroit n'en pas mourir[1].

PHILANDRE.
L'effet en fera foy, s'il en a le courage.
Adieu, j'en perds le temps à parler davantage,
Tremble.

CLORIS.
　　　J'en ay grand lieu, connoissant ta vertu;
Pourveu qu'il y consente, il sera bien batu.

1. C'est le germe du vers du *Menteur* :
　　Les gens que vous tuez se portent assez bien.

Fin du troisiéme acte.

ACTE IV.

SCÉNE PREMIÉRE.

MÉLITE, LA NOURRICE.

LA NOURRICE.

Cette obstination à faire la fecrette
M'accufe injuſtement d'eſtre trop peu dis-
   MÉLITE.   [crette.
Ton importunité n'eſt pas à fupporter.
Ce que je ne fçay point, te le puis-je conter?
   LA NOURRICE.
Les vifites d'Éraſte un peu moins affiduës,
Témoignent quelque ennuy de fes peines perduës,
Et ce qu'on voit par là de refroidiffement
Ne fait que trop juger fon mécontentement :
Tu m'en veux cependant cacher tout le myſtére,
Mais je pourrois enfin en croire ma colére,
Et pour punition te priver des avis
Qu'a jusqu'icy ton cœur fi doucement fuivis.
   MÉLITE.
C'eſt à moy de trembler après cette menace,
Et toute autre du moins trembleroit en ma place.
   LA NOURRICE.
Ne raillons point; le fruit qui t'en eſt demeuré,
(Je parle fans reproche et tout confidéré)
Vaut bien... Mais revenons à notre humeur chagrine,
Appren-moy ce que c'eſt.
   MÉLITE.
     Veux-tu que je devine?
Dégouſté d'un eſprit fi groffier que le mien

Il cherche ailleurs peut-eſtre un meilleur entretien.
LA NOURRICE.
Ce n'eſt pas bien ainſi qu'un amant perd l'envie
D'une choſe deux ans ardemment pourſuivie ;
D'aſſeurance un mépris l'oblige à ſe piquer,
Mais ce n'eſt pas un trait qu'il faille pratiquer,
Une fille qui voit, et que voit la jeuneſſe,
Ne s'y doit gouverner qu'avec beaucoup d'adreſſe,
Le dédain luy meſſied, ou quand elle s'en ſert,
Que ce ſoit pour reprendre un amant qu'elle perd ;
Une heure de froideur à propos ménagée
Peut rembraſer une ame à demy dégagée,
Qu'un traitement trop doux dispenſe à des mépris
D'un bien dont cét orgueil fait mieux ſçavoir le prix.
Hors ce cas, il luy faut complaire à tout le monde,
Faire qu'aux vœux de tous l'apparence réponde,
Et ſans embaraſſer ſon cœur de leurs amours,
Leur faire bonne mine, et ſouffrir leurs discours.
Qu'à part ils penſent tous avoir la préférence,
Et paroiſſent enſemble entrer en concurrence [1].
Que tout l'extérieur de ſon viſage égal
Ne rende aucun jaloux du bon-heur d'un rival ;
Que ſes yeux partagez leur donnent de quoy craindre
Sans donner à pas un aucun lieu de ſe plaindre ;
Qu'ils vivent tous d'espoir jusqu'au choix d'un mary,
Mais qu'aucun cependant ne ſoit le plus chery,
Et qu'elle céde enfin, puis qu'il faut qu'elle céde,
A qui paira le mieux le bien qu'elle poſſéde.
Si tu n'euſſes jamais quitté cette leçon,
Ton Éraste avec toy vivroit d'autre façon.
MÉLITE.
Ce n'eſt pas ſon humeur de ſouffrir ce partage ;
Il croit que mes regards ſoient ſon propre héritage,
Et prend ceux que je donne à tout autre qu'à luy

---

1. On trouve ici, jusque dans l'édition de 1654, les quatre vers suivants qui ont été supprimés en 1660 :

Ainſi lorsque pluſieurs te parlent à la fois,
  En répondant à l'un, ſerre à l'autre les doigts,
Et ſi l'un te deſrobe un baiſer par ſurpriſe,
  Qu'à l'autre incontinent il ſoit en belle priſe.

Pour autant de larcins faits fur le bien d'autruy.
LA NOURRICE.
J'entends à demy mot; achéve et m'expédie
Promptement le motif de cette maladie.
MÉLITE.
Si tu m'avois, nourrice, entenduë à demy,
Tu sçaurois que Tircis...
LA NOURRICE.
Quoy! fon meilleur amy!
N'a-ce pas été luy qui te l'a fait connoiftre?
MÉLITE.
Il voudroit que le jour en fuft encor à naiftre,
Et fi d'auprès de moy je l'avois écarté,
Tu verrois tout à l'heure Érafte à mon cofté.
LA NOURRICE.
J'ay regret que tu fois leur pomme de difcorde;
Mais puifque leur humeur enfemble ne s'accorde,
Erafte n'eft pas homme à laiffer échaper;
Un femblable pigeon ne fe peut ratraper,
Il a deux fois le bien de l'autre, et davantage.
MÉLITE.
Le bien ne touche point un généreux courage.
LA NOURRICE.
Tout le monde l'adore, et tafche d'en joüir.
MÉLITE.
Il luit un faux éclat qui ne peut m'ébloüir.
LA NOURRICE.
Auprès de fa fplendeur toute autre eft fort petite.
MÉLITE.
Tu le places au rang qui n'eft dû qu'au mérite.
LA NOURRICE.
On a trop de mérite étant riche à ce point.
MÉLITE.
Les biens en donnent-ils à ceux qui n'en ont point?
LA NOURRICE.
Ouy, ce n'eft que par là qu'on eft confidérable.
MÉLITE.
Mais ce n'eft que par là qu'on devient méprifable.
Un homme dont les biens font toutes les vertus,
Ne peut eftre eftimé que des cœurs abatus.

LA NOURRICE.
Eſt-il quelques défauts que les biens ne réparent ?
MÉLITE.
Mais plûtoſt en eſt-il où les biens ne préparent ?
Etant riche on mépriſe aſſez communément
Des belles qualitez le ſolide ornement,
Et d'un luxe honteux la richeſſe ſuivie
Souvent par l'abondance aux vices nous convie.
LA NOURRICE.
Enfin je reconnoy...
MÉLITE.
Qu'avec tout ce grand bien
Un jaloux ſur mon cœur n'obtiendra jamais rien.
LA NOURRICE.
Et que d'un cajoleur la nouvelle conqueſte
T'imprime, à mon regret, ces erreurs dans la teſte.
Si ta mére le ſçait...
MÉLITE.
Laiſſe-moy ces ſoucis
Et rentre, que je parle à la ſœur de Tircis.
LA NOURRICE.
Peut-eſtre elle t'en veut dire quelque nouvelle.
MÉLITE.
Ta curioſité te met trop en cervelle,
Rentre ſans t'informer de ce qu'elle prétend ;
Un meilleur entretien avec elle m'attend.

SCÉNE II.

CLORIS, MÉLITE.

CLORIS.

Je chéris tellement celles de voſtre ſorte
Et prens tant d'intéreſt en ce qui leur im-
[porte,
Qu'aux piéces qu'on leur fait je ne puis con-
Ny meſme en rien ſçavoir, ſans les en avertir. [ſentir,
Ainſi donc, au hazard d'eſtre la mal-venuë,
Encor que je vous ſois, peu s'en faut, inconnuë,

Je viens vous faire voir que voſtre affection,
N'a pas été fort juſte en ſon élection.
Mélite.
Vous pourriez, ſous couleur de rendre un bon office,
Mettre quelqu'autre en peine avec cét artifice,
Mais pour m'en repentir j'ay fait un trop bon choix,
Je renonce à choiſir une ſeconde fois,
Et mon affection ne ſ'eſt point arreſtée
Que chez un cavalier qui l'a trop méritée.
Cloris.
Vous me pardonnerez, j'en ay de bons témoins,
C'eſt l'homme qui de tous la mérite le moins.
Mélite.
Si je n'avois de luy qu'une foible aſſeurance,
Vous me feriez entrer en quelque deffiance :
Mais je m'étonne fort que vous l'oſiez blamer,
Ayant quelque intéreſt vous-meſme à l'eſtimer.
Cloris.
Je l'eſtimay jadis, et je l'aime et l'eſtime
Plus que je ne faiſois auparavant ſon crime,
Ce n'eſt qu'en ma faveur qu'il oſe vous trahir,
Et vous pouvez juger ſi je le puis haïr,
Lors que ſa trahiſon m'eſt un clair témoignage
Du pouvoir abſolu que j'ay ſur ſon courage.
Mélite.
Le pouſſer à me faire une infidélité,
C'eſt aſſez mal uſer de cette authorité.
Cloris.
Me le faut-il pouſſer où ſon devoir l'oblige ?
C'eſt ſon devoir qu'il fuit alors qu'il vous néglige.
Mélite.
Quoy, le devoir chez vous oblige aux trahiſons ?
Cloris.
Quand il n'en auroit point de plus juſtes raiſons,
La parole donnée, il faut que l'on la tienne.
Mélite.
Cela fait contre vous : il m'a donné la ſienne.
Cloris.
Ouy, mais ayant déja receu mon amitié
Sur un vœu ſolennel d'eſtre un jour ſa moitié,

Peut-il s'en départir pour accepter la voſtre?
MÉLITE.
De grace, excuſez-moy; je vous prens pour une autre,
Et c'étoit à Cloris que je croyois parler.
CLORIS.
Vous ne vous trompez pas.
MÉLITE.
Donc, pour mieux me railler,
La ſœur de mon amant contrefait ma rivale?
CLORIS.
Donc, pour mieux m'éblouïr, une ame déloyale
Contrefait la fidelle? ah! Mélite, ſçachez
Que je ne ſçay que trop ce que vous me cachez.
Philandre m'a tout dit : vous penſez qu'il vous aime,
Mais, ſortant d'avec vous, il me conte luy-meſme
Jusqu'aux moindres discours dont voſtre paſſion
Taſche de ſuborner ſon inclination.
MÉLITE.
Moy, ſuborner Philandre! Ah, que m'oſez-vous dire!
CLORIS.
La pure vérité.
MÉLITE.
Vrayment, en voulant rire,
Vous paſſez trop avant; briſons-là, s'il vous plaiſt :
Je ne voy point Philandre, et ne ſçay qui il eſt.
CLORIS.
Vous en croirez du moins voſtre propre écriture.
Tenez, voyez, liſez.
MÉLITE.
Ah! Dieux, quelle imposture!
Jamais un de ces traits ne partit de ma main.
CLORIS.
Nous pourrions demeurer icy jusqu'à demain
Que vous perſisteriez dans la méconnoiſſance,
Je les vous laiſſe. Adieu.
MÉLITE.
Tout beau! mon innocence
Veut apprendre de vous le nom de l'imposteur,
Pour faire retomber l'affront ſur ſon autheur.

Cloris.
Vous penfez me duper, et perdez voftre peine.
Que fert le défaveu quand la preuve eft certaine;
A quoy bon démentir, à quoy bon dénier...
Mélite.
Ne vous obstinez point à me calomnier;
Je veux que fi jamais j'ay dit mot à Philandre...
Cloris.
Remettons ce discours, quelqu'un vient nous furprendre:
C'eft le brave Lifis, qui femble fur le front
Porter empraints les traits d'un déplaifir profond.

SCÉNE III.

LISIS, MÉLITE, CLORIS.

Lisis à Cloris.

Préparez vos foûpirs à la triste nouvelle
Du malheur où nous plonge un esprit in-
[fidelle,
Quittez fon entretien, et venez avec moy
Plaindre un frére au cercueil par fon manque de foy.
Mélite.
Quoy! fon frére au cercueil!
Lisis.
Ouy; Tircis, plein de rage
De voir que voftre change indignement l'outrage,
Maudiffant mille fois le détestable jour
Que voftre bon accueil luy donna de l'amour,
Dedans ce défespoir a chez moy rendu l'ame,
Et mes yeux défolez...
Mélite.
Je n'en puis plus, je pafme.
Cloris.
Au fecours, au fecours.

SCÉNE IV.

CLITON, LA NOURRICE, MÉLITE.
LISIS, CLORIS.

CLITON.
D'où provient cette voix ;
LA NOURRICE.
Qu'avez-vous, mes enfans ?
CLORIS.
Mélite que tu vois...
LA NOURRICE.
Hélas ! elle se meurt, son teint vermeil s'efface.
Sa chaleur se dissipe, elle n'est plus que glace.
LISIS à Cliton.
Va querir un peu d'eau, mais il faut te hafter.
CLITON à Lisis.
Si proches du logis, il vaut mieux l'y porter.
CLORIS.
Aidez mes foibles pas, les forces me défaillent,
Et je vay succomber aux douleurs qui m'assaillent.

SCÉNE V.

ÉRASTE.

A la fin je triomphe, et les destins amis
M'ont donné le succès que je m'étois promis,
Me voila trop heureux, puisque par mon
[adresse
Mélite est sans amant, et Tircis sans maîtresse ;
Et comme si c'étoit trop peu pour me venger,
Philandre et sa Cloris courent mesme danger.
Mais par quelle raison leurs ames désunies
Pour les crimes d'autruy seront-elles punies !
Que m'ont-ils fait tous deux pour troubler leurs accords?
Fuyez de ma pensée, inutiles remords !
La joye y veut régner, cessez de m'en distraire,

Cloris m'offenſe trop d'eſtre ſœur d'un tel frére,
Et Philandre, ſi prompt à l'infidélité,
N'a que la peine deuë à ſa crédulité.
Mais que me veut Cliton qui ſort de chez Mélite?

SCÉNE VI.

ÉRASTE, CLITON.

CLITON.

Monſieur, tout eſt perdu, voſtre fourbe mau-
[dite,
Dont je fus à regret le damnable inſtru-
[ment,
A couché de douleur Tircis au monument.
ÉRASTE.
Courage, tout va bien! le traiſtre m'a fait place.
Le ſeul qui me rendoit ſon courage de glace,
D'un favorable coup la mort me l'a ravy.
CLITON.
Monſieur, ce n'eſt pas tout, Mélite l'a ſuivy.
ÉRASTE.
Mélite l'a ſuivy! que dis-tu, miſérable?
CLITON.
Monſieur, il eſt trop vray; le moment déplorable
Qu'elle a ſçeu ſon trépas a terminé ſes jours.
ÉRASTE.
Ha Ciel! s'il eſt ainſi...
CLITON.
Laiſſez-là ces discours,
Et vantez-vous plûtoſt que par voſtre imposture
Ces malheureux amans trouvent la ſépulture [1],
Et que voſtre artifice a mis dans le tombeau
Ce que le monde avoit de parfait et de beau.

---

1. On lit dans toutes les éditions depuis 1633 juſqu'à 1654 incluſivement :

Ce pair d'amans ſans pair est ſous la ſépulture.

ERASTE.

Tu m'oſes donc flater, infame, et tu ſupprimes
Par ce reproche obscur la moitié de mes crimes?
Eſt-ce ainſi qu'il te faut n'en parler qu'à demy?
Acheve tout d'un coup : dy que maîtreſſe, amy,
Tout ce que je chéris, tout ce qui dans mon ame
Sçeut jamais allumer une pudique flame,
Tout ce que l'amitié me rendit précieux,
Par ma fourbe a perdu la lumière des cieux.
Dy que j'ay violé les deux lois les plus ſaintes
Qui nous rendent heureux par leurs douces contraintes,
Dy que j'ay corrompu, dy que j'ay ſuborné,
Falſifié, trahy, ſéduit, aſſaſſiné,
Tu n'en diras encor que la moindre partie.
Quoy, Tircis eſt donc mort, et Mélite eſt ſans vie?
Je ne l'avois pas ſçeu, Parques, jusqu'à ce jour,
Que vous relevaſſiez de l'empire d'Amour;
J'ignorois qu'auſſi-toſt qu'il aſſemble deux ames
Il vous puſt commander d'unir auſſi leurs trames.
Vous en relevez donc, et montrez aujourd'huy
Que vous étes pour nous aveugles comme luy!
Vous en relevez donc, et vos cizeaux barbares
Tranchent comme il luy plaiſt les destins les plus rares!
Mais je m'en prens à vous, moy qui ſuis l'imposteur,
Moy qui ſuis de leurs maux le détestable autheur.
Hélas! et falloit-il que ma ſupercherie
Tournaſt ſi laſchement tant d'amour en furie?
Inutiles regrets, repentirs ſuperflus,
Vous ne me rendez pas Mélite qui n'eſt plus!
Vos mouvemens tardifs ne la font pas revivre;
Elle a ſuivy Tircis, et moy je la veux ſuivre.
Il faut que de mon sang je luy faſſe raiſon
Et de ma jalouſie et de ma trahiſon,
Et que de ma main propre une ame ſi fidelle
Reçoive… Mais d'où vient que tout mon corps chancelle?
Quel murmure confus, et qu'entends-je hurler?
Que de pointes de feu ſe perdent parmy l'air?
Les Dieux à mes forfaits ont dénoncé la guerre,
Leur foudre décoché vient de fendre la terre,
Et, pour leur obeïr, ſon ſein me recevant,

ACTE IV.

M'engloutit, et me plonge aux enfers tout vivant.
Je vous entens, grands Dieux, c'eſt là-bas que leurs [âmes.
Aux champs Eliziens éternifent leurs flames;
C'eſt là-bas qu'à leurs pieds il faut verſer mon ſang :
La terre à ce deſſein m'ouvre ſon large flanc,
Et jusqu'aux bords du Styx me fait libre paſſage.
Je l'aperçoy déja, je ſuis ſur ſon rivage.
Fleuve, dont le ſaint nom est redoutable aux Dieux,
Et dont les neuf replis ceignent ces tristes lieux,
N'entre point en courroux contre mon inſolence [1]
Si j'oſe avec mes cris violer ton ſilence :
Je ne te veux qu'un mot: Tircis eſt-il paſſé?
Mélite eſt-elle icy? mais, qu'attens-je, inſenſé?
Ils ſont tous deux ſi chers à ton funeste empire,
Que tu crains de les perdre, et n'oſes m'en rien dire.
Vous donc, esprits légers, qui, manque de tombeaux,
Tournoyez vagabonds à l'entour de ces eaux,
A qui Charon cent ans refuſe ſa nacelle,
Ne m'en pourriez-vous point donner quelque nouvelle?
Parlez, et je promets d'employer mon crédit
A vous faciliter ce paſſage interdit.

CLITON.

Monſieur, que faites-vous? Voſtre raiſon troublée
Par l'effort des douleurs dont elle eſt accablée
Figure à voſtre veuë...

ÉRASTE.

Ah! te voila, Charon,
Dépeſche promptement, et d'un coup d'aviron
Paſſe-moy, ſi tu peux, jusqu'à l'autre rivage.

CLITON.

Monſieur, rentrez en vous, regardez mon viſage,
Reconnoiſſez Cliton.

ÉRASTE.

Dépeſche, vieux nocher,
Avant que ces esprits nous puiſſent approcher;
Ton bâteau de leur poids fondroit dans les abîmes,

---

[1]. Toutes les éditions depuis 1633 jusqu'à 1654 inclusivement portent :

Ne te coléré point contre mon inſolence.

66 MÉLITE.

Il n'en aura que trop d'Éraste et de fes crimes.
Quoy ! tu veux te fauver à l'autre bord fans moy ?
Si faut-il qu'à ton coû je paffe malgré toy.

*Il fe jette fur les épaules de Cliton qui l'emporte
derriére le théâtre.*

SCÉNE VII.

PHILANDRE.

Préfomptueux rival, dont l'abfence impor-
Retarde le fuccès de ma bonne fortune, [tune
As-tu fi-toft perdu cette ombre de valeur
Que te prétoit tantoft l'effort de ta douleur ?
Que devient à préfent cette bouillante envie
De punir ta volage aux dépens de ma vie ?
Il ne tient plus qu'à toy que tu ne fois content :
Ton ennemy t'appelle, et ton rival t'attend.
Je te cherche en tous lieux, et cependant ta fuite
Se rit impunément de ma vaine pourfuite.
Crois-tu, laiffant mon bien dans les mains de ta fœur,
En demeurer toûjours l'injufte poffeffeur,
Ou que ma patience à la fin échapée
(Puifque tu ne veux pas le débatre à l'épée)
Oubliant le refpect du féxe et tout devoir,
Ne laiffe point fur elle agir mon defespoir ?

SCÉNE VIII.

ÉRASTE, PHILANDRE.

ÉRASTE.

Détacher Ixion pour me mettre en fa place !
Mégéres, c'eft à vous une difcrette audace.
Ay-je avec mefme front que cét ambitieux
Attenté fur le lit du monarque des cieux ?

Une amitié si longue est fort mal asseurée
Dessus des fondemens de si peu de durée,
L'argent dans le ménage a certaine splendeur
Qui donne un teint d'éclat à la mesme laideur ¹,
Et tu ne peux trouver de si douces caresses,
Dont le goust dure autant que celui des richesses.
ÉRASTE.
Auprès de ce bel œil qui tient mes sens ravis,
A peine pourrois-tu conserver ton avis.
TIRCIS.
La raison en tous lieux est également forte.
ÉRASTE.
L'essay n'en coûte rien, Mélite est à sa porte;
Allons, et tu verras dans ses aimables traits
Tant de charmans appas, tant de brillans attraits,
Que tu seras forcé toy-mesme à reconnoistre
Que si je suis un fou j'ay bien raison de l'estre.
TIRCIS.
Allons, et tu verras que toute la beauté
Ne sçaura me tourner contre la vérité.

SCÉNE II.

ÉRASTE, MÉLITE, TIRCIS.

ÉRASTE.

De deux amis, Madame, appaisez la querelle :
Un esclave d'Amour le défend d'un rebelle,
Si toutefois un cœur qui n'a jamais aimé,
Fier et vain qu'il en est, peut estre ainsi nommé
Comme dès le moment que je vous ay servie,
J'ay creu qu'il étoit seul la véritable vie,

Échauffent bien les draps, mais non pas la cuisine,
Et l'hymen qui succéde à ces folles amours,
Pour quelques bonnes nuits, a bien de mauvais jours.

1. Ces deux vers, qui datent de 1644, ont fourni à Boileau :
   L'or même à la laideur donne un teint de beauté.

SCÉNE IX.

ÉRASTE.

Tu t'enfuis donc, barbare, et me laiſſant en
[proye
A ces cruëlles ſœurs, tu les combles de joye ?
Non, non, retirez-vous, Tiſiphone, Alecton,
Et tout ce que je voy d'officiers de Pluton ;
Vous me connoiſſez mal : dans le corps d'un perfide
Je porte le courage et les forces d'Alcide.
Je vay tout renverſer dans ces royaumes noirs,
Et ſaccager moy ſeul ces ténébreux manoirs ;
Une ſeconde fois le triple chien Cerbére
Vomira l'aconit en voyant la lumiére,
J'iray du fond d'enfer dégager les tirans,
Et, ſi Pluton ſ'oppoſe à ce que je prétens,
Paſſant deſſus le ventre à ſa troupe mutine,
J'iray d'entre ſes bras enlever Proſerpine.

SCÉNE X.

LISIS, CLORIS.

LISIS.

N'en doute plus, Cloris, ton frére n'eſt point
[mort,
Mais, ayant ſçeu de luy ſon déplorable ſort,
Je voulois éprouver par cette triſte feinte,
Si celle qu'il adore, aucunement atteinte,
Deviendroit plus ſenſible aux traits de la pitié,
Qu'aux ſincéres ardeurs d'une ſainte amitié.
Maintenant que je voy qu'il faut qu'on nous abuſe,
Afin que nous puiſſions découvrir cette ruſe,
Et que Tircis en ſoit de tout point éclaircy,
Sois ſeure que dans peu je te le rens icy.
Ma parole ſera d'un prompt effet ſuivie ;

Tu reverras bien-toſt ce frére plein de vie ;
C'eſt aſſez que je paſſe une fois pour trompeur.
CLORIS.
Si bien qu'au lieu du mal nous n'aurons que la peur?
Le cœur me le diſoit : je ſentois que mes larmes
Refuſoient de couler pour de fauſſes alarmes,
Dont les plus dangereux et plus rudes assauts
Avoient beaucoup de peine à m'émouvoir à faux,
Et je n'étudiay cette douleur menteuſe
Qu'à cauſe qu'en effet j'étois un peu honteuse
Qu'une autre en témoignaſt plus de reſſentiment.
LISIS.
Après tout, entre nous, confeſſe franchement
Qu'une fille en ces lieux qui perd un frére unique
Jusques au deſespoir fort rarement ſe pique :
Ce beau nom d'héritiére a de telles douceurs,
Qu'il devient ſouverain à conſoler des ſœurs.
CLORIS.
Adieu, railleur, adieu ; ſon intéreſt me preſſe
D'aller rendre d'un mot la vie à ſa maîtreſſe :
Autrement je ſçaurois t'apprendre à discourir.
LISIS.
Et moy de ces frayeurs de nouveau te guérir.

Fin du quatriéme acte.

ACTE V.

SCÉNE PREMIÉRE.

CLITON, LA NOURRICE.

CLITON.

Je ne t'ay rien célé, tu fçais toute l'affaire.
LA NOURRICE.
Tu m'en as bien conté; mais fe pourroit-il [faire
Qu'Éraste euft des remords fi vifs et fi pref- [fans,
Que de violenter fa raifon et les fens ?
CLITON.
Euft-il pû, fans en perdre entiérement l'ufage,
Se figurer Charon des traits de mon vifage,
Et de plus, me prenant pour ce vieux nautonnier;
Me payer à bons coups des droits de fon denier?
LA NOURRICE.
Plaifante illufion !
CLITON.
Mais funeste à ma tefte,
Sur qui fe déchargeoit une telle tempefte,
Que je tiens maintenant à miracle évident
Qu'il me foit demeuré dans la bouche une dent.
LA NOURRICE.
C'étoit mal reconnoiftre un fi rare fervice.
ÉRASTE *derriére le Théatre.*
Arrétez, arrétez, poltrons.
CLITON.
Adieu, nourrice.
Voicy ce fou qui vient, je l'entens à la voix,

ACTE V.

Croy que ce n'eſt pas moy qu'il attrape deux fois.
LA NOURRICE.
Pour moy, quand je devrois paſſer pour Proſerpine,
Je veux voir à quel point la fureur le domine.
CLITON.
Contente à tes périls ton curieux deſir.
LA NOURRICE.
Quoy qu'il puiſſe arriver, j'en auray le plaiſir.

SCÉNE II.

ÉRASTE, LA NOURRICE.

ÉRASTE.

n vain je les r'appelle, en vain pour ſe dé-
[fendre
La honte et le devoir leur parlent de m'at-
[tendre;
Ces lâches escadrons de fantoſmes affreux
Cherchent leur aſſeurance aux cachots les plus creux,
Et, ſe fiant à peine à la nuit qui les couvre,
Souhaitent ſous l'enfer qu'un autre enfer s'entr'ouvre.
Ma voix met tout en fuite, et dans ce vaste effroy
La peur ſaiſit ſi bien les ombres et leur roy,
Que ſe précipitant à de promptes retraites,
Tous leurs ſoucis ne vont qu'à les rendre ſecrettes.
Le bouillant Phlégéton parmi ſes flots pierreux
Pour les favoriſer ne roule plus de feux :
Tiſiphone tremblante, Alecton et Mégére,
Ont de leurs flambeaux noirs étouffé la lumiére :
Les Parques meſme en haſte emportent leurs fuſeaux,
Et, dans ce grand déſordre oubliant leurs ciſeaux,
Charon les bras croiſez dans ſa barque s'étonne
De ce qu'après Eraste il n'a paſſé perſonne.
Trop heureux accident, s'il avoit prévenu
Le déplorable coup du malheur avenu,
Trop heureux accident, ſi la terre entr'ouverte
Avant ce jour fatal euſt conſenti ma perte,

Et ſi ce que le ciel me donne icy d'accès
Euſt de ma trahiſon devancé le ſuccès.
Dieux, que vous ſçavez mal gouverner voſtre foudre!
N'étoit-ce pas aſſez pour me réduire en poudre
Que le ſimple deſſein d'un ſi laſche forfait?
Injuſtes, deviez-vous en attendre l'effet?
Ah Mélite! ah Tircis! leur cruelle juſtice
Aux dépens de vos jours me choiſit un ſupplice.
Ils doutoient que l'enfer euſt de quoy me punir
Sans le triſte ſecours de ce dur ſouvenir.
Tout ce qu'ont les enfers de feux, de fouets, de chaiſnes,
Ne ſont auprés de luy que de légéres peines :
On reçoit d'Alecton un plus doux traitement.
Souvenir rigoureux, tréve, tréve un moment,
Qu'au moins avant ma mort dans ces demeures ſombres
Je puiſſe rencontrer ces bien-heureuſes ombres;
Uſe après, ſi tu veux, de toute ta rigueur,
Et ſi pour m'achever tu manques de vigueur,
          Il met la main ſur ſon épée.
Voicy qui t'aidera; mais derechef, de grace,
Ceſſe de me geſner durant ce peu d'espace.
Je voy déja Mélite. Ah! belle ombre, voicy
L'ennemy de voſtre heur qui vous cherchoit icy,
C'eſt Éraste, c'eſt luy, qui n'a plus d'autre envie
Que d'épandre à vos pieds ſon ſang avec ſa vie.
Ainſi le veut le ſort, et tout exprès les Dieux
L'ont abimé vivant en ces funeſtes lieux.

LA NOURRICE.

Pourquoy permettez-vous que cette frénéſie
Régne ſi puiſſamment ſur voſtre fantaiſie?
L'enfer voit-il jamais une telle clarté?

ÉRASTE.

Auſſi ne la tient-il que de voſtre beauté;
Ce n'eſt que de vos yeux que part cette lumiére.

LA NOURRICE.

Ce n'eſt que de mes yeux! deſſillez la paupiére,
Et d'un ſens plus raſſis jugez de leur éclat.

ÉRASTE.

Ils ont, de vérité, je ne ſçay quoy de plat,
Et plus je vous contemple, et plus ſur ce viſage

Je m'étonne de voir un autre air, un autre âge;
Je ne reconnoy plus aucun de vos attraits;
Jadis votre nourrice avoit ainſi les traits,
Le front ainſi ridé, la couleur ainſi bleſme,
Le poil ainſi griſon. O Dieux! c'eſt elle-meſme.
Nourrice, qui t'améne en ces lieux pleins d'effroy?
Y viens-tu rechercher Mélite comme moy?

LA NOURRICE.

Cliton la vit paſmer, et ſe brouilla de ſorte
Que, la voyant ſi pâle, il la crût eſtre morte.
Cét étourdy trompé vous trompa comme luy.
Au reſte elle eſt vivante, et peut-eſtre aujourd'huy
Tircis, de qui la mort n'étoit qu'imaginaire,
De ſa fidélité recevra le ſalaire.

ÉRASTE.

Deſormais donc en vain je les cherche icy-bas,
En vain pour les trouver je rens tant de combats.

LA NOURRICE.

Voſtre douleur vous trouble, et forme des nüages
Qui ſéduiſent vos ſens par de fauſſes images,
Cét enfer, ces combats ne ſont qu'illuſions.

ÉRASTE.

Je ne m'abuſe point de fauſſes viſions.
Mes propres yeux ont veu tous ces monſtres en fuite,
Et Pluton de frayeur en quitter la conduite.

LA NOURRICE.

Peut-eſtre que chacun s'enfuyoit devant vous,
Craignant voſtre fureur et le poids de vos coups.
Mais voyez ſi l'enfer reſſemble à cette place;
Ces murs, ces baſtiments ont-ils la meſme face?
Le logis de Mélite et celuy de Cliton
Ont-ils quelque rapport à celuy de Pluton?
Quoy, n'y remarquez-vous aucune différence?

ÉRASTE.

De vray, ce que tu dis a beaucoup d'apparence;
Nourrice, pren pitié d'un esprit égaré,
Qu'ont mes vives douleurs d'avec moy ſéparé;
Ma guériſon dépend de parler à Mélite.

LA NOURRICE.

Différez pour le mieux un peu cette viſite,

Tant que, maiſtre abſolu de voſtre jugement,
Vous ſoyez en état de faire un compliment.
Voſtre teint et vos yeux n'ont rien d'un homme ſage ;
Donnez-vous le loiſir de changer de viſage.
Un moment de repos que vous prendrez chez vous...

ÉRASTE.

Ne peut, ſi tu n'y viens, rendre mon ſort plus doux,
Et ma foible raiſon, de guide dépourveuë,
Va de nouveau ſe perdre en te perdant de veuë.

LA NOURRICE.

Si je vous ſuis utile, allons ; je ne veux pas
Pour un ſi bon ſujet vous épargner mes pas.

SCÉNE III.

CLORIS, PHILANDRE.

CLORIS.

Ne m'importune plus, Philandre, je t'en prie,
Me rappaiſer jamais paſſe ton induſtrie.
Ton meilleur, je t'aſſeure, eſt de n'y plus
[penſer,
Tes proteſtations ne font que m'offenſer,
Sçavante à mes dépens de leur peu de durée,
Je ne veux point en gage une foy parjurée,
Un cœur que d'autres yeux peuvent ſi toſt bruſler,
Qu'un billet ſuppoſé peut ſi-toſt ébranler.

PHILANDRE.

Ah ! ne remettez plus dedans voſtre mémoire
L'indigne ſouvenir d'une action ſi noire,
Et pour rendre à jamais nos prémiers vœux contens,
Étouffez l'ennemy du pardon que j'attens.
Mon crime eſt ſans égal, mais enfin, ma chére ame...

CLORIS.

Laiſſe-là deſormais ces petits mots de flame,
Et par ces faux témoins d'un feu mal allumé
Ne me reproche plus que je t'ay trop aimé.

PHILANDRE.

De grace, redonnez à l'amitié paſſée

ACTE V.

Le rang que je tenois dedans vostre pensée :
Derechef, ma Cloris, par ces doux entretiens,
Par ces feux qui voloient de vos yeux dans les miens [1],
Par ce que vostre foy me permettoit d'attendre...

CLORIS.

C'est où doresnavant tu ne dois plus prétendre.
Ta sottise m'instruit, et par là je voy bien
Qu'un visage commun, et fait comme le mien,
N'a point assez d'appas, ny de chaisne assez forte
Pour tenir en devoir un homme de ta sorte.
Mélite a des attraits qui sçavent tout dompter,
Mais elle ne pourroit qu'à peine t'arrêter ;
Il te faut un sujet qui la passe, ou l'égale.
C'est en vain que vers moy ton amour se ravale ;
Fay-luy, si tu m'en crois, agréer tes ardeurs,
Je ne veux point devoir mon bien à ses froideurs.

PHILANDRE.

Ne me déguisez rien : un autre a pris ma place.
Une autre affection vous rend pour moy de glace.

CLORIS.

Aucun jusqu'à ce point n'est encor arrivé.
Mais je te changeray pour le premier trouvé.

PHILANDRE.

C'en est trop, tes dédains épuisent ma souffrance.
Adieu, je ne veux plus avoir d'autre espérance,
Sinon qu'un jour le ciel te fera ressentir
De tant de crüautez le juste repentir.

CLORIS.

Adieu. Mélite et moy nous aurons de quoy rire
De tous les beaux discours que tu viens de me dire.
Que luy veux-tu mander ?

PHILANDRE.

      Va, dy luy de ma part

---

1. On lit après ce vers dans toutes les éditions de 1633 à 1654 les vers suivants, que l'auteur a supprimés depuis :

> Par mes flames, jadis si bien récompensées,
> Par ces mains si souvent dans les miennes pressées,
> Par ces chastes baisers qu'un amour vertueux
> Accordoit aux desirs d'un cœur respectueux.

Qu'elle, ton frére, et toy, reconnoiſtrez trop tard
Ce que c'eſt que d'aigrir un homme de ma ſorte.
CLORIS.
Ne croy pas la chaleur du courroux qui t'emporte :
Tu nous ferois trembler plus d'un quart-d'heure, ou deux.
PHILANDRE.
Tu railles, mais bien-toſt nous verrons d'autres jeux;
Je ſçay trop comme on venge une flame outragée.
CLORIS.
Le ſçais-tu mieux que moy, qui ſuis déja vengée?
Par où t'y prendras-tu? de quel air?
PHILANDRE.
Il ſuffit;
Je ſçay comme on le venge.
CLORIS.
Et moy comme on s'en rit.

SCÉNE IV.

TIRCIS, MÉLITE.

TIRCIS.

Maintenant que le ſort attendry par nos plaintes
Comble noſtre eſpérance, et diſſipe nos craintes
Que nos contentemens ne ſont plus traverſez
Que par le ſouvenir de nos malheurs paſſez :
Ouvrons toute noſtre ame à ces douces tendreſſes
Qu'inſpirent aux amants les pleines allégreſſes,
Et d'un commun accord chériſſons nos ennuys
Dont nous voyons ſortir de ſi précieux fruits.
Adorables regards, fidelles interprétes
Par qui nous expliquions nos paſſions ſecrettes.
Doux truchemens du cœur, qui déja tant de fois
M'avez ſi bien appris ce que n'oſoit la voix,
Nous n'avons plus beſoin de voſtre confidence:
L'amour en liberté peut dire ce qu'il penſe
Et dédaigne un ſecours qu'en ſa naiſſante ardeur,
Luy faiſoient mendier la crainte et la pudeur.

Beaux yeux, à mon transport pardonnez ce blasphème
La bouche eſt impuiſſante où l'amour eſt extrème.
Quand l'espoir eſt permis elle a droit de parler,
Mais vous allez plus loin qu'elle ne peut aller.
Ne vous laſſez donc point d'en uſurper l'uſage,
Et quoy qu'elle m'ait dit, dites-moy davantage.
Mais tu ne me dis mot, ma vie; et quels ſoucis
T'obligent à te taire auprès de ton Tircis?

MÉLITE.

Tu parles à mes yeux, et mes yeux te répondent.

TIRCIS.

Ah! mon heur, il eſt vray, ſi tes deſirs fecondent
Cét amour qui paroiſt et brille dans tes yeux,
Je n'ay rien déſormais à demander aux Dieux.

MÉLITE.

Tu peux t'en aſſeurer; mes yeux ſi pleins de flame
Suivent l'instruction des mouvemens de l'ame.
On en a veu l'effet, lors que ta fauſſe mort
A fait ſur tous mes ſens un véritable effort;
On en a veu l'effet, quand te ſçachant en vie
De revivre avec toy j'ay pris auſſi l'envie?
On en a veu l'effet lors qu'à force de pleurs
Mon amour et mes ſoins, aidez de mes douleurs,
Ont fléchy la rigueur d'une mére obstinée
Et gagné cet aveu qui fait noſtre hymenée,
Si bien qu'à ton retour ta chaste affection
Ne trouve plus d'obstacle à ſa prétenſion.
Cependant l'aspect ſeul des lettres d'un fauſſaire
Te ſceut perſüader tellement le contraire,
Que sans vouloir m'entendre, et ſans me dire adieu,
Jaloux et furieux tu partis de ce lieu.

TIRCIS.

J'en rougis, mais appren qu'il n'étoit pas poſſible [1]
D'aimer comme j'aimois et d'eſtre moins ſenſible;
Qu'un juste déplaiſir ne ſçauroit écouter
La raiſon qui l'efforce à le violenter,

---

1. On lit dans toutes les éditions de 1633 à 1654 :

> Mon cœur, j'en ſuis honteux; mais ſonge que poſſible,
> Si j'euſſe moins aimé, j'euſſe été moins ſenſible.

Et qu'après des transports de telle promptitude
Ma flame ne te laisse aucune incertitude.
####### MÉLITE.
Tout cela seroit peu, n'étoit que ma bonté
T'en accorde un oubly sans l'avoir mérité,
Et que, tout criminel, tu m'és encor aimable.
####### TIRCIS.
Je me tiens donc heureux d'avoir été coupable,
Puisque l'on me rappelle au lieu de me bannir,
Et qu'on me récompense au lieu de me punir.
J'en aimeray l'autheur de cette perfidie,
Et si jamais je sçay quelle main si hardie...

SCÉNE V.

CLORIS, TIRCIS, MÉLITE.

####### CLORIS.

l vous fait fort bon voir, mon frére, à ca-
[joler,
Cependant qu'une sœur ne le peut consoler,
Et que le triste ennuy d'une atténte incer-
[taine,
Touchant voître retour, la tient encor en peine.
####### TIRCIS.
L'amour a fait au sang un peu de trahison[1],

---

1. Au lieu des trois vers qui suivent, on lit dans l'édition originale le long morceau que voici :

Mais deux ou trois baisers t'en feront la raison.
Que ce soit touteffois, mon cœur, sans te déplaire.
####### CLORIS.
Les baisers d'une sœur satisfont mal un frére ;
Adresse mieux les tiens vers l'objet que je voy.
####### TIRCIS.
De la part de ma sœur reçoy donc ce renvoy.
####### MÉLITE.
Recevoir le refus d'un autre ! à Dieu ne plaise.
####### TIRCIS.
Refus d'un autre, ou non, il faut que je te baise,

Mais Philandre pour moy t'en aura fait raiſon.
Dy-nous, auprès de luy retrouves-tu ton conte?
Et te peut-il revoir ſans montrer quelque honte?
CLORIS.
L'infidelle m'a fait tant de nouveaux ſermens,
Tant d'offres, tant de vœux, et tant de complimens
Meſlez de repentir…
MÉLITE.
Qu'à la fin éxorable
Vous l'avez regardé d'un œil plus favorable.
CLORIS.
Vous devinez fort mal.
TIRCIS.
Quoy ? tu l'as dédaigné
CLORIS.
Du moins tous ſes diſcours n'ont encor rien gagné.
MÉLITE.
Si bien qu'à n'aimer plus voſtre dépit s'obstine?
CLORIS.
Non pas cela du tout, mais je ſuis aſſez fine :
Pour la prémiére fois il me dupe qui veut,
Mais, pour une ſeconde, il m'attrape qui peut.
MÉLITE.
C'eſt à dire, en un mot…
CLORIS.
Que ſon humeur volage
Ne me tient pas deux fois en un meſme paſſage.

Et que deſſus ta bouche un prompt redoublement
Me venge des longueurs de ce retardement.
CLORIS.
A force de baiſer vous m'en feriez envie,
Tréve.
TIRCIS.
Si noſtre exemple à baiſer te convie,
Va trouver ton Philandre avec qui tu prendras
De ces chastes plaisirs autant que tu voudras.
CLORIS.
A propos, je venois pour vous en faire un conte.
Sachez donc que, ſi toſt qu'il a vu ſon meſconte,
L'infidelle…

En vain deſſous mes loix il revient ſe ranger,
Il m'eſt avantageux de l'avoir veu changer.
Avant que de l'hymen le joug impitoyable,
M'attachant avec luy, me rendiſt miſérable :
Qu'il cherche femme ailleurs, tandis que de ma part
J'attendray du destin quelque meilleur hazard.
MÉLITE.
Mais le peu qu'il voulut me rendre de ſervice
Ne luy doit pas porter un ſi grand préjudice.
CLORIS.
Après un tel faux-bond, un change ſi ſoudain,
A volage volage, et dédain pour dédain.
MÉLITE.
Ma ſœur, ce fut pour moy qu'il oſa s'en dédire.
CLORIS.
Et pour l'amour de vous je n'en feray que rire.
MÉLITE.
Et pour l'amour de moy vous luy pardonnerez.
CLORIS.
Et pour l'amour de moy vous m'en dispenſerez.
MÉLITE.
Que vous étes mauvaiſe !
CLORIS.
Un peu plus qu'il ne ſemble.
MÉLITE.
Je vous veux touteſſois remettre bien enſemble [1].
CLORIS.
Ne l'entreprenez pas ; peut-eſtre qu'après tout
Voſtre dextérité n'en viendroit pas à bout.

---

1. On lit jusque dans l'édition de 1654 inclusivement :

Si vous veux-je pourtant remettre bien enſemble.

ACTE I.

Une amitié si longue est fort mal asseurée
Dessus des fondemens de si peu de durée,
L'argent dans le ménage a certaine splendeur
Qui donne un teint d'éclat à la mesme laideur [1],
Et tu ne peux trouver de si douces caresses,
Dont le goust dure autant que celui des richesses.

ÉRASTE.

Auprès de ce bel œil qui tient mes sens ravis,
A peine pourrois-tu conserver ton avis.

TIRCIS.

La raison en tous lieux est également forte.

ÉRASTE.

L'essay n'en coûte rien, Mélite est à sa porte;
Allons, et tu verras dans ses aimables traits
Tant de charmans appas, tant de brillans attraits,
Que tu seras forcé toy-mesme à reconnoistre
Que si je suis un fou j'ay bien raison de l'estre.

TIRCIS.

Allons, et tu verras que toute sa beauté
Ne sçaura me tourner contre la vérité.

SCÉNE II.

ÉRASTE, MÉLITE, TIRCIS.

ÉRASTE.

De deux amis, Madame, appaisez la querelle:
Un esclave d'Amour le défend d'un rebelle,
Si toutefois un cœur qui n'a jamais aimé,
Fier et vain qu'il en est, peut estre ainsi nommé.
Comme dès le moment que je vous ay servie,
J'ay creu qu'il étoit seul la véritable vie,

Échauffent bien les draps, mais non pas la cuisine,
Et l'hymen qui succéde à ces folles amours,
Pour quelques bonnes nuits, a bien de mauvais jours.

---

1. Ces deux vers, qui datent de 1644, ont fourni à Boileau:
L'or même à la laideur donne un teint de beauté.

De grace, haltez-vous d'abréger mon fupplice,
Ou ma main préviendra voftre lente justice.
MÉLITE.
Voyez comme le ciel a de fecrets refforts
Pour fe faire obéïr malgré nos vains efforts.
Voftre fourbe, inventée à deffein de nous nuire,
Avance nos amours au lieu de les détruire,
De fon fafcheux fuccès, dont nous devions périr,
Le fort tire un reméde afin de nous guérir.
Donc, pour nous revancher de la faveur reçeuë,
Nous en aimons l'autheur à caufe de l'iffuë,
Obligez deformais de ce que tour à tour
Nous nous fommes rendus tant de preuves d'amour,
Et de ce que l'excès de ma douleur fincére
A mis tant de pitié dans le cœur de ma mére
Que cette occafion prife comme aux cheveux,
Tircis n'a rien trouvé de contraire à fes vœux,
Outre qu'en fait d'amour la fraude eft légitime.
Mais puisque vous voulez la prendre pour un crime,
Regardez, acceptant le pardon ou l'oubly,
Par où voftre repos fera mieux étably.
ÉRASTE.
Tout confus et honteux de tant de courtoifie,
Je veux dorefnavant chérir ma jaloufie,
Et puisque c'eft de là que vos félicitez...
LA NOURRICE *à Éraste*.
Quittez ces complimens qu'ils n'ont pas méritez,
Ils ont tous deux leur conte, et fur cette affeurance
Ils tiennent le paffé dans quelque indifférence,
N'ofant le hazarder à des reffentimens
Qui donneroient du trouble à leurs contentemens.
Mais Cloris qui s'en taift vous la gardera bonne,
Et feule intéreffée, à ce que je foupçonne,
Sçaura bien fe venger fur vous à l'avenir
D'un amant échapé qu'elle penfoit tenir.
ÉRASTE *à Cloris*.
Si vous pouviez fouffrir qu'en voftre bonne grace
Celuy qui l'en tira pûft occuper fa place,
Éraste, qu'un pardon purge de fon forfait,
Eft preft de réparer le tort qu'il vous a fait.

Mélite répondra de ma perſévérance :
Je n'ay pû la quitter qu'en perdant l'espérance,
Encor avez-vous veu mon amour irrité
Mettre tout en uſage en cette extrémité,
Et c'eſt avec raiſon que, ma flame contrainte
De réduire ſes feux dans une amitié ſainte,
Mes amoureux deſirs, vers elle ſuperflus,
Tournent vers la beauté qu'elle chérit le plus.

TIRCIS.
Que t'en ſemble, ma ſœur?

CLORIS.
Mais, toy-meſme, mon frère?

TIRCIS.
Tu ſçais bien que jamais je ne te fus contraire.

CLORIS.
Tu ſçais qu'en tel ſujet ce fut toûjours de toy
Que mon affection voulut prendre la loy.

TIRCIS.
Encor que dans tes yeux tes ſentimens ſe liſent,
Tu veux qu'auparavant les miens les authoriſent.
Parlons donc pour la forme, ouy, ma ſœur, j'y conſens,
Bien ſeur que mon avis s'accommode à ton ſens.
Faſſent les puiſſans Dieux que par cette alliance
Il ne reste entre nous aucune défiance,
Et que m'aimant en frère, et ma maîtreſſe en ſœur,
Nos ans puiſſent couler avec plus de douceur.

ÉRASTE.
Heureux dans mon malheur, c'eſt dont je les ſupplie !
Mais ma félicité ne peut eſtre accomplie.
Jusqu'à ce qu'après vous son aveu m'ait permis
D'aspirer à ce bien que vous m'avez promis.

CLORIS.
Aimez-moy ſeulement, et pour la récompenſe
On me donnera bien le loiſir que j'y penſe.

TIRCIS.
Ouy, ſous condition qu'avant la fin du jour
Vous vous rendrez ſenſible à ce naiſſant amour [1].

---

[1]. Jusque dans l'édition de 1654 inclusivement, on lit, au lieu de ces deux derniers vers, les six qui suivent :

CLORIS.
Vous prodiguez en vain vos foibles artifices,
Je n'ay receu de luy ny devoirs, ny services.
MÉLITE.
C'est bien quelque raison, mais ceux qu'il m'a rendus,
Il ne les faut pas mettre au rang des pas perdus.
Ma sœur, acquitte-moy d'une reconnoissance,
Dont un autre destin m'a mise en impuissance,
Accorde cette grace à nos justes desirs.
TIRCIS.
Ne nous refuse pas ce comble à nos plaisirs.
ÉRASTE.
Donnez à leurs souhaits, donnez à leurs priéres,
Donnez à leurs raisons ces faveurs singuliéres,
Et pour faire aujourd'huy le bonheur d'un amant,
Laissez-les disposer de voître sentiment.
CLORIS.
En vain en ta faveur chacun me sollicite,
J'en croiray seulement la mére de Mélite,
Son avis m'ostera la peur du repentir,
Et ton mérite alors m'y fera consentir.
TIRCIS.
Entrons donc, et tandis que nous irons le prendre,
Nourrice, va t'offrir pour maîtresse à Philandre.

LA NOURRICE. *Tous rentrent, et elle demeure seule.*
Là, là, n'en riez point, autrefois en mon temps
D'aussi beaux fils que vous étoient assez contens,
Et croyoient de leur peine avoir trop de salaire
Quand je quittois un peu mon dédain ordinaire.
A leur conte mes yeux étoient de vrais soleils
Qui répandoient par tout des rayons nompareils,

Ouy, jusqu'à cette nuit, qu'ensemble ainsi que nous
Vous gousterez d'hymen les plaisirs les plus doux.
CLORIS.
Ne le présumes pas, je veux après Philandre
L'éprouver tout du long de peur de me méprendre.
LA NOURRICE.
Mais de peur qu'il n'en fasse autant que l'autre a fait
Attache-le d'un nœud qui jamais ne défait.

Je n'avois rien en moy qui ne fust un miracle,
Un seul mot de ma part leur étoit un oracle.
Mais je parle à moy seule; amoureux, qu'est-ce-cy?
Vous étes bien hastez de me quitter ainsi ! [1]
Allez, quelle que soit l'ardeur qui vous emporte.
On ne se moque point des femmes de ma sorte,
Et je feray bien voir à vos feux empressez
Que vous n'en étes pas encor où vous pensez.

[1]. Dans l'édition originale, cet acte se termine par les vers suivants :

Vous êtes bien pressez de me laisser ainsi !
Allez, je vay vous faire à ce soir telle niche
Qu'au lieu de labourer vous lairrez tout en friche.

Fin du cinquième et dernier acte.

EXAMEN DE MÉLITE

Cette piéce fut mon coup d'effay, et elle n'a garde d'eftre dans les régles, puisque je ne fçavois pas alors qu'il y en euft. Je n'avois pour guide qu'un peu de fens commun, avec les éxemples de feu Hardy, dont la veine étoit plus féconde que polie, et de quelques modernes, qui commençoient à fe produire et qui n'étoient pas plus réguliers que luy. Le fuccès en fut furprenant. Il établit une nouvelle troupe de comédiens à Paris, malgré le mérite de celle qui étoit en poffeffion de s'y voir l'unique; il égala tout ce qui s'étoit fait de plus beau jusqu'alors, et me fit connoiftre à la cour. Ce fens commun, qui étoit toute ma régle, m'avoit fait trouver l'unité d'action pour brouiller quatre amans par un seul intrique [1], et m'avoit donné affez d'averfion de cet horrible déréglement qui mettoit Paris, Rome, et Constantinople fur le mefme théatre, pour réduire le mien dans une feule ville.

La nouveauté de ce genre de comédie, dont il n'y a point d'exemple en aucune langue, et le ftile naïf, qui faifoit une peinture de la converfation des honneftes gens, furent fans doute caufe de ce bonheur furprenant, qui fit alors tant de bruit. On n'avoit jamais veu jusque-là que la comédie fift rire fans perfonnages ridicules, tels que les valets bouffons, les parafites, les capitans, les docteurs, etc. Celle-cy faifoit fon effet par

---

1. *Intrique*, aujourd'hui *intrigue*. C'était alors la forme la plus habituelle de ce mot, qui, ainsi écrit, était d'ordinaire masculin.

l'humeur enjouée de gens d'une condition au-deſſus de ceux qu'on voit dans les comédies de Plaute et de Térence, qui n'étoient que des marchands. Avec tout cela, j'avouë que l'auditeur fut bien facile à donner ſon approbation à une piéce dont le nœud n'avoit aucune juſteſſe. Éraste y fait contrefaire des lettres de Mélite, et les porter à Philandre. Ce Philandre eſt bien crédule de ſe perſuader d'eſtre aimé d'une perſonne qu'il n'a jamais entretenuë, dont il ne connoît point l'écriture, et qui luy défend de l'aller voir, cependant qu'elle reçoit les viſites d'un autre, avec qui il doit avoir une amitié aſſez étroite, puiſqu'il eſt accordé de ſa ſœur. Il fait plus : ſur la légéreté d'une croyance ſi peu raiſonnable, il renonce à une affection dont il étoit aſſeuré, et qui étoit preſte d'avoir ſon effet. Éraste n'eſt pas moins ridicule que luy, de s'imaginer que ſa fourbe cauſera cette rupture, qui ſeroit touteſfois inutile à ſon deſſein, s'il ne ſçavoit de certitude que Philandre, malgré le ſecret qu'il luy fait demander par Mélite dans ces fauſſes lettres, ne manquera pas à les montrer à Tircis ; que cet amant favoriſé croira pluſtot un caractére qu'il n'a jamais veu, que les aſſeurances d'amour qu'il reçoit tous les jours de ſa maitreſſe, et qu'il rompra avec elle ſans luy parler, de peur de s'en éclaircir. Cette prétenſion d'Éraste ne pouvoit eſtre ſupportable à moins d'une révélation, et Tircis qui eſt l'honneſte homme de la piéce, n'a pas l'esprit moins léger que les deux autres, de s'abandonner au deſeſpoir par une meſme facilité de croyance, à la veuë de ce caractére inconnu. Les ſentimens de douleur qu'il en peut légitimement concevoir, devroient du moins l'emporter à faire quelques reproches à celle dont il ſe croit trahy, et luy donner par là l'occaſion de le deſabuſer. La folie d'Éraste n'eſt pas de meilleure trempe. Je la condamnois dès-lors en mon ame ; mais comme c'étoit un ornement de théatre qui ne manquoit jamais de plaire et ſe faiſoit ſouvent admirer, j'affectay volontiers ces grands égaremens, et en tiray un effet que je tiendrois encore admirable en ce temps : c'eſt la maniére dont Éraste fait connoiſtre à Philandre, en le prenant pour

Minos, la fourbe qu'il luy a faite, et l'erreur où il l'a jetté. Dans tout ce que j'ay fait depuis, je ne penſe pas qu'il ſe rencontre rien de plus adroit pour un dénoüement.

Tout le cinquiéme acte peut paſſer pour inutile. Tircis et Mélite ſe ſont raccommodez avant qu'il commence, et par conſéquent l'action eſt terminée. Il n'eſt plus question que de ſçavoir qui a fait la ſuppoſition des lettres, et il pouvoit l'avoir ſceu de Cloris, à qui Philandre l'avoit dit pour ſe juſtifier. Il eſt vray que cet acte retire Éraſte de folie, qu'il le réconcilie avec les deux amans, et fait ſon mariage avec Cloris; mais tout cela ne regarde plus qu'une action épiſodique, qui ne doit pas amuſer le théatre, quand la principale eſt finie; et ſur tout ce mariage a ſi peu d'apparence, qu'il eſt aiſé de voir qu'on ne le propoſe que pour ſatisfaire à la coûtume de ce temps là, qui étoit de marier tout ce qu'on introduiſoit ſur la ſcéne. Il ſemble meſme que le perſonnage de Philandre, qui part avec un reſſentiment ridicule, dont on ne craint pas l'effet, ne ſoit point achevé, et qu'il luy falloit quelque couſine de Mélite, ou quelque ſœur d'Éraſte pour le reünir avec les autres. Mais deflors je ne m'aſſujettiſſois pas tout à fait à cette mode, et je me contentay de faire voir l'aſſiette de ſon eſprit, ſans prendre ſoin de le pourvoir d'une autre femme.

Quant à la durée de l'action, il eſt aſſez viſible qu'elle paſſe l'unité de jour, mais ce n'en eſt pas le ſeul défaut; il y a de plus une inégalité d'intervalle entre les actes qu'il faut éviter. Il doit s'eſtre paſſé huit ou quinze jours entre le prémier et le ſecond, et autant entre le ſecond et le troiſiéme; mais du troiſiéme au quatriéme, il n'eſt pas beſoin de plus d'une heure, et il en faut encor moins entre les deux derniers, de peur de donner le temps de ſe rallentir à cette chaleur qui jette Éraſte dans l'égarement d'eſprit. Je ne ſçay meſme ſi les perſonnages qui paroiſſent deux fois dans un meſme acte (poſé que cela ſoit permis, ce que j'examineray ailleurs) je ne ſçay, dis-je, s'ils ont le loiſir d'aller d'un quartier de la ville à l'autre, puiſque ces quartiers doivent eſtre fi éloignez l'un de l'autre, que les acteurs ayent lieu de ne pas s'entreconnoiftre. Au prémier acte, Tircis, après avoir quitté Mélite chez elle, n'a que le temps d'environ foixante vers pour aller chez luy, où il rencontre Philandre avec fa fœur, et n'en a guére davantage au fecond à refaire le mefme chemin. Je fçay bien que la repréfentation racourcit la durée de l'action, et qu'elle fait voir en deux heures, fans fortir de la régle, ce qui fouvent a befoin d'un jour entier pour s'effectuer ; mais je voudrois que, pour mettre les chofes dans leur juftefle, ce racourciffement fe ménageaft dans les intervalles des actes, et que le temps qu'il faut perdre s'y perdift : en forte que chaque acte n'en euft pour la partie de l'action qu'il repréfente, que ce qu'il en faut pour fa repréfentation.

Ce coup d'effay a fans doute encor d'autres irrégularitez, mais je ne m'attache pas à les éxaminer fi ponctuellement, que je m'obftine à n'en vouloir oublier aucune. Je penfe avoir marqué les plus notables, et pour peu que le lecteur aye d'indulgence pour moy, j'efpére qu'il ne s'offenfera pas d'un peu de négligence pour le refte.

CLITANDRE[1]

TRAGÉDIE

— 1630 —

---

[1]. Dans son édition originale, cette pièce, la première que Corneille ait publiée, porte sur le titre : « *Clitandre ou l'Innocence délivrée*, tragi-comédie, dédiée à Monseigneur le duc de Longueville; A Paris, chez François Targa, 1632. » In-8, dont l'achevé d'imprimer est du 20 mars. — *Clitandre* se termine à la page 118 du volume; viennent ensuite, avec un frontispice, mais avec continuation de la pagination générale : *Meslanges poetiques du mefme*. Ce sont des pièces de poésie que nous réimprimerons dans le dernier volume de cette édition, et que Corneille faisait précéder de ce qui suit : « Au Lecteur. — « Quelques-unes de ces piéces te déplairont, fçache auffi que « je ne les justifie pas toutes et que je ne les donne qu'à l'im- « portunité du libraire pour groffir fon livre. Je ne croy pas « cette tragi-comédie fi mauvaife que je me tienne obligé de te « récompenfer par trois ou quatre bons fonnets. »

A partir de l'édition de 1644, *Clitandre* perdit son second titre (*ou l'Innocence délivrée*), et, en 1660, de tragi-comédie, devint tragédie.

A MONSEIGNEUR

LE DUC DE LONGUEVILLE [1]

Monseigneur,

Je prends avantage de ma témérité ; et quelque défiance que j'aye de *Clitandre*, je ne puis croire qu'on s'en promette rien de mauvais, après avoir veu la hardiesse que j'ay de vous l'offrir. Il est impossible qu'on s'imagine qu'à des personnes de vostre rang, et à des esprits de l'excellence du vostre, on présente rien qui ne soit de mise, puisqu'il est tout vray que vous avez un tel dégoust des mauvaises choses, et les sçavez si nettement démesler d'avec les bonnes, qu'on fait paroistre plus de manque de jugement à vous les présenter qu'à les concevoir [2]. Cette vérité est si généralement reconnuë, qu'il faudroit n'estre pas du monde pour igno-

---

1. Henri II d'Orléans, duc de Longueville, né en 1595, petit-neveu et filleul du roi Henri IV, avait été d'abord nommé au gouvernement de Picardie, puis investi du gouvernement de Normandie. Il avait alors pour femme Louise de Bourbon, fille du comte de Soissons, qu'il perdit en 1637 et remplaça en 1642 par la sœur du grand Condé, si célèbre par sa beauté, son esprit, ses faiblesses et son rôle pendant la Fronde. Le duc de Longueville, qui s'était montré jaloux de l'empire qu'exerça Richelieu, et qui s'en était mal trouvé, ne se mit pas mieux avec Mazarin. Le cardinal de Retz a dit de lui dans ses Mémoires : « M. de Longueville avait, avec le beau « nom d'Orléans, de la vivacité, de l'agrément, de la libéralité, « de la justice, de la valeur et de la grandeur ; et il ne fut « jamais qu'un homme médiocre, parce qu'il eut toujours des « idées infiniment au-dessus de sa capacité. » Du reste, on voit, pages 138-139 de l'*Histoire de Corneille*, que M. et Mme de Longueville ne purent entraîner l'auteur de *Clitandre* dans le parti de la Fronde.

2. Chapelain ne lui dédia pas moins son poëme de *la Pucelle* en 1647.

rer que voſtre condition vous reléve encore moins par-
deſſus le reſte des hommes que voſtre esprit, et que
les belles parties qui ont accompagné la ſplendeur de
voſtre naiſſance n'ont receu d'elle que ce qui leur étoit
deu : c'est ce qui fait dire aux plus honneſtes gens de
noſtre ſiècle qu'il ſemble que le ciel ne vous a fait
naiſtre prince qu'afin d'oſter au roi la gloire de choiſir
voſtre perſonne, et d'établir voſtre grandeur ſur la ſeule
reconnoiſſance de vos vertus. Auſſi, Monſeigneur, ces
conſidérations m'auroient intimidé, et ce cavalier n'euſt
jamais oſé vous aller entretenir de ma part, ſi voſtre
permiſſion ne l'en euſt authoriſé, et comme aſſeuré que
vous l'aviez en quelque ſorte d'estime, veu qu'il ne
vous étoit pas tout à fait inconnu. C'est le meſme qui,
par vos commandemens, vous fut conter, il y a quelque
temps, une partie de ſes avantures, autant qu'en pouvoient contenir deux actes de ce poëme encor tout in-
formes, et qui n'étoient qu'à peine ébauchés. Le malheur ne perſécutoit point encor ſon innocence, et ſes
contentemens devoient eſtre en un haut degré, puisque
l'affection, la promeſſe et l'authorité de ſon prince lui
rendoient la poſſeſſion de ſa maitreſſe presque infail-
ible ; ſes faveurs touteſſois ne luy étoient point ſi chéres
que celles qu'il recevoit de vous ; et jamais il ne se
fuſt plaint de ſa priſon, s'il y euſt trouvé autant de douceur qu'en voſtre cabinet. Il a couru de grands périls
durant ſa vie, et n'en court pas de moindres à préſent
que je taſche à le faire revivre. Son prince le préſerva
des premiers ; il espère que vous le garantirez des autres, et que, comme il l'arracha du ſupplice qui l'alloit
perdre, vous le défendrez de l'envie, qui a déja fait une
partie de ſes efforts à l'étouffer. C'est, Monſeigneur,
dont vous ſupplie très-humblement celuy qui n'eſt pas
moins, par la force de ſon inclination que par les obligations de ſon devoir,

    Monſeigneur,

        Voſtre très-humble et très-obéyſſant
    ſerviteur,

           CORNEILLE.

PRÉFACE

Pour peu de souvenir qu'on ait de *Mélite*, il sera fort aisé de juger, après la lecture de ce poëme, que peut-estre jamais deux piéces ne partirent d'une mesme main plus différentes et d'invention et de stile. Il ne faut pas moins d'adresse à réduire un grand sujet qu'à en déduire un petit; si je m'étois aussi dignement acquitté de celuy-cy qu'heureusement de l'autre, j'estimerois avoir, en quelque façon, approché de ce que demande Horace au poëte qu'il instruit, quand il veut qu'il posséde tellement les sujets, qu'il en demeure toûjours le maistre, et les asservisse à soy-mesme, sans se laisser emporter par eux. Ceux qui ont blasmé l'autre de peu d'effets auront icy de quoy se satisfaire, si toutefois ils ont l'esprit assez tendu pour me suivre au théatre, et si la quantité d'intriques et de rencontres n'accable et ne confond leur mémoire. Que si cela leur arrive, je les supplie de prendre ma justification chez le libraire, et de reconnoistre par la lecture que ce n'est pas ma faute. Il faut néanmoins que j'avoue que ceux qui n'ayant veu représenter *Clitandre* qu'une fois, ne le comprendront pas nettement, seront fort excusables, veu que les narrations qui doivent donner le jour au reste y sont si courtes, que le moindre défaut, ou d'attention du spectateur, ou de mémoire de l'acteur, laisse une obscurité perpétuelle en la suite, et oste presque l'entiére intelligence de ces grands mouvemens dont les pensées ne s'égarent point du fait, et ne sont que des raisonnemens continus sur ce qui s'est passé. Que si j'ay renfermé cette piéce dans la régle d'un jour, ce n'est pas que je me repente de n'y avoir point mis *Mélite*, ou que je me sois résolu à m'y attacher doresnavant. Aujourd'huy, quelques-uns adorent cette régle; beaucoup la méprisent: pour moy, j'ay voulu seulement montrer que fi je m'en éloigne, ce n'eft pas faute de la connoiftre. Il eft vrai qu'on pourra m'imputer que m'étant propofé de fuivre la régle des anciens, j'ay renverfé leur ordre, vu qu'au lieu de meffagers qu'ils introduifent à chaque bout de champ pour raconter les chofes merveilleufes qui arrivent à leurs personnages, j'ay mis les accidens mefmes fur la fcéne. Cette nouveauté pourra plaire à quelques-uns; et quiconque voudra bien pefer l'avantage que l'action a fur ces longs et ennuyeux récits, ne trouvera pas étrange que j'aye mieux aimé divertir les yeux qu'importuner les oreilles, et que me tenant dans la contrainte de cette méthode, j'en aye pris la beauté, fans tomber dans les incommoditez que les Grecs et les Latins, qui l'ont fuivie, n'ont fçeu d'ordinaire, ou du moins n'ont ofé éviter. Je me donne icy quelque forte de liberté de choquer les anciens, d'autant qu'ils ne font plus en état de me répondre, et que je ne veux engager perfonne en la recherche de mes défauts. Puifque les fciences et les arts ne font jamais à leur période, il m'eft permis de croire qu'ils n'ont pas tout fçeu, et que de leurs instructions on peut tirer des lumiéres qu'ils n'ont pas eues. Je leur porte du respect comme à des gens qui nous ont frayé le chemin, et qui, après avoir défriché un païs fort rude, nous ont laiffé à le cultiver. J'honore les modernes fans les envier, et n'attribueray jamais au hafard ce qu'ils auront fait par fcience, ou par des régles particuliéres qu'ils fe feront eux-mefmes prefcrites; outre que c'eft ce qui ne me tombera jamais en la penfée, qu'une piéce de fi longue haleine, où il faut coucher l'esprit à tant de reprifes, et s'imprimer tant de contraires mouvemens, fe puiffe faire par avanture. Il n'en va pas de la comédie comme d'un fonge qui faifit noftre imagination tumultuairement et fans noftre aveu, ou comme d'un fonnet ou d'une ode, qu'une chaleur extraordinaire peut pouffer par boutade, et fans lever la plume. Auffi l'antiquité nous parle bien de l'écume d'un cheval qu'une éponge jettée par dépit fur un tableau exprima parfaitement, après que l'industrie du peintre n'en avoit fçeu venir à bout; mais il ne fe lit point que jamais un tableau tout entier ait été produit de cette forte. Au reste, je laiffe le lieu de ma fcéne au choix du lecteur, bien qu'il ne me couftaft icy qu'à nommer. Si mon fujet eft véritable, j'ay raifon de le taire; fi c'eft une fiction, quelle apparence, pour fuivre je ne fçays quelle chorographie, de donner un foufflet à l'histoire, d'attribuer à un païs des princes imaginaires, et d'en rapporter des avantures qui ne fe lifent point dans les chroniques de leur royaume? Ma fcéne eft donc en un chafteau d'un roy, proche d'une foreft; je n'en détermine ni la province ni le royaume; où vous l'aurez une fois placée, elle s'y tiendra. Que fi l'on remarque des concurrences dans mes vers, qu'on ne les prenne pas pour des larcins. Je n'y en ai point laiffé que j'aye connues, et j'ay toûjours creu que, pour belle que fuft une penfée, tomber en foupçon de la tenir d'un autre, c'eft l'acheter plus qu'elle ne vaut; de forte qu'en l'état que je donne cette piéce au public, je penfe n'avoir rien de commun avec la plupart des écrivains modernes, qu'un peu de vanité que je témoigne icy.

ARGUMENT[1]

Rosidor, favori du roy, étoit si passionnément aimé de deux des filles de la reine, Caliste et Dorise, que celle-cy en dédaignoit Pymante, et celle-là Clitandre. Ses affections toutefois n'étoient que pour la premiére, de sorte que cette amour mutuelle n'eust point eu d'obstacle sans Clitandre. Ce cavalier étoit le mignon du prince, fils unique du roy, qui pouvoit tout sur la reine sa mére, dont cette fille dépendoit; et de là procédoient les refus de la reine toutes les fois que Rosidor la supplioit d'agréer leur mariage. Ces deux damoiselles, bien que rivales, ne laissoient pas d'estre amies, d'autant que Dorise feignoit que son amour n'étoit que par galanterie, et comme pour avoir de quoy répliquer aux importunitez de Pymante. De cette façon, elle entroit dans la confidence de Caliste, et le tenant toûjours assiduë auprés d'elle, elle se donnoit plus de moyen de voir Rosidor, qui ne s'en éloignoit que le moins qu'il lui

[1]. La mode des Arguments en tête des pièces de théâtre n'eut qu'un temps. Corneille en mit un au devant de ses trois premières pièces, puis, de loin à loin, au devant de quelques-unes de celles dont la fable était de pure invention. Le plus long de tous ses Arguments est celui de *Clitandre*, dont l'intrigue a, en effet, assez besoin d'être débrouillée. Mais il semble bien que ce n'est pas la conscience de ce défaut qui a porté l'auteur à lui consacrer une aussi longue analyse; il avait évidemment un faible pour cette pièce qu'il fit imprimer la première, et l'on est tenté de lui dire, comme Alceste à Célimène :

Mais, au moins, dites-moi... par quel sort
Votre Clitandre a l'heur de vous plaire si fort?

étoit possible. Cependant la jalousie la rongeoit au dedans, et excitoit en son ame autant de véritables mouvemens de haine pour sa compagne qu'elle luy rendoit de feints témoignages d'amitié. Un jour que le roy, avec toute sa cour, s'étoit retiré en un chasteau de plaisance proche d'une forest, cette fille, entretenant en ces bois ses pensées mélancoliques, rencontra par hasard une épée : c'étoit celle d'un cavalier nommé Arimant, demeurée là par mégarde depuis deux jours qu'il avoit été tué en duel, disputant sa maistresse Daphné contre Éraste. Cette jalouse, dans sa profonde resverie, devenuë furieuse, jugea cette occasion propre à perdre sa rivale. Elle la cache donc au mesme endroit, et à son retour conte à Daliste que Rosidor la trompe, qu'elle a découvert une secréte affection entre Hippolyte et luy, et enfin qu'ils avoient rendez-vous dans les bois le lendemain au lever du soleil pour en venir aux derniéres faveurs : une offre en outre de les luy faire surprendre éveille la curiosité de cet esprit facile, qui luy promet de se dérober, et se dérobe en effet le lendemain avec elle pour faire ses yeux témoins de cette perfidie. D'autre costé, Pymante, résolu de se défaire de Rosidor, comme du seul qui l'empeschoit d'estre aimé de Dorise, et ne l'osant attaquer ouvertement, à cause de la faveur auprès du roy, dont il n'eust peu rapprocher, suborne Géronte, écuyer de Clitandre, et Lycaste, page du mesme. Cét écuyer écrit un cartel à Rosidor au nom de son maistre, prend pour prétexte l'affection qu'ils avoient tous deux pour Caliste, contrefait au bas son seing, le fait rendre par ce page, et eux trois le vont attendre masquez et déguisez en païsans. L'heure étoit la mesme que Dorise avoit donnée à Caliste, à cause que l'un et l'autre vouloient estre assez tost de retour pour se trouver au lever du roy et de la reine après le coup éxécuté. Les lieux mesmes n'étoient pas fort éloignés ; de sorte que Rosidor, poursuivi par ces trois assassins, arrive auprès de ces deux filles comme Dorise avoit l'épée à la main, preste de l'enfoncer dans l'estomac de Caliste. Il pare, et blesse, toûjours en reculant, et tue enfin ce page, mais si malheureusement, que, retirant son épée, elle se rompt contre la branche d'un arbre. En cette extrémité, il voit celle que tient Doriſe, et ſans la reconnoiſtre, il la lui arrache, et paſſe tout d'un temps le tronçon de la ſienne, en la main gauche, à guiſe d'un poignard, ſe deſend ainſi contre Pymante et Géronte, tue encore ce dernier, et met l'autre en fuite. Doriſe fuit auſſi, ſe voyant déſarmée par Roſidor; et Caliſte, ſitoſt qu'elle l'a reconneuë, ſe paſme d'appréhenſion de ſon péril. Roſidor démasque les morts, et fulmine contre Clitandre, qu'il prend pour l'autheur de cette perfidie, attendu qu'ils ſont ſes domestiques, et qu'il étoit venu dans ce bois ſur un cartel receu de ſa part. Dans ce moment, il voit Caliſte pasmée, et la croit morte : ſes regrets avec ſes plaies le font tomber en foibleſſe. Caliste revient de paſmoiſon, et s'entr'aidant l'un à l'autre à marcher, ils gagnent la maiſon d'un païſan, où elle luy bande ſes bleſſures. Doriſe déſespérée, et n'oſant retourner à la cour, trouve les vrais habits de ces aſſaſſins, et s'accommode de celui de Géronte pour ſe mieux cacher. Pymante, qui alloit rechercher les ſiens, et cependant, afin de mieux paſſer pour villageois, avoit jeté ſon masque et ſon épée dans une caverne, la voit en cet état. Après quelque méconte, Doriſe ſe feint eſtre un jeune gentilhomme, contraint pour quelque occaſion de ſe retirer de la cour, et le prie de le tenir là quelque temps caché. Pymante lui baille quelque échapatoire ; mais s'étant apperceu à ſes discours qu'elle avoit veu ſon crime, et d'ailleurs entré en quelque ſoupçon que ce fuſt Doriſe, il accorde ſa demande, et la mène en cette caverne, réſolu, ſi c'étoit elle, de ſe ſervir de l'occaſion, ſinon d'oſter du monde un témoin de ſon forfait, en ce lieu où il étoit aſſeuré de retrouver ſon épée. Sur le chemin, au moyen d'un poinçon qui luy étoit demeuré dans les cheveux, il la reconnoiſt et ſe fait connoiſtre à elle : ſes offres de ſervice ſont auſſi mal reçuës que par le paſſé ; elle perſiſte toûjours à ne vouloir chérir que Roſidor. Pymante l'aſſure qu'il l'a tué ; elle entre en furie : ce qui n'empeſche pas ce païſan déguiſé de l'enlever dans cette caverne, où, taſchant d'uſer de force, cette courageuſe fille lui crève un œil de ſon poinçon ; et comme la douleur lui fait y porter les deux mains, elle s'échappe de luy, dont l'amour tourné en rage le fait ſortir l'épée à la main de cette caverne, à deſſein et de venger cette injure par ſa mort, et d'étouffer enſemble l'indice de ſon crime. Roſidor cependant n'avoit pu ſe deſrober ſi ſecrétement qu'il ne fuſt ſuivy de ſon écuyer Lyſarque, à qui par importunité il conte le ſujet de ſa ſortie. Ce généreux ſerviteur ne pouvant endurer que la partie s'achevaſt ſans luy, le quitte pour aller engager l'écuyer de Clitandre à ſervir de ſecond à ſon maiſtre. En cette réſolution, il rencontre un gentilhomme, ſon particulier amy, nommé Cléon, dont il apprend que Clitandre venoit de monter à cheval avec le prince pour aller à la chaſſe. Cette nouvelle le met en inquiétude ; et, ne ſçachant tous deux que juger de ce méconte, ils vont de compagnie en avertir le roy. Le roy, qui ne vouloit pas perdre ces cavaliers, envoye en meſme temps Cléon rappeler Clitandre de la chaſſe, et Lyſarque avec une troupe d'archers au lieu de l'aſſignation, afin que ſi Clitandre s'étoit échapé d'auprès du prince pour aller joindre ſon rival, il fuſt aſſez fort pour les ſéparer. Lyſarque ne trouve que les deux corps des gens de Clytandre, qu'il renvoye par la moitié de ſes archers, cependant qu'avec l'autre il ſuit une trace de ſang qui le mène juſques au lieu où Roſidor et Caliſte s'étoient retirés. La veuë de ces corps fait ſoupçonner au roy quelque ſupercherie de la part de Clitandre, et l'aigrit tellement contre luy, qu'à ſon retour de la chaſſe il le fait mettre en priſon, ſans qu'on luy en diſt meſme le ſujet. Cette colère s'augmente par l'arrivée de Roſidor tout bleſſé, qui, après le récit de ſes avantures, préſente au roy le cartel de Clitandre, ſigné de ſa main (contrefaite toutefois) et rendu par ſon page : ſi bien que le roy ne doutant plus de ſon crime, le fait venir en ſon conſeil, où, quelque proteſtation que peuſt faire ſon innocence, il le condamne à perdre la teſte dans le jour meſme, de peur de ſe voir comme forcé de le donner aux prières de ſon fils, s'il attendoit ſon retour de la chaſſe. Cléon en apprend la nouvelle ; et redoutant que le prince ne ſe

prift à luy de la perte de ce cavalier qu'il affectionnoit,
il le va chercher encore une fois à la chaſſe pour l'en
avertir. Tandis que tout ceci ſe paſſe, une tempeſte ſurprend le prince à la chaſſe; ſes gens, effrayez de la
violence des foudres et des orages, qui çà qui là cherchent où ſe cacher : ſi bien que, demeuré ſeul, un coup
de tonnerre lui tue ſon cheval ſous luy. La tempeſte
finie, il voit un jeune gentilhomme qu'un païſan pour-
ſuivoit l'épée à la main (c'étoit Pymante et Doriſe).
Il étoit déja terraſſé, et preſt de recevoir le coup de la
mort; mais le prince ne pouvant ſouffrir une action ſi
meſchante, taſche d'empeſcher cet aſſaſſinat. Pymante,
tenant Doriſe d'une main, le combat de l'autre, ne
croyant pas de ſeureté pour ſoy, après avoir été veu en
cet équipage, que par ſa mort. Doriſe reconnoit le prince,
et s'entrelaſſe tellement dans les jambes de ſon raviſſeur, qu'elle le fait trébucher. Le prince ſaute auſſitoſt
ſur luy, et le déſarme : l'ayant déſarmé, il crie ſes gens,
et enfin deux veneurs paroiſſent chargés des vrais habits de Pymante, Doriſe, et Lycaſte. Ils les luy pré-
ſentent comme un effet extraordinaire du foudre, qui
avoit conſumé trois corps, à ce qu'ils s'imaginoient,
ſans toucher à leurs habits. C'eſt de là que Doriſe prend
occaſion de ſe faire connoiſtre au prince, et de luy déclarer tout ce qui s'eſt paſſé dans ce bois. Le prince
étonné commande à ſes veneurs de garrotter Pymante
avec les couples de leurs chiens : en même temps Cléon
arrive, qui fait le récit au prince du péril de Clitandre,
et du ſujet qui l'avoit réduit en l'extrémité où il étoit.
Cela luy fait reconnoiſtre Pymante pour l'autheur de
ces perfidies; et l'ayant baillé à ſes veneurs à ramener, il pique à toute bride vers le chaſteau, arrache
Clitandre aux bourreaux, et le va préſenter au roy avec
les criminels, Pymante et Doriſe, arrivés quelque temps
après luy. Le roy venoit de conclure avec la reine le
mariage de Roſidor et de Caliſte, ſitoſt qu'il ſeroit guéry,
dont Caliſte étoit allée porter la nouvelle au bleſſé; et
après que le prince luy euſt fait connoiſtre l'innocence
de Clitandre, il le reçoit à bras ouverts, et luy promet
toute ſorte de faveurs pour récompenſe du tort qu'il

lui avoit pensé faire. De là il envoye Pymante à son conseil pour estre puny, voulant voir par là de quelle façon les sujets vengeroient un attentat fait sur leur prince. Le prince obtient un pardon pour Dorise, qui luy avoit asseuré la vie; et la voulant désormais favoriser, en propose le mariage à Clitandre, qui s'en excuse modestement. Rosidor et Caliste viennent remercier le roy, qui les réconcilie avec Clitandre et Dorise, et invite ces derniers, voire mesme leur commande de s'entr'aimer, puisque lui et le prince le désirent, leur donnant jusqu'à la guérison de Rosidor pour allumer cette flamme,

> Afin de voir alors cueillir en meme jour
> A deux couples d'amans les fruits de leur amour.

ACTEURS

ALCANDRE, roy d'Écosse.
FLORIDAN, fils du roy.
ROSIDOR, favory du roy, et amant de Caliste.
CLITANDRE, favory du prince Floridan, et amoureux aussi de Caliste, mais dédaigné.
PYMANTE, amoureux de Dorise, et dédaigné.
CALISTE, maîtresse de Rosidor et de Clitandre.
DORISE, maîtresse de Pymante.
LYSARQUE, écuyer de Rosidor.
GÉRONTE, écuyer de Clitandre.
CLÉON, gentilhomme suivant la cour.
LYCASTE, page de Clitandre.
LE GEOLIER.
TROIS ARCHERS.
TROIS VENEURS.

La scène est en un chasteau du roy, proche d'une forest.

CLITANDRE

TRAGEDIE

ACTE PREMIER.

SCÉNE I.

CALISTE.

N'en doute plus, mon cœur, un amant hy-
[pocrite
Feignant de m'adorer, brulle pour Hippolyte,
Dorife m'en a dit le fecret rendez-vous,
Où leur naiffante ardeur fe cache aux yeux de tous,
Et, pour les y furprendre, elle m'y doit conduire
Si-toft que le foleil commencera de luire.
Mais qu'elle eft pareffeufe à me venir trouver !
La dormeufe m'oublie, et ne fe peut lever ;
Touteffois fans raifon j'accufe fa pareffe,
La nuit qui dure encor fait que rien ne la preffe,
Ma jaloufe fureur, mon dépit, mon amour,
Ont troublé mon repos avant le point du jour,
Mais elle qui n'en fait aucune expérience,
Étant fans intéreft, eft fans impatience.
Toy, qui fais ma douleur, et qui fis mon foucy,
Ne tarde plus, volage, à te montrer icy,
Viens en hafte affermir ton indigne victoire,
Vien t'affeurer l'éclat de cette infame gloire,

Vien fignaler ton nom par ton manque de foy,
Le jour s'en va paroiftre, affronteur, hafte-toy.
Mais hélas! cher ingrat, adorable parjure ¹,
Ma timide voix tremble à te dire une injure;
Si j'écoute l'amour, il devient fi puiffant
Qu'en dépit de Dorife il fe fait innocent :
Je ne fçay lequel croire, et j'aime tant ce doute,
Que j'ay peur d'en fortir entrant dans cette route;
Je crains ce que je cherche, et je ne connoy pas
De plus grand heur pour moy que d'y perdre mes pas.
Ah, mes yeux, fi jamais vos functions propices
A mon cœur amoureux firent de bons fervices,
Apprenez aujourd'huy quel eft voftre devoir,
Le moyen de me plaire eft de me décevoir :
Si vous ne m'abufez, fi vous n'étes fauffaires,
Vous étes de mon heur les crüels adverfaires ².

1. C'est ici pour la première fois que Corneille a allié deux adjectifs dont on voit l'un servir d'épithète à l'autre, et qu'on verra même, en d'autres occasions, former parfois une antithèse très-prononcée. Il femble dans la suite adopter tout à fait cette habitude de style. On trouvera dans *Horace* (acte I, sc. 2) : *Cruels généreux*, et dans *Héraclius* (acte IV, sc. 8) : *Perfide généreux*. Voltaire a dit à ce sujet : « Une nuée de critiques « s'est élevée contre Lamotte pour avoir affecté de joindre ainsi « des épithètes qui semblent incompatibles. On ne s'avise pas « de reprendre le *Perfide généreux* de Corneille... J'avoue que je « ne sais si *perfide généreux* est un défaut ou non; mais je ne « voudrais pas employer cette expression. » Si c'est pour l'alliance des deux épithètes, Voltaire oubliait qu'il avait dit lui-même dans *la Henriade* :

L'amitié que les rois, ces *illustres ingrats*,
Ont souvent le malheur de ne connaître pas.

Si c'est pour l'incohérence apparente des deux idées que l'on attache aux mots *perfide* et *généreux*, nous préférons de beaucoup à l'opinion de Voltaire celle de Boileau qui, lui, n'a pas craint de dire : *Hâtez-vous lentement*.

2. On lit ici, dans toutes les éditions jusqu'à 1654 inclusivement, à la place des deux vers qui suivent dans notre texte, les dix que nous rapportons dans cette note :

Un infidéle encor regnant fur mon penfer,
Voftre infidelité ne peut que m'offenfer,

Et toy, foleil, qui vas en ramenant le jour
Diffiper une erreur fi chére à mon amour,
Puisqu'il faut qu'avec toy ce que je crains éclate,
Souffre qu'encor un peu l'ignorance me flate.
Mais je luy parle en vain, et l'aube de fes rais
A déjà reblanchy le haut de ces forefts.
Si je puis me fier à fa lumiére fombre
Dont l'éclat brille à peine, et dispute avec l'ombre,
J'entrevoy le fujet de mon jaloux ennuy,
Et quelqu'un de fes gens qui contefte avec luy.
Rentre, pauvre abufée, et cache-toy de forte,
Que tu puiffes l'entendre à travers cette porte.

SCÉNE II.

ROSIDOR, LYSARQUE.

ROSIDOR.

Ce devoir, ou plûtoft cette importunité,
Au lieu de m'affeurer de ta fidélité, [fance :
Marque trop clairement ton peu d'obeïf-
Layffe-moy feul, Lyfarque, une heure en ma
Que retiré du monde et du bruit de la cour [puiffance,
Je puiffe dans ces bois confulter mon amour.
Que là Califte feule occupe mes penfées,
Et par le fouvenir de fes faveurs paffées
Affeure mon espoir de celles que j'attens ;
Qu'un entretien refveur durant ce peu de temps
M'inftruife des moyens de plaire à cette belle,

    Aprenez, aprenez par le traiftre que j'aime
    Qu'il vous faut me trahir pour eftre aimez de mefme.
    Et toy, pére du jour, dont le flambeau naiffant
    Va chaffer mon erreur avecque le croiffant,
    S'il eft vray que Thetis te reçoit dans fa couche,
    Prens, Soleil, prens encor deux baifers sur fa bouche,
    Ton retour me va perdre, et retrancher ton bien :
    Prolonge en l'arreftant mon bon-heur et le tien.

Allume dans mon cœur de nouveaux feux pour elle ;
Enfin, fans perfifter dans l'obftination,
Laiffe-moy fuivre icy mon inclination.
LYSARQUE.
Cette inclination qui jusqu'icy vous méne,
A me la déguifer vous donne trop de peine.
Il ne faut point, Monfieur, beaucoup l'examiner,
L'heure et le lieu fufpects font affez deviner
Qu'en mefme temps que vous s'échape quelque dame...
Vous m'entendez affez.
ROSIDOR.
                Juge mieux de ma flame,
Et ne préfume point que je manque de foy
A celle que j'adore, et qui brufle pour moy [1].
J'aime mieux contenter ton humeur curieufe
Qui par ces faux foupçons m'eft trop injurieufe.
Tant s'en faut que le change ait pour moy des appas,
Tant s'en faut qu'en ces bois il attire mes pas,
J'y vay... mais pourrois-tu le fçavoir, et le taire ?
LYSARQUE.
Qu'ay-je fait qui vous porte à craindre le contraire ?
ROSIDOR.
Tu vas apprendre tout, mais auffi l'ayant fceu,
Avife à ta retraite. Hier un cartel receu
De la part d'un rival...
LYSARQUE.
           Vous le nommez ?
ROSIDOR.
                        Clitandre.
Au pied du grand rocher il me doit feul attendre,
Et là l'épée au poin nous verrons qui des deux
Mérite d'embrafer Califte de fes feux.

---

1. Corneille a retranché ici les quatre vers suivants qui se trouvent encore dans l'édition de 1654 :

LYSARQUE.
Bien que vous en ayez une entiére affeurance,
Vous pouvez vous laffer de vivre d'efpérance,
Et tandis que l'attente amufe vos defirs
Prendre ailleurs quelquefois de folides plaifirs.

Acte I.

LYSARQUE.
De sorte qu'un second...
ROSIDOR.
  Sans me faire une offense
Ne peut se présenter à prendre ma défense.
Nous devons seul à seul vuider nostre débat.
LYSARQUE.
Ne pensez pas sans moy terminer ce combat,
L'écuyer de Clitandre est homme de courage;
Il sera trop heureux que mon défy l'engage
A s'acquiter vers luy d'un semblable devoir.
Et je vay de ce pas y faire mon pouvoir.
ROSIDOR.
Ta volonté suffit, va-t'en donc, et desiste
De plus m'offrir une aide à mériter Caliste.
LYSARQUE *est seul.*
Vous obeïr icy me coûteroit trop cher,
Et je serois honteux qu'on me pût reprocher
D'avoir sçeu le sujet d'une telle sortie,
Sans trouver les moyens d'estre de la partie.

SCÉNE III.

CALISTE.

u'il s'en est bien défait! qu'avec dextérité
Le fourbe se prévaut de son authorité!
Qu'il trouve un beau prétexte en ses flames
  [éteintes,
Et que mon nom luy sert à colorer ses feintes!
Il y va cependant, le perfide qu'il est,
Hippolyte le charme, Hippolyte luy plaist,
Et ses lasches desirs l'emportent où l'appelle
Le cartel amoureux de sa flame nouvelle.

SCÉNE IV.

CALISTE, DORISE,

Caliste.

Je n'en puis plus douter, mon feu defabufé
Ne tient plus le party de ce cœur déguifé.
Allons, ma chére fœur, allons à la vengeance,
Allons de fes douceurs tirer quelque allégeance,
Allons, et fans te mettre en peine de m'aider,
Ne prens aucun foucy que de me regarder;
Pour en venir à bout il fuffit de ma rage,
D'elle j'auray la force, ainfi que le courage,
Et, déja dépouillant tout naturel humain,
Je laiffe à fes transports à gouverner ma main.
Vois-tu comme fuivant de fi furieux guides
Elle cherche déja les yeux de ces perfides,
Et comme de fureur tous mes fens animez,
Menacent les appas qui les avoient charmez?

Dorise.

Modére ces bouillons d'une ame colérée,
Ils font trop violens pour eftre de durée,
Pour faire quelque mal c'eft fraper de trop loin,
Réferve ton couroux tout entier au befoin:
Sa plus forte chaleur fe diffipe en paroles,
Ses réfolutions en deviennent plus molles;
En luy donnant de l'air fon ardeur s'alentit.

Caliste.

Ce n'eft que faute d'air que le feu s'amortit,
Allons, et tu verras qu'ainfi le mien s'allume,
Que ma douleur aigrie en a plus d'amertume,
Et qu'ainfi mon esprit ne fait que s'exciter
A ce que ma colére a droit d'éxécuter.

Dorise *feule*.

Si ma rufe eft enfin de fon effet fuivie,
Cette aveugle chaleur te va coûter la vie;
Un fer caché me donne en ces lieux écartez
La vengeance des maux que me font tes beautez.
Tu m'oftes Rofidor, tu poffédes fon ame,

Il n'a d'yeux que pour toy, que mépris pour ma flame,
Mais puisque tous mes soins ne le peuvent gagner,
J'en puniray l'objet qui m'en fait dédaigner.

SCÉNE V.

PYMANTE, GÉRONTE,
sortant d'une grotte déguisez en païsans.

GÉRONTE.

En ce déguisement on ne peut nous connoistre,
Et sans doute bien-tost le jour qui vient de
[naistre
Conduira Rosidor, seduit d'un faux cartel,
Aux lieux où cette main luy garde un coup mortel.
Vos vœux si mal receus de l'ingrate Dorise,
Qui l'idolatre autant comme elle vous méprise,
Ne rencontreront plus aucun empeschement.
Mais je m'étonne fort de son aveuglement,
Et je ne comprens point cét orgueilleux caprice
Qui fait qu'elle vous traite avec tant d'injustice,
Vos rares qualitez...

PYMANTE.
Au lieu de me flater,
Voyons si le projet ne sçauroit avorter,
Si la supercherie...

GÉRONTE.
Elle est si bien tissuë,
Qu'il faut manquer de sens pour douter de l'issuë.
Clitandre aime Caliste, et comme son rival
Il a trop de sujet de luy vouloir du mal :
Moy que depuis dix ans il tient à son service,
D'écrire comme luy j'ay trouvé l'artifice,
Si bien que ce cartel, quoy que tout de ma main,
A son dépit jaloux s'imputera soudain.

PYMANTE.
Que ton subtil esprit a de grands avantages !
Mais le nom du porteur ?

GÉRONTE.
Lycaste, un de ſes pages.
PYMANTE.
Celuy qui fait le guet auprès du rendez-vous ?
GÉRONTE.
Luy-meſme, et le voicy qui s'avance vers nous.
A force de courir il s'est mis hors d'haleine.

SCÉNE VI.

PYMANTE, GÉRONTE, LYCASTE,
auſſi déguiſé en païſan.

PYMANTE.

Et bien, eſt-il venu ?
LYCASTE.
N'en ſoyez plus en peine,
Il eſt où vous ſçavez, et tout bouffi d'orgueil
Il n'y penſe à rien moins qu'à ſon propre cercueil.
PYMANTE.
Ne perdons point de temps. Nos masques, nos épées.
Lycaste les va quérir dans la grotte d'où ils ſont ſortis.
Qu'il me tarde déja que dans ſon ſang trempées
Elles ne me font voir à mes pieds étendu
Le ſeul qui ſert d'obstacle au bonheur qui m'eſt dû !
Ah ! qu'il va bien trouver d'autres gens que Clitandre !
Mais pourquoy ces habits ? qui te les fait reprendre ?
LYCASTE leur préſente à chacun un masque et une épée et porte leurs habits.
Pour noſtre ſeureté portons-les avec nous,
De peur que cependant que nous ſerons aux coups
Quelque maraut conduit par ſa bonne avanture
Ne nous laiſſe tous trois en mauvaiſe posture.
Quand il faudra donner, ſans les perdre des yeux,
Au pied du premier arbre ils ſeront beaucoup mieux.
PYMANTE.
Prens-en donc meſme ſoin après la choſe faite.

Acte I.

LYCASTE.
Ne craignez pas fans eux que je faffe retraite.
PYMANTE.
Sus donc, chacun déja devroit eftre masqué,
Allons, qu'il tombe mort auffi-toft qu'attaqué.

SCÉNE VII.

CLÉON, LYSARQUE.

CLÉON.

Réferve à d'autres temps cette ardeur de courage, [gnage,
Qui rend de ta valeur un fi grand témoi-
Ce duël que tu dis ne fe peut concevoir,
Tu parles de Clitandre, et je viens de le voir
Que noftre jeune prince enlevoit à la chaffe.
LYSARQUE.
Tu les a veus paffer?
CLÉON.
Par cette mefme place.
Sans doute que ton maiftre a quelque occafion,
Qui le fait t'éblouïr par cette illufion.
LYSARQUE.
Non, il parloit du cœur, je connoy fa franchife.
CLÉON.
S'il eft ainfi, je crains que par quelque furprife
Ce généreux guerrier, fous le nombre abatu,
Ne céde aux envieux que luy fait fa vertu.
LYSARQUE.
A préfent il n'a point d'ennemis que je fçache.
Mais quelque événement que le destin nous cache,
Si tu veux m'obliger, vien de grace avec moy,
Que nous donnions enfemble avis de tout au roy.

SCÉNE VIII.

CALISTE, DORISE.

CALISTE *cependant que Doriſe s'arréte à chercher derriére un buiſſon.*

Ma ſœur, l'heure s'avance, et nous ferons en [peine,
Si nous ne retournons, au lever de la reine,
Je ne voy point mon traiſtre, Hippolyte non [plus.

DORISE *tirant une épée de derriére ce buiſſon, et ſaiſiſſant Caliste par le bras.*
Voicy qui va trancher tes ſoucis ſuperflus,
Voicy dont je vay rendre, aux dépens de ta vie,
Et ma flâme vengée, et ma haine aſſouvie.

CALISTE.
Tout beau, tout beau, ma ſœur, tu veux m'épouvanter,
Mais je te connoy trop pour m'en inquiéter,
Laiſſe la feinte à part, et mettons, je te prie,
A les trouver bien-toſt toute noſtre induſtrie.

DORISE.
Va, va, ne ſonge plus à leurs fauſſes amours.
Dont le récit n'étoit qu'une embuſche à tes jours,
Roſidor t'eſt fidelle, et cette feinte amante
Bruſle auſſi peu pour luy, que je fais pour Pymante.

CALISTE.
Déloyale, ainſi donc ton courage inhumain...

DORISE.
Ces injures en l'air n'arrétent point ma main.

CALISTE.
Le reproche honteux d'une action ſi noire...

DORISE.
Qui ſe venge en ſecret, en ſecret en fait gloire.

CALISTE.
T'ay-je donc pû, ma ſœur, déplaire en quelque point ?

DORISE.
Ouy, puisque Roſidor t'aime et ne m'aime point,
C'eſt aſſez m'offenſer que d'eſtre ma rivale.

SCÉNE IX.

ROSIDOR, PYMANTE, GÉRONTE, LYCASTE, CALISTE, DORISE.

Comme Dorife eft prefte de tuër Caliste, un bruit entendu luy fait relever fon épée, et Rofidor paroift tout en fang pourfuivy par ces trois affaffins masquez. En entrant il tue Lycaste, et retirant fon épée elle fe rompt contre la branche d'un arbre. En cette extrémité il voit celle que tient Dorife, et fans la reconnoiftre il s'en faifit, et paffe tout d'un temps le tronçon qui luy restoit de la fienne en la main gauche, et fe défend ainfi contre Pymante et Géronte, dont il tue le dernier et met l'autre en fuite.

ROSIDOR.

Meurs, brigand, ah malheur! cette fatale branche
A rompu mon épée. Affaffins... Touteffois
J'ay de quoy me défendre une seconde fois.
DORISE *s'enfuyant.*
N'eft-ce pas Rofidor qui m'arrache les armes?
Ah! qu'il me va caufer de périls et de larmes!
Fuy, Dorife, et fuyant laiffe-toy reprocher
Que tu fuis aujourd'huy ce qui t'eft le plus cher.
CALISTE.
C'eft luy-mefme, de vray. Rofidor, ah je pafme,
Et la peur de la mort ne me laiffe point d'ame.
Adieu, mon cher espoir.
ROSIDOR *après avoir tué Géronte.*
Cettuy-cy dépefché,
C'eft de toy maintenant que j'auray bon marché,
Nous fommes feul à feul. Quoy! ton peu d'affeurance
Ne met plus qu'en tes pieds fa derniére esperance?
Marche, fans emprunter d'aifles de ton effroy,
Je ne cours point après des lafches comme toy.
Il fuffit de ces deux. Mais qui pourroient-ils eftre?

Ah ciel, le masque osté me les fait trop connoistre,
Le seul Clitandre arma contre moy ces voleurs.
Cettuy-cy fut toûjours vétu de ses couleurs,
Voilà son écuyer, dont la palleur exprime
Moins de traits de la mort que d'horreurs de son crime,
Et ces deux reconnus, je douterois en vain
De celuy que sa fuite a sauvé de ma main.
Trop indigne rival, crois-tu que ton absence
Donne à tes laschetez quelque ombre d'innocence,
Et qu'après avoir veu renverser ton dessein,
Un désaveu démente et tes gens et ton seing?
Ne le présume pas : sans autre conjecture
Je te rens convaincu de ta seule écriture,
Si-tost que j'auray pû faire ma plainte au roy.
Mais quel piteux objet se vient offrir à moy?
Traistres, auriez-vous fait sur un si beau visage,
Attendant Rosidor, l'essay de vostre rage?
C'est Caliste elle-mesme! ah dieux! injustes dieux,
Ainsi donc pour montrer ce spectacle à mes yeux,
Vostre faveur barbare a conservé ma vie!
Je n'en veux point chercher d'autheurs que vostre envie;
La nature qui perd ce qu'elle a de parfait,
Sur tout autre que vous eust vengé ce forfait,
Et vous eust accablez si vous n'étiez les maistres.
Vous m'envoyez en vain ce fer contre des traistres,
Je ne veux point devoir mes déplorables jours
A l'affreuse rigueur d'un si fatal secours.
O vous, qui me restez d'une troupe ennemie
Pour marques de ma gloire et de son infamie,
Blessures, hastez-vous d'élargir vos canaux,
Par où mon sang emporte et ma vie et mes maux.
Ah, pour l'estre trop peu, blessures trop cruelles,
De peur de m'obliger vous n'étes pas mortelles.
Et quoy? ce bel objet, mon aimable vainqueur,
Avoit-il seul le droit de me blesser au cœur?
Et d'où vient que la mort, à qui tout fait hommage,
L'ayant si mal traité, respecte son image?
Noires divinitez, qui tournez mon fuseau,
Vous faut-il tant prier pour un coup de ciseau?
  Insensé que e suis! en ce malheur éxtrème

Je demande la mort à d'autres qu'à moy-mesme!
Aveugle, je m'arreste à supplier en vain,
Et pour me contenter j'ay dequoy dans la main!
Il faut rendre ma vie au fer qui l'a sauvée,
C'est à luy qu'elle est deuë, il se l'est reservée,
Et l'honneur, quel qu'il soit, de finir mes malheurs,
C'est pour me le donner qu'il l'oste à des voleurs.
Poussons donc hardiment. Mais hélas! cette épée
Coulant entre mes doigts laisse ma main trompée,
Et sa lame timide à procurer mon bien
Au sang des assassins n'ose mesler le mien.
Ma foiblesse importune à mon trépas s'oppose,
En vain je m'y résous, en vain je m'y dispose.
Mon reste de vigueur ne peut l'effectuer,
J'en ay trop pour mourir, trop peu pour me tuër,
L'un me manque au besoin, et l'autre me résiste.
Mais je voy s'entr'ouvrir les beaux yeux de Caliste,
Les roses de son teint n'ont plus tant de pasleur,
Et j'entens un soûpir qui flate ma douleur.
Voyez, Dieux inhumains, que malgré vostre envie
L'Amour luy sçait donner la moitié de ma vie,
Qu'une ame desormais suffit à deux amans.

CALISTE.

Hélas! qui me rappelle à de nouveaux tourmens?
Si Rosidor n'est plus, pourquoy reviens-je au monde?

ROSIDOR.

O merveilleux effet d'une amour sans seconde!

CALISTE.

Exécrable assassin qui rougis de son sang,
Dépesche comme à luy de me percer le flanc,
Pren de luy ce qui reste.

ROSIDOR.

Adorable crüelle,
Est-ce ainsi qu'on reçoit un amant si fidelle?

CALISTE.

Ne m'en fais point un crime : encor pleine d'effroy,
Je ne t'ay méconnu qu'en songeant trop à toy.
J'avois si bien gravé là dedans ton image
Qu'elle ne vouloit pas céder à ton visage;
Mon esprit glorieux et jaloux de l'avoir

Envioit à mes yeux le bon-heur de te voir.
Mais quel secours propice a trompé mes alarmes?
Contre tant d'assassins qui t'a prêté des armes?
ROSIDOR.
Toy-mesme, qui t'a mise à telle heure en ces lieux,
Où je te voy mourir et revivre à mes yeux?
CALISTE.
Quand l'Amour une fois règne sur un courage...
Mais taschons de gagner jusqu'au prémier village,
Où ces boüillons de sang se puissent arrêter;
Là j'auray tout loisir de te le raconter,
Aux charges qu'à mon tour aussi l'on m'entretienne.
ROSIDOR.
Allons, ma volonté n'a de loy que la tienne,
Et l'amour par tes yeux devenu tout-puissant
Rend déja la vigueur à mon corps languissant.
CALISTE.
Il donne en mesme temps une aide à ta foiblesse,
Puisqu'il fait que la mienne auprès de toy me laisse,
Et qu'en dépit du sort ta Caliste aujourd'huy
A tes pas chancelans pourra servir d'appuy.

Fin du prémier acte.

ACTE II.

SCÉNE PREMIÉRE.

PYMANTE masqué.

Destins, qui réglez tout au gré de vos caprices,
Sur moy donc tout à coup fondent vos in-
[justices,
Et trouvent à leurs traits si long-temps re-
Afin de mieux frapper, des chemins inconnus? [tenus,
Dites, que vous ont fait Rosidor, ou Pymante,
Fourniffez de raifon, destins, qui me démente,
Dites ce qu'ils ont fait, qui vous puiffe émouvoir
A partager fi mal entr'eux voftre pouvoir?
Luy rendre contre moy l'impoffible poffible
Pour rompre le fuccès d'un deffein infaillible,
C'eft prêter un miracle à fon bras fans fecours
Pour conferver fon fang au péril de mes jours.
Trois ont fondu fur luy fans le jeter en fuite,
A peine en m'y jettant moy-mefme je l'évite,
Loin de laiffer la vie il a fçeu l'arracher,
Loin de céder au nombre il l'a fçeu retrancher;
Toute voftre faveur à fon aide occupée
Trouve à le mieux armer en rompant fon épée,
Et reffaifit fes mains par celles du hazard,
L'une d'une autre épée, et l'autre d'un poignard.
O honte! ô déplaifirs! ô defefpoir! ô rage!
Ainfi donc un rival pris à mon avantage
Ne tombe dans mes rets que pour les déchirer,

Son bonheur qui me brave ose l'en retirer,
Luy donne sur mes gens une prompte victoire,
Et fait de son péril un sujet de sa gloire !
Retournons animez d'un courage plus fort,
Retournons et du moins perdons-nous dans sa mort.
  Sortez de vos cachots, infernales furies,
Apportez à m'aider toutes vos barbaries ;
Qu'avec vous tout l'enfer m'aide en ce noir dessein
Qu'un sanglant desespoir me verse dans le sein.
J'avois de point en point l'entreprise tramée,
Comme dans mon esprit vous me l'aviez formée,
Mais contre Rosidor tout le pouvoir humain
N'a que de la foiblesse, il y faut vostre main.
En vain, crüelles sœurs, ma fureur vous appelle,
En vain vous armeriez l'enfer pour ma querelle,
La terre vous refuse un passage à sortir.
Ouvre du moins ton sein, terre, pour m'engloutir,
N'attens pas que Mercure avec son caducée
M'en fasse après ma mort l'ouverture forcée,
N'attens pas qu'un supplice, hélas, trop mérité
Ajouste l'infamie à tant de lascheté,
Préviens-en la rigueur, ren toy-mesme justice
Aux projets avortez d'un si noir artifice.
  Mes cris s'en vont en l'air, et s'y perdent sans fruit.
Dedans mon desespoir tout me fuit, ou me nuit,
La terre n'entend point la douleur qui me presse,
Le ciel me persécute, et l'enfer me délaisse.
Affronte-les, Pymante, et sauve en dépit d'eux
Ta vie et ton honneur d'un pas si dangereux.
Si quelque espoir te reste, il n'est plus qu'en toy-mesme,
Et si tu veux t'aider, ton mal n'est pas extrême ;
Passe pour villageois dans un lieu si fatal,
Et, réservant ailleurs la mort de ton rival,
Fay que d'un mesme habit la trompeuse apparence
Qui le mit en péril, te mette en asseurance.
Mais ce masque l'empesche, et me vient reprocher
Un crime qu'il découvre au lieu de me cacher,
Ce damnable instrument de mon traistre artifice
Après mon coup manqué n'en est plus que l'indice,
Et ce fer, qui tantost inutile en ma main

Que ma fureur jalouſe avoit armée en vain,
Sçeut ſi mal attaquer et plus mal me défendre,
N'eſt propre deſormais qu'à me faire ſurprendre.
  Il jette ſon masque et ſon épée dans la grotte.
Allez, témoins honteux de mes laſches forfaits,
N'en produiſez non plus de ſoupçons que d'effets.
Ainſi n'ayant plus rien qui démente ma feinte,
Dedans cette foreſt je marcheray ſans crainte,
Tant que...

SCÉNE II.

LYSARQUE, PYMANTE, ARCHERS.

LYSARQUE.

on grand amy.
PYMANTE.
Monſieur.
LYSARQUE.
                    Viença, dy nous,
N'as-tu point icy veu deux cavaliers aux coups?
PYMANTE.
Non, monſieur.

LYSARQUE.
    Ou l'un d'eux ſe ſauver à la fuite?
PYMANTE.
Non, monſieur.

LYSARQUE.
    Ny paſſer dedans ces bois ſans ſuite?
PYMANTE.
Attendez, il y peut avoir quelques huit jours...
LYSARQUE.
Je parle d'aujourd'huy, laiſſe-là ces discours,
Répons préciſément.
            PYMANTE.
          Pour aujourd'huy, je penſe...
Toutefois ſi la choſe étoit de conſéquence,
Dans le prochain village on ſçauroit aiſément.

Lysarque.
Donnons jusques au lieu, c'est trop d'amusement.
Pymante *seul*.
Ce départ favorable enfin me rend la vie
Que tant de questions m'avoient presque ravie.
Cette troupe d'archers aveugles en ce point
Trouve ce qu'elle cherche, et ne s'en saisit point ;
Bien que leur conducteur donne assez à connoistre
Qu'ils vont pour arréter l'ennemy de son maistre,
J'échape neanmoins en ce pas hazardeux
D'aussi près de la mort que je me voyois d'eux.
Que j'aime ce péril dont la vaine menace
Promettoit un orage et se tourne en bonace,
Ce péril qui ne veut que me faire trembler,
Ou plùtost qui se montre et n'ose m'accabler :
Qu'à bonne heure défait d'un masque et d'une épée
J'ay leur crédulité sous ces habits trompée,
De sorte qu'à présent deux corps desanimez
Termineront l'exploit de tant de gens armez :
Corps qui gardent tous deux un naturel si traistre,
Qu'encor après leur mort ils vont trahir leur maistre,
Et le faire l'autheur de cette lascheté,
Pour mettre à ses dépens Pymante en seureté.
Mes habits rencontrez sous les yeux de Lysarque
Peuvent de mes forfaits donner seuls quelque marque,
Mais s'il ne les voit pas, lors sans aucun effroy
Je n'ay qu'à me ranger en haste auprès du roy,
Où je verray tantost avec effronterie
Clitandre convaincu de ma supercherie.

SCÉNE III.

LYSARQUE, ARCHERS.

Lysarque *regarde le corps de Géronte et de Lycaste.*

ela ne suffit pas, il faut chercher encor,
Et trouver, s'il se peut, Clitandre, ou Rosidor.
Amis, Sa Majesté par ma bouche avertie
Des soupçons que j'avois touchant cette partie,

Voudra fçavoir au vray ce qu'ils font devenus.
1ᵉʳ ARCHER.
Pourroit-elle en douter ? ces deux corps reconnus
Font trop voir le fuccés de toute l'entreprife.
LYSARQUE.
Et qu'en préfumes-tu ?
1ᵉʳ ARCHER.
           Que malgré leur furprife,
Leur nombre avantageux, et leur déguifement,
Rofidor de leurs mains fe tire heureufement.
LYSARQUE.
Ce n'eft qu'en me flattant que tu te le figures,
Pour moy je n'en conçoy que de mauvais augures,
Et préfume plûtoft que fon bras valeureux
Avant que de mourir s'eft immolé ces deux.
1ᵉʳ ARCHER.
Mais où feroit fon corps ?
LYSARQUE.
              Au creux de quelque roche,
Où les traiftres voyant noftre troupe fi proche,
N'auront pas eu loifir de mettre encor ceux-cy,
De qui le feul aspect rend le crime éclaircy.
2ᵉ ARCHER *luy préfentant les deux piéces rompues de l'épée de Rofidor.*
Monfieur, connoiffez-vous ce fer et cette garde ?
LYSARQUE.
Donne-moy que je voye : ouy, plus je les regarde,
Plus j'ay par eux d'avis du déplorable fort
D'un maiftre qui n'a pû s'en deffaifir que mort.
2ᵉ ARCHER.
Monfieur, avec cela j'ay veu dans cette route
Des pas meflez de fang distilé goutte à goutte.
LYSARQUE.
Suivons-les au hazard. Vous autres, enlevez [1]

[1]. On lit dans toutes les éditions, jusqu'à celle de 1654 inclusivement :

    Dont les traces vont loin.
LYSARQUE.
            Suivons à tous hazards.
Vous autres, enlevez les corps de ces pendards.

Promptement ces deux corps que nous avons trouvez.

Lysarque et cét archer rentrent dans le bois, et le reste des archers reportent à la cour les corps de Géronte et de Lycaste.

SCÉNE IV.

FLORIDAN, CLITANDRE, PAGE.

FLORIDAN *parlant à son page.*

Ce cheval trop fougueux m'incommode à la chasse,
Tien-m'en un autre prest, tandis qu'en cette [place
A l'ombre des ormeaux l'un dans l'autre [enlacez,
Clitandre m'entretient de ses travaux passez.
Qu'au reste, les veneurs allant sur leurs brisées
Ne forcent pas le cerf s'il est aux reposées,
Qu'ils prennent connoissance et pressent mollement,
Sans le donner aux chiens qu'à mon commandement.

Le page rentre.

Achéve maintenant l'histoire commencée
De ton affection si mal récompensée.

CLITANDRE.

Ce récit ennuyeux de ma triste langueur,
Mon prince, ne vaut pas le tirer en longueur,
J'ay tout dit en un mot, cette fiére Caliste
Dans les cruels mépris incessamment persiste,
C'est toûjours elle-mesme, et sous sa dure loy
Tout ce qu'elle a d'orgueil se réserve pour moy,
Cependant qu'un rival, ses plus chéres délices,
Redouble ses plaisirs en voyant mes supplices.

FLORIDAN.

Ou tu te plains à faux, ou puissamment épris
Ton courage demeure insensible aux mépris,
Et je m'étonne fort comme ils n'ont de ton ame
Rétably ta raison, ou dissipé ta flame.

CLITANDRE.

Quelques charmes secrets meslez dans les rigueurs

Étouffent en naiſſant la révolte des cœurs,
Et le mien auprés d'elle, à quoy qu'il ſe dispoſe,
Murmurant de ſon mal en adore la cauſe.
FLORIDAN.
Mais puisque ſon dédain au lieu de te guérir
Ranime ton amour qu'il dûſt faire mourir,
Sers-toy de mon pouvoir; en ma faveur la reine
Tient et tiendra toûjours Roſidor en haleine,
Mais ſon commandement dans peu, ſi tu le veux,
Te met à ma prière au comble de tes vœux.
Aviſe donc, tu ſçais qu'un fils peut tout ſur elle.
CLITANDRE,
Malgré tous les mépris de cette ame crüelle
Dont un autre a charmé les inclinations,
J'ay toûjours du respect pour ſes perfections,
Et je ſerois marry qu'aucune violence...
FLORIDAN.
L'amour ſur le respect emporte la balance.
CLITANDRE.
Je brusle, et le bonheur de vaincre ſes froideurs
Je ne le veux devoir qu'à mes vives ardeurs,
Je ne la veux gagner qu'à force de ſervices.
FLORIDAN.
Tandis tu veux donc vivre en d'éternels ſupplices ?
CLITANDRE.
Tandis ce m'eſt aſſez qu'un rival préféré
N'obtient, non plus que moy, le ſuccés espéré.
A la longue ennuyez, la moindre négligence
Pourra de leurs esprits rompre l'intelligence.
Un temps bien pris alors me donne en un moment
Ce que depuis trois ans je pourſuy vainement,
Mon prince, trouvez bon...
FLORIDAN.
N'en dy pas davantage,
Cettuy-cy qui me vient faire quelque meſſage,
Apprendroit malgré toy l'état de tes amours.

SCÉNE V.

FLORIDAN, CLITANDRE, CLÉON.

CLÉON.

ardonnez-moy, feigneur, fi je romps vo
[discours
C'eſt en obéiſſant au roi qui me l'ordonne,
Et rappelle Clitandre auprés de ſa perſonne

FLORIDAN.
Qui?

CLÉON.
Clitandre, feigneur.

FLORIDAN.
Et que luy veut le roy?

CLÉON.
De ſemblables ſecrets ne s'ouvrent pas à moy.

FLORIDAN.
Je n'en ſçay que penſer, et la cauſe incertaine
De ce commandement tient mon esprit en peine.
Pourray-je me réſoudre à te laiſſer aller,
Sans ſçavoir les motifs qui te font rappeller?

CLITANDRE.
C'eſt, à mon jugement, quelque prompte entrepriſe,
Dont l'exécution à moy ſeul eſt remiſe,
Mais quoy que là-deſſus j'oſe m'imaginer,
C'eſt à moy d'obéir ſans rien éxaminer.

FLORIDAN.
J'y conſens à regret, va, mais qu'il te ſouvienne
Que je chéris ta vie à l'égal de la mienne,
Et ſi tu veux m'oſter de cette anxiété,
Que j'en ſcache au plûtoſt toute la vérité.
Ce cor m'appelle. Adieu, toute la chaſſe preſte,
N'attend que ma préſence à relancer la beſte.

SCÉNE VI.

DORISE *achevant de vêtir l'habit de Géronte qu'elle avoit trouvé dans le bois.*

Achéve, malheureuſe, achéve de vêtir
Ce que ton mauvais ſort laiſſe à te garantir,
Si de tes trahiſons la jalouſe impuiſſance
Sçeut donner un faux crime à la meſme inocence,
Recherche maintenant par un plus juſte effet
Une fauſſe innocence à cacher ton forfait.
Quelle honte importune au viſage te monte
Pour un ſexe quitté dont tu n'és que la honte?
Il t'abhorre luy-meſme, et ce déguiſement
En le déſavoüant l'oblige pleinement.
Aprés avoir perdu ſa douceur naturelle,
Dépouille ſa pudeur qui te meſſied ſans elle,
Dérobe tout d'un temps par ce crime nouveau,
Et l'autre aux yeux du monde, et ta teſte au bourreau;
Si tu veux empeſcher ta perte inévitable,
Devien plus criminelle, et paroy moins coupable;
Par une fauſſeté tu tombes en danger,
Par une fauſſeté ſçache t'en dégager.
Fauſſeté déteſtable, où me viens-tu réduire?
Honteux déguiſement, où me vas-tu conduire?
Icy de tous coſtez l'effroy fuit mon erreur,
Et j'y ſuis à moy-meſme une nouvelle horreur:
L'image de Caliſte à ma fureur ſouſtraite
Y brave fiérement ma timide retraite.
Encor, ſi ſon trépas ſecondant mon deſir
Meſloit à mes douleurs l'ombre d'un faux plaiſir!
Mais tels ſont les excés du malheur qui m'opprime
Qu'il ne m'eſt pas permis de jouir de mon crime,
Dans l'état pitoyable où le ſort me réduit,
J'en mérite la peine, et n'en ay pas le fruit,
Et tout ce que j'ay fait contre mon ennemie
Sert à croiſtre ſa gloire avec mon infamie.
N'importe, Roſidor de mes cruels deſtins

Tient dequoy repouſſer les laſches aſſaſſins,
Sa valeur inutile en ſa main deſarmée
Sans moy ne vivroit plus que chez la renommée.
Ainſi rien deſormais ne pourroit m'enflamer;
N'ayant plus que haïr, je n'aurois plus qu'aimer.
Faſcheuſe loy du ſort qui s'obstine à ma peine,
Je ſauve mon amour et je manque à ma haine;
Ces contraires ſuccés demeurant ſans effet
Font naiſtre mon malheur de mon heur imparfait.
Toutefois l'orgueilleux pour qui mon cœur ſoûpire
De moy ſeul aujourd'huy tient le jour qu'il respire,
Il m'en eſt redevable, et peut-eſtre à ſon tour
Cette obligation produira quelque amour.
Doriſe, à quels penſers ton espoir ſe ravale!
S'il vit par ton moyen, c'eſt pour une rivale.
N'atten plus, n'atten plus que haine de ſa part;
L'offenſe vient de toy, le ſecours du hazard;
Malgré les vains efforts de ta ruſe traitreſſe,
Le hazard par tes mains le rend à ſa maitreſſe:
Ce péril mutüel qui conſerve leurs jours
D'un contre-coup égal va croiſtre leurs amours.
Heureux couple d'amants que le destin aſſemble,
Qu'il expoſe en péril, qu'il en retire enſemble.

SCÉNE VII.

PYMANTE, DORISE.

PYMANTE *la prenant pour Géronte et l'embraſſant.*

O dieux! voicy Géronte, et je le croyois mort,
Malheureux compagnon de mon funeſte
[ſort...

DORISE *croyant qu'il la prend pour
Roſidor, et qu'en l'embraſſant il la poignarde.*

Ton œil t'abuſe, hélas! miſerable, regarde
Qu'au lieu de Roſidor ton erreur me poignarde.

PYMANTE.

Ne crains pas, cher amy, ce funeſte accident

Je te connois assez, je fuis... Mais imprudent,
Où m'alloit engager mon erreur indiscrette !
Monsieur, pardonnez-moy la faute que j'ay faite,
Un berger d'icy prés a quitté ses brebis
Pour s'en aller au camp presqu'en pareils habits,
Et d'abord vous prenant pour ce mien camarade
Mes sens d'aise aveuglez ont fait cette escapade.
Ne craignez point au reste un pauvre villageois,
Qui, seul et desarmé, court à travers ces bois [1].
D'un ordre assez précis l'heure presque expirée
Me deffend des discours de plus longue durée,
A mon empressement pardonnez cet adieu,
Je perdrois trop, Monsieur, à tarder en ce lieu.

DORISE.

Amy, qui que tu sois, si ton ame sensible
A la compassion peut se rendre accessible,
Un jeune gentil-homme implore ton secours ;
Pren pitié de mes maux pour trois ou quatre jours,
Durant ce peu de temps accorde une retraite
Sous ton chaume rustique à ma fuite secrette,
D'un ennemy puissant la haine me poursuit,
Et n'ayant pû qu'à peine éviter cette nuit...

PYMANTE.

L'affaire qui me presse est assez importante
Pour ne pouvoir, Monsieur, répondre à vostre attente ;
Mais si vous me donniez le loisir d'un moment,
Je vous asseurerois d'estre icy promptement,
Et j'estime qu'alors il me seroit facile
Contre cét ennemy de vous faire un azile.

---

1. Dans les premières éditions, jusqu'à celle de 1654 inclusivement, on lit, au lieu de ce vers, les cinq vers suivants, que Corneille en a retranchés depuis, sans doute comme alanguissant la situation, mais qui méritent d'être conservés ici comme respirant le parfum et la fraîcheur des prairies de Normandie :

> Qui, seul et désarmé, cherche dedans ces bois
> Un bœuf piqué du taon, qui, brisant nos closages,
> Hier, sur le chaud du jour, s'enfuit des paturages.
> M'en apprendrez-vous rien, Monsieur ? J'ose penser
> Que par quelque hasard vous l'aurez vu passer.

DORISE.

Mais avant ton retour fi quelque instant fatal
M'expofoit par malheur aux yeux de ce brutal,
Et que l'emportement de fon humeur altiére...

PYMANTE.

Pour ne rien hazarder, cachez-vous là derriére.

DORISE.

Souffre que je te fuive, et que mes tristes pas...

PYMANTE.

J'ay des fecrets, Monfieur, qui ne le fouffrent pas,
Et ne puis rien pour vous à moins que de m'attendre :
Avifez au party que vous avez à prendre.

DORISE.

Va donc, je t'attendray.

PYMANTE.

Cette touffe d'ormeaux
Vous pourra cependant couvrir de fes rameaux.

SCÉNE VIII.

PYMANTE.

Enfin, graces au ciel, ayant fçeu m'en défaire,
Je puis feul avifer à ce que je dois faire,
Qui qu'il foit, il a veu Rofidor attaqué,
Et fçait affeurément que nous l'avons manqué.
N'en étant point connu, je n'en ay rien à craindre,
Puisqu'ainfi déguifé, tout ce que je veux feindre
Sur fon esprit crédule obtient un tel pouvoir.
Toutesfois plus j'y fonge, et plus je penfe voir
Par quelque grand effet de vengeance divine
En ce foible témoin l'auteur de ma ruïne :
Son indice douteux, pour peu qu'il ait de jour,
N'éclaircira que trop mon forfait à la cour.
Simple, j'ay peur encor que ce malheur m'avienne,
Et je puis éviter ma perte par la fienne :
Et mefmes on diroit qu'un antre tout exprés
Me garde mon épée au fond de ces forefts.
C'eft en ce lieu fatal qu'il me le faut conduire,

C'eſt là qu'un heureux coup l'empeſche de me nuire.
Je ne m'y puis réſoudre ; un reſte de pitié
Violente mon cœur à des traits d'amitié ;
En vain je luy reſiſte, et taſche à me défendre
D'un ſecret mouvement que je ne puis comprendre,
Son âge, ſa beauté, ſa grace, ſon maintien,
Forcent mes ſentimens à luy vouloir du bien,
Et l'air de ſon viſage a quelque mignardiſe
Qui ne tire pas mal à celle de Doriſe.
Ah ! que tant de malheurs m'auroient favoriſé,
Si c'étoit elle-meſme en habit déguiſé :
J'en meurs déja de joye, et mon ame ravie
Abandonne le ſoin du reſte de ma vie,
Je ne ſuis plus à moy, quand je viens à penſer
A quoy l'occaſion me pourroit diſpenſer.
Quoy qu'il en ſoit, voyant tant de ſes traits enſemble,
Je porte du respect à ce qui luy reſſemble.
Miſérable Pymante, ainſi donc tu te perds !
Encor qu'il tienne un peu de celle que tu ſers,
Étouffe ce témoin pour aſſeurer ta teſte :
S'il eſt, comme il le dit, batu d'une tempeſte,
Au lieu qu'en ta cabane il cherche quelque port,
Fay que dans cette grotte il rencontre ſa mort.
Modére toy, cruel, et plûtoſt éxamine
Sa parole, ſon teint, et ſa taille, et ſa mine ;
Si c'eſt Doriſe, alors évoque cét arreſt,
Sinon, que la pitié céde à ton intéreſt.

Fin du second acte.

ACTE III.

SCÉNE PREMIÉRE.

ALCANDRE, ROSIDOR, CALISTE, UN PRÉVOT.

ALCANDRE.

L'admirable rencontre à mon ame ravie,
De voir que deux amans s'entredoivent la vie,
De voir que ton péril la tire de danger,
Que le lien te fournit de quoy t'en dégager,
Qu'à deux desseins divers la mesme heure choisie
Assemble en mesme lieu pareille jalousie,
Et que l'heureux malheur qui vous a menacez
Avec tant de justesse a ses temps compassez.

ROSIDOR.

Sire, ajoutez du ciel l'occulte providence.
Sur deux amans il verse une mesme influence,
Et, comme l'un par l'autre il a sçeu nous sauver,
Il semble l'un pour l'autre exprès nous conserver.

ALCANDRE.

Je t'entens, Rosidor, par là tu me veux dire
Qu'il faut qu'avec le ciel ma volonté conspire,
Et ne s'oppose pas à ses justes décrets
Qu'il vient de témoigner par tant d'avis secrets.
Et bien, je veux moy-mesme en parler à la reine,
Elle se fléchira, ne t'en mets pas en peine.
Achéve seulement de me rendre raison
De ce qui t'arriva depuis sa pasmoison.

ROSIDOR.

Sire, un mot desormais suffit pour ce qui reste.

Lyſarque et vos archers depuis ce lieu funeste
Se laiſſérent conduire aux traces de mon ſang
Qui durant le chemin me dégouttoit du flanc,
Et, me trouvant enfin deſſous un toit rustique
Ranimé par les ſoins de ſon amour pudique,
Leurs bras officieux m'ont icy rapporté,
Pour en faire ma plainte à Voſtre Majesté.
Non pas que je ſoûpire après une vengeance,
Qui ne peut me donner qu'une fauſſe allégeance ;
Le prince aime Clitandre, et mon respect conſent
Que ſon affection le déclare innocent :
Mais ſi quelque pitié d'une telle infortune
Peut ſouffrir aujourd'huy que je vous importune,
Oſtant par un hymen l'espoir à mes rivaux,
Sire, vous tariríez la ſource de nos maux.

ALCANDRE.

Tu fuis à te venger ; l'objet de ta maîtreſſe
Fait qu'un tel deſir céde à l'amour qui te preſſe :
Auſſi n'eſt-ce qu'à moy de punir ces forfaits,
Et de montrer à tous par de puiſſants effets
Qu'attaquer Roſidor c'eſt le prendre à moy-meſme,
Tant je veux que chacun respecte ce que j'aime.
Je le feray bien voir. Quand ce perfide tour
Auroit eu pour objet le moindre de ma cour,
Je devrois au public, par un honteux ſupplice,
De telles trahiſons l'éxemplaire justice.
Mais Roſidor ſurpris, et bleſſé comme il l'eſt,
Au devoir d'un vray Roy joint mon propre intereſt.
Je luy feray ſentir, à ce traiſtre Clitandre,
Quelque part que le prince y puiſſe ou veuille prendre
Combien mal à propos ſa folle vanité
Croyoit dans ſa faveur trouver l'impunité.
Je tiens cét aſſaſſin ; un ſoupçon véritable
Que m'ont donné les corps d'un couple détestable
De ſon laſche attentat m'avoit ſi bien instruit,
Que déja dans les fers il en reçoit le fruit.
 Toy qu'avec Roſidor le bonheur a ſauvée,
Tu te peux aſſeurer que Doriſe trouvée,
Comme ils avoient choiſi meſme heure à voſtre mort,
En meſme heure tous deux auront un meſme ſort.

CALISTE.

Sire, ne songez pas à cette misérable :
Rosidor garanty me rend sa redevable,
Et je me sens forcée à luy vouloir du bien,
D'avoir à vostre État conservé ce soûtien.

ALCANDRE.

Le généreux orgueil des ames magnanimes
Par un noble dédain sçait pardonner les crimes :
Mais vostre aspect m'emporte à d'autres sentimens,
Dont je ne puis cacher les justes mouvemens;
Ce teint pasle à tous deux me rougit de colére,
Et vouloir m'adoucir, c'est vouloir me déplaire.

ROSIDOR.

Mais, Sire, que sçait-on ? peut-estre ce rival,
Qui m'a fait après tout plus de bien que de mal,
Si-tost qu'il vous plaira d'écouter sa défense[1],
Sçaura de ce forfait purger son innocence.

ALCANDRE.

Et par où la purger ? sa main d'un trait mortel
A signé son arrest en signant ce cartel.
Peut-il desavoüer ce qu'asseure un tel gage,
Envoyé de sa part, et rendu par son page ?
Peut-il desavoüer que ses gens déguisez,
De son commandement ne soient authorisez ?   [bouë,
Les deux, tout morts qu'ils sont, qu'on les traisne à la
L'autre aussi-tost que pris se verra sur la rouë,
Et pour le scélerat que je tiens prisonnier,
Ce jour que nous voyons luy sera le dernier.
Qu'on l'améne au conseil ; par forme il faut l'entendre,
Et voir par quelle adresse il pourra se défendre.
Toy, pense à te guérir, et croy que pour le mieux
Je ne veux pas montrer ce perfide à tes yeux :
Sans doute qu'aussi-tost qu'il se feroit paroistre
Ton sang rejailliroit au visage du traistre.

ROSIDOR.

L'apparence déçoit, et souvent on a veu
Sortir la vérité d'un moyen imprévû,

---

1. On lit jusque dans l'édition de 1654 inclusivement :

Lors qu'en vostre conseil vous orrez sa défense.

Acte III.

Bien que la conjecture y fuſt encor plus forte :
Du moins, Sire, appaiſez l'ardeur qui vous transporte,
Que l'ame plus tranquille, et l'esprit plus remis,
Le ſeul pouvoir des loix perde nos ennemis.
Alcandre.
Sans plus m'importuner, ne ſonge qu'à tes playes.
Non, il ne fut jamais d'apparences ſi vrayes,
Douter de ce forfait c'eſt manquer de raiſon.
De rechef, ne pren ſoin que de ta guériſon.

SCÉNE II.

ROSIDOR, CALISTE.

Rosidor.

Ah ! que ce grand couroux ſenſiblement m'af-
[flige !
Caliste.
C'eſt ainſi que le roi te refuſant t'oblige,
Il te donne beaucoup en ce qu'il t'interdit,
Et tu gagnes beaucoup d'y perdre ton crédit :
On voit dans ces refus une marque certaine
Que contre Roſidor toute priére eſt vaine ;
Ses violens transports ſont d'aſſeurez témoins
Qu'il t'écouteroit moins s'il te chériſſoit moins.
Mais un plus long ſéjour pourroit icy te nuire,
Ne perdons plus de temps, laiſſe-moy te conduire [1]
Jusque dans l'antichambre où Lyſarque t'attend,
Et montre déſormais un esprit plus content.
Rosidor.
Si près de te quitter...
Caliste.
N'achéve pas ta plainte,
Tous deux nous reſſentons cette commune atteinte,

---

[1]. Toutes les éditions portent jusqu'en 1654 inclusivement :

Vien donc, mon cher ſoucy, laiſſe-moy te conduire.

Dans sa révision générale, Corneille a fait disparoître cette expression de plus d'un endroit.

Mais d'un fafcheux respect la tyrannique loy
M'appelle chez la reine, et m'éloigne de toy.
Il me luy faut conter comme l'on m'a furprife,
Excufer mon abfence en accufant Dorife,
Et lui dire comment, par un crüel destin,
Mon devoir auprès d'elle a manqué ce matin.

ROSIDOR.

Va donc, et quand fon ame, après la chofe fçeuë,
Fera voir la pitié qu'elle en aura conceuë,
Figure luy fi bien Clitandre tel qu'il eft,
Qu'elle n'ofe en fes feux prendre plus d'intéreft.

CALISTE.

Ne crains pas déformais que mon amour s'oublie,
Répare feulement ta vigueur affoiblie,
Sçache bien te fervir de la faveur du roy,
Et, pour tout le furplus, repofe-t'en fur moy.

SCÉNE III.

CLITANDRE *en prifon*.

Je ne fçais si je veille, ou fi ma refverie
A mes fens endormis fait quelque tromperie,
Peu s'en faut, dans l'excès de ma confufion,
Que je ne prenne tout pour une illufion.
Clitandre prifonnier! je n'en fais pas croyable,
Ny l'air fale et püant d'un cachot effroyable,
Ny de ce foible jour l'incertaine clarté,
Ny le poids de ces fers dont je fuis arrété;
Je les fens, je les voy, mais mon ame innocente
Dément tous les objets que mon œil luy préfente,
Et, le défavoüant, défend à ma raifon
De me perfuader que je fois en prifon.
Jamais aucun forfait, aucun deffein infame
N'a pû fouiller ma main, ny gliffer dans mon ame,
Et je fuis retenu dans ces funestes lieux!
Non, cela ne fe peut, vous vous trompez, mes yeux.
J'aime mieux rejetter vos plus clairs témoignages,
J'aime mieux démentir ce qu'on me fait d'outrages,

Que de m'imaginer fous un fi jufte roy
Qu'on peuple les prifons d'innocens comme moy.
  Cependant je m'y trouve, et bien que ma penfée
Recherche à la rigueur ma conduite paffée [1],
Mon éxacte cenfure a beau l'examiner,
Le crime qui me perd ne fe peut deviner,
Et quelque grand effort que faffe ma mémoire,
Elle ne me fournit que des fujets de gloire.
Ah! prince, c'eft quelqu'un de vos faveurs jaloux
Qui m'impute à forfait d'eftre chéry de vous,
Le temps qu'on m'en fépare, on le donne à l'envie,
Comme une liberté d'attenter fur ma vie,
Le cœur vous le difoit, et je ne fçay comment
Mon destin me pouffa dans cét aveuglement,
De rejetter l'avis de mon Dieu tutélaire;
C'eft là ma feule faute, et c'en eft le falaire,
C'en eft le châtiment que je reçois icy,
On vous venge, mon prince, en me traitant ainfi;
Mais vous fçaurez montrer, embraffant ma défenfe,
Que qui vous venge ainfi puiffamment vous offenfe.
Les perfides autheurs de ce complot maudit,
Qu'à me perfécuter votre abfence enhardit,
A voftre heureux retour verront que ces tempeftes,
Clitandre préfervé, n'abatront que leurs teftes.
Mais on ouvre, et quelqu'un dans cette fombre horreur,
Par fon vifage affreux redouble ma terreur.

SCÉNE IV.

CLITANDRE, LE GEOLIER.

LE GEOLIER.

ermettez que ma main de ces fers vous dé-
[tache.
  CLITANDRE.
Suis-je libre déja?

---

1. On lit dans l'édition originale *épluche*, au lieu de *recherche* qui y est substitué dès l'édition de 1644.

LE GEOLIER.
   Non, encor, que je sçache.
  CLITANDRE.
Quoy, ta seule pitié s'y hazarde pour moy?
   LE GEOLIER.
Non, c'est un ordre exprès de vous conduire au roy.
   CLITANDRE.
Ne m'apprendras-tu point le crime qu'on m'impute,
Et quel lasche imposteur ainsi me persécute?
   LE GEOLIER.
Descendons, un prevost qui vous attend là-bas
Vous pourra mieux que moy contenter sur ce cas.

SCÉNE V.

PYMANTE, DORISE.

PYMANTE *regardant une aiguille qu'elle avoit laissée
par mégarde dans ses cheveux en se déguisant.*

En vain pour m'ébloüir vous usez de la ruse,
Mon esprit, quoy que lourd, aisément ne s'abuse,   [yeux :
Ce que vous me cachez, je le ly dans vos
Quelque revers d'amour vous conduit en ces lieux.
N'est-il pas vray, Monsieur? et mesme cette aiguille
Sent assez les faveurs de quelque belle fille;
Elle est, ou je me trompe, un gage de sa foy.
   DORISE.
O malheureuse aiguille! hélas, c'est fait de moy.
   PYMANTE.
Sans doute vostre playe à ce mot s'est r'ouverte.
Monsieur, regrettez-vous son absence ou sa perte?
Vous auroit-elle bien pour un autre quitté,
Et payé vos ardeurs d'une infidélité?
Vous ne répondez point! cette rougeur confuse,
Quoy que vous vous taisiez, clairement vous accuse.
Brisons-là, ce discours vous fascheroit enfin,
Et c'étoit pour tromper la longueur du chemin
Qu'après plusieurs discours, ne sçachant que vous dire,
J'ay touché sur un point dont vostre cœur soûpire,

Et de quoy fort fouvent on aime mieux parler,
Que de perdre fon temps en des propos en l'air.
DORISE.
Amy, ne porte plus la fonde en mon courage,
Ton entretien commun me charme davantage,
Il ne peut me laffer, indifférent qu'il eft;
Et ce n'eft pas auffi fans fujet qu'il me plaift.
Ta converfation eft tellement civile
Que pour un tel esprit ta naiffance eft trop vile,
Tu n'as de villageois que l'habit et le rang,
Tes rares qualitez te font un autre fang;
Mefme plus je te voy, plus en toy je remarque
Des traits pareils à ceux d'un cavalier de marque.
Il s'appelle Pymante, et ton air et ton port
Ont avec tous les fiens un merveilleux rapport.
PYMANTE.
J'en fuis tout glorieux, et de ma part je prife
Voftre rencontre autant que celle de Dorife,
Autant que fi le Ciel appaifant fa rigueur,
Me faifoit maintenant un préfent de fon cœur.
DORISE.
Qui nommes-tu Dorife?
PYMANTE.
Une jeune cruelle
Qui me fuit pour un autre.
DORISE.
Et ce rival s'appelle?
PYMANTE.
Le berger Rofidor.
DORISE.
Amy, ce nom fi beau
Chez vous donc fe profane à garder un troupeau?
PYMANTE.
Madame, il ne faut plus que mon feu vous déguife
Que fous les faux habits il reconnoit Dorife.
Je ne fuis point furpris de me voir dans ces bois,
Ne paffer à vos yeux que pour un villageois.
Voftre haine pour moy fut toûjours affez forte
Pour déférer fans peine à l'habit que je porte;
Cette fauffe apparence aide et fuit vos mépris:

Mais cette erreur vers vous ne m'a jamais furpris.
Je fçay trop que le ciel n'a donné l'avantage
De tant de raretez, qu'à voftre feul vifage,
Si-toft que je l'ay veu, j'ay creu voir en ces lieux
Dorife déguifée, ou quelqu'un de nos Dieux ;
Et fi j'ay quelque temps feint de vous méconnoiftre
En vous prenant pour tel que vous vouliez paroiftre,
Admirez mon amour, dont la discrétion
Rendoit à vos défirs cette foubmiffion [1],
Et difpofez de moy, qui borne mon envie
A prodiguer pour vous tout ce que j'ay de vie.

DORISE.

Pymante, et quoy, faut-il qu'en l'état où je fuis
Tes importunitez augmentent mes ennuis !
Faut-il que dans ce bois ta rencontre funeste,
Vienne encor m'arracher le feul bien qui me reste,
Et qu'ainfi mon malheur au dernier point venu
N'ofe plus espérer de n'eftre pas connu ?

PYMANTE.

Voyez comme le ciel égale nos fortunes,
Et, comme pour les faire entre nous deux communes,
Nous réduifant enfemble à ces déguifemens,
Il montre avoir pour nous de pareils mouvemens.

DORISE.   [fages,
Nous changeons bien d'habits, mais non pas de vi-
Nous changeons bien d'habits, mais non pas de cou-
Et ces masques trompeurs de nos conditions   [rages,
Cachent, fans les changer, nos inclinations.

PYMANTE.

Me négliger toûjours ! et pour qui vous néglige !

DORISE.

Que veux-tu ! fon mépris plus que ton feu m'oblige,
J'y trouve malgré moy je ne fçay quel appas
Par où l'ingrat me tuë, et ne m'offenfe pas.

PYMANTE.

Qu'espérez-vous enfin d'un amour fi frivole
Pour cét ingrat amant qui n'eft plus qu'une idole ?

---

1. Toutes les éditions antérieures à 1682 portent ici et ailleurs *fubmiffion*. Dans l'édition de 1682 on trouve tantôt l'une, tantôt l'autre forme, parfois même auffi *foûmiffion*.

Acte III.

DORISE.

Qu'une idole! ah, ce mot me donne de l'effroy,
Rofidor une idole, ah, perfide, c'eft toy,
Ce font tes trahifons qui l'empefchent de vivre,
Je tay veu dans ce bois moy-mefme le pourfuivre
Avantagé du nombre, et veftu de façon
Que ce rustique habit effaçoit tout foupçon :
Ton embufche a furpris une valeur fi rare.

PYMANTE.

Il eft vray, j'ay puny l'orgueil de ce barbare,
De cét heureux ingrat, fi crüel envers vous,
Qui, maintenant par terre et percé de mes coups,
Eprouve par fa mort comme un amant fidelle
Venge voftre beauté du mépris qu'on fait d'elle.

DORISE.

Monstre de la nature, éxécrable bourreau,
Après ce lafche coup qui creufe mon tombeau,
D'un compliment railleur ta malice me flate !
Fuy, fuy, que deffus toy ma vengeance n'éclate;
Ces mains, ces foibles mains que vont armer les Dieux
N'auront que trop de force à t'arracher les yeux,
Que trop à t'imprimer fur ce hideux vifage
En mille traits de fang les marques de ma rage.

PYMANTE.

Le courroux d'une femme, impétueux d'abord,
Promet tout ce qu'il ofe à fon premier transport,
Mais, comme il n'a pour luy que fa feule impuiffance,
A force de groffir il meurt en fa naiffance,
Ou s'étouffant foy-mefme, à la fin ne produit
Que point ou peu d'effet après beaucoup de bruit.

DORISE.

Va, va, ne préten pas que le mien s'adouciffe,
Il faut que ma fureur ou l'enfer te puniffe;
Le reste des humains ne fçauroit inventer
De gefne qui te puiffe à mon gré tourmenter.
Si tu ne crains mes bras, crains de meilleures armes,
Crains tout ce que le ciel m'a départy de charmes;
Tu fçais quelle eft leur force, et ton cœur la reffent,
Crains qu'elle ne m'affeure un vengeur plus puiffant.
Ce couroux dont tu ris en fera la conquefte

De quiconque à ma haine expoſera ta teſte,
De quiconque mettra ma vengeance en mon choix.
Adieu, j'en perds le temps à crier dans ce bois,
Mais tu verras bien-toſt ſi je vaux quelque choſe
Et ſi ma rage en vain ſe promet ce qu'elle oſe.

PYMANTE.

J'aime tant cette ardeur à me faire périr,
Que je veux bien moy-meſme avec vous y courir.

DORISE.

Traiſtre, ne me fuy point.

PYMANTE.

Prendre ſeule la fuite !
Vous vous égareriez à marcher ſans conduite,
Et d'ailleurs voſtre habit où je ne comprends rien
Peut avoir du myſtére auſſi bien que le mien.
L'azile dont tantoſt vous faiſiez la demande
Montre quelque beſoin d'un bras qui vous défende,
Et mon devoir vers vous ſeroit mal acquité
S'il ne vous avoit miſe en lieu de ſeureté.
Vous penſez m'échaper quand je vous le témoigne,
Mais vous n'irez pas loin que je ne vous rejoigne,
L'amour que j'ay pour vous, malgré vos dures loix,
Sçait trop ce qu'il vous doit et ce que je me dois.

Fin du troiſiéme acte.

ACTE IV.

SCÉNE PREMIÉRE.

PYMANTE, DORISE.

DORISE.

Je te le dis encor, tu perds temps à me suivre,
Souffre que de tes yeux ta pitié me délivre,
Tu redoubles mes maux par de tels entre-
PYMANTE.   [tiens.
Prenez à vostre tour quelque pitié des miens,
Madame, et tariffez ce déluge de larmes.
Pour rappeler un mort ce sont de foibles armes,
Et, quoy que vous conseille un inutile ennuy,
Vos cris et vos sanglots ne vont point jusqu'à luy.
DORISE.
Si mes sanglots ne vont où mon cœur les envoye,
Du moins par eux mon ame y trouvera la voye,
S'il luy faut un passage afin de s'envoler,
Ils le luy vont ouvrir en le fermant à l'air.
Sus donc, sus, mes sanglots, redoublez vos secousses,
Pour un tel desespoir vous les avez trop douces,
Faites pour m'étouffer de plus puissans efforts.
PYMANTE.
Ne songez plus, Madame, à rejoindre les morts!
Pensez plûtost à ceux qui n'ont point d'autre envie,
Que d'employer pour vous le reste de leur vie;
Pensez plûtost à ceux dont le service offert,
Accepté vous conserve, et refusé vous perd.
DORISE.
Crois-tu donc, assassin, m'acquérir par ton crime,

Qu'innocent méprifé, coupable je t'estime[1]?
A ce conte tes feux n'ayant pû m'émouvoir,
Ta noire perfidie obtiendroit ce pouvoir?
Je chérirois en toy la qualité de traiſtre,
Et mon affection commenceroit à naiſtre
Lorfque tout l'univers a droit de te haïr?

PYMANTE.

Si j'oubliay l'honneur jufques à le trahir,
Si pour vous poſſéder mon esprit tout de flame
N'a creu rien de honteux, n'a rien trouvé d'infame,
Voyez par là, voyez l'excés de mon ardeur;
Par cét aveuglement jugez de fa grandeur.

DORISE.

Non, non, ta laſcheté, que j'y voy trop certaine,
N'a ſervy qu'à donner des raiſons à ma haine.
Ainſi ce que j'avois pour toy d'averſion
Vient maintenant d'ailleurs que d'inclination,
C'eſt la raiſon, c'eſt elle à préſent qui me guide
Aux mépris que je fais des flames d'un perfide.

PYMANTE.

Je ne ſçache raiſon qui s'oppofe à mes vœux,
Puifqu'icy la raiſon n'eſt que ce que je veux,
Et, ployant deſſous moy, permet à mon envie
De recueillir les fruits de vous avoir ſervie.
Il me faut des faveurs malgré vos crüautez.

DORISE.

Exécrable, ainſi donc tes deſirs effrontez
Voudroient ſur ma foibleſſe uſer de violence?

PYMANTE.

Je ry de vos refus, et ſçay trop la licence
Que me donne l'amour en cette occaſion.

---

1. On a beaucoup loué dans *Andromaque* l'ellipse rapide :

Je t'aimais inconstant, qu'aurais-je fait fidèle ?

Geoffroy a dit que c'était le génie qui l'avait dictée à Racine.
Le dernier vers que vient de prononcer Pymante et ce second
vers de Dorise prouvent que le génie ici en jeu est celui de
Corneille, et que notre auteur ne s'est pas borné à tracer à ses
successeurs la route de la véritable tragédie, qu'il a su encore
augmenter les richesses de notre langue.

DORISE *luy crevant l'œil de fon aiguille.*
Traiftre, ce ne fera qu'à ta confufion.
PYMANTE *portant les mains à fon œil crevé.*
Ah, crüelle !

DORISE.
Ah, brigand !
PYMANTE.
Ah, que viens-tu de faire !
DORISE.
De punir l'attentat d'un infame corfaire.
PYMANTE *prenant fon épée dans la caverne
où il l'avoit jettée au 2ᵉ acte.*
Ton fang m'en répondra, tu m'auras beau prier,
Tu mourras.

DORISE.
Fuy, Dorife, et laiffe-le crier.

SCÉNE II.

PYMANTE.

Où s'eft-elle cachée ? où l'emporte fa fuite ?
Où faut-il que ma rage adreffe ma pourfuite ?
La tigreffe m'échape, et, telle qu'un éclair,
En me frappant les yeux elle fe perd en l'air ;
Ou plûtoft l'un perdu, l'autre m'eft inutile,
L'un s'offufque du fang qui de l'autre diftile.
Coule, coule, mon fang ; en de fi grands malheurs
Tu dois avec raifon me tenir lieu de pleurs,
Ne verfer deformais que des larmes communes,
C'eft pleurer lafchement de telles infortunes.
Je voy de tous coftez mon fupplice approcher,
N'ofant me découvrir, je ne me puis cacher,
Mon forfait avorté fe lit dans ma difgrace,
Et ces gouttes de fang me font fuivre à la trace.
Miraculeux effet ! pour traiftre que je fois,
Mon fang l'eft encor plus, et fert tout à la fois
De pleurs à ma douleur, d'indices à ma prife,
De peine à mon forfait, de vengeance à Dorife.
O toy, qu fecondant fon courage inhumain

Loin d'orner ſes cheveux, deſhonores ſa main [1],
Exécrable instrument de ſa brutale rage,
Tu devois pour le moins respecter ſon image :
Ce portrait accomply d'un chef-d'œuvre des cieux
Imprimé dans mon cœur, exprimé dans mes yeux,
Quoy que te commandaſt une ame ſi crüelle,
Devoit eſtre adoré de ta pointe rebelle.
 Honteux restes d'amour qui brouillez mon cerveau,
Quoy, puis-je en ma maîtreſſe adorer mon bourreau?
Remettez-vous, mes ſens, raſſeure-toy, ma rage,
Revien, mais revien ſeule animer mon courage.
Tu n'as plus à débattre avec mes paſſions
L'empire ſouverain deſſus mes actions,
L'amour vient d'expirer, et ſes flames éteintes
Ne t'impoſeront plus leurs infames contraintes.
Doriſe ne tient plus dedans mon ſouvenir
Que ce qu'il faut de place à l'ardeur de punir,
Je n'ay plus rien en moy qui n'en veuille à ſa vie.
Sus donc, qui me la rend? destins, ſi voſtre envie,
Si voſtre haine encor s'obstine à des tourmens,
Jusqu'à me réſerver a d'autres châtimens,
Faites que je mérite, en trouvant l'inhumaine,
Par un nouveau forfait une nouvelle peine,
Et ne me traitez pas avec tant de rigueur,
Que mon feu, ny mon fer ne touchent point ſon cœur.

---

1. On lit dans l'édition originale au lieu de ces deux vers :

Bourreau, qui, ſecondant ſon courage inhumain,
Au lieu d'orner ſon poil, deſhonores ſa main.

Nous avons dit pages 15-16 de l'*Histoire de Corneille* qu'on avait à tort avancé que cette apostrophe avait donné naissance au proverbe : *Discourir sur la pointe d'une aiguille*. Ici nous nous bornerons à remarquer combien les auteurs de ce temps aimaient à faire adresser la parole par leurs personnages à des objets inanimés. Dans la scène I du premier acte, Caliste apostrophait ses propres yeux, et, dans la scène X, Rosidor ses blessures. Tout cela, Palissot l'a fait obſerver, ressemble fort aux deux vers de la tragédie de *Pyrame et Thisbé* de Théophile :

Le voilà, ce poignard qui du ſang de ſon maître
S'est ſouillé lâchement : il en rougit, le traître !

Mais ma fureur se jouë, et demy-languissante
S'amuse au vain éclat d'une voix impuissante,
Recourons aux effets; cherchons de toutes parts,
Prenons dorefnavant pour guides les hazards,
Quiconque ne pourra me montrer la crüelle,
Que son sang aussi-tost me réponde pour elle,
Et, ne suivant ainsi qu'une incertaine erreur,
Remplissons tous ces lieux de carnage et d'horreur.

Une tempeste survient.

Mes menaces déja font trembler tout le monde,
Le vent fuit d'épouvante, et le tonnerre en gronde,
L'œil du ciel s'en retire, et, par un voile noir,
N'y pouvant résister, se défend d'en rien voir;
Cent nüages épais, se distilants en larmes,
A force de pitié veulent m'oster les armes.
La nature étonnée embrasse mon couroux,
Et veut m'offrir Dorise, ou devancer mes coups,
Tout est de mon party, le ciel mesme n'envoye
Tant d'éclairs redoublez qu'afin que je la voye.
Quelques lieux où l'effroy porte ses pas errants,
Ils sont entrecoupez de mille gros torrents.
Que je ferois heureux, si cet éclat de foudre
Pour m'en faire raison l'avoit réduite en poudre!
Allons voir ce miracle, et desarmer nos mains
Si le ciel a daigné prévenir nos desseins.
Destins, soyez enfin de mon intelligence,
Et vengez mon affront, ou souffrez ma vengeance [1].

SCÉNE III.

FLORIDAN.

uel bonheur m'accompagne en ce moment
[fatal!
Le tonnerre a sous moy foudroyé mon cheval,
Et consumant sur luy toute sa violence,

---

1. On lit dans l'édition originale, au lieu de ces deux vers :

Satisfait par sa mort, mon esprit se modére,
Et va sur sa charoigne achever sa colére.

Il m'a porté respect parmy son insolence.
Tous mes gens écartez par un subit effroy,
Loin d'estre à mon secours, ont fuy d'autour de moy,
Ou déja dispersez par l'ardeur de la chasse,
Ont dérobé leur teste à sa fiére menace.
Cependant seul à pied je pense à tous momens
Voir le dernier débris de tous les élémens,
Dont l'obstination à se faire la guerre
Met toute la nature au pouvoir du tonnerre.
Dieux ! si vous témoignez par là vostre couroux,
De Clitandre, ou de moy, lequel menacez-vous ?
La perte m'est égale, et la mesme tempeste
Qui l'auroit accablé tomberoit sur ma teste.
Pour le moins, justes dieux, s'il court quelque danger,
Souffrez que je le puisse avec luy partager.
J'en découvre à la fin quelque meilleur présage,
L'haleine manque aux vents, et la force à l'orage,
Les éclairs, indignez d'estre éteints par les eaux,
En ont tary la source et séché les ruisseaux,
Et déja le soleil de ses rayons essuye
Sur ces moites rameaux le reste de la pluye.
Au lieu du bruit affreux des foudres décochez,
Les petits oisillons encore demy-cachez...
Mais je verray bien-tost quelques-uns de ma suite,
Je le juge à ce bruit.

SCÉNE IV.

FLORIDAN, PYMANTE, DORISE.

PYMANTE *saisit Dorise qui le fuyoit.*

                    Enfin malgré ta fuite
Je te retiens, barbare.
           DORISE.
           Hélas !
           PYMANTE.
                    Songe à mourir,
Tout l'univers icy ne te peut secourir.
           FLORIDAN.
L'égorger à ma veuë ! ô l'indigne spectacle !

Sus, fus, à ce brigand oppofons un obstacle.
Arrefte, fcélérat.
PYMANTE.
Téméraire, où vas-tu ?
FLORIDAN.
Sauver ce gentilhomme à tes pieds abattu.
DORISE.
Traiftre, n'avance pas, c'eft le prince.

PYMANTE *tenant Dorife d'une main et fe battant de l'autre.*

N'importe :
Il m'oblige à fa mort m'ayant veu de la forte.
FLORIDAN.
Eft-ce-là le respect que tu dois à mon rang ?
PYMANTE.
Je ne connois icy ny qualitez ny fang ;
Quelque respect ailleurs que ta naiffance obtienne,
Pour affeurer ma vie il faut perdre la tienne.
DORISE.
S'il me demeure encor quelque peu de vigueur,
Si mon débile bras ne dédit point mon cœur,
J'arréteray le tien.
PYMANTE.
Que fais-tu, miférable ?
DORISE.
Je détourne le coup d'un forfait éxécrable.
PYMANTE.
Avec ces vains efforts crois-tu m'en empefcher ?
FLORIDAN.
Par une heureufe adreffe il l'a fait trébucher.
Affaffin, ren l'épée.

SCÉNE V.

FLORIDAN, PYMANTE, DORISE,
trois veneurs, *portans en leurs mains les vrais habits de Pymante, Lycaste et Doriſe.*

1ᵉʳ VENEUR.
                Écoute, il eſt fort proche,
C'eſt ſa voix qui réſonne au creux de cette roche,
Et c'eſt luy que tantoſt nous avions entendu.
   FLORIDAN *déſarme Pymante et en donne l'épée à garder à Doriſe.*
Pren ce fer en ta main.

PYMANTE.
                Ah cieux! je ſuis perdu.

2ᵉ VENEUR.
Ouy, je le voy. Seigneur, quelle aventure étrange,
Quel malheureux deſtin en cét état vous range?

FLORIDAN.
Garottez ce maraut : les couples de vos chiens
Vous y pourront ſervir faute d'autres liens.
Je veux qu'à mon retour une prompte juſtice
Luy faſſe reſſentir par l'éclat d'un ſupplice,
Sans armer contre luy que les loix de l'Etat,
Que m'attaquer n'eſt pas un léger attentat.
Sçachez que s'il échappe il y va de vos teſtes.

1ᵉʳ VENEUR.
Si nous manquons, seigneur, les voila toutes preſtes.
Admirez cependant le foudre et les efforts
Qui dans cette foreſt ont conſumé trois corps :
En voicy les habits, qui ſans aucun dommage
Semblent avoir bravé la fureur de l'orage.

FLORIDAN.
Tu montres à mes yeux de merveilleux effets.

DORISE.
Mais des marques plûtoſt de merveilleux forfaits.
Ces habits dont n'a point approché le tonnerre
Sont aux plus criminels qui vivent ſur la terre,
Connoiſſez-les, grand prince, et voyez devant vous

Acte IV.

Pymante prisonnier et Dorise à genoux.
FLORIDAN.
Que ce soit là Pymante, et que tu sois Dorise!
DORISE.
Quelques étonnemens qu'une telle surprise
Jette dans vostre esprit que vos yeux ont deceu,
D'autres le saisiront quand vous aurez tout sçeu.
La honte de paroistre en un tel équipage
Coupe icy ma parole et l'étouffe au passage;
Souffrez que je reprenne en un coin de ce bois
Avec mes vétemens l'usage de la voix,
Pour vous conter le reste en habit plus sortable
FLORIDAN.
Cette honte me plaist; ta priére équitable
En faveur de ton sexe et du secours prété
Suspendra jusqu'alors ma curiosité.
Tandis sans m'éloigner beaucoup de cette place,
Je vay sur ce coteau pour découvrir la chasse,
Tu l'y raméneras; vous, s'il ne veut marcher,
Gardez-le cependant au pied de ce rocher.

Le Prince sort, et un des veneurs s'en va avec Dorise et les autres ménent Pymante d'un autre costé.

SCÉNE VI.

CLITANDRE, LE GEOLIER.

CLITANDRE *en prison*.

ans ces funestes lieux où la seule inclémence
D'un rigoureux destin réduit mon innocence,
Je n'atten désormais du reste des humains
Ny faveur, ny secours, si ce n'est par tes
LE GEOLIER. [mains.
Je ne connois que trop où tend ce préambule:
Vous n'avez pas affaire à quelque homme crédule.
Tous, dans cette prison dont je porte les clefs,
Se disent comme vous du malheur accablez,
Et la justice à tous est injuste, de sorte
Que la pitié me doit leur faire ouvrir la porte;
Mais je me tiens toûjours ferme dans mon devoir.

Soyez coupable, ou non, je n'en veux rien fçavoir ;
Le roy, quoy qu'il en foit, vous a mis à ma garde,
Il me fuffit, le reste en rien ne me regarde.
CLITANDRE.
Tu juges mes deffeins autres qu'ils ne font pas;
Je tiens l'éloignement pire que le trépas,
Et la terre n'a pas de fi douce province
Où le jour m'agréaft loin des yeux de mon prince.
Hélas ! fi tu voulois l'envoyer avertir
Du péril dont fans luy je ne fçaurois fortir,
Ou qu'il luy fuft porté de ma part une lettre,
De la fienne en ce cas je t'ofe bien promettre
Que fon retour foudain des plus riches te rend.
Que cét anneau t'en ferve et d'arrhe et de garand,
Ten la main et l'esprit vers un bonheur fi proche.
LE GEOLIER.
Monfieur, jusqu'à prefent j'ay vécu fans reproche,
Et pour me fuborner promeffes ny préfens
N'ont et n'auront jamais de charmes fuffifans.
C'eft de quoy je vous donne une entiére affeurance,
Perdez-en le deffein avecque l'espérance,
Et puisque vous dreffez des piéges à ma foy,
Adieu : ce lieu devient trop dangereux pour moy.

SCÉNE VII.

CLITANDRE.

Va, tygre, va, crüel, barbare, impitoyable,
Ce noir cachot n'a rien tant que toy d'ef-
[froyable.
Va, porte aux criminels tes regards dont
Peut seule aux innocens imprimer la terreur. [l'horreur
Ton vifage déja commençoit mon fupplice
Et mon injufte fort dont tu te fais complice
Ne t'envoyoit icy que pour m'épouventer,
Ne t'envoyoit icy que pour me tourmenter.
Cependant, malheureux, à qui me dois-je prendre
D'une accufation que je ne puis comprendre ?
A-t'on rien veu jamais, a-t'on rien veu de tel ?

Mes gens aſſaſſinez me rendent criminel,
L'autheur du coup s'en vante, et l'on m'en calomnie,
On le comble d'honneur, et moy d'ignominie;
L'échafaut qu'on m'apreſte au ſortir de priſon,
C'eſt par où de ce meurtre on me fait la raiſon.
Mais leur déguiſement, d'autre coſté, m'étonne :
Jamais un bon deſſein ne déguiſa perſonne.
Leur masque les condamne, et mon ſeing contrefait,
M'imputant un cartel, me charge d'un forfait.
Mon jugement s'aveugle, et, ce que je déplore,
Je me ſens bien trahy, mais par qui? je l'ignore,
Et mon esprit, troublé dans ce confus rapport,
Ne voit rien de certain que ma honteuſe mort.
 Traiſtre, qui que tu ſois, rival ou domestique,
Le ciel te garde encore un destin plus tragique,
N'importe, vif ou mort, les gouffres des enfers
Auront pour ton ſupplice encor de pires fers.
Là mille affreux bourreaux t'attendent dans les flames.
Moins les corps ſont punis, plus ils geſnent les ames,
Et par des crüautez qu'on ne peut concevoir,
Ils vengent l'innocence au-de-là de l'espoir.
Et vous que déſormais je n'oſe plus attendre,
Prince, qui m'honoriez d'une amitié ſi tendre,
Et dont l'éloignement fait mon plus grand malheur,
Bien qu'un crime imputé noirciſſe ma valeur,
Que le prétexte faux d'une action ſi noire
Ne laiſſe plus de moy qu'une ſale mémoire,
Permettez que mon nom, qu'un bourreau va ternir,
Dure ſans infamie en voſtre ſouvenir,
Ne vous repentez point de vos faveurs paſſées,
Comme chez un perfide indignement placées;
J'oſe, j'oſe espérer qu'un jour la vérité
Paroiſtra toute nuë à la postérité,
Et je tiens d'un tel heur l'attente ſi certaine,
Qu'elle adoucit déja la rigueur de ma peine.
Mon ame s'en chatouille, et ce plaiſir ſecret
La prépare à ſortir avec moins de regret.

SCÈNE VIII.

FLORIDAN, PYMANTE, CLÉON, DORISE,
en habit de femme, trois veneurs.

FLORIDAN *à Dorife et Cléon.*

Vous m'avez dit tous deux d'étranges avan-
   tures.   [tures
Ah, Clitandre! ainfi donc de fauffes conjec-
T'accablent, malheureux, fous le courroux
Ce funeste récit me met tout hors de moy.   [du roy!

CLÉON.

Haftant un peu le pas, quelque espoir me demeure
Que vous arriverez auparavant qu'il meure.

FLORIDAN.

Si je n'y viens à temps, ce perfide en ce cas
A fon ombre immolé ne me fuffira pas,
C'eft trop peu de l'autheur de tant d'énormes crimes:
Innocent, il aura d'innocentes victimes,
Où que foit Rofidor, il le fuivra de près,
Et je fçauray changer fes myrtes en cyprès.

DORISE.

Souiller ainfi vos mains du fang de l'innocence?

FLORIDAN.

Mon déplaifir m'en donne une entiére licence,
J'en veux comme le roy faire autant à mon tour,
Et puifqu'en fa faveur on prévient mon retour,
Il eft trop criminel. Mais que viens-je d'entendre?
Je me tiens presque feur de fauver mon Clitandre,
La chaffe n'eft pas loin, où prenant un cheval,
Je préviendray le coup de fon malheur fatal.
Il fuffit de Cléon pour ramener Dorife;
Vous autres, gardez bien de lafcher voftre prife,
Un fupplice l'attend, qui doit faire trembler
Quiconque deformais voudroit luy reffembler.

Fin du quatriéme acte.

ACTE V.

SCÉNE PREMIÉRE.

FLORIDAN, CLITANDRE, UN PRÉVOST, CLÉON.

FLORIDAN *parlant au prévoſt*.

Dites vous-meſme au roy qu'une telle inno-[cence
Légitime en ce point ma deſobéiſſance,
Et qu'un homme ſans crime avoit bien mérité
Que j'uſaſſe pour luy de quelque authorité :
Je vous ſuy. Cependant que mon heur eſt extrème,
Amy, que je chéris à l'égal de moy-meſme,
D'avoir ſçeu juſtement venir à ton ſecours,
Lors qu'un infame glaive alloit trancher tes jours,
Et qu'un injuſte ſort ne trouvant point d'obstacle
Apreſtoit de ta teſte un indigne ſpectacle !

CLITANDRE.
Ainſi qu'un autre Alcide, en m'arrachant des fers,
Vous m'avez aujourd'huy retiré des enfers,
Et moy doreſnavant j'arreſte mon envie
A ne ſervir qu'un prince à qui je doy la vie.

FLORIDAN.
Réſerve pour Caliste une part de tes ſoins.

CLITANDRE.
C'eſt à quoy deſormais je veux penſer le moins.

FLORIDAN.
Le moins ! quoy, deſormais Caliste en ta penſée
N'auroit plus que le rang d'une image effacée ?

CLITANDRE.
J'ay honte que mon cœur auprès d'elle attaché

De fon ardeur pour vous ait fouvent relafché,
Ait fouvent pour le fien quitté voftre fervice :
C'eft par là que j'avois mérité mon fupplice,
Et pour m'en faire naiftre un jufte repentir,
Il femble que les dieux y vouloient confentir ;
Mais voftre heureux retour a calmé cét orage.

FLORIDAN.

Tu me fais affez lire au fond de ton courage.
La crainte de la mort en chaffe des appas
Qui t'ont mis au péril d'un fi honteux trépas,
Puifque fans cét amour la fourbe mal conçuë
Euft manqué contre toy de prétexte et d'iffuë :
Ou peut-eftre à prefent tes defirs amoureux
Tournent vers des objets un peu moins rigoureux.

CLITANDRE.

Doux ou crüels, aucun deformais ne me touche.

FLORIDAN.

L'amour dompte aifément l'efprit le plus farouche,
C'eft à ceux de noftre âge un puiffant ennemy ;
Tu ne connois encor fes forces qu'à demy.
Ta réfolution un peu trop violente
N'a pas bien confulté ta jeuneffe bouillante.
Mais que veux-tu, Cléon, et qu'eft-il arrivé ?
Pymante de vos mains fe feroit-il fauvé ?

CLÉON.

Non, feigneur, acquittez de la charge commife,
Vos veneurs ont conduit Pymante, et moy Dorife,
Et je viens feulement prendre un ordre nouveau.

FLORIDAN.

Qu'on m'attende avec eux aux portes du chafteau.
Allons, allons au roy montrer ton innocence :
Les autheurs des forfaits font en noftre puiffance,
Et l'un d'eux, convaincu dès le prémier afpect,
Ne te laiffera plus aucunement fufpect.

SCÉNE II.

ROSIDOR *ſur ſon lit.*

Amans les mieux payez de voſtre longue peine,
Vous de qui l'eſpérance eſt la moins incer-
[taine,
Et qui vous figurez, après tant de longueurs,
Avoir droit ſur les corps dont vous tenez les cœurs,
En eſt-il parmy vous de qui l'ame contente
Gouſte plus de plaiſirs que moy dans ſon attente ?
En eſt-il parmy vous de qui l'heur à venir
D'un espoir mieux fondé ſe puiſſe entretenir ?
Mon esprit que captive un objet adorable
Ne l'éprouva jamais autre que favorable,
J'ignorerois encor ce que c'eſt que mépris
Si le ſort d'un rival ne me l'avoit appris.
Je te plains touteſſois, Clitandre, et la colère
D'un grand roy qui te perd me ſemble trop ſévére ;
Tes deſſeins par l'effet n'étoient que trop punis :
Nous voulant ſéparer, tu nous a réünis.
Il ne te falloit point de plus crüels supplices
Que de te voir toy-meſme autheur de nos délices,
Puisqu'il n'eſt pas à croire, après ce laſche tour,
Que le prince oſe plus traverſer noſtre amour ;
Ton crime t'a rendu deſormais trop infame,
Pour tenir ton party ſans s'expoſer au blaſme :
On devient ton complice à te favoriſer.-
Mais hélas, mes penſers, qui vous vient diviſer ?
Quel plaiſir de vengeance à préſent vous engage ?
Faut-il qu'avec Caliste un rival vous partage ?
Retournez, retournez vers mon unique bien ;
Que ſeul doreſnavant il ſoit voſtre entretien ;
Ne vous repaiſſez plus que de ſa ſeule idée ;
Faites-moy voir la mienne en ſon ame gardée ;
Ne vous arrêtez pas à peindre ſa beauté :
C'eſt par où mon esprit eſt le moins enchanté ;
Elle ſervit d'amorce à mes deſirs avides,
Mais ils ont ſçeu trouver des objets plus ſolides ;

Mon feu qu'elle alluma fuſt mort au prémier jour,
S'il n'euſt été nourry d'un réciproque amour.
Ouy, Caliſte, et je veux toûjours qu'il m'en ſouvienne,
J'aperçus auſſi-toſt ta flame que la mienne.
L'Amour apprit enſemble à nos cœurs à bruſler,
L'Amour apprit enſemble à nos yeux à parler,
Et ſa timidité luy donna la prudence
De n'admettre que nous en noſtre confidence.
Ainſi nos paſſions ſe déroboient à tous,
Ainsi nos feux ſecrets n'ayant point de jaloux [1]...
Mais qui vient jusqu'icy troubler mes reſveries?

[1]. La fin de cette scène et le commencement de la suivante diffèrent complétement dans l'édition originale comme dans celle de 1644, et nous croyons devoir reproduire ici ces passages tout entiers malgré leur longueur, afin que le lecteur puisse juger par cet exemple des immenses progrès que firent en peu d'années les bienséances théâtrales :

Ainſi nos feux ſecrets n'avoient point de jaloux,
Tant que leur ſainte ardeur, plus forte devenuë,
Voulut un peu de mal à tant de retenuë,
Lors on nous vit quitter ces ridicules ſoins
Et nos petits larcins ſouffrirent les témoins.
Si je voulois baiſer ou tes yeux, ou ta bouche,
Tu fçavois dextrement faire un peu la farouche,
Et me laiſſant toûjours de quoi me prévaloir,
Montrer également le craindre et le vouloir.
Depuis, avec le temps, l'amour s'eſt fait le maiſtre ;
Sans aucune contrainte il a voulu paroiſtre ;
Si bien que plus nos cœurs perdoient de liberté,
Et plus on en voyoit en noſtre privauté.
Ainſi, doreſnavant, après la foy donnée,
Nous ne respirons plus qu'un heureux hyménée,
Et ne touchant encor ſes droits que du penſer
Nos feux à tout le reſte oſent ſe dispenſer.
Hors ce point tout eſt libre à l'ardeur qui nous preſſe.
Caliste entre et s'aſſied ſur ſon lit.

SCÉNE III.
CALISTE, ROSIDOR.

CALISTE.

Que diras-tu, mon cœur, de voir que ta maîtreſſe
Te vient effrontément trouver jusques au lit?

SCÉNE III.

ROSIDOR, CALISTE.

CALISTE.

Celle qui voudroit voir tes bleſſures guéries,
Celle...

ROSIDOR. [ſur moy
Ah, mon heur, jamais je n'obtiendrois
De pardonner ce crime à tout autre qu'à toy.
De noſtre amour naiſſant la douceur et la gloire
De leur charmante idée occupoient ma mémoire,
Je flatois ton image, elle me reflatoit,
Je lui faiſois des vœux, elle les acceptoit,
Je formois des deſirs, elle en aimoit l'hommage ;
La déſavoùras-tu, cette flatteuſe image ?
Voudras-tu démentir noſtre entretien ſecret ?
Seras-tu plus mauvaiſe enfin que ton portrait ?

CALISTE.
Tu pourrois de ſa part te faire tant promettre,

ROSIDOR.
Que diray-je ? ſinon que, pour un tel délit,
On ne m'échappe à moins de trois baiſers d'amende.

CALISTE.
La gentille façon d'en faire la demande !

ROSIDOR.
Mon regret, dans ce lit qu'on m'oblige à garder,
C'eſt de ne pouvoir plus prendre ſans demander ;
Autrement, mon ſoucy, tu ſçais comme j'en uſe.

CALISTE.
En effet, il eſt vray, de peur qu'on te refuſe,
Sans rien dire ſouvent, et par force, tu prends.

ROSIDOR.
Ce que, forcée ou non, de bon cœur tu me rends.

CALISTE.
Tout beau, ſi quelquefois je ſouffre, et je pardonne
Le trop de liberté que ta flame ſe donne,
C'eſt ſous condition de n'y plus revenir.

ROSIDOR.
Si tu me rencontrois d'humeur à la tenir,
Tu chercherois bien toſt moyen de t'en dédire.

Que je ne voudrois pas tout-à-fait m'y remettre :
Quoy qu'à dire le vray je ne sçay pas trop bien
En quoy je dedirois ce secret entretien,
Si ta pleine santé me donnoit lieu de dire
Quelle borne à tes vœux je puis et doy prescrire.
Pren soin de te guérir, et les miens plus contens...
Mais je te le diray quand il en sera temps.
ROSIDOR.
Cét énigme enjoüé n'a point d'incertitude
Qui soit propre à donner beaucoup d'inquiétude,
Et, si j'ose entrevoir dans son obscurité,
Ma guérison importe à plus qu'à ma santé.
Mais dy tout, ou du moins souffre que je devine
Et te die à mon tour ce que je m'imagine.
CALISTE.
Tu dois par complaisance au peu que j'ai d'appas
Feindre d'entendre mal ce que je ne dy pas,

Ton sexe qui defend ce que plus il desire,
Voit fort à contrecœur...
CALISTE.
Qu'on luy desobeït,
Et que nostre foiblesse, au plus fort, le trahit.
ROSIDOR.
Ne dissimulons point, est-il quelque avantage
Qu'avec nous, au baiser, ton sexe ne partage ?
CALISTE.
Vos importunitez le font assez juger.
ROSIDOR.
Nous ne nous en servons que pour vous obliger :
C'est par où nostre ardeur supplée à vostre honte ;
Mais l'un et l'autre y trouve également son conte
Et toutes vous deussiez prendre en un jeu si doux,
Comme mesme plaisir, mesme interest que nous.
CALISTE.
Ne pouvant le gagner contre toy de paroles,
J'opposeray l'effet à tes raisons frivoles,
Et sçauray desormais si bien te refuser
Que tu verras le goust que je prends à baiser :
Aussi bien ton orgueil en devient trop extrème.
ROSIDOR.
Simple, pour le punir, tu te punis toy-mesme
Ce dessein mal conceu te venge à tes despens.

ACTE V.

Et ne point m'envier un moment de délices
Que fait gouſter l'amour en ces petits ſupplices.
Doute donc, ſois en peine, et montre un cœur geſné
D'une amoureuſe peur d'avoir mal deviné;
Tremble ſans craindre trop, héſite, mais aspire,
Atten de ma bonté qu'il me plaiſe tout dire,
Et, ſans en concevoir d'espoir trop affermy,
N'espére qu'à demy quand je parle à demy.

ROSIDOR.

Tu parles à demy, mais un ſecret langage
Qui va jusques au cœur m'en dit bien davantage,
Et tes yeux ſont du tien de mauvais truchemens,
Ou rien plus ne s'oppoſe à nos contentemens.

CALISTE.

Je l'avois bien préveu, que ton impatience
Porteroit ton espoir à trop de confiance,
Que pour craindre trop peu tu devinerois mal.

Déja (n'eſt-il pas vray, mon heur,) tu t'en repens?
Et déja la rigueur d'une telle contrainte
Dans tes yeux languiſſans met une douce plainte;
L'amour par tes regards murmure de ce tort
Et ſemble m'avoüer d'un agréable effort.

CALISTE.

Quoy qu'il en ſoit, Caliste au moins t'en deſavoüe.

ROSIDOR.

Ce vermillon nouveau qui colore ta joüe
M'invite expreſſément à me licencier.

CALISTE.

Voila le vray chemin de te disgracier.

ROSIDOR.

Ces refus attrayans ne font que des remiſes.

CALISTE.

Lors que tu te verras ces privautez permiſes,
Tu pourras t'aſſeurer que nos contentemens
Ne redouteront plus aucuns empeſchemens.

ROSIDOR.

Vienne cet heureux jour! mais jusque là, mauvaiſe,
N'avoir point de baiſers à rafraiſchir ma braiſe!
Deuſſay-je eſtre impudent autant comme importun,
A tel prix que ce ſoit, ſçache qu'il m'en faut un.

Il la baiſe ſans réſistance.

Dégouſtée, ainſi donc ta menace s'exerce?

ROSIDOR.
Quoy, la reine ofe encor foûtenir mon rival,
Et, fans avoir l'horreur d'une action fi noire...
CALISTE.
Elle a l'ame trop haute, et chérit trop la gloire,
Pour ne pas s'accorder aux volontez du roy,
Qui d'un heureux hymen recompenfe ta foy.
ROSIDOR.
Si noftre heureux malheur a produit ce miracle,
Qui peut à nos defirs mettre encor quelque obstacle?
CALISTE.
Tes bleffures.
ROSIDOR.
Allons, je fuis déja guéry.
CALISTE.
Ce n'eft pas pour un jour que je veux un mary,

CALISTE.
Auffi n'eft-il plus rien, mon cœur, qui nous traverfe;
Auffi n'eft-il plus rien qui s'oppofe à nos vœux.
La reine, qui toujours fut contraire à nos feux,
Soit du piteux récit de nos hazards touchée,
Soit de trop de faveur vers un traiftre fafchée,
A la fin s'accommode aux volontez du roy
Qui d'un heureux hymen recompenfe ta foy.
ROSIDOR.
Qu'un hymen doive unir nos ardeurs mutuelles!
Ah mon heur! pour le port de fi bonnes nouvelles
C'eft trop peu d'un baifer.
CALISTE.
Et pour moy c'eft affez.
ROSIDOR.
Ils n'en font que plus doux étant un peu forcez.
Je ne m'étonne plus de te voir fi privée
Te mettre fur mon lit auffi toft qu'arrivée.
Tu prends poffeffion déja de la moitié
Comme étant toute acquife à ta chaste amitié.
Mais à quand ce beau jour qui nous doit tout permettre?
CALISTE.
Jusqu'à ta guérifon on l'a voulu remettre.
ROSIDOR.
Allons, allons, mon cœur, je fuis déja guéry
CALISTE.
Ce n'eft pas pour un jour que je veux un mary.

ACTE V.

Et je ne puis souffrir que ton ardeur hazarde
Un bien que de ton roy la prudence retarde.
Pren soin de te guérir, mais guérir tout-à-fait,
Et croy que tes désirs...

ROSIDOR.

N'auront aucun effet.

CALISTE.

N'auront aucun effet! qui te le persuade?

ROSIDOR.

Un corps peut-il guérir dont le cœur est malade?

CALISTE.

Tu m'as rendu mon change, et m'as fait quelque peur,
Mais je sçay le reméde aux blessures du cœur.
Les tiennes, attendant le jour que tu souhaites,
Auront pour médecin mes yeux qui les ont faites :
Je me rens désormais assiduë à te voir.

ROSIDOR.

Cependant, ma chére ame, il est de mon devoir
Que, sans perdre de temps, j'aille rendre en personne
D'humbles graces au roy du bonheur qu'il nous donne.

CALISTE.

Je me charge pour toy de ce remercîment.

Tout beau, j'aurois regret, ta santé hazardée,
Si tu m'allois quitter si tost que possédée.
Retiens un peu la bride à tes bouillans desirs,
Et, pour les mieux gouster, asseure nos plaisirs.

ROSIDOR.

Que le fort a pour moy de subtiles malices!
Ce lit doit estre un jour le champ de mes délices,
Et recule luy seul ce qu'il doit terminer,
Luy seul il m'interdit ce qu'il me doit donner.

CALISTE.

L'attente n'est pas longue, et son peu de durée...

ROSIDOR.

N'augmente que la soif de mon ame altérée.

CALISTE.

Cette soif s'éteindra : ta prompte guérison
Paravant qu'il soit peu t'en fera la raison.

ROSIDOR.

A ce conte, tu veux que je me persuade
Qu'un corps puisse guérir dont le cœur est malade.

CORNEILLE, I. 11

Toutesfois qui sçauroit que, pour ce compliment,
Une heure hors d'icy ne pûst beaucoup te nuire,
Je voudrois en ce cas moy-mesme t'y conduire,
Et j'aimerois mieux estre un peu plus tard à toy
Que tes justes devoirs manquassent vers ton roy.
ROSIDOR.
Mes blessures n'ont point, dans leurs foibles atteintes,
Sur quoy ton amitié puisse fonder ses craintes.
CALISTE.
Vien donc, et, puisqu'enfin nous faisons mesmes vœux,
En le remerciant parle au nom de tous deux.

SCÉNE IV.

ALCANDRE, FLORIDAN, CLITANDRE,
PYMANTE, DORISE, CLÉON,
prévost, trois veneurs.

ALCANDRE.
Que souvent nostre esprit trompé par l'apparence
Régle ses mouvemens avec peu d'asseurance !
Qu'il est peu de lumiére en nos entendemens,
Et que d'incertitude en nos raisonnemens !
Qui voudra desormais se fie aux impostures
Qu'en nostre jugement forment les conjectures !
Tu suffis pour apprendre à la posterité
Combien la vray-semblance a peu de vérité.
Jamais jusqu'à ce jour la raison en déroute
N'a conçeu tant d'erreur avec si peu de doute,
Jamais par des soupçons si faux et si pressans
On n'a jusqu'à ce jour convaincu d'innocens.
J'en suis honteux, Clitandre, et mon ame confuse
De trop de promptitude en soy-mesme s'accuse.
Un roy doit se donner, quand il est irrité,
Ou plus de retenuë, ou moins d'authorité.
Perds-en le souvenir ; et, pour moy, je te jure
Qu'à force de bien-faits j'en répare l'injure.
CLITANDRE.
Que vostre Majesté, Sire, n'estime pas

Qu'il faille m'attirer par de nouveaux appas,
L'honneur de vous fervir m'apporte affez de gloire,
Et je perdrois le mien fi quelqu'un pouvoit croire
Que mon devoir penchaft au refroidiffement,
Sans le flatteur espoir d'un agrandiffement.
Vous n'avez éxercé qu'une juste colére,
On eft trop criminel quand on peut vous déplaire,
Et, tout chargé de fers, ma plus forte douleur
Ne s'en ofa jamais prendre qu'à mon malheur.

FLORIDAN.

Seigneur, moy qui connoy le fond de fon courage
Et qui n'ay jamais veu de fard en fon langage,
Je tiendrois à bon-heur que voftre Majefté
M'acceptaft pour garand de fa fidélité.

ALCANDRE.

Ne nous arrétons plus fur la reconnoiffance
Et de mon injustice, et de fon innocence.
Paffons aux criminels. Toy dont la trahifon
A fait fi lourdement trébucher ma raifon,
Approche, fcélérat. Un homme de courage
Se met avec honneur en un tel équipage,
Attaque le plus fort un rival plus heureux,
Et, préfumant encor cét exploit dangereux,
A force de préfens et d'infames pratiques
D'un autre cavalier corrompt les domestiques,
Prend d'un autre le nom et contrefait fon feing,
Afin qu'éxécutant fon perfide deffein,
Sur un homme innocent tombent les conjectures!
Parle, parle, confeffe, et prévien les tortures.

PYMANTE.

Sire, écoutez-en donc la pure vérité.
Voftre feule faveur a fait ma lafcheté,
Vous, dy-je, et cét objet dont l'amour me transporte.
L'honneur doit pouvoir tout fur des gens de ma forte,
Mais, recherchant la mort de qui vous eft fi cher,
Pour en avoir le fruit il me falloit cacher.
Reconnu pour l'autheur d'une telle furprife,
Le moyen d'approcher de vous ou de Dorife?

ALCANDRE.

Tu dois aller plus outre, et m'imputer encor

L'attentat fut mon fils comme fur Rofidor ;
Car je ne touche point à Dorife outragée,
Chacun en te voyant la voit affez vengée,
Et, coupable elle-mefme, elle a bien mérité
L'affront qu'elle a receu de ta témérité.
PYMANTE.
Un crime attire l'autre, et, de peur d'un fupplice,
On tafche, en étouffant ce qu'on en voit d'indice,
De paroiftre innocent à force de forfaits.
Je ne fuis criminel finon manque d'effets,
Et fans l'afpre rigueur du fort qui me tourmente
Vous pleureriez le prince et fouffririez Pymante.
Mais que tardez-vous plus ? j'ai tout dit, puniffez.
ALCANDRE.
Eft-ce-là le regret de tes crimes paffez ?
Oftez-le moy d'icy, je ne puis voir fans honte
Que de tant de forfaits il tient fi peu de conte.
Dites à mon confeil que, pour le châtiment,
J'en laiffe à fes avis le libre jugement,
Mais qu'après fon arreft je fçauray reconnoiftre
L'amour que vers fon prince il aura fait paroiftre.
Vien ça, toy, maintenant, monftre de crüauté,
Qui joins l'affaffinat à la déloyauté,
Déteftable Alecton, que la reine déceuë
Avoit n'aguére au rang de fes filles reçeuë.
Quel barbare, ou plûtoft quelle pefte d'enfer
Se rendit ton complice et te donna ce fer ?
DORISE.
L'autre jour dans ce bois trouvé par avanture,
Sire, il donna fujet à toute l'impofture :
Mille jaloux ferpens qui me rongoient le fein,
Sur cette occafion formérent mon deffein,
Je le cachay deflors.
FLORIDAN.
      Il eft tout manifefte
Que ce fer n'eft enfin qu'un miférable refte
Du malheureux düel où le trifte Arimant
Laiffa fon corps fans ame et Daphné fans amant.
Mais, quant à fon forfait, un ver de jaloufie
Jette fouvent noftre ame en telle frénéfie,

Que la raison, qu'aveugle un plein emportement,
Laisse nostre conduite à son déréglement ;
Lors tout ce qu'il produit mérite qu'on l'excuse.

ALCANDRE.

De si foibles raisons mon esprit ne s'abuse.

FLORIDAN.

Seigneur, quoy qu'il en soit, un fils qu'elle vous rend
Sous vostre bon plaisir sa défense entreprend,
Innocente ou coupable, elle asseura ma vie.

ALCANDRE.

Ma justice en ce cas la donne à ton envie ;
Ta priére obtient mesme avant que demander
Ce qu'aucune raison ne pouvoit t'accorder.
Le pardon t'est acquis, reléve-toy, Dorise,
Et va dire par tout, en liberté remise,
Que le prince aujourd'huy te préserve à la fois
Des fureurs de Pymante et des rigueurs des loix.

DORISE.

Après une bonté tellement excessive,
Puisque vostre clémence ordonne que je vive,
Permettez desormais, Sire, que mes desseins
Prennent des mouvemens plus réglez et plus sains.
Souffrez que, pour pleurer mes actions brutales,
Je fasse ma retraite avecque les vestales,
Et qu'une criminelle indigne d'estre au jour
Se puisse renfermer en leur sacré séjour.

FLORIDAN.

Te bannir de la cour après m'estre obligée,
Ce seroit trop montrer ma faveur négligée.

DORISE.

N'arrétez point au monde un objet odieux,
De qui chacun d'horreur détourneroit les yeux.

FLORIDAN.

Fusses-tu mille fois encor plus méprisable,
Ma faveur va te rendre assez considérable
Pour t'acquérir icy mille inclinations.
Outre l'attrait puissant de tes perfections,
Mon respect à l'amour tout le monde convie
Vers celle à qui je dois et qui me doit la vie ;
Fay-le voir, cher Clitandre, et tourne ton desir

Du cofté que ton prince a voulu te choifir,
Réüny mes faveurs t'uniffant à Dorife.
CLITANDRE.
Mais par cette union mon esprit fe divife,
Puifqu'il faut que je donne aux devoirs d'un époux
La moitié des penfers qui ne font dûs qu'à vous.
FLORIDAN.
Ce partage m'oblige, et je tiens tes penfées
Vers un fi beau fujet d'autant mieux adreffées
Que je luy veux céder ce qui m'en appartient.
ALCANDRE.
Taifez-vous : j'aperçoy noftre bleffé qui vient.

SCÉNE V.

ALCANDRE, FLORIDAN, CLÉON, CLITANDRE, ROSIDOR, CALISTE, DORISE.

ALCANDRE.

u comble de tes vœux, feur de ton mariage,
N'és-tu point fatisfait? Que veux-tu davan-
ROSIDOR. [tage?
L'apprendre de vous, Sire, et, pour remerci-
Nous offrir l'un et l'autre à vos commandemens. [mens,
ALCANDRE.
Si mon commandement peut fur toy quelque chofe
Et fi ma volonté de la tienne difpofe,
Embraffe un cavalier indigne des liens
Où l'a mis aujourd'huy la trahifon des fiens.
Le prince heureufement l'a fauvé du fupplice;
Et ces deux que ton bras dérobe à ma juftice,
Corrompus par Pymante, avoient juré ta mort :
Le fuborneur depuis n'a pas eu meilleur fort;
Et, ce traiftre à préfent tombé fous ma puiffance,
Clitandre fait trop voir quelle eft fon innocence.
ROSIDOR.
Sire, vous le fçavez, le cœur me l'avoit dit,
Et fi peu que j'avois près de vous de crédit
Je l'employay deflors contre voftre colére.

A Clitandre.
En moy dorefnavant faites état d'un frére.
CLITANDRE *à Rofidor.*
En moy d'un ferviteur dont l'amour éperdu
Ne vous conteste plus un prix qui vous eft dû.
DORISE *à Caliste.*
Si le pardon du roy me peut donner le voftre,
Si mon crime...
CALISTE.
Ah! ma fœur, tu me prens pour une autre,
Si tu crois que je puiffe encor m'en fouvenir.
ALCANDRE.
Tu ne veux plus fonger qu'à ce jour à venir
Où Rofidor guéry termine un hyménée.
Clitandre, en attendant cette heureufe journée,
Tafchera d'allumer en fon ame des feux
Pour celle que mon fils defire, et que je veux,
A qui pour réparer fa faute criminelle
Je défens deformais de fe montrer cruelle,
Et nous verrons alors cueillir en mefme jour
A deux couples d'amans les fruits de leur amour.

Fin du cinquiéme et dernier acte.

EXAMEN DE CLITANDRE

Un voyage que je fis à Paris pour voir le fuccès de *Mélite*, m'apprit qu'elle n'étoit pas dans les vingt et quatre heures. C'étoit l'unique régle que l'on connût en ce temps-là. J'entendis que ceux du métier la blafmoient de peu d'effets, et de ce que le stile en étoit trop familier. Pour la justifier contre cette cenfure par une espéce de bravade, et montrer que ce genre de piéces avoit les vrayes beautez de théatre, j'entrepris d'en faire une réguliére (c'est à dire dans ces vingt et quatre heures) pleine d'incidens, et d'un stile plus élevé, mais qui ne vaudroit rien du tout; en quoy je réuffis parfaitement[1]. Le stile en eft véritablement plus fort que celuy de l'autre, mais c'eft tout ce qu'on y peut trouver de fupportable. Il eft meflé de pointes, comme dans cette premiére, mais ce n'étoit pas alors un fi grand vice dans le choix des penfées, que la fcéne en dût eftre entiérement purgée. Pour la constitution, elle eft fi defordonnée, que vous avez de la peine à deviner qui font les prémiers acteurs. Rofidor et Califte font ceux qui le paroiffent le plus par l'avantage de leur caractére, et de leur amour mutüel; mais leur action finit dès le prémier acte avec leur péril, et ce qu'ils

---

1. Nous avons déjà dit, avec détails, pages 13 et 14 de l'*Histoire de Corneille*, que ce dire de l'auteur ne pouvait, suivant nous, être considéré comme sérieux, et qu'au contraire Corneille eut très-longtemps la meilleure opinion de *Clitandre*. Nous sommes revenu précédemment sur ce sujet, page 97.

difent au troifiéme et au cinquiéme ne fait que montrer leurs vifages, attendant que les autres achévent. Pymante et Dorife y ont le plus grand employ, mais ce ne font que deux criminels, qui cherchent à éviter la punition de leurs crimes, et dont mefme le prémier en attente de plus grands, pour mettre à couvert les autres. Clitandre, autour de qui femble tourner le nœud de la piéce, puisque les prémiéres actions vont à le faire coupable, et les derniéres à le juftifier, n'en peut eftre qu'un héros bien ennuyeux, qui n'eft introduit que pour déclamer en prifon, et ne parle pas mefme à cette maîtreffe, dont les dédains fervent de couleur à le faire paffer pour criminel. Tout le cinquiéme acte languit comme celuy de Mélite après la conclufion des épifodes, et n'a rien de furprenant, puisque dès le quatriéme on devine tout ce qui doit arriver, horfmis le mariage de Clitandre avec Dorife, qui eft encore plus étrange que celuy d'Érafte, et dont on n'a garde de fe défier.

Le roy et le prince fon fils y paroiffent dans un employ fort au-deffous de leur dignité. L'un n'y eft que comme juge, et l'autre comme confident de fon favory. Ce defaut n'a pas accoûtumé de paffer pour defaut, auffi n'eft-ce qu'un fentiment particulier dont je me fuis fait une régle, qui peut-eftre ne femblera pas déraifonnable, bien que nouvelle.

Pour m'expliquer, je dis qu'un roy, un héritier de la couronne, un gouverneur de province, et généralement un homme d'authorité, peut paroiftre fur le théatre en trois façons : comme roy, comme homme, et comme juge ; quelquefois avec deux de ces qualitez, quelquefois avec toutes les trois enfemble. Il paroift comme roy feulement, quand il n'a intéreft qu'à la confervation de fon trofne, ou de fa vie qu'on attaque pour changer l'État, fans avoir l'efprit agité d'aucune paffion particuliére ; et c'eft ainfi qu'Augufte agit dans *Cinna*, et Phobas dans *Héraclius*. Il paroift comme homme feulement, quand il n'a que l'intéreft d'une paffion à fuivre, ou à vaincre, fans aucun péril pour fon État ; et tel eft Grimoald dans les trois premiers actes de *Pertharite*, et les deux reines dans *Don Sanche*. Il ne paroiſt enfin que comme juge, quand il eſt introduit ſans aucun intereſt pour ſon État, ny pour ſa perſonne, ny pour ſes affections, mais ſeulement pour régler celuy des autres, comme dans ce poëme et dans *le Cid*, et on ne peut deſavoüer qu'en cette derniére poſture il remplit aſſez mal la dignité d'un ſi grand titre, n'ayant aucune part en l'action que celle qu'il y veut prendre pour d'autres, et demeurant bien éloigné de l'éclat des deux autres maniéres. Auſſi on ne le donne jamais à repréſenter aux meilleurs acteurs, mais il faut qu'il ſe contente de paſſer par la bouche de ceux du ſecond ou du troiſiéme ordre. Il peut paroiſtre comme roy et comme homme tout à la fois, quand il a un grand intereſt d'État, et une forte paſſion tout enſemble à ſoutenir, comme Antiochus dans *Rodogune*, et Nicoméde dans la tragédie qui porte ſon nom ; et c'eſt à mon avis la plus digne maniére, et la plus avantageuſe de mettre ſur la ſcéne des gens de cette condition, parce qu'ils attirent alors toute l'action à eux, et ne manquent jamais d'eſtre repréſentez par les prémiers acteurs. Il ne me vient point d'éxemple en la mémoire où un roy paroiſſe comme homme et comme juge, avec un intereſt de paſſion pour luy, et un ſoin de régler ceux des autres, ſans aucun péril pour ſon État : mais pour voir les trois maniéres enſemble, on les peut aucunement remarquer dans les deux gouverneurs d'Arménie et de Syrie, que j'ay introduits, l'un dans *Polyeucte*, et l'autre dans *Théodore*. Je dis aucunement, parce que la tendreſſe que l'un a pour ſon gendre, et l'autre pour ſon fils, qui eſt ce qui les fait paroiſtre comme hommes, agit ſi foiblement, qu'elle ſemble étouffée ſous le ſoin qu'a l'un et l'autre de conſerver ſa dignité, dont ils font tous deux leur capital, et qu'ainſi on peut dire en rigueur, qu'ils ne paroiſſent que comme gouverneurs qui craignent de ſe perdre, et comme juges qui, par cette crainte dominante, condamnent, ou plûtoſt s'immolent ce qu'ils voudroient conſerver.

Les monologues ſont trop longs et trop fréquents en

cette piéce : c'étoit une beauté en ce temps là ; les comédiens les fouhaitoient, et croyoient y paroiftre avec plus d'avantage. La mode a fi bien changé, que la plupart de mes derniers ouvrages n'en ont aucun, et vous n'en trouverez point dans *Pompée, la Suite du Menteur, Théodore* et *Pertharite*, ny dans *Héraclius, Androméde, Oedipe* et *la Toifon d'Or*, à la réferve des ftances.

Pour le lieu, il a encor plus d'étenduë, ou fi vous voulez fouffrir ce mot, plus de libertinage icy, que dans *Mélite* : il comprend un chafteau d'un roy avec une forest voifine, comme pourroit eftre celuy de Saint Germain, et eft bien éloigné de l'éxactitude que les févéres critiques y demandent.

LA VEFVE

COMÉDIE[1]

— 1634 —

1. Cette pièce, représentée au commencement de 1634, fut imprimée immédiatement. Le privilége du roi est du 9 mars et l'achevé d'imprimer du 13 du même mois. Dans l'édition originale (A Paris chez François Targa, in-8), elle a pour titre : *La Vefve ou le Traistre trahy, comédie.* Dès 1644 le second titre avait disparu.
Corneille, en imprimant cette comédie, se laissa aller pour cette seule fois à une mode à laquelle il ne se sacrifia plus ensuite, celle de faire précéder son ouvrage de pièces diverses composées par des poëtes amis pour célébrer le succès de l'auteur. *La Veuve* est précédée de vingt-six hommages de ce genre. On en compte soixante-neuf en tête des *Chevilles de Maître Adam*, 1644, in-4, et soixante-dix-sept en tête de *La Lyre du jeune Apollon ou la Muse naissante du petit de Beauchasteau,* 1657, in-4. Molière s'est ri de cet usage dans la Préface des *Précieuses ridicules.* — Nous reproduisons après l'avis Au Lecteur les vingt-six pièces admises par Corneille dans son édition originale.

A MADAME

DE LA MAISONFORT[1].

Madame,

Le bon accueil qu'autrefois cette *Vefve* a receu de vous l'oblige à vous en remercier, et l'enhardit à vous demander la faveur de voſtre protection. Étant expoſée aux coups de l'envie et de la médiſance, elle n'en peut trouver de plus aſſeurée que celle d'une perſonne ſur qui ces deux monſtres n'ont jamais eu de priſe. Elle eſpère que vous ne la méconnoiſtrez pas, pour eſtre dépouillée de tous autres ornemens que les ſiens, et que vous la traiterez auſſi bien qu'alors que la grace de la repréſentation la mettoit en ſon jour. Pourveu qu'elle vous puiſſe divertir encore une heure, elle eſt trop contente, et ſe bannira ſans regret du théatre pour avoir une place dans votre cabinet. Elle eſt honteuſe de vous reſſembler ſi peu, et a de grands ſujets d'appréhender qu'on ne l'accuſe de peu de jugement de ſe préſenter devant vous, dont les perfections la feront paroiſtre d'autant plus imparfaite ; mais quand elle conſidère qu'elles ſont en un ſi haut point, qu'on n'en peut avoir de légéres teintures ſans des priviléges tout particuliers

---

1. Élisabeth d'Estampes, veuve (dès 1630) de Louis de La Châtre, baron de La Maisonfort, maréchal de France. Elle ne se remaria pas, et mourut le 14 septembre 1654.

du ciel, elle se rassure entièrement, et n'ose plus craindre qu'il se rencontre des esprits assez injustes pour lui imputer à defaut le manque des choses qui sont au-dessus des forces de la nature. En effet, Madame, quelque difficulté que vous sassiez de croire aux miracles, il faut que vous en reconnoissiez en vous-mesme, ou que vous ne vous connoissiez pas, puisqu'il est tout vray que des vertus et des qualités si peu communes que les vostres ne sauroient avoir d'autre nom. Ce n'est pas mon dessein d'en faire icy les éloges; outre qu'il seroit superflu de particulariser ce que tout le monde sait, la bassesse de mon discours profaneroit des choses si relevées. Ma plume est trop foible pour entreprendre de voler si haut; c'est assez pour elle de vous rendre mes devoirs, et de vous protester, avec plus de vérité que d'éloquence, que je serai toute ma vie,

  Madame,

    Vostre très-humble et très-obéyssant serviteur,

      CORNEILLE.

AU LECTEUR

Si tu n'és homme à te contenter de la naïfveté du stile et de la subtilité de l'intrique, je ne t'invite point à la lecture de cette piéce : son ornement n'est pas dans l'éclat des vers. C'est une belle chose que de les faire puissans et majestueux : cette pompe ravit d'ordinaire les esprits, et pour le moins les éblouit; mais il faut que les sujets en fassent naistre les occasions; autrement c'est en faire parade mal à propos, et, pour gagner le nom de poëte, perdre celuy de judicieux. La comédie n'est qu'un portrait de nos actions et de nos discours, et la perfection des portraits consiste en la ressemblance. Sur cette maxime, je tasche de ne mettre en la bouche de mes acteurs que ce que diroient vraisemblablement en leur place ceux qu'ils représentent, et de les faire discourir en honnestes gens, et non pas en auteurs. Ce n'est qu'aux ouvrages où le poëte parle qu'il faut parler en poëte; Plaute n'a pas écrit comme Virgile, et ne laisse pas d'avoir bien écrit. Icy donc tu ne trouveras en beaucoup d'endroits qu'une prose rimée, peu de scénes touteffois sans quelque raisonnement assez véritable, et partout une conduite assez industrieuse. Tu y reconnoistras trois sortes d'amours aussi extraordinaires au théatre qu'ordinaires dans le monde; celle de Philiste et Clarice, d'Alcidon et Doris, et celle de la mesme Doris avec Florange, qui ne paroist point. Le plus beau de leurs entretiens est en équivoques, et en propositions dont ils te laissent les conséquences à tirer. Si tu en pénétres bien le sens, l'artifice ne t'en déplaira point.

Pour l'ordre de la piéce, je ne l'ay mis ny dans la sévérité des régles, ny dans la liberté, qui n'est que trop ordinaire sur le théatre françois : l'une est trop rarement capable de beaux effets, et on les trouve à trop bon marché dans l'autre, qui prend quelquessois tout un siécle pour la durée de son action, et toute la terre habitable pour le lieu de la scéne. Cela sent un peu trop son abandon, messéant à toute sorte de poëme, et particuliérement aux dramatiques, qui ont toûjours été les plus réguliers. J'ay donc cherché quelque milieu pour la régle du temps, et me suis persuadé que la comédie étant disposée en cinq actes, cinq jours consécutifs n'y seroient point mal employés. Ce n'est pas que je méprise l'antiquité ; mais comme on épouse malaisément des beautés si vieilles, j'ai cru lui rendre assez de respects de luy partager mes ouvrages ; et de six piéces de théatre qui me sont échapées [1], en ayant réduit trois dans la contrainte qu'elle nous a prescrite, je n'ay point fait de conscience d'allonger un peu les vingt et quatre heures aux trois autres. Pour l'unité de lieu et d'action, ce sont deux régles que j'observe inviolablement ; mais j'interprète la derniére à ma mode ; et la première, tantost je la resserre à la seule grandeur du théatre, et tantost je l'étends jusqu'à toute une ville, comme en cette piéce. Je l'ay poussée dans le *Clitandre* jusques aux lieux où l'on peut aller dans les vingt et quatre heures ; mais bien que j'en puisse trouver de bons garands et de grands exemples dans les vieux et nouveaux siécles, j'estime qu'il n'est que meilleur de se passer de leur imitation en ce point. Quelque jour je m'expliqueray davantage sur ces matiéres ; mais il faut attendre l'occasion d'un plus grand volume : cette préface n'est déja que trop longue pour une comédie.

1. En mars 1634, quand Corneille écrivait ceci, il avait déjà fait représenter *Mélite*, *Clitandre* et *la Veuve*, et tenait à la disposition des comédiens *la Galerie du Palais*, *la Servante* et *la Place-Royale*, comédies dont les deux premières furent représentées dans la même année que *la Veuve*, et la dernière en 1635, au commencement de l'année sans doute.

ARGUMENT

Alcidon, amoureux de Clarice, veuve d'Alcandre et maîtreſſe de Philiſte, ſon particulier amy, de peur qu'il ne s'en aperçeut, feint d'aimer ſa ſœur Doris, qui, ne s'abuſant point par ſes careſſes, conſent au mariage de Florange, que ſa mére lui propoſe. Ce faux amy, ſous prétexte de ſe venger de l'affront que lui faiſoit ce mariage, fait conſentir Célidan à enlever Clarice en ſa faveur, et ils la ménent enſemble à un chaſteau de Célidan. Philiſte, abuſé des faux reſſentimens de ſon amy, fait rompre le mariage de Florange : ſur quoy Célidan conjure Alcidon de reprendre Doris, et rendre Clarice à ſon amant. Ne l'y pouvant réſoudre, il ſoupçonne quelque fourbe de ſa part, et fait ſi bien qu'il tire les vers du nez à la nourrice de Clarice, qui avoit toûjours eu une intelligence avec Alcidon, et lui avoit meſme facilité l'enlévement de ſa maîtreſſe ; ce qui le porte à quitter le parti de ce perfide : de ſorte que, ramenant Clarice à Philiſte, il obtient de luy en récompenſe ſa ſœur Doris.

POUR

LA VEFVE DE MONSIEUR CORNEILLE [1].

AUX DAMES.

Le foleil eft levé, retirez-vous, étoiles ;
Remarquez fon éclat à travers de fes voiles ;
Petits feux de la nuit qui luifez en ces lieux,
Souffrez le mefme affront que les astres des cieux,
Orgueilleuses beautez que tout le monde estime,
Qui prenez un pouvoir qui n'eft pas légitime,
Clarice vient au jour ; voftre luftre s'éteint ;
Il faut céder la place à celuy de fon teint,
Et voir dedans ces vers une double merveille :
La beauté de la Vefve, et l'esprit de Corneille.

DE SCUDÉRY.

---

1. Il y a parmi les poëtes dont les noms suivent des auteurs bien connus, comme Scudéry, Mairet, Rotrou, Du Ryer, Boisrobert, D'Ouville, Claveret, sur lesquels nous avons dit, dans l'*Histoire de Corneille*, ce que nous n'avons plus par conséquent à redire ici.

Il y a ensuite des anonymes que l'on ne saurait aujourd'hui découvrir et que personne sans doute n'a jamais eu envie de chercher.

Il y a enfin d'autres rimeurs qui sont demeurés aussi inconnus, tout en s'étant nommés : Guérente, Pilastre, de Canon, Burnel, Marcel, Voïlle, Beaulieu. Voïlle se dit un des plus intimes amis de Corneille. Il devait y avoir là plus d'un Rouennais. Du Petit-Val doit être Raphael Du Petit-Val, libraire de Rouen, dont on trouve des vers en tête de plus d'un ouvrage de Béroalde de Verville. De Marbeuf était maître des forêts au Pont-de-l'Arche et s'est montré rude poëte dans : *Recueil des vers de M. de Marbeuf, chevalier, sieur de Sahurs*, Rouen, David Du Petit-Val, 1628, in-8. Villeneuve était également en commerce poétique avec Guillaume Colletet (voir *les Divertissements de Colletet*, 1631, p. 38). Enfin J. Collardeau est évidemment Julien Collardeau, de Fontenay-le-Comte, qui débuta par être poëte latin et dont les meilleurs vers français sont dans son poëme *la Description de Richelieu*.

A MONSIEUR CORNEILLE.

poëte comique, sur sa *Vefve*.

ÉPIGRAMME.

Rare écrivain de noſtre France,
Qui, le premier des beaux esprits,
As fait revivre en tes écrits
L'esprit de Plaute et de Térence,
Sans rien dérober des douceurs
De Mélite ny de ſes ſœurs,
O Dieu! que ta Clarice eſt belle,
Et que de vefves à Paris
Souhaiteroient d'eſtre comme elle,
Pour ne pas manquer de maris!

MAIRET.

A MONSIEUR CORNEILLE,

sur sa Clarice.

Corneille que ta Vefve a des charmes puiſ-
  ſans!   [nocens,
Ses yeux remplis d'amour, ſes discours in-
Joints à ſa majeſté plus divine qu'humaine,
Paroiſſent au théatre avec tant de ſplendeur
Que Mélite, admirant cette belle germaine,
Confeſſe qu'elle doit hommage à ſa grandeur.
Mais ce n'eſt point aſſez; ſa parlante peinture,
A tant de reſſemblance avecque la nature
Qu'en liſant tes écrits l'on croit voir des amans
Dont la mourante voix naïvement propoſe
Ou l'extreſme bon-heur, ou les rudes tourmens,
Qui furent le ſubjet de leur métamorphoſe.
Fay la donc imprimer, fay que ſa déité
Jour et nuit entretienne avecque privauté

Ceux qui n'ont le moyen de la voir au théatre :
Car, fi Mélite a pleu par fes divins appas,
Tout le monde fera de Clarice idolatre,
Qui jouit de beautez que Mélite n'a pas.

GUÉRENTE.

MADRIGAL

pour la comédie de *la Vefve* de Monsieur Corneille.

A CLARICE.

Clarice, la plus douce veine
Qui fcache le métier des vers
Donne un portrait à l'univers
De tes beautés et de ta peine;
Et les traits du pinceau qui te font admirer
Te dépeignent au vif fi constante et fi belle,
Que ce divin portrait, bien que tu fois mortelle,
Demande des autels pour te faire adorer.

J. G. A. E. P.

A MONSIEUR CORNEILLE.

ÉLÉGIE.

Pour te rendre justice autant que pour te plaire, [me taire.
Je veux parler, Corneille, et ne puis plus
Juge de ton mérite, à qui rien n'eft égal
Par la confeffion de ton propre rival.
Pour un mefme fujet, mefme defir nous preffe ;
Nous pourfuivons tous deux une mefme maîtreffe.
La gloire, cet objet des belles volontez,
Préfide également deffus nos libertez;
Comme toy je la fers, et perfonne ne doute
Des veilles et des foins que cette ardeur me coufte.
Mon espoir toutesfois eft décreu chaque jour
Depuis que je t'ay veu prétendre à fon amour.

Je n'ay point le thréſor de ces douces paroles
Dont tu luy fais la cour et dont tu la cajolles;
Je voy que ton esprit, unique dans ſon art,
A des naïfvetez plus belles que le fard,
Que tes inventions ont des charmes étranges,
Que leur moindre incident attire des louanges,
Que par toute la France on parle de ton nom,
Et qu'il n'eſt plus d'eſtime égale à ton renom.
Depuis, ma muſe tremble et n'eſt plus ſi hardie;
Une jalouſe peur l'a longtemps refroidie,
Et depuis, cher rival, je ſerois rebuté
De ce bruit ſpécieux dont Paris m'a flatté,
Si cet ange mortel qui fait tant de miracles,
Et dont tous les discours paſſent pour des oracles,
Ce fameux cardinal, l'honneur de l'univers,
N'aimoit ce que je fais et n'écoutoit mes vers.
Sa faveur m'a rendu mon humeur ordinaire;
La gloire où je prétens eſt l'honneur de luy plaire,
Et luy seul réveillant mon génie endormy
Eſt cauſe qu'il te reste un ſi ſoible ennemy.
Mais la gloire n'eſt pas de ces chastes maîtreſſes
Qui n'oſent en deux lieux répandre leurs careſſes;
Cet objet de nos vœux nous peut obliger tous,
Et faire mille amans ſans en faire un jaloux.
Tel je te ſçay connoiſtre et te rendre justice,
Tel on me voit partout adorer ta Clarice.
Auſſi rien n'eſt égal à ſes moindres attraits;
Tout ce que j'ay produit céde à ses moindres traits;
Toute vefve qu'elle eſt, de quoy que tu l'habilles,
Elle ternit l'éclat de nos plus belles filles.
J'ay veu trembler Silvie, Amaranthe et Filis,
Céliméne a changé, ſes attraits ſont paſlis;
Et tant d'autres beautez que l'on a tant vantées
Si toſt qu'elle a paru ſe ſont épouvantées.
Adieu; fais nous ſouvent des enfans ſi parfaits,
Et que ta bonne humeur ne ſe laſſe jamais.

DE ROTROU.

A MONSIEUR CORNEILLE.

e mille adorateurs Mélite eſt pourſuivie ;
Ses autres belles ſœurs le font également ;
Clarice, quoy que veſve, a ſurmonté l'envie
Et fait de tout le monde un party ſeulement.
                                    C. B.

A MONSIEUR CORNEILLE

sur sa *Veſve*.

ÉPIGRAMME.

a Veſve s'eſt aſſez cachée,
Ne crain pas de la mettre au jour ;
Tu ſais bien qu'elle eſt recherchée
Par les mieux ſenſez de la cour.
Déja des plus grands de la France,
Dont elle eſt l'heureuſe eſpérance,
Les cœurs luy ſont aſſujettis,
Et leur amour eſt une preuve
Qu'une ſi glorieuſe veſve
Ne peut manquer de bons maris.
                    Du Ryer, pariſien.

AU MESME,

PAR LE MESME.

ue pour louer ta belle Veſve,
Chacun de ſon eſprit donne une riche preuve,
Qu'on voye en cent façons ſes mérites tracez ;
Pour moy, je penſe dire aſſez
Quand je dy de cette merveille
Qu'elle eſt ſœur de Mélite et fille de Corneille.

A MONSIEUR CORNEILLE.

elle Vefve adorée,
Tu n'es pas demeurée
Sans fupports et fans gloire à la fleur de [tes ans;
Puisque ton cher Corneille
A ta conduite veille
Tu ne peux redouter les traits des médifans.
BOIS-ROBERT.

A MONSIEUR CORNEILLE
SUR SA VEFVE.

ette belle Clarice à qui l'on porte envie
Peut-elle eftre tà Vefve et que tu fois en vie?
Quel accident étrange à ton bon-heur eft [joint?
Si jamais un autheur a vécu par fon livre,
En dépit de l'envie elle te fera vivre,
Elle fera ta Vefve et tu ne mourras point.
D'OUVILLE.

A MONSIEUR CORNEILLE
fur fa *Vefve*.
ÉPIGRAMME.

a Renommée eft fi ravie
Des mignardifes de tes vers,
Qu'elle chante par l'univers
L'immortalité de ta vie.
Mais elle te trompe en un point
Et voici comme je l'épreuve :
Un homme qui ne mourra point
Ne peut jamais faire une vefve.
Quoy que chacun en foit d'accord,
Il faut bien que du ciel ce beau renom te vienne,

Car je fçay que tu n'es pas mort,
Et touteffois j'adore et recherche la tienne.
CLAVERET.

MADRIGAL
DU MESME.

Philiste en fes amours a dû craindre un
Puisque fa vefve eft la copie   [rival,
De ce charmant original
A qui ta plume la dédie [1].
Ton bel art nous peint l'une adorable à la cour;
La nature a fait l'autre un miracle d'amour;
Je fçay bien que l'on nous figure
L'art moins parfait que la nature,
Mais, laiffant ces raifons à part,
Je ne fçay qui l'emporte, ou la nature ou l'art.
Ta Vefve touteffois par fa douceur extrefme
Sçait fi bien celuy de charmer,
Qu'à la voir on la peut nommer
Un original elle-mefme,
Et toutes deux de raviffans accords
D'un bel esprit et d'un beau corps.

A MONSIEUR CORNEILLE
SUR L'IMPRESSION DE SA VEFVE.

La vefve qui n'a d'autres foins
Que de fe tenir enfermée,
Et de qui l'on parle le moins,
Eft plus chaste et plus estimée.
Mais celle que tu mets au jour
Accroift fon lustre et noftre amour,
Alors qu'elle fe communique;
Bien loin de la faire blafmer,
Tant plus elle fe rend publique
Plus elle fe fait estimer.
J. COLLARDEAU.

1. Madame de La Maisonfort. Voir page 174 et note.

POUR LA VEFVE
DE MONSIEUR CORNEILLE.

Bien que les amours des filles
Soient vives et fans fard, floriffantes, gen-
tilles,
Et que le pucelage ait des goûts fi char-[mans,
Cette Vefve, en dépit d'elles,
Va poffédér plus d'amans
Qu'un million de pucelles.

L. M. P.

A MONSIEUR CORNEILLE.

SONNET.

Tous ces préfomptueux dont les foibles es-[prits
S'efforcent vainement de te fuivre à la trace,
Se trouvent à la fin des Corneilles d'Horace,
Quand ils mettent au jour leurs comiques écrits.

Ce ftyle familier non encore entrepris
Ny connu de perfonne, a de fi bonne grace
Du théatre françois changé la vieille face
Que la fcéne tragique en a perdu le prix.

Saint-Amant, ne crains plus d'advouer ta patrie,
Puisque ce Dieu des vers eft né dans la Neustrie
Qui, pour fe rendre illustre à la postérité,

Accomplit en nos jours l'incroyable merveille
De cet oifeau fameux parmy l'antiquité,
Nous donnant un phœnix fous le nom de Corneille.

Du Petit-Val.

A MONSIEUR CORNEILLE.

SONNET.

Mélite, qu'un miracle a fait venir des cieux,
Les cœurs charmés à foy comme l'aymant attire ;
Mais c'eft avec raifon que tout le monde admire
La Vefve qui n'a pas moins d'attraits dans les yeux.

Faire parler les rois le langage des Dieux,
Faire régner l'amour, accroiftre fon empire,
Peindre avec tant d'adreffe un gracieux martire,
Fermer fi puiffamment la bouche aux envieux ;

Faire honneur à fon temps, enfeigner à noftre age
A polir doucement fon vers et fon langage,
Corneille, c'eft affez pour avoir des lauriers

Deffus le mont facré, toufjours tranquille et calme ;
Mais, pour dire en un mot, de venir des derniers
Et les furpaffer tous, c'eft emporter la palme.

AU MESME.

SIXAIN.

Ce n'eft rien d'avoir peint une vierge beauté,
Mélite, vray portrait de la divinité.
La grace de l'objet embellit la peinture
Et conduit le pinceau qui ne s'égare pas ;
Mais de peindre une Vefve avec autant d'appas,
C'eft un effet de l'art qui paffe la nature.

PILASTRE, advocat en parlement.

A MONSIEUR CORNEILLE.

ÉPIGRAMME.

Toy que le Parnasse idolatre,
Et dont le vers doux et coulant
Ne fait point voir sur le théatre
Les effets d'un bras violent,
Esprit de qui les rares veilles
Tous les ans font voir des merveilles
Au-dessus de l'humain pouvoir,
Reçoy ces vers dont VILLENEUVE,
Ravy des beautez de ta Vefve,
A fait hommage à ton sçavoir.

A MONSIEUR CORNEILLE.

Corneille, je suis amoureux
De ta Vefve et de ta Mélite,
Et leurs beautez et leur mérite
Font naistre tes vers et mes feux.
Je veux que l'une soit pucelle ;
L'autre icy me semble si belle
Qu'elle captive mes esprits,
Et ce qui m'en plaist davantage
C'est que les traits de son visage
Viennent de ceux de tes écrits.

DE MARBEUF.

A MONSIEUR CORNEILLE

fur fa *Vefve*.

SIXAIN.

On vante les exploits de ces mains valeureuſes
Qui font dans les combats des vefves mal-
　　heureuſes, [rieux
Mais j'estime, pour moy, qu'il t'eſt plus glo-
D'avoir fait en nos cours une Vefve ſans larmes,
Et que l'on ne ſçauroit, ſans t'eſtre injurieux,
Donner moins de lauriers à tes vers qu'à leurs armes.
　　　　　　　　　　　De Canon.

A MONSIEUR CORNEILLE.

fur fa *Vefve*.

SONNET.

Corneille, que ta Vefve eſt pleine de beauté !
Que tu l'as d'ornemens et de grace pour-
　　　　　　　　　　　　　　　　[veuë !
Le plaiſir de la voir tous mes ſens diminuë,
Et trahir tant d'appas ce feroit lacheté.

Quoy que puiſſe à nos yeux offrir la nouveauté,
Rien ne les peut toucher à l'égal de ſa veuë ;
Il n'eſt point de mortel, après l'avoir connuë,
Qui ſe puiſſe vanter d'avoir ſa liberté.

Admire le pouvoir qu'elle a ſur mon esprit,
Ne cherche point le nom de celui qui t'écrit,
Qui jamais ne connut Apollon ny ſa lyre.

Ton mérite l'oblige à te donner ces vers
Et la douceur des tiens le force de te dire
Qu'il n'eſt rien de ſi beau dedans tout l'univers.
　　　　　　　　　　　L. N.

A MONSIEUR CORNEILLE.
EN FAVEUR DE SA VEFVE.

orneille, que ton chant est doux!
Que ta plume a trouvé de gloire!
Il n'est plus d'esprit parmy nous
Dont tu n'emportes la victoire.
Ce que tu feins a tant d'attraits
Que les ouvrages plus parfaits
N'ont rien d'égal à son mérite,
Et la Vefve que tu fais veoir,
Plus ravissante que Mélite,
Monstre l'excez de ton sçavoir.

BURNEL.

A MONSIEUR CORNEILLE.

larice est sans doute si belle
Que Philiste n'a le pouvoir
De gouster le bien de la voir,
Sans devenir amoureux d'elle.
Ses discours me font estimer
Qu'on a plus de gloire à l'aimer
Que de raison à s'en défendre,
Et que les Argus les plus grands,
Pour y trouver de quoy reprendre,
N'ont point d'yeux assez pénétrans.

Apollon, qui, par ses oracles,
A plus d'éclat qu'il n'eust jamais,
Tient sur les deux sacrez sommets
Tes vers pour autant de miracles;
Et les plaisirs que les neuf sœurs
Trouvent dans les rares douceurs
Que parfaitement tu leur donnes,
Sont purs témoignages de foy
Qu'au partage de leurs couronnes
La plus digne sera pour toy.

MARCEL.

A MONSIEUR CORNEILLE.

fur fa *Vefve*.

STANCES.

ivin esprit, puiffant génie,
   Tu vas produire en moy des miracles divers;
   Je n'ay jamais donné de louange infinie,
   Et je ne croyois plus pouvoir faire de vers.

   Il te falloit pour m'y contraindre,
Faire une belle Vefve et luy donner des traits
Dont mon cœur amoureux peut fe laiffer atteindre;
L'amour me fait rimer et louër fes attraits.

   Digne fujet de mille flames
Incomparable Vefve, ornement de ce temps,
Tu vas mettre du trouble et du feu dans les ames,
Faifant moins d'ennemis que de cœurs inconstans.

   Qui vit jamais tant de merveilles?
Mes fens font aujourd'huy l'un de l'autre envieux;
Ton discours me ravit l'ame par les oreilles,
Et ta beauté la veut arracher par les yeux.

   Quand on te voit, les plus barbares
A tes charmes fans fard et tes naïfs appas
Donneroient mille cœurs, et des chofes plus rares
S'ils en pouvoient avoir, pour ne te perdre pas.

   Lorsqu'on t'entend, les plus critiques
Remarquent tes discours et font tous un ferment
De les faire obferver pour des loix authentiques,
Et de condamner ceux qui parlent autrement.

   Cher amy, pardon fi ma mufe,
Pour plaire à mon amour manque à noftre amitié;
Donnant tout à ta fille, elle a bien cette rufe
De juger que tu dois en avoir la moitié.

Prens donc en gré tant de franchiſe,
Et ne t'étonne pas ſi ceci ne vaut rien :
Par ſon deſordre ſeul tu ſçauras ma ſurpriſe ;
Un cœur qui ſçait aymer ne s'exprime pas bien.

Il me ſuffit que je me treuve
Dans ce rang qui n'eſt pas à tout chacun permis,
Des humbles ſerviteurs de ton aimable Vefve,
Et de ceux que tu tiens pour tes meilleurs amis.
VOILLE.

STANCES

SUR LES OEUVRES DE MONSIEUR CORNEILLE.

orneille, occupant nos esprits,
Fais voir par ces divins écrits
Que nous vivions dans l'ignorance,
Et je croy que tout l'univers
Sçaura bien-toſt que noſtre France
N'a que toy ſeul qui fais des vers.

La nature tout à loiſir
A pris un extreſme plaiſir
A créer ta veine animée,
Et, parlant ainſi que les Dieux,
Le temps veut que la renommée
T'aille publier en tous lieux.

Apollon forma ton esprit
Et d'un ſoin merveilleux t'apprit
Le moyen de charmer les hommes ;
Il t'a rendu par son métier
L'oracle du ſiécle où nous ſommes,
Comme ſon unique héritier.
BEAULIEU.

A LA VEFVE DE MONSIEUR CORNEILLE.

SONNET.

Clarice, un temps ſi long ſans te monſtrer au
    jour [vage,
M'a fait appréhender que le deuil du vef-
    Ayant terny l'éclat des traits de ton viſage,
T'empeſchaſt d'établir parmy nous ton ſéjour.

Mais tant de grands esprits, ravis de ton amour,
Parlent de tes appas dans un tel avantage
Qu'après eux tout l'orgueil des beautez de cet age
Doit tirer vanité de te faire la cour.

Parois donc librement, ſans craindre que tes charmes
Te ſuscitent encor de nouvelles alarmes,
Expoſée aux efforts d'un ſecond raviſſeur,

Puisque, de la façon que tu te fais paroiſtre,
Chacun ſans t'offenſer peut ſe rendre ton maiſtre
Comme depuis un an chacun l'est de ta ſœur.

                                A. C.

ACTEURS

PHILISTE, amant de Clarice.
ALCIDON, amy de Philiste et amant de Doris.
CÉLIDAN, amy d'Alcidon et amoureux de Doris.
CLARICE, vefve d'Alcandre et maîtreſſe de Philiste.
CHRYSANTE, mére de Doris.
DORIS, ſœur de Philiste.
LA NOURRICE de Clarice.
GÉRON, agent de Florange, amoureux de Doris.
LYCAS, domestique de Philiste.
POLIMAS, }
DORASTE, } Domestiques de Clarice.
LISTOR, }

La ſcéne eſt à Paris.

LA VEFVE

COMÉDIE

ACTE PREMIER

SCÈNE I.

PHILISTE, ALCIDON.

ALCIDON.

J'en demeure d'accord, chacun a sa méthode,
Mais la tienne pour moy seroit trop incom-
                   [mode,
Mon cœur ne pourroit pas conserver tant de
S'il falloit que ma bouche en témoignast si peu. [feu
Depuis près de deux ans tu brusles pour Clarice,
Et plus ton amour croist, moins elle en a d'indice,
Il semble qu'à languir tes desirs sont contens,
Et que tu n'as pour but que de perdre ton temps.
Quel fruit espéres-tu de ta persévérance
A la traiter toûjours avec indifférence ?
Auprès d'elle assidu, sans luy parler d'amour,
Veux-tu qu'elle commence à te faire la cour ?

PHILISTE.

Non, mais à dire vray, je veux qu'elle devine.

ALCIDON.

Ton espoir qui te flate en vain se l'imagine,

Clarice avec raison prend pour stupidité
Ce ridicule effet de ta timidité.
PHILISTE.
Peut-estre, mais enfin, vois-tu qu'elle me fuye?
Qu'indifférent qu'il est, mon entretien l'ennuye?
Que je luy sois à charge, et, lors que je la voy,
Qu'elle use d'artifice à s'échaper de moy?
Sans te mettre en soucy quelle en sera la suite,
Appren comme l'amour doit régler sa conduite.
Aussi-tost qu'une dame a charmé nos esprits,
Offrir nostre service au hazard d'un mépris,
Et, nous abandonnant à nos brusques saillies,
Au lieu de nostre ardeur luy montrer nos folies,
Nous attirer sur l'heure un dédain éclatant,
Il n'est si mal-adroit qui n'en fist bien autant.
Il faut s'en faire aimer avant qu'on se déclare;
Nostre submission à l'orgueil la prépare :
Luy dire incontinent son pouvoir souverain,
C'est mettre à sa rigueur les armes à la main.
Usons pour estre aimez d'un meilleur artifice,
Et, sans luy rien offrir, rendons-luy du service;
Réglons sur son humeur toutes nos actions;
Réglons tous nos desseins sur ses intentions,
Tant que par la douceur d'une longue hantise
Comme insensiblement elle se trouve prise.
C'est par là que l'on séme aux dames des appas
Qu'elles n'évitent point, ne les prévoyant pas;
Leur haine envers l'amour pourroit estre un prodige,
Que le seul nom les choque, et l'effet les oblige.
ALCIDON.
Suive qui le voudra ce procédé nouveau,
Mon feu me déplairoit caché sous ce rideau.
Ne parler point d'amour! pour moy, je me défie
Des fantasques raisons de ta philosophie;
Ce n'est pas là mon jeu. Le joly passe-temps,
D'estre auprès d'une dame et causer du beau temps,
Luy jurer que Paris est toûjours plein de fange,
Qu'un certain parfumeur vend de fort bonne eau d'Ange,
Qu'un cavalier regarde un autre de travers,
Que dans la comédie on dit d'assez bons vers,

ACTE I.

Qu'Aglante avec Philis dans un mois fe marie!
Change, pauvre abufé, change de batterie,
Conte ce qui te méne, et ne t'amufe pas
A perdre innocemment tes discours et tes pas.
PHILISTE.
Je les aurois perdus auprès de ma maîtreffe,
Si je n'euffe employé que la commune adreffe,
Puisqu'inégal de biens et de condition
Je ne pouvois prétendre à fon affection.
ALCIDON.
Mais fi tu ne les perds, je le tiens à miracle,
Puisqu'ainfi ton amour rencontre un double obstacle,
Et que ton froid filence et l'inégalité
S'oppofent tout enfemble à ta témérité.
PHILISTE.
Croy que de la façon dont j'ay fçeu me conduire
Mon filence n'eft pas en état de me nuire :
Mille petits devoirs ont tant parlé pour moy,
Qu'il ne m'eft plus permis de douter de fa foy.
Mes foupirs et les fiens font un fecret langage,
Par où fon cœur au mien à tous momens s'engage :
Des coups d'œil languiffans, des foûris ajustez,
Des penchemens de tefte à demy concertez,
Et mille autres douceurs, aux feuls amans connuës,
Nous font voir chaque jour nos ames toutes nuës,
Nous font de bons garands d'un feu qui chaque jour¹...

1. Au lieu de ces cinq derniers vers, on lit, dans toutes les éditions de 1634 à 1654 inclufivement, les treize vers qui fuivent :
Nos vœux, quoyque muets, s'entendent aifément,
Et quand quelques baifers font deus par compliment...
ALCIDON.
Je m'imagine alors qu'elle ne t'en dénie.
PHILISTE.
Mais ils tiennent bien peu de la cérémonie.
Parmy la bienféance il m'eft aifé de voir
Que l'amour me les donne autant que le devoir.
En cette occafion c'eft un plaifir extrême
Lorfque de part et d'autre un couple qui s'entraime,
Abufe dextrement de cette liberté
Que permettent les loix de la civilité,
Et que le peu fouvent que ce bonheur arrive,

ALCIDON.
Tout cela cependant fans luy parler d'amour ?
PHILISTE.
Sans luy parler d'amour.
ALCIDON.
J'estime ta fcience,
Mais j'aurois à l'épreuve un peu d'impatience.
PHILISTE.
Le ciel, qui nous choifit luy-mefme des partis,
A tes feux et les miens prudemment affortis,
Et comme à ces longueurs t'ayant fait indocile
Il te donne en ma fœur un naturel facile,
Ainfi pour cette vefve il a fçeu m'enflamer
Après m'avoir donné par où m'en faire aimer.
ALCIDON.
Mais il luy faut enfin découvrir ton courage.
PHILISTE.
C'eft ce qu'en ma faveur fa nourrice ménage,
Cette vieille fubtile a mille inventions
Pour m'avancer au but de mes intentions,
Elle m'avertira du temps que je doy prendre.
Le reste une autrefois fe pourra mieux apprendre,
Adieu.
ALCIDON.
La confidence avec un bon amy,
Jamais fans l'offenfer ne s'exerce à demy.
PHILISTE.
Un intérest d'amour me préfcrit ces limites :
Ma maîtreffe m'attend pour faire des vifites
Où je luy promis hier de luy prêter la main.
ALCIDON.
Adieu donc, cher Philiste.
PHILISTE.
Adieu, jusqu'à demain.

Picquant noftre appétit, rend fa pointe plus vive.
Noftre flame irritée en croift de jour en jour.

SCÉNE II.

ALCIDON, LA NOURRICE.

ALCIDON *seul*.

it-on jamais amant de pareille imprudence,
Faire avec son rival entiére confidence ?
Simple, appren que ta sœur n'aura jamais
[de quoy
Asservir sous les loix des gens faits comme moy,
Qu'Alcidon feint pour elle, et brusle pour Clarice.
Ton agente est à moy. N'est-il pas vray, nourrice ?

LA NOURRICE.
Tu le peux bien jurer.

ALCIDON.
Et nostre amy rival ?

LA NOURRICE.
Si jamais on m'en croit, son affaire ira mal.

ALCIDON
Tu luy promets pourtant.

LA NOURRICE.
C'est par où je l'amuse,
Jusqu'à ce que l'effet luy découvre ma ruse.

ALCIDON.
Je viens de le quitter.

LA NOURRICE.
Et bien, que t'a-t'il it ?

ALCIDON.
Que tu veux employer pour luy tout ton crédit,
Et que, rendant toujours quelque petit service,
Il s'est fait une entrée en l'ame de Clarice.

LA NOURRICE.
Moindre qu'il ne présume. Et toy ?

ALCIDON.
Je l'ay poussé
A s'enhardir un peu plus que par le passé,
Et découvrir son mal à celle qui le cause.

LA NOURRICE.
Pourquoy ?

ALCIDON.
>Pour deux raiſons : l'une, qu'il me propoſe
Ce qu'il a dans le cœur beaucoup plus librement;
L'autre, que ta maîtreſſe après ce compliment
Le chaſſera peut-eſtre ainſi qu'un téméraire.
LA NOURRICE.
Ne l'enhardy pas tant; j'aurois peur, au contraire,
Que, malgré tes raiſons, quelque mal ne t'en prît;
Car enfin ce rival eſt bien dans ſon eſprit,
Mais non pas tellement qu'avant que le mois paſſe
Noſtre adreſſe ſous-main ne le mette en diſgrace.
ALCIDON.
Et lors?
LA NOURRICE.
>Je te répons de ce que tu chéris.
Cependant continuë à careſſer Doris,
Que ſon frére éblouy par cette accorte feinte
De nos prétenſions n'ait ny ſoupçon, ny crainte.
ALCIDON.
A m'en oüyr conter, l'amour de Céladon [1]
N'eut jamais rien d'égal à celuy d'Alcidon;
Tu rirois trop de voir comme je la cajole.
LA NOURRICE.
Et la dupe qu'elle eſt croit tout ſur ta parole?
ALCIDON.
Cette jeune étourdie eſt ſi folle de moy,
Qu'elle prend chaque mot pour article de foy,
Et ſon frére pipé du fard de mon langage,
Qui croit que je ſoupire après ſon mariage,
Penſant bien m'obliger m'en parle tous les jours;
Mais quand il en vient là, je ſçay bien mes détours.
Tantoſt, veu l'amitié qui tous deux nous aſſemble,
J'attendray ſon hymen pour eſtre heureux enſemble;
Tantoſt il faut du temps pour le conſentement

---

1. Céladon, héros de *l'Astrée* de d'Urfé, roman encore en pleine vogue à l'époque où Corneille écrivait ceci, sans qu'il pût venir aſſurément à la pensée de personne qu'il songeât à faire la critique d'un genre cultivé avec tant de succès par Mlle de Scudéry, la sœur d'un des prôneurs de *la Veuve*.

D'un oncle dont j'espére un haut avancement;
Tantoſt je ſçay trouver quelqu'autre bagatelle.
La Nourrice.
Séparons-nous, de peur qu'il entraſt en cervelle
S'il avoit découvert un ſi long entretien;
Jouë auſſi bien ton jeu que je joûray le mien.
Alcidon.
Nourrice, ce n'eſt pas ainſi qu'on ſe ſépare.
La Nourrice.
Monſieur, vous me jugez d'un naturel avare.
Alcidon.
Tu veilleras pour moy d'un ſoin plus diligent.
La Nourrice.
Ce ſera donc pour vous plus que pour voſtre argent.

SCÉNE III.

CHRYSANTE, DORIS.

Chrysante.

C'eſt trop déſavoüer une ſi bélle flame
Qui n'a rien de honteux, rien de ſujet au
[blaſme,
Confeſſe-le, ma fille, Alcidon a ton cœur,
Ses rares qualitez l'en ont rendu vainqueur;
Ne vous entr'appeller que *mon ame* et *ma vie*,
C'eſt montrer que tous deux vous n'avez qu'une envie
Et que d'un meſme trait vos esprits ſont bleſſez.
Doris.
Madame, il n'en va pas ainſi que vous penſez.
Mon frére aime Alcidon, et ſa priére expreſſe
M'oblige à luy répondre en termes de maîtreſſe,
Je me fais comme luy ſouvent toute de feux,
Mais mon cœur ſe conſerve au point où je le veux,
Toûjours libre, et qui garde une amitié ſincére
A celuy que voudra me préſcrire une mére.
Chrysante.
Ouy, pourvu qu'Alcidon te ſoit ainſi préſcrit.
Doris.
Madame, pûſſiez vous lire dans mon esprit,

Vous verriez jusqu'où va ma pure obéiſſance.
CHRYSANTE.
Ne crains pas que je veuille uſer de ma puiſſance :
Je croirois en produire un trop cruel effet,
Si je te ſéparois d'un amant ſi parfait.
DORIS.
Vous le connoiſſez mal : ſon ame a deux viſages,
Et ce diſſimulé n'eſt qu'un conteur à gages.
Il a beau m'accabler de protestations,
Je démeſle aiſément toutes ſes fictions,
Il ne me prête rien que je ne luy r'envoye,
Nous nous entrepayons d'une meſme monnoye,
Et, malgré nos discours, mon vertüeux deſir
Attend toûjours celuy que vous voudrez choiſir :
Voſtre vouloir du mien abſolument diſpoſe.
CHRYSANTE.
L'épreuve en fera foy ; mais parlons d'autre choſe.
Nous viſmes hier au bal, entre autres nouveautez,
Tout plein d'honneſtes gens careſſer les beautez.
DORIS.
Ouy, Madame, Alindor en vouloit à Célie,
Lyſandre à Célidée, Oronte à Roſélie.
CHRYSANTE.
Et, nommant celles-cy, tu caches finement
Qu'un certain t'entretint aſſez paiſiblement.
DORIS.
Ce viſage inconnu qu'on appeloit Florange ?
CHRYSANTE.
Luy-meſme.
DORIS.
      Ah Dieu ! que c'eſt un cajoleur étrange !
Ce fut paiſiblement de vray qu'il m'entretint.
Soit que quelque raiſon en ſecret le retint,
Soit que ſon bel esprit me jugeaſt incapable
De luy pouvoir fournir un entretien ſortable,
Il m'épargna ſi bien, que les plus longs propos
A peine en plus d'une heure étoient de quatre mots.
Il me mena danſer deux fois ſans me rien dire.
CHRYSANTE.
Mais en ſuite ?

DORIS.
La fuite eſt digne qu'on l'admire.
Mon baladin müet ſe retranche en un coin,
Pour faire bien joüer la prunelle de loin ;
Après m'avoir de là long-temps conſiderée,
Après m'avoir des yeux mille fois meſurée,
Il m'aborde en tremblant avec ce compliment :
Vous m'attirez à vous ainſi que fait l'aimant.
(Il penſoit m'avoir dit le meilleur mot du monde.)
Entendant ce haut ſtyle auſſi-toſt je ſeconde,
Et répons brusquement, ſans beaucoup m'émouvoir :
Vous êtes donc de fer, à ce que je puis voir.
Ce grand mot étouffa tout ce qu'il vouloit dire,
Et, pour toute replique, il ſe mit à ſoûrire.
Depuis il s'aviſa de me ſerrer les doigts,
Et retrouvant un peu l'uſage de la voix,
Il prit un de mes gands. *La mode en eſt nouvelle,*
(Me dit-il) *et jamais je n'en vy de ſi belle.*
Vous portez ſur la gorge un mouchoir fort carré.
Voſtre éventail me plaiſt d'eſtre ainſi bigarré.
L'amour, je vous aſſeure, eſt une belle choſe.
Vraiment vous aimez fort cette couleur de roſe.
La ville eſt en hyver tout autre que les champs.
Les charges à préſent n'ont que trop de marchands,
On n'en peut approcher.
CHRYSANTE.
Mais enfin que t'en ſemble ?
DORIS.
Je n'ay jamais connu d'homme qui luy reſſemble,
Ny qui meſle en discours tant de diverſitez.
CHRYSANTE.
Il eſt nouveau venu des univerſitez,
Mais après tout fort riche, et que la mort d'un pére,
Sans deux ſucceſſions que de plus il eſpére,
Comble de tant de biens qu'il n'eſt fille aujourd'huy
Qui ne luy rie au nez et n'ait deſſein ſur luy.
DORIS.
Auſſi me contez-vous de beaux traits de viſage.
CHRYSANTE.
Et bien, avec ces traits eſt-il à ton uſage ?

DORIS.
Je douterois plûtoft fi je ferois au fien.
CHRYSANTE.
Je fçay qu'affeurément il te veut force bien,
Mais il te le faudroit en fille plus accorte
Recevoir deformais un peu d'une autre forte.
DORIS.
Commandez feulement, Madame, et mon devoir
Ne négligera rien qui foit en mon pouvoir.
CHRYSANTE.
Ma fille, te voilà telle que je fouhaite.
Pour ne te rien celer, c'eft chofe qui vaut faite,
Géron, qui depuis peu fait icy tant de tours,
Au defceu d'un chacun a traité ces amours,
Et, puifqu'à mes defirs je te voy réfoluë,
Je veux qu'avant deux jours l'affaire foit concluë.
Au regard d'Alcidon tu dois continüer,
Et de ton beau femblant ne rien diminüer,
Il faut joüer au fin contre un esprit fi double.
DORIS.
Mon frére en fa faveur vous donnera du trouble.
CHRYSANTE.
Il n'eft pas fi mauvais que l'on n'en vienne à bout.
DORIS.
Madame, avifez-y, je vous remets le tout.
CHRYSANTE.
Rentre, voicy Géron, de qui la conférence
Doit rompre ou nous donner une entiére affeurance.

SCÉNE IV.

CHRYSANTE, GÉRON.

CHRYSANTE.

Ils fe font veus enfin.
GÉRON.
Je l'avois déja fçeu,
Madame, et les effets ne m'en ont point [deçeu,
Du moins quant à Florange.

CHRYSANTE.
          Et bien, mais, qu'eſt-ce encore?
Que dit-il de ma fille?
                GÉRON.
          Ah, Madame, il l'adore!
Il n'a point encor veu de miracles pareils.
Ses yeux à ſon avis ſont autant de ſoleils,
L'enflure de ſon ſein un double petit monde,
C'eſt le ſeul ornement de la machine ronde,
L'amour à ſes regards allume ſon flambeau,
Et ſouvent pour la voir il oſte ſon bandeau,
Diane n'eut jamais une ſi belle taille,
Auprès d'elle Vénus ne ſeroit rien qui vaille,
Ce ne ſont rien que lys et roſes que ſon teint,
Enfin de ſes beautez il eſt ſi fort atteint...
          CHRYSANTE.
Atteint! ah mon amy, tant de badinerie
Ne témoigne que trop qu'il en fait raillerie.
          GÉRON.
Madame, je vous jure, il péche innocemment,
Et s'il ſçavoit mieux dire, il diroit autrement,
C'eſt un homme tout neuf, que voulez vous qu'il face?
Il dit ce qu'il a lu [1]. Daignez juger, de grace,
Plus favorablement de ſon intention,
Et pour mieux vous montrer où va ſa paſſion,
Vous ſçavez les deux points... mais auſſi, je vous prie,
Vous ne luy direz pas cette ſupercherie.
          CHRYSANTE.
Non, non.
          GÉRON.
          Vous ſçavez donc les deux difficultez
Qui jusqu'à maintenant vous tiennent arrêtez?
          CHRYSANTE.
Il veut ſon avantage, et nous cherchons le noſtre.
          GÉRON.
Va, Géron (m'a t'il dit), *et pour l'une et pour l'autre,*

---

1. Ce pédant, amoureux échappé des bancs du collége et parlant comme un livre ridicule, était dès lors une esquisse plaisante dont Thomas Diafoirus est devenu le portrait achevé.

Si par dextérité tu n'en peux rien tirer,
Accorde tout plutoft que de plus différer,
Doris eft à mes yeux de tant d'attraits pourvuë
Qu'il faut bien qu'il m'en coûte un peu pour l'avoir
Mais qu'en dit voftre fille?   [veuë.

CHRYSANTE.

Elle fuivra mon choix,
Et montre une ame prefte à recevoir mes loix,
Non qu'elle en faffe état plus que de bonne forte,
Il fuffit qu'elle voit ce que le bien apporte,
Et qu'elle s'accommode aux folides raifons
Qui forment à préfent les meilleures maifons.

GÉRON.

A ce conté c'eft fait. Quand vous plaift-il qu'il vienne
Dégager ma parole et vous donner la fienne?

CHRYSANTE.

Deux jours me fuffiront, ménagez dextrement,
Pour difpofer mon fils à mon contentement.
Durant ce peu de temps, fi fon ardeur le preffe,
Il peut hors du logis rencontrer fa maîtreffe,
Affez d'occafions s'offrent aux amoureux.

GÉRON.

Madame, que d'un mot je vay le rendre heureux!

SCÉNE V.

PHILISTE, CLARICE.

PHILISTE.

Le bonheur aujourd'huy conduifoit vos vi-
      fites,   [mérites,
   Et fembloit rendre hommage à vos rares
Vous avez rencontré tout ce que vous cher-

CLARICE.   [chiez.

Ouy, mais n'estimez pas qu'ainfi vous m'empefchiez
De vous dire, à préfent que nous faifons retraite,
Combien de chez Daphnis je fors mal fatisfaite.

PHILISTE.

Madame, toutesfois elle a fait fon pouvoir,
Du moins en apparence, à vous bien recevoir.

ACTE I.

CLARICE.
Ne penſez pas auſſi que je me plaigne d'elle.

PHILISTE.
Sa compagnie étoit, ce me ſemble, aſſez belle.

CLARICE.
Que trop belle à mon gouſt, et, que je penſe, au tien.
Deux filles poſſédoient ſeules ton entretien,
Et leur orgueil, enflé par cette préférence,
De ce qu'elles valoient tiroit pleine aſſeurance.

PHILISTE.
Ce reproche obligeant me laiſſe tout ſurpris;
Avec tant de beautez et tant de bons esprits
Je ne valus jamais qu'on me trouvaſt à dire.

CLARICE.
Avec ces bons esprits je n'étois qu'en martyre,
Leur discours m'aſſaſſine, et n'a qu'un certain jeu
Qui m'étourdit beaucoup et qui me plaiſt fort peu.

PHILISTE.
Celuy que nous tenions me plaiſoit à merveilles.

CLARICE.
Tes yeux s'y plaiſoient bien autant que tes oreilles.

PHILISTE.
Je ne le puis nier, puisqu'en parlant de vous
Sur les voſtres mes yeux ſe portoient à tous coups,
Et s'en alloient chercher ſur un ſi beau viſage
Mille et mille raiſons d'un éternel hommage.

CLARICE.
O la ſubtile ruſe, et l'excellent détour!
Sans doute une des deux te donne de l'amour,
Mais tu le veux cacher.

PHILISTE.
            Que dites-vous, Madame?
Un de ces deux objets captiveroit mon ame!
Jugez-en mieux, de grace, et croyez que mon cœur
Choiſiroit pour ſe rendre un plus puiſſant vainqueur.

CLARICE.
Tu tranches du faſcheux; Bélinde et Chryſolite
Manquent donc à ton gré d'attraits et de mérite,
Elles dont les beautez captivent mille amans?

PHILISTE.

Tout autre trouveroit leurs visages charmans,
Et j'en ferois état si le ciel m'eust fait naistre
D'un malheur assez grand pour ne vous pas connoistre.
Mais l'honneur de vous voir que vous me permettez
Fait que je n'y remarque aucunes raretez,
Et, plein de vostre idée, il ne m'est pas possible
Ny d'admirer ailleurs, ny d'estre ailleurs sensible.

CLARICE.

On ne m'éblouït pas à force de flater.
Revenons au propos que tu veux éviter :
Je veux sçavoir des deux laquelle est ta maistresse.
Ne dissimule plus, Philiste, et me confesse...

PHILISTE.

Que Chrysolite et l'autre, égales toutes deux,
N'ont rien d'assez puissant pour attirer mes vœux.
Si blessé des regards de quelque beau visage
Mon cœur de sa franchise avoit perdu l'usage...

CLARICE.

Tu serois assez fin pour bien cacher ton jeu.

PHILISTE.

C'est ce qui ne se peut. L'amour est tout de feu,
Il éclaire en brûlant et se trahit soy-mesme ;
Un esprit amoureux absent de ce qu'il aime
Par sa mauvaise humeur fait trop voir ce qu'il est.
Toûjours morne, resveur, triste, tout luy déplaist.
A tout autre propos qu'à celuy de sa flame,
Le silence à la bouche, et le chagrin en l'ame,
Son œil semble à regret nous donner ses regards,
Et les jette à la fois souvent de toutes parts,
Qu'ainsi sa fonction confuse ou mal guidée
Se raméne en soy-mesme et ne voit qu'une idée.
Mais auprès de l'objet qui posséde son cœur,
Ses esprits ranimez reprennent leur vigueur,
Gay, complaisant, actif...

CLARICE.

     Enfin que veux-tu dire ?

PHILISTE.

Que par ces actions que je viens de décrire
Vous, de qui j'ai l'honneur chaque jour d'approcher,

Jugiez par quel objet l'amour m'a sçeu toucher.
CLARICE.
Pour faire un jugement d'une telle importance
Il faudroit plus de temps. Adieu, la nuit s'avance,
Te verra-t'on demain?
PHILISTE.
Madame, en doutez-vous?
Jamais commandemens ne me furent si doux.
Loin de vous, je n'ay rien qu'avec plaisir je voye,
Tout me devient fascheux, tout s'oppose à ma joye,
Un chagrin invincible accable tous mes sens.
CLARICE.
Si, comme tu le dis, dans le cœur des absens
C'est l'amour qui fait naistre une telle tristesse,
Ce compliment n'est bon qu'auprès d'une maitresse.
PHILISTE.
Souffrez-le d'un respect qui produit chaque jour,
Pour un sujet si haut, les effets de l'amour.

SCÉNE VI.

CLARICE.

Las! il m'en dit assez, si je l'osois entendre,
Et ses désirs aux miens se font assez comprendre,
Mais, pour nous déclarer une si belle ardeur,
L'un est müet de crainte, et l'autre de pudeur.
Que mon rang me déplaist! que mon trop de fortune,
Au lieu de m'obliger, me choque et m'importune!
Égale à mon Philiste, il m'offriroit ses vœux,
Je m'entendrois nommer le sujet de ses feux,
Et ses discours pourroient forcer ma modestie
A l'asseurer bien-tost de nostre sympathie.
Mais le peu de rapport de nos conditions
Oste le nom d'amour à ses submissions,
Et, sous l'injuste loy de cette retenuë,
Le reméde me manque et mon mal continuë :
Il me sert en esclave, et non pas en amant,
Tant son respect s'oppose à mon contentement.

Ah, que ne devient-il un peu plus téméraire!
Que ne s'expofe-t'il au hazard de me plaire?
Amour, gagne à la fin ce respect ennuyeux,
Et ren-le moins timide, ou l'ofte de mes yeux.

Fin du premier acte.

ACTE II.

SCÉNE PREMIÉRE.

PHILISTE.

ecrets tyrans de ma penſée,
Respect, amour, de qui les loix
D'un juste et faſcheux contrepoids
La tiennent toûjours balancée;
Que vos mouvemens oppoſez,
Vos traits l'un par l'autre briſez,
Sont puiſſans à s'entre-détruire!
Que l'un m'offre d'espoir! que l'autre a de rigueur!
Et, tandis que tous deux taſchent de me ſéduire,
Que leur combat est rude au milieu de mon cœur!

    Moy-meſme je fais mon ſupplice
A force de leur obéïr:
Mais le moyen de les haïr?
Ils viennent tous deux de Clarice.
Ils m'en entretiennent tous deux,
Et, forment ma crainte et mes vœux
Pour ce bel œil qui les fait naiſtre,
Et de deux flots divers mon esprit agité,
Plein de glace et d'un feu qui n'oſeroit paroiſtre,
Blaſme la retenuë et ſa témérité.

    Mon ame dans cét esclavage
Fait des vœux qu'elle n'oſe offrir;
J'aime ſeulement pour ſouffrir,
J'ay trop, et trop peu de courage.
Je voy bien que je ſuis aimé,
Et que l'objet qui m'a charmé

Vit en de pareilles contraintes,
Mon silence à ses feux fait tant de trahison
Qu'impertinent captif de mes frivoles craintes,
Pour accroistre son mal, je fuy ma guérison.

  Elle brusle, et par quelque signe
  Que son cœur s'explique avec moy,
  Je doute de ce que je voy,
  Parce que je m'en trouve indigne.
  Espoir, adieu, c'est trop flaté,
  Ne croy pas que cette beauté
  Daigne avoüer de telles flames,
Et, dans le juste soin qu'elle a de les cacher,
Voy que si mesme ardeur embrasse nos deux ames,
Sa bouche à son esprit n'ose le reprocher.

  Pauvre amant, voy par son silence
  Qu'elle t'en commande un égal,
  Et que le récit de ton mal
  Te convaincroit d'une insolence.
  Quel fantasque raisonnement,
  Et qu'au milieu de mon tourment
  Je deviens subtil à ma peine!
Pourquoy m'imaginer qu'un discours amoureux
Par un contraire effet change l'amour en haine,
Et malgré mon bon-heur me rendre malheureux?

  Mais j'apercoy Clarice. O Dieux, si cette belle
Parloit autant de moy que je m'entretiens d'elle!
Du moins si sa nourrice a soin de nos amours,
C'est de moy qu'à présent doit estre leur discours.
Une humeur curieuse avec chaleur m'emporte
A me couler sans bruit derriére cette porte,
Pour écouter de là, sans en estre aperceu,
En quoy mon fol espoir me peut avoir déceu.
Allons; souvent l'amour ne veut qu'une bonne heure;
Jamais l'occasion ne s'offrira meilleure,
Et peut-estre qu'enfin nous en pourrons tirer
Celle que nous cherchons pour mieux nous déclarer.

ACTE II.

SCÉNE II.

CLARICE, LA NOURRICE.

CLARICE.

Tu me veux détourner d'une seconde flame,
Dont je ne pense pas qu'autre que toy me [blasme.
Estre vefve à mon âge, et toûjours déplorer
La perte d'un mary que je puis réparer!
Refuser d'un amant ce doux nom de maitresse!
N'avoir que des mépris pour les vœux qu'il m'adresse
Le voir toûjours languir dessous ma dure loy!
Cette vertu, nourrice, est trop haute pour moy.

LA NOURRICE.

Madame, mon avis au vostre ne résiste
Qu'alors que vostre ardeur se porte vers Philiste.
Aimez, aimez quelqu'un, mais, comme à l'autre fois,
Qu'un lien digne de vous arrête vostre choix.

CLARICE.

Brise-là ce discours dont mon amour s'irrite;
Philiste n'en voit point qui le passe en mérite.

LA NOURRICE.

Je ne remarque en luy rien que de fort commun,
Sinon que plus qu'un autre il se rend importun.

CLARICE.

Que ton aveuglement en ce point est extréme,
Et que tu connois mal et Philiste et moy-mesme,
Si tu crois que l'excés de la civilité
Passe jamais chez moy pour importunité!

LA NOURRICE.

Ce cajoleur rusé qui toûjours vous assiége
A tant fait qu'à la fin vous tombez dans son piége.

CLARICE.

Ce cavalier parfait de qui je tiens le cœur
A tant fait que du mien il s'est rendu vainqueur.

LA NOURRICE.

Il aime vostre bien, et non vostre personne.

CLARICE.
Son vertüeux amour l'un et l'autre luy donne,
Ce m'eſt trop d'heur encor, dans le peu que je vaux,
Qu'un peu de bien que j'ay ſupplée à mes defauts.
LA NOURRICE.
La mémoire d'Alcandre et le rang qu'il vous laiſſe
Voudroient un ſucceſſeur de plus haute nobleſſe.
CLARICE.
S'il précéda Philiſte en vaines dignitez,
Philiſte le devance en rares qualitez.
Il eſt né gentilhomme, et ſa vertu répare
Tout ce dont la fortune envers luy fut avare;
Nous avons, elle et moy, trop de quoy l'agrandir.
LA NOURRICE.
Si vous pouviez, Madame, un peu vous refroidir,
Pour le conſidérer avec indifférence,
Sans prendre pour mérite une fauſſe apparence,
La raiſon feroit voir à vos yeux inſenſez
Que Philiſte n'eſt pas tout ce que vous penſez.
Croyez-m'en plus que vous, j'ay vieilly dans le monde,
J'ay de l'expérience, et c'eſt où je me fonde.
Éloignez quelque temps ce dangereux charmeur,
Faites en ſon abſence eſſay d'une autre humeur,
Pratiquez-en quelqu'autre, et, déſintéreſſée,
Comparez luy l'objet dont vous étes bleſſée,
Comparez-en l'esprit, la façon, l'entretien,
Et lors vous trouverez qu'un autre le vaut bien.
CLARICE.
Exercer contre moy de ſi noirs artifices!
Donner à mon amour de ſi crüels ſupplices!
Trahir tous mes deſirs! éteindre un feu ſi beau!
Qu'on m'enferme pluſtoſt toute vive au tombeau.
Fay venir cét amant: deuſſay-je la premiére
Luy faire de mon cœur une ouverture entiére,
Je ne permettray point qu'il ſorte d'avec moy
Sans avoir l'un à l'autre engagé noſtre foy.
LA NOURRICE.
Ne précipitez point ce que le temps ménage:
Vous pourriez à loiſir éprouver ſon courage.

CLARICE.
Ne m'importune plus de tes conseils maudits,
Et, sans me répliquer, fais ce que je te dis.

SCÉNE III.
PHILISTE, LA NOURRICE.
PHILISTE.
e te feray cracher cette langue traitreffe.
Eft-ce ainfi qu'on me fert auprès de ma
Détestable forcière ? [maîtreffe,
LA NOURRICE.
Et bien, quoy ? qu'ay-je fait ?
PHILISTE.
Et tu doutes encor fi j'ay veu ton forfait ?
LA NOURRICE.
Quel forfait ?
PHILISTE.
Peut-on voir lafcheté plus hardie ?
Joindre encor l'impudence à tant de perfidie !
LA NOURRICE.
Tenir ce qu'on promet, eft-ce une trahifon ?
PHILISTE.
Eft-ce ainfi qu'on le tient ?
LA NOURRICE.
Parlons avec raifon :
Que t'avois-je promis ?
PHILISTE.
Que de tout ton poffible
Tu rendrois ta maîtreffe à mes defirs fenfible,
Et la disposerois à recevoir mes vœux.
LA NOURRICE.
Et ne la vois-tu pas au point ou tu la veux ?
PHILISTE.
Malgré toy mon bonheur à ce point l'a réduite.
LA NOURRICE.
Mais tu dois ce bonheur à ma fage conduite,
Jeune et fimple novice en matiére d'amour,

Qui ne fçaurois comprendre encor un fi bon tour.
Flater de nos discours les paffions des dames,
C'eft aider lafchement à leurs naiffantes flames,
C'eft traiter lourdement un délicat effet,
C'eft n'y fçavoir enfin que ce que chacun fçait.
Moy, qui de ce métier ay la haute fcience
Et qui pour te fervir brufle d'impatience,
Par un chemin plus court qu'un propos complaifant
J'ay fçeu croiftre fa flame en la contredifant,
J'ay fçeu faire éclater, mais avec violence,
Un amour étouffé fous un honteux filence,
Et n'ay pas tant choqué que piqué fes defirs,
Dont la foif irritée avance tes plaifirs [1].

PHILISTE.

A croire ton babil, la rufe eft merveilleufe,
Mais l'épreuve à mon gouft en eft fort périlleufe.

LA NOURRICE.

Jamais il ne s'eft veu de tours plus affûrez.
La raifon et l'amour font ennemis jurez,
Et lors que ce dernier dans un esprit commande
Il ne peut endurer que l'autre le gourmande,
Plus la raifon l'attaque, et plus il fe roidit,
Plus elle l'intimide, et plus il s'enhardit.
Je le dy fans befoin, vos yeux et vos oreilles
Sont de trop bons témoins de toutes ces merveilles;
Vous-mefme avez tout veu, que voulez-vous de plus?
Entrez, on vous attend; ces discours fuperflus
Reculent voftre bien et font languir Clarice.
Allez, allez cueillir les fruits de mon fervice,
Ufez bien de voftre heur et de l'occafion.

PHILISTE.

Soit une vérité, foit une illufion
Que ton esprit adroit employe à ta défenfe
Le mien de tes discours plus outre ne s'offenfe,

---

1. Cette situation, cette défenfe adroite de la perfide nourrice sont de la bonne comédie, et peuvent déjà faire préfager *le Menteur*. La scène fuivante semble avoir fourni à Marivaux l'idée de celle où, dans *le Legs*, la comteffe en est réduite à faire sa déclaration au timide marquis.

Acte II.

Et j'en estimeray mon bonheur plus parfait,
Si d'un mauvais deſſein je tire un bon effet.
La Nourrice.
Que de propos perdus ! voyez l'impatiente
Qui ne peut plus ſouffrir une ſi longue attente.

SCÉNE IV.

CLARICE, PHILISTE, LA NOURRICE.

Clarice.

Pareſſeux, qui tardez ſi long-temps à venir,
Devinez la façon dont je veux vous punir.
Philiste.
M'interdiriez-vous bien l'honneur de voſtre [veuë ?
Clarice.
Vraiment vous me jugez de ſens fort dépourveuë ;
Vous bannir de mes yeux ! une ſi dure loy
Feroit trop retomber le châtiment ſur moy,
Et je n'ay pas failly pour me punir moy-meſme.
Philiste.
L'abſence ne fait mal que de ceux que l'on aime.
Clarice.
Auſſi que ſçavez-vous ſi vos perfections
Ne vous ont rien acquis ſur mes affections ?
Philiste.
Madame, excuſez-moy, je ſçay mieux reconnoiſtre
Mes defauts, et le peu que le ciel m'a fait naiſtre.
Clarice.
N'oublirez-vous jamais ces termes ravalez,
Pour vous priſer de bouche autant que vous valez ?
Seriez-vous bien content qu'on crût ce que vous dites ?
Demeurez avec moy d'accord de vos mérites ;
Laiſſez-moy me flater de cette vanité
Que j'ay quelque pouvoir ſur voſtre liberté,
Et qu'une humeur ſi froide, à toute autre invincible,
Ne perd qu'auprés de moy le titre d'inſenſible.
Une ſi douce erreur taſche à s'authoriſer,
Quel plaiſir prenez-vous à m'en delabuſer ?

PHILISTE.

Ce n'eſt point une erreur, pardonnez-moy, Madame,
Ce ſont les mouvemens les plus ſains de mon ame.
Il eſt vray, je vous aime, et mes feux indiscrets
Se donnent leur ſupplice en demeurant ſecrets,
Je reçoy ſans contrainte une ardeur téméraire,
Mais ſi j'oſe bruſler, je ſçais auſſi me taire,
Et, près de voſtre objet, mon unique vainqueur,
Je puis tout ſur ma langue, et rien deſſus mon cœur.
En vain j'avois appris que la ſeule eſpérance
Entretenoit l'amour dans la perſévérance,
J'aime ſans eſpérer, et mon cœur enflamé
A pour but de vous plaire et non pas d'eſtre aimé.
L'amour devient ſervile alors qu'il ſe diſpenſe
A n'allumer ſes feux que pour la récompenſe ;
Ma flame eſt toute pure, et, ſans rien préſumer,
Je ne cherche en aimant que le ſeul bien d'aimer.

CLARICE.

Et celuy d'eſtre aimé, ſans que tu le prétendes,
Préviendra tes deſirs et tes juſtes demandes.
Ne déguiſons plus rien, cher Philiſte, il eſt temps
Qu'un aveu mutüel rende nos vœux contens.
Donnons-leur, je te prie, une entiére aſſeurance,
Vengeons-nous à loiſir de noſtre indifférence,
Vengeons-nous à loiſir de toutes ces langueurs
Où la fauſſe couleur avoit réduit nos cœurs.

PHILISTE.

Vous me joüez, madame, et cette accorte feinte
Ne donne à mon amour qu'une railleuſe atteinte.

CLARICE.

Quelle façon étrange ! en me voyant bruſler
Tu t'obſtines encor à le diſſimuler,
Tu veux qu'encor un coup je me donne la honte
De te dire à quel point l'amour pour toy me dompte.
Tu le vois cependant avec pleine clarté,
Et veux douter encor de cette vérité ?

PHILISTE.

Ouy, j'en doute, et l'excès du bon-heur qui m'accable
Me ſurprend, me confond, me paroiſt incroyable.
Madame, eſt-il poſſible, et me puis-je aſſeurer

D'un bien à quoy mes vœux n'oſeroient aspirer?
CLARICE.
Ceſſe de me tuër par cette défiance.
Qui pourroit des mortels troubler noſtre alliance?
Quelqu'un a-t'il à voir deſſus mes actions,
Dont j'aye à prendre l'ordre en mes affections?
Vefve, et qui ne dois plus de respect à perſonne,
Ne puis-je dispoſer de ce que je te donne?
PHILISTE.
N'ayant jamais été digne d'un tel honneur,
J'ay de la peine encor à croire mon bon-heur.
CLARICE.
Pour t'obliger enfin à changer de langage,
Si ma foy ne ſuffit, que je te donne un gage;
Un bracelet exprès tiſſu de mes cheveux
T'attend pour enchaiſner et ton bras et tes vœux.
Vien le quérir, et prendre avec moy la journée
Qui termine bien-toſt noſtre heureux hyménée.
PHILISTE.
C'eſt dont vos ſeuls avis ſe doivent conſulter,
Trop heureux, quant à moy, de les exécuter.
LA NOURRICE ſeule.
Vous contez ſans voſtre hoſte, et vous pourrez apprendre
Que ce n'eſt pas ſans moy que ce jour ſe doit prendre;
De vos prétenſions Alcidon averty
Vous fera, s'il m'en croit, un dangereux party.
Je luy vay bien donner de plus ſeures adreſſes
Que d'amuſer Doris par de fauſſes careſſes;
Auſſi bien, m'a-t'on dit, à beau jeu, beau retour :
Au lieu de la duper avec ce feint amour,
Elle-meſme le dupe, et, luy rendant ſon change,
Luy promet un amour qu'elle garde à Florange :
Ainſi de tous coſtez primé par un rival,
Ses affaires ſans moy ſe porteroient fort mal.

SCÉNE V.
ALCIDON, DORIS.

ALCIDON.

Adieu, mon cher foucy, fois feure que mon ame
Jusqu'au dernier foûpir confervera fa flame.

DORIS.

Alcidon, cet adieu me prend au dépourveu,
Tu ne fais que d'entrer, à peine t'ay-je veu,
C'eft m'envier trop toft le bien de ta préfence;
De grace, oblige-moy d'un peu de complaifance,
Et, puifque je te tiens, fouffre qu'avec loifir
Je puiffe m'en donner un peu plus de plaifir.

ALCIDON.

Je t'explique fi mal le feu qui me confume,
Qu'il me force à rougir d'autant plus qu'il s'allume,
Mon discours s'en confond, j'en demeure interdit,
Ce que je ne puis dire eft plus que je n'ay dit;
J'en hay les vains efforts de ma langue groffiére,
Qui manquent de juftesse en fi belle matiére,
Et, ne répondant point aux mouvemens du cœur,
Te découvrent fi peu le fond de ma langueur.
Doris, fi tu pouvois lire dans ma penfée,
Et voir jusqu'au milieu de mon ame bleffée,
Tu verrois un brafier bien autre, et bien plus grand,
Qu'en ces foibles devoirs que ma bouche te rend.

DORIS.

Si tu pouvois auffi pénétrer mon courage,
Et voir jusqu'à quel point ma paffion m'engage,
Ce que dans mes discours tu prens pour des ardeurs
Ne te fembleroit plus que de triftes froideurs.
Ton amour et le mien ont faute de paroles;
Par un malheur égal ainfi tu me confoles,
Et de mille defauts me fentant accabler
Ce m'eft trop d'heur qu'un d'eux me fait te reffembler.

ALCIDON.

Mais quelque reffemblance entre nous qui furvienne,
Ta paffion n'a rien qui reffemble à la mienne,

ACTE II.

Et tu ne m'aimes pas de la mesme façon.
DORIS.
Si tu m'aimes encor, quitte un si faux soupçon,
Tu douterois à tort d'une chose trop claire,
L'épreuve fera foy comme j'aime à te plaire.
Je meurs d'impatience attendant l'heureux jour
Qui te montre quel est envers toy mon amour,
Ma mére en ma faveur brusle de mesme envie.
ALCIDON.
Hélas! ma volonté sous une autre asservie,
Dont je ne puis encor à mon gré disposer,
Fait que d'un tel bon-heur je ne sçaurois user.
Je dépens d'un vieil oncle, et, s'il ne m'authorise,
Je ne te fais qu'en vain le don de ma franchise.
Tu sçais que tout son bien ne regarde que moy,
Et qu'attendant sa mort je vy dessous sa loy,
Mais nous le gagnerons, et mon humeur accorte
Sçait comme il faut avoir les hommes de la sorte.
Un peu de temps fait tout.
DORIS.
        Ne précipite rien.
Je connoy ce qu'au monde aujourd'huy vaut le bien,
Conserve ce vieillard. Pourquoy te mettre en peine,
A force de m'aimer, de t'acquérir sa haine?
Ce qui te plaist m'agrée, et ce retardement,
Parce qu'il vient de toy, m'oblige infiniment.
ALCIDON.
De moy! c'est offenser une pure innocence.
Si l'effet de mes vœux n'est pas en ma puissance.
Leur obstacle me gesne autant ou plus que toy.
DORIS.
C'est prendre mal mon sens, je sçay quelle est ta foy.
ALCIDON.
En veux-tu par écrit une entiére asseurance?
DORIS.
Elle m'asseure assez de ta persévérance,
Et je luy ferois tort d'en recevoir d'ailleurs
Une preuve plus ample, ou des garands meilleurs.
ALCIDON.
Je l'apporte demain pour mieux faire connoistre,

DORIS.

J'en croy fi fortement ce que j'en voy paroiftre,
Que c'eft perdre du temps que de plus en parler.
Adieu, va deformais où tu voulois aller,
Si pour te retenir j'ay trop peu de mérite,
Souvien-toy pour le moins que c'eft moy qui te quitte.

ALCIDON.

Ce brusque adieu m'étonne, et je n'entens pas bien...

SCÉNE VI.

LA NOURRICE, ALCIDON.

LA NOURRICE.

Je te prens au fortir d'un plaifant entretien.

ALCIDON.

Plaifant de vérité, veu que mon artifice
Luy raconte les vœux que j'envoye à Clarice,
Et de tous mes foûpirs qui fe portent plus loin,
Elle fe croit l'objet, et n'en eft que témoin.

LA NOURRICE.

Ainfi ton feu fe jouë ?

ALCIDON.

Ainfi quand je foûpire,
Je la prens pour une autre, et luy dis mon martyre,
Et la réponfe au point que je puis fouhaiter
Dans cette illufion a droit de me flater.

LA NOURRICE.

Elle t'aime ?

ALCIDON.

Et de plus, un discours équivoque
Luy fait aifément croire un amour réciproque.
Elle fe penfe belle, et cette vanité
L'affeure imprudemment de ma captivité,
Et, comme fi j'étois des amans ordinaires,
Elle prend fur mon cœur des droits imaginaires,
Cependant que le fien fent tout ce que je feins,
Et vit dans les langueurs dont à faux je me plains.

LA NOURRICE.

Je te répons que non ; fi tu n'y mets reméde,

Avant qu'il foit trois jours Florange la poſſéde.
ALCIDON.
Et qui t'en a tant dit ?
LA NOURRICE.
Géron m'a tout conté,
C'eſt luy qui fourdement a conduit ce traité.
ALCIDON.
C'eſt ce qu'en mots obscurs ſon adieu vouloit dire,
Elle a crû me braver, mais je n'en fais que rire,
Et, comme j'étois las de me contraindre tant,
La coquette qu'elle eſt m'oblige en me quittant.
Ne m'apprendras-tu point ce que fait ta maitreſſe ?
LA NOURRICE.
Elle met ton agente au bout de ſa fineſſe ;
Philiſte aſſeurément tient ſon esprit charmé :
Je n'aurois jamais crû qu'elle l'euſt tant aimé.
ALCIDON.
C'est à faire à du temps.
LA NOURRICE.
Quitte cette espérance,
Ils ont pris l'un de l'autre une entiére aſſeurance,
Jusqu'à s'entredonner la parole et la foy.
ALCIDON.
Que tu demeures froide en te mocquant de moy ?
LA NOURRICE.
Il n'eſt rien de ſi vray, ce n'eſt point raillerie.
ALCIDON.
C'eſt donc fait d'Alcidon, nourrice, je te prie...
LA NOURRICE.
Rien ne ſert de prier : mon esprit épuiſé
Pour divertir ce coûp n'eſt point aſſez ruſé.
Je n'en ſçay qu'un moyen, mais je ne l'oſe dire.
ALCIDON.
Dépeſche, ta longueur m'eſt un ſecond martyre.
LA NOURRICE.
Clarice, tous les ſoirs, reſvant à ſes amours,
Seule dans ſon jardin fait trois ou quatre tours.
ALCIDON.
Et qu'a cela de propre à reculer ma perte ?

La Nourrice.

Je te puis en tenir la fauſſe porte ouverte.
Aurois-tu du courage aſſez pour l'enlever?

Alcidon.

Ouy, mais il faut retraite après où me ſauver,
Et je n'ay point d'amy ſi peu jaloux de gloire
Que d'eſtre partiſan d'une action ſi noire.
Si j'avois un prétexte, alors je ne dy pas
Que quelqu'un abuſé n'accompagnaſt mes pas.

La Nourrice.

On te vole Doris, et ta feinte colére
Manqueroit de prétexte à quereller ſon frére !
Fais-en ſonner par tout un faux reſſentiment,
Tu verras trop d'amis s'offrir aveuglément,
Se prendre à ces dehors, et, ſans voir dans ton ame,
Vouloir venger l'affront qu'aura receu ta flame.
Sers-toy de leur erreur, et dupe-les ſi bien...

Alcidon.

Ce prétexte eſt ſi beau que je ne crains plus rien.

La Nourrice.

Pour oſter tout ſoupçon de noſtre intelligence
Ne faiſons plus enſemble aucune conférence,
Et vien quand tu pourras, je t'attens dés demain...

Alcidon.

Adieu, je tiens le coup, autant vaut, dans ma main.

Fin du ſecond acte.

ACTE III.

SCÉNE PREMIÉRE.

CÉLIDAN, ALCIDON.

CÉLIDAN.

Ce n'eſt pas que j'excuſe, ou la ſœur, ou le frére,
Dont l'infidélité fait naiſtre ta coléres;
Mais, à ne point mentir, ton deſſein, à l'abord,
N'a gagné mon esprit qu'avec un peu d'effort.
Lorsque tu m'as parlé d'enlever ſa maîtreſſe
L'honneur a quelque temps combattu ma promeſſe :
Ce mot d'enlévement me faiſoit de l'horreur;
Mes ſens embarraſſez dans cette vaine erreur
N'avoient plus la raiſon de leur intelligence;
En plaignant ton malheur je blaſmois ta vengeance,
Et l'ombre d'un forfait, amuſant ma pitié,
Retardoit les effets deus à noſtre amitié.
Pardonne un vain ſcrupule à mon ame inquiéte,
Pren mon bras pour ſecond, mon chaſteau pour retraite.
Le déloyal Philiſte en te volant ton bien
N'a que trop mérité qu'on le prive du ſien;
Après ſon action la tienne eſt légitime,
Et l'on venge ſans honte un crime par un crime.

ALCIDON.

Tu vois comme il me trompe, et me promet ſa ſœur
Pour en faire ſous main Florange poſſeſſeur;
Ah ciel ! fut-il jamais un ſi noir artifice ?
Il luy fait recevoir mes offres de ſervice,
Cette belle m'accepte, et, fier de ſon aveu,
Je me vante par tout du bon-heur de mon feu,
Cependant il me l'oſte, et, par cette pratique,
Plus mon amour eſt ſçeu, plus ma honte eſt publique.

CÉLIDAN.
Après fa trahifon voy ma fidélité :
Il t'enléve un objet que je t'avois quitté.
Ta Doris fut toûjours la reine de mon ame,
J'ay toûjours eu pour elle une fecrette flame,
Sans jamais témoigner que j'en étois épris,
Tant que tes feux ont pu te promettre ce prix.
Mais je te l'ay quittée, et non pas à Florange.
Quand je t'auray vengé, contre luy je me venge,
Et je lui fais fçavoir que jufqu'à mon trépas
Tout autre qu'Alcidon ne l'emportera pas.
ALCIDON.
Pour moy donc à ce point ta contrainte eft venuë !
Que je te veux du mal de cette retenuë !
Eft-ce ainfi qu'entre amis on vit à cœur ouvert ?
CÉLIDAN.
Mon feu qui t'offenfoit eft demeuré couvert,
Et fi cette beauté malgré moy l'a fait naiftre,
J'ay fçeu pour ton respect l'empefcher de paroiftre.
ALCIDON.
Hélas ! tu m'as perdu me voulant obliger :
Noftre vieille amitié m'en euft fait dégager ;
Je fouffre maintenant la honte de fa perte,
Et j'aurois eu l'honneur de te l'avoir offerte,
De te l'avoir cédée, et réduit mes defirs
Au glorieux deffein d'avancer tes plaifirs.
Faites, Dieux tous-puiffants, que Philifte fe change,
Et, l'infpirant bien-toft de rompre avec Florange,
Donnez-moy le moyen de montrer qu'à mon tour
Je fçay pour un amy contraindre mon amour.
CÉLIDAN.
Tes fouhaits arrivez, nous t'en verrions dédire ;
Doris fur ton efprit reprendroit fon empire :
Nous donnons aifément ce qui n'eft plus à nous.
ALCIDON.
Si j'y manquois, grands Dieux, je vous conjure tous
D'armer contre Alcidon vos dextres vengereffes.
CÉLIDAN.
Un amy tel que toy m'eft plus que cent maiftreffes ;
Il n'y va pas de tant ; réfolvons feulement

Acte III.

Du jour et des moyens de cet enlévement.
Alcidon.
Mon secret n'a besoin que de ton assistance.
Je n'ay point lieu de craindre aucune résistance :
La beauté dont mon traistre adore les attraits
Chaque soir au jardin va prendre un peu de frais ;
J'en ay sceu de luy-mesme ouvrir la fausse porte ;
Étant seule, et de nuit, le moindre effort l'emporte.
Allons-y dès ce soir, le plûtost vaut le mieux,
Et sur tout, déguisez, dérobons à ses yeux
Et de nous et du coup l'entiére connoissance.
Célidan.
Si Clarice une fois est en notre puissance,
Croy que c'est un bon gage à moyenner l'accord
Et rendre en le faisant ton party le plus fort.
Mais, pour la seureté d'une telle surprise,
Aussi-tost que chez-moy nous pourrons l'avoir mise,
Retournons sur nos pas, et soudain effaçons
Ce que pourroit l'absence engendrer de soupçons.
Alcidon.
Ton salutaire avis est la mesme prudence,
Et déja je prepare une froide impudence
A m'informer demain avec étonnement
De l'heure et de l'auteur de cet enlévement.
Célidan.
Adieu, j'y vay mettre ordre.
Alcidon.
                  Estime qu'en revanche
Je n'ay goutte de sang que pour toy je n'épanche.

SCÉNE II.

ALCIDON.

Bons Dieux ! que d'innocence et de simplicité !
Ou, pour la mieux nommer, que de stupidité,
Dont le manque de sens se cache et se déguise
Sous le front spécieux d'une sotte franchise !
Que Célidan est bon ! que j'aime sa candeur !
Et que son peu d'adresse oblige mon ardeur !

O qu'il n'eſt pas de ceux dont l'esprit à la mode
A l'humeur d'un amy jamais ne s'accommode,
Et qui nous font ſouvent cent protestations,
Et contre les effets ont mille inventions !
Luy, quand il a promis, il meurt qu'il n'effectuë,
Et l'attente déja de me ſervir le tuë.
J'admire cependant par quel ſecret reſſort
Sa fortune et la mienne ont cela de rapport
Que celle qu'un amy nomme ou tient ſa maîtreſſe,
Eſt l'objet qui tous deux au fond du cœur nous bleſſe,
Et qu'ayant comme moy caché ſa paſſion,
Nous n'avons différé que de l'intention,
Puisqu'il met pour autruy ſon bon-heur en arriére,
Et pour moy...

SCÉNE III.

PHILISTE, ALCIDON.

PHILISTE.
Je t'y prens, reſveur.
ALCIDON.
Ouy, par derriére,
C'eſt d'ordinaire ainſi que les traîtres en font.
PHILISTE.
Je te vois accablé d'un chagrin ſi profond,
Que j'excuſe aiſément ta réponſe un peu cruë.
Mais que fais-tu ſi triſte au milieu d'une ruë ?
Quelque penſer faſcheux te ſervoit d'entretien ?
ALCIDON.
Je reſvois que le monde en l'ame ne vaut rien,
Du moins pour la pluſpart; que le ſiécle où nous ſommes
A bien diſſimuler met la vertu des hommes;
Qu'à peine quatre mots ſe peuvent échaper
Sans quelque double ſens afin de nous tromper,
Et que ſouvent de bouche un deſſein ſe propoſe
Cependant que l'esprit ſonge à toute autre choſe.
PHILISTE.
Et cela t'affligeoit ? laiſſons courir le temps,
Et malgré ſes abus vivons toûjours contens.

Acte III.

Le monde eſt un chaos, et ſon deſordre excéde
Tout ce qu'on y voudroit apporter de reméde.
N'ayons l'œil, cher amy, que ſur nos actions,
Auſſi-bien, s'offenſer de ſes corruptions
A des gens comme nous ce n'eſt qu'une folie.
Mais pour te retirer de ta mélancolie,
Je te veux faire part de mes contentemens.
Si l'on peut en amour s'aſſeurer aux ſermens,
Dans trois jours au plus tard, par un bon-heur étrange,
Clarice eſt à Philiste.

ALCIDON.
Et Doris à Florange.
PHILISTE.
Quelque ſoupçon frivole en ce point te deçoit,
J'auray perdu la vie avant que cela ſoit.
ALCIDON.
Voila faire le fin de fort mauvaiſe grace;
Philiste, vois-tu bien, je ſçay ce qui ſe paſſe.
PHILISTE.
Ma mére en a receu de vray quelque propos,
Et voulut hier au ſoir m'en toucher quelques mots.
Les femmes de ſon age ont ce mal ordinaire
De régler ſur les biens une pareille affaire;
Un ſi honteux motif leur fait tout décider,
Et l'or qui les aveugle a droit de les guider.
Mais comme ſon éclat n'ébloüit point mon ame,
Que je voy d'un autre œil ton mérite et ta flame,
Je lui fis bien ſçavoir que mon conſentement
Ne dépendroit jamais de ſon aveuglement,
Et que juſqu'au tombeau, quant à cét hyménée,
Je maintiendrois la foy que je t'avois donnée.
Ma ſœur accortement feignoit de l'écouter;
Non pas que ſon amour n'oſaſt luy réſister,
Mais elle vouloit bien qu'un peu de jalouſie
Sur quelque bruit leger piquaſt ta fantaiſie;
Ce petit aiguillon quelquefois en paſſant
Réveille puiſſamment un amour languiſſant.
ALCIDON.
Fais à qui tu voudras ce conte ridicule;
Soit que ta ſœur l'accepte ou qu'elle diſſimule,

Le peu que j'y perdray ne vaut pas m'en fafcher.
Rien de mes fentimens ne fçauroit approcher;
Comme, alors qu'au théatre on nous fait voir *Mélite*,
Le discours de Cloris quand Philandre la quitte,
Ce qu'elle dit de luy, je le dy de ta fœur,
Et je la veux traiter avec mefme douceur.
Pourquoy m'aigrir contre elle? en cét indigne change
Le beau choix qu'elle fait la punit et me venge,
Et ce fexe imparfait, de foy-mefme ennemy,
Ne pofféda jamais la raifon qu'à demy.
J'aurois tort de vouloir qu'elle en euft davantage :
Sa foibleffe la force à devenir volage.
Je n'ay que pitié d'elle en ce manque de foy,
Et mon courroux entier fe réferve pour toy ;
Toy, qui trahis ma flame après l'avoir fait naiftre,
Toy, qui ne m'és amy qu'afin d'eftre plus traiftre,
Et que tes lafchetez tirent de leur excès
Par ce damnable appas un facile fuccès.
Déloyal, ainfi donc de ta vaine promeffe
Je reçoy mille affronts au lieu d'une maîtreffe,
Et ton perfide cœur, masqué jusqu'à ce jour,
Pour affouvir ta haine alluma mon amour !

PHILISTE.

Ces foupçons diffipez par des effets contraires,
Nous renoûrons bien-toft une amitié de fréres.
Puiffe deffus ma tefte éclater à tes yeux
Ce qu'a de plus mortel la colére des cieux,
Si jamais ton rival a ma fœur fans ma vie ;
A caufe de fon bien ma mére en meurt d'envie,
Mais malgré...

ALCIDON.

Laiffe-là ces propos fuperflus,
Ces protestations ne m'ébloüiffent plus,
Et ma fimplicité, laffe d'eftre dupée,
N'admet plus de raifons qu'au bout de mon épée.

PHILISTE.

Étrange impreffion d'une jaloufe erreur
Dont ton esprit atteint ne fuit que fa fureur !
Et bien, tu veux ma vie, et je te l'abandonne;
Ce courroux infenfé qui dans ton cœur bouillonne,

Contente-le par là, pouffe, mais n'atten pas
Que par le tien je veuille éviter mon trépas.
Trop heureux que mon fang puiffe te fatisfaire,
Je le veux tout donner au feul bien de te plaire.
Toûjours à ces deffis j'ay couru fans effroy,
Mais je n'ay point d'épée à tirer contre toy.
ALCIDON.
Voilà bien déguifer un manque de courage.
PHILISTE.
C'eft preffer un peu trop qu'aller jusqu'à l'outrage :
On n'a point encor veu que ce manque de cœur
M'ait rendu le dernier où vont les gens d'honneur.
Je te veux bien ofter tout fujet de colére,
Et, quoy que de ma fœur ait réfolu ma mére,
Deuft mon peu de respect irriter tous les Dieux,
J'affronteray Géron et Florange à fes yeux.
Mais, après les efforts de cette déférence,
Si tu gardes encor la mefme violence,
Peut-eftre fçaurons-nous apaifer autrement
Les obstinations de ton emportement.
ALCIDON *feul*.
Je crains fon amitié plus que cette menace.
Sans doute il va chasser Florange de ma place;
Mon prétexte eft perdu s'il ne quitte fes foins,
Dieux! qu'il m'obligeroit de m'aimer un peu moins!

SCÉNE IV.

CHRYSANTE, DORIS.

CHRYSANTE.

Je meure, mon enfant, fi tu n'es admirable!
Et ta dextérité me femble incomparable:
Tu mérites de vivre après un fi beau tour.
DORIS.
Croyez-moy qu'Alcidon n'en fçait guére en amour;
Vous n'euffiez pû m'entendre et vous garder de rire.
Je me tuois moy-mefme à tous coups de luy dire
Que mon ame pour luy n'a que de la froideur,

Et que je luy ressemble en ce que nostre ardeur
Ne s'explique à tous deux point du tout par la bouche,
Enfin que je le quitte.
CHRYSANTE.
Il est donc une souche,
S'il ne peut rien comprendre en ces naïvetez.
Peut-estre y meslois-tu quelques obscuritez?
DORIS.
Pas une, en mots exprès je luy rendois son change,
Et n'ay couvert mon jeu qu'au regard de Florange.
CHRYSANTE.
De Florange! et comment en osois-tu parler?
DORIS.
Je ne me trouvois pas d'humeur à rien céler,
Mais nous nous sçeusmes lors jetter sur l'équivoque.
CHRYSANTE.
Tu vaux trop! c'est ainsi qu'il faut, quand on se moque,
Que le moqué toûjours sorte fort satisfait;
Ce n'est plus, autrement, qu'un plaisir imparfait,
Qui souvent malgré nous se termine en querelle.
DORIS.
Je luy prépare encor une ruse nouvelle
Pour la premiére fois qu'il m'en viendra conter.
CHRYSANTE.
Mais pour en dire trop tu pourras tout gaster.
DORIS.
N'en ayez pas de peur.
CHRYSANTE.
Quoy que l'on se propose,
Assez souvent l'issuë...
DORIS.
On vous veut quelque chose,
Madame, je vous laisse.
CHRYSANTE.
Ouy, va-t'en, il vaut mieux
Que l'on ne traite point cette affaire à tes yeux.

SCÉNE V.

CHRYSANTE, GÉRON.

CHRYSANTE.

Je devine à peu près le sujet qui t'améne,
Mais, sans mentir, mon fils me donne un
[peu de peine,
Et s'emporte si fort en faveur d'un amy
Que je n'ay sçeu gagner son esprit qu'à demy.
Encor une remise, et que tandis Florange
Ne craigne aucunement qu'on luy donne le change ;
Moi-mesme j'ay tant fait que ma fille aujourd'huy,
Le croirois-tu, Géron ? a de l'amour pour luy.

GÉRON.

Florange impatient de n'avoir pas encore
L'entier et libre accès vers l'objet qu'il adore,
Ne pourra consentir à ce retardement.

CHRYSANTE.

Le tout en ira mieux pour son contentement.
Quel plaisir aura-t'il auprès de sa maitresse,
Si mon fils ne l'y voit que d'un œil de rudesse,
Si sa mauvaise humeur ne daigne lui parler,
Ou ne luy parle enfin que pour le quereller?

GÉRON.

Madame, il ne faut point tant de discours frivoles :
Je ne fus jamais homme à porter des paroles
Depuis que j'ay connu qu'on ne les peut tenir.
Si monsieur vostre fils...

CHRYSANTE.

Je l'aperçoy venir.

GÉRON.

Tant mieux, nous allons voir s'il dédira sa mére.

CHRYSANTE.

Sauve-toy, ses regards ne sont que de colére.

SCÈNE VI.

CHRYSANTE, PHILISTE, GÉRON, LYCAS.

PHILISTE.

e voilà donc icy, peste du bien public,
Qui réduis les amours en un sale trafic!
Va pratiquer ailleurs tes commerces infames :
Ce n'est pas où je suis que l'on surprend des femmes.

GÉRON.
Vous me prenez à tort pour quelque suborneur ;
Je ne sortis jamais des termes de l'honneur,
Et Madame elle-mesme a choisi cette voye.

PHILISTE *luy donnant des coups de plat d'épée.*
Tien, porte ce revers à celuy qui t'envoye,
Ceux-cy seront pour toy...

SCÈNE VII.

CHRYSANTE, PHILISTE, LYCAS.

CHRYSANTE.
Mon fils, qu'avez-vous fait?
PHILISTE.
J'ay mis, graces aux Dieux, ma promesse en effet.
CHRYSANTE.
Ainsi vous m'empeschez d'exécuter la mienne.
PHILISTE.
Je ne puis empescher que la vostre ne tienne,
Mais si jamais je trouve icy ce courratier,
Je luy sçauray, Madame, apprendre son métier.
CHRYSANTE.
Il vient sous mon aveu.
PHILISTE.
Vostre aveu ne m'importe,
C'est un fou s'il me voit sans regagner la porte ;
Autrement il sçaura ce que pésent mes coups.
CHRYSANTE.
Est-ce là le respect que j'attendois de vous?

ACTE III.

PHILISTE.
Commandez que le cœur à vos yeux je m'arrache,
Pourveu que mon honneur ne souffre aucune tache;
Je suis prest d'expier avec mille tourmens
Ce que je mets d'obstacle à vos contentemens.
CHRYSANTE.
Souffrez que la raison régle vostre courage.
Considérez, mon fils, quel heur, quel avantage
L'affaire qui se traite apporte à vostre sœur.
Le bien est en ce siécle une grande douceur,
Étant riche on est tout [1]; ajoutez qu'elle mesme
N'aime point Alcidon et ne croit pas qu'il l'aime.
Quoy, voulez-vous forcer son inclination?
PHILISTE.
Vous la forcez vous-mesme à cette élection,
Je suis de ses amours le témoin oculaire.
CHRYSANTE.
Elle se contraignoit seulement pour vous plaire.
PHILISTE.
Elle doit donc encor se contraindre pour moy.
CHRYSANTE.
Et pourquoy luy préscrire une si dure loy?
PHILISTE.
Puisqu'elle m'a trompé, qu'elle en porte la peine.
CHRYSANTE.
Voulez-vous l'attacher à l'objet de sa haine?
PHILISTE.
Je veux tenir parole à mes meilleurs amis,
Et qu'elle tienne aussi ce qu'elle m'a promis.
CHRYSANTE.
Mais elle ne vous doit aucune obéissance.
PHILISTE.
Sa promesse me donne une entiére puissance.
CHRYSANTE.
Sa promesse sans moy ne la peut obliger.
PHILISTE.
Que deviendra ma foy qu'elle a fait engager?

1. Boilsan a dit après Chrysante :
    Quiconque est riche est tout.

CHRYSANTE.
Il la faut révoquer, comme elle la promeffe.
PHILISTE.
Il faudroit donc comme elle avoir l'ame traîtreffe.
Lycas, cours chez Florange, et dy-luy de ma part...
CHRYSANTE.
Quel violent esprit!
PHILISTE.
Que, s'il ne le départ
D'une place chez nous par furprife occupée,
Je ne le trouve point fans une bonne épée.
CHRYSANTE.
Attens un peu. Mon fils...
PHILISTE *à Lycas.*
Marche, mais promptement.
CHRYSANTE *feule.*
Dieux! que cet emporté me donne de tourment!
Que je te plains, ma fille : hélas! pour ta mifére
Les destins ennemis ont fait naître ce frére;
Déplorable, le ciel te veut favorifer
D'une bonne fortune, et tu n'en peux ufer.
Rejoignons toutes deux ce naturel fauvage,
Et tafchons par nos pleurs d'amollir fon courage.

SCÉNE VIII.

CLARICE *dans fon jardin.*

hers confidens de mes defirs,
Beaux lieux, fecrets témoins de mon inquié-
Ce n'eft plus avec des foûpirs,   [tude,
Que je viens abufer de voftre folitude :
Mes tourmens font paffez,
Mes vœux font exaucez,
La joye aux maux fuccéde.
Mon fort en ma faveur change fa dure loy,
Et, pour dire en un mot le bien que je poffède,
Mon Philiste eft à moy.

En vain nos inégalitez
M'avoient avantagée à mon défavantage,
L'amour confond nos qualitez,
Et nous réduit tous deux fous un mefme esclavage.
L'aveugle outrecuidé
Se croiroit mal guidé
Par l'aveugle fortune,
Et fon aveuglement par miracle fait voir
Que, quand il nous failit, l'autre nous importune
Et n'a plus de pouvoir.

Cher Philiste, à préfent tes yeux
Que j'entendois fi bien fans les vouloir entendre,
Et tes propos mystérieux
Par tes rufez détours n'ont plus rien à m'apprendre.
Noftre libre entretien
Ne diffimule rien,
Et ces respects farouches
N'exerçant plus fur nous de fecrettes rigueurs,
L'amour eft maintenant le maiftre de nos bouches
Ainfi que de nos cœurs.

Qu'il fait bon avoir enduré!
Que le plaifir fe goufte au fortir des fupplices!
Et qu'après avoir tant duré,
La peine qui n'eft plus augmente nos délices!
Qu'un fi doux fouvenir
M'apprefte à l'avenir
D'amoureufes tendreffes!
Que mes malheurs finis auront de volupté!
Et que j'estimeray chérement ces careffes
Qui m'auront tant coufté!

Mon heur me femble fans pareil
Depuis qu'en liberté noftre amour m'en affeure,
Je ne croy pas que le foleil...

SCÉNE IX.

CÉLIDAN, ALCIDON, CLARICE, LA NOURRICE.

Célidan *dit ces mots derrière le théatre.*

ocher, atten nous-là.
CLARICE.
D'où provient ce murmure?
ALCIDON.
Il est temps d'avancer, baiffons le tapabort [1].
Moins nous ferons de bruit, moins il faudra d'effort.
CLARICE.
Aux voleurs! au fecours!
LA NOURRICE.
Quoy? des voleurs, Madame?
CLARICE.
Ouy, des voleurs, nourrice.
LA NOURRICE *embraffe les genoux de Clarice et l'empefche de fuir.*
Ah, de frayeur je pafme.
CLARICE.
Laiffe-moy, miférable.
CÉLIDAN.
Allons, il faut marcher,
Madame, vous viendrez.
CLARICE. *Célidan luy met la main fur la bouche.*
Aux vo..
CÉLIDAN. *Il dit ces mots derrière le théatre.*
Touche, cocher.

---

1. "C'est une sorte de bonnet à l'anglaise, qui était fort commode et qu'on portait sur mer, il y a environ 52 ou 53 ans. On dit qu'on portait des *tapabords* au dernier siége de La Rochelle, au moins M. Bouillaud, qui était alors dans sa verte jeunesse, me l'a assuré." (*Dictionnaire de Richelet*, 1680.)

SCÈNE X.

LA NOURRICE, DORASTE, POLYMAS, LISTOR.

LA NOURRICE *seule.*

ortons de paſmoiſon, reprenons la parole;
Il nous faut à grands cris joüer un autre rôle.
Ou je n'y connoy rien, ou j'ay bien pris mon
[temps.
Ils n'en ſeront pas tous également contens,
Et Philiste demain, cette nouvelle ſçeuë,
Sera de belle humeur, ou je ſuis fort deçeuë.
Mais par où vont nos gens? voyons, qu'en ſeureté
Je faſſe aller après par un autre coſté.
A préſent il eſt temps que ma voix s'évertuë.
Aux armes! aux voleurs! on m'égorge, on me tuë,
On enléve Madame; amis, ſecourez-nous;
A la force! aux brigands! au meurtre! accourez tous,
Doraste, Polymas, Listor.

POLYMAS.
Qu'as-tu, nourrice?
LA NOURRICE.
Des voleurs...
POLYMAS.
Qu'ont-ils fait?
LA NOURRICE.
Ils ont ravy Clarice.
POLYMAS.
Comment? ravy Clarice?
LA NOURRICE.
Ouy, ſuivez promptement.
Bons Dieux! que j'ay receu de coups en un moment!
DORASTE.
Suivons-les, mais dy-nous la route qu'ils ont priſe.
LA NOURRICE.
Ils vont tout droit par là. Le ciel vous favoriſe.
Elle eſt ſeule.
O qu'ils en vont abatre! ils ſont morts, c'en eſt fait,

Et leur sang, autant vaut, a lavé leur forfait.
Pourvu que le bon-heur à leurs souhaits réponde,
Ils les rencontreront s'ils font le tour du monde.
Quant à nous, cependant subornons quelques pleurs
Qui servent de témoins à nos fausses douleurs.

Fin du troisiéme acte.

ACTE IV.

SCÈNE PREMIÈRE.

PHILISTE, LYCAS.

PHILISTE.

es voleurs cette nuit ont enlevé Clarice !
Quelle preuve en as-tu ? quel témoin ? quel
   indice ? (bruit.
Ton rapport n'est fondé que sur quelque faux

LYCAS.

Je n'en suis par les yeux, hélas ! que trop instruit;
Les cris de sa nourrice en sa maison déserte
M'ont trop suffisamment asseuré de sa perte.
Seule en ce grand logis elle court haut et bas,
Elle renverse tout ce qui s'offre à ses pas,
Et sur ceux qu'elle voit frape sans reconnoistre.
A peine devant elle oseroit-on paroistre;
De furie elle écume, et fait sans cesse un bruit
Que le desespoir forme, et que la rage suit,
Et parmy ses transports son hurlement farouche
Ne laisse distinguer que Clarice en sa bouche.

PHILISTE.

Ne t'a-t'elle rien dit ?

LYCAS.

Soudain qu'elle m'a veu,
Ces mots ont éclaté d'un transport impréveu :
Va luy dire qu'il perd sa maîtresse et la nostre.
Et puis incontinent me prenant pour un autre,
Elle m'alloit traitter en autheur du forfait,
Mais ma fuite a rendu la fureur sans effet.

PHILISTE.

Elle nomme du moins celuy qu'elle en soupçonne ?

CORNEILLE, I. 16

LYCAS.
Ses confuses clameurs n'en accusent personne,
Et mesme les voisins n'en sçavent que juger.
PHILISTE.
Tu m'apprens seulement ce qui peut m'affliger,
Traistre, sans que je sçache où, pour mon allégeance,
Adresser ma poursuite et porter ma vengeance.
Tu fais bien d'échapper : dessus toy ma douleur
Faute d'un autre objet eust vengé ce malheur.
Malheur d'autant plus grand, que sa source ignorée
Ne laisse aucun espoir à mon ame éplorée,
Ne laisse à ma douleur qui va finir mes jours
Qu'une plainte inutile au lieu d'un prompt secours.
Foible soulagement en un coup si funeste [1],
Mais il s'en faut servir, puisque seul il nous reste.
Plains, Philiste, plains-toy, mais avec des accens
Plus remplis de fureur qu'ils ne sont impuissans;
Fay qu'à force de cris poussez jusqu'en la nuë
Ton mal soit plus connu que sa cause inconnuë,
Fay que chacun le sçache et que par tes clameurs
Clarice, où qu'elle soit [2], apprenne que tu meurs.
　　Clarice, unique objet qui me tiens en servage,
Reçoy de mon ardeur ce dernier témoignage,
Voy comme en te perdant je vay perdre le jour,
Et par mon desespoir juge de mon amour.
Hélas ! pour en juger peut-estre est-ce ta feinte
Qui me porte à dessein cette crüelle atteinte,
Et ton amour, qui doute encor de mes sermens,
Cherche à s'en asseurer par mes ressentiments.
Soupçonneuse beauté, contente ton envie,
Et pren cette asseurance aux dépens de ma vie,
Si ton feu dure encor par mes derniers soûpirs

---

1. Toutes les éditions jusqu'en 1654 inclusivement portent :

　　Vain et foible soulas en un coup si funeste.

2. *Où que* pour *en quelque lieu que, quelque part que*, locution rapide que Corneille a déjà employée Acte IV, sc. 8 de *Clitandre*, qu'il emploiera encore Acte I, sc. 9 de *la Galerie du Palais*, dont J.-J. Rousseau et Buffon ont fait usage après lui, et qu'on aurait bien tort de laisser disparaître de notre langue.

ACTE IV.

Reçois ensemble et perds l'effet de tes desirs.
Alors, ta flame en vain pour Philiste allumée,
Tu luy voudras du mal de t'avoir trop aimée,
Et seure d'une foy que tu crains d'accepter,
Tu pleureras en vain le bon-heur d'en douter.
Que ce penser flateur me dérobe à moy-mesme !
Quel charme à mon trépas de penser qu'elle m'aime,
Et dans mon desespoir qu'il m'est doux d'espérer
Que ma mort à son tour la fera soûpirer !
 Simple, qu'espéres-tu ? sa perte volontaire
Ne veut que te punir d'un amour téméraire,
Ton déplaisir luy plaist, et tous autres tourmens
Luy sembleroient pour toy de légers châtimens.
Elle en rit maintenant, cette belle inhumaine,
Elle pasme de joye au récit de ta peine,
Et choisit pour objet de son affection
Un amant plus sortable à sa condition.
 Pauvre desesperé, que ta raison s'égare !
Et que tu traites mal une amitié si rare !
Après tant de sermens de n'aimer rien que toy,
Tu la veux faire heureuse aux dépens de sa foy,
Tu veux seul avoir part à la douleur commune,
Tu veux seul te charger de toute l'infortune,
Comme si tu pouvois en croissant tes malheurs
Diminüer les siens et l'oster aux voleurs.
N'en doute plus, Philiste, un ravisseur infame
A mis en son pouvoir la reine de ton ame,
Et peut-estre déja ce corsaire effronté
Triomphe insolemment de sa fidelité.
Qu'à ce triste penser ma vigueur diminuë

SCÉNE II.

PHILISTE, DORASTE, POLYMAS, LISTOR.

PHILISTE.

ais voicy de ſes gens. Qu'eſt-elle devenuë ?
Amis, le ſayez-vous ? n'avez-vous rien trouvé
Qui nous puiſſe éclaircir du malheur arrivé ?

DORASTE.

Nous avons fait, Monſieur, une vaine pourſuite.

PHILISTE.

Du moins, vous avez veu des marques de leur fuite ?

DORASTE.

Si nous avions pû voir les traces de leurs pas,
Des brigands ou de nous vous ſçauriez le trépas.
Mais, hélas ! quelque ſoin, et quelque diligence...

PHILISTE.

Ce ſont là des effets de voſtre intelligence.
Traiſtres, ces feints hélas ne ſçauroient m'abuſer.

POLYMAS.

Vous n'avez point, Monſieur, de quoy nous accuſer.

PHILISTE.

Perfides, vous prétez épaule à leur retraite,
Et c'eſt ce qui vous fait me la tenir ſecrette.
Mais voicy... Vous fuyez ! vous avez beau courir,
Il faut me ramener ma maitreſſe, ou mourir.

DORASTE *rentrant avec ſes compagnons cependant que Philiste les cherche derrière le théatre.*

Cédons à ſa fureur, évitons-en l'orage.

POLYMAS.

Ne nous préſentons plus aux transports de ſa rage,
Mais plûtoſt derechef allons ſi bien chercher,
Qu'il n'ait plus au retour ſujet de ſe faſcher.

LISTOR *voyant revenir Philiste, et s'enfuyant avec ſes compagnons.*

Le voilà.

PHILISTE *l'épée à la main et ſeul.*

Qui les oſte à ma juste colére ?

ACTE IV.

Venez de vos forfaits recevoir le falaire...
Infames ſcélérats, venez, qu'eſpérez-vous?
Voſtre fuite ne peut vous ſauver de mes coups.

SCÉNE III.

ALCIDON, CÉLIDAN, PHILISTE.

ALCIDON *met l'épée à la main.*

Philiſte, à la bonne heure! un miracle viſible
T'a rendu maintenant à l'honneur plus ſen-
[ſible
Puiſqu'ainſi tu m'attens les armes à la main.
J'admire avec plaiſir ce changement ſoudain,
Et vay...

CÉLIDAN.
Ne penſe pas ainſi...

ALCIDON.
Laiſſe-nous faire,
C'eſt en homme de cœur qu'il me va ſatisfaire,
Crains-tu d'eſtre témoin d'une bonne action?

PHILISTE.
Dieux! ce comble manquoit à mon affliction.
Que j'éprouve en mon ſort une rigueur crüelle:
Ma maîtreſſe perduë, un amy me querelle.

ALCIDON.
Ta maîtreſſe perduë!

PHILISTE.
Hélas! hier des voleurs...

ALCIDON.
Je n'en veux rien ſçavoir, va le conter ailleurs;
Je ne prens point de part aux intereſts d'un traiſtre,
Et puis qu'il eſt ainſi, le ciel fait bien connoiſtre
Que ſon juſte courroux a ſoin de me venger.

PHILISTE.
Quel plaiſir, Alcidon, prends-tu de m'outrager?
Mon amitié ſe laſſe, et ma fureur m'emporte:
Mon ame pour ſortir ne cherche qu'une porte;
Ne me preſſe donc plus dans un tel deſeſpoir:

J'ay déja fait pour toy par-delà mon devoir;
Te peux-tu plaindre encor de ta place usurpée?
J'ay renvoyé Géron à coups de plat d'épée,
J'ay menacé Florange, et rompu les accords
Qui t'avoient sçeu causer ces violens transports.
ALCIDON.
Entre des cavaliers une offense receuë
Ne se contente point d'une si lasche issuë,
Va m'attendre...
CÉLIDAN.
    Arrétez, je ne permettray pas
Qu'un si funeste mot termine vos débats.
PHILISTE.
Faire icy du fendant tandis qu'on nous sépare,
C'est montrer un esprit lasche autant que barbare.
Adieu, mauvais, adieu, nous nous pourrons trouver,
Et si le cœur t'en dit, au lieu de tant braver,
J'apprendray seul à seul dans peu de tes nouvelles.
Mon honneur souffriroit des taches éternelles
A craindre encor de perdre une telle amitié.

SCÈNE IV.
CÉLIDAN, ALCIDON.
CÉLIDAN.
Mon cœur à ses douleurs s'attendrit de pitié;
Il montre une franchise icy trop naturelle
Pour ne te pas oster tout sujet de querelle.
L'affaire se traitoit sans doute à son desçeu,
Et quelque faux soupçon en ce point t'a déçeu :
Va retrouver Doris, et rendons-luy Clarice.
ALCIDON.
Tu te laisses donc prendre à ce lourd artifice,
A ce piége qu'il dresse afin de me duper?
CÉLIDAN.
Romproit-il ces accords à dessein de tromper?
Que vois-tu là qui sente une supercherie?
ALCIDON.
Je n'y voy qu'un effet de la poltronnerie,

ACTE IV.

Qu'un lafche défaveu de cette trahifon
De peur d'eftre obligé de m'en faire raifon.
Je l'en preffay dès hier, mais fon peu de courage
Aima mieux pratiquer ce rufé témoignage,
Par où m'ebloüiffant il pût un de ces jours
Renoüer fourdement ces müettes amours.
Il en donne en fecret des avis à Florange;
Tu ne le connois pas, c'eft un esprit étrange.

CÉLIDAN.

Quelque étrange qu'il foit, fi tu prens bien ton temps,
Malgré luy tes défirs fe trouveront contens,
Ses offres acceptez, que rien ne le différe :
Après un prompt hymen tu le mets à pis faire.

ALCIDON.

Cét ordre eft infaillible à procurer mon bien,
Mais ton contentement m'eft plus cher que le mien.
Longtemps à mon fujet tes paffions contraintes
Ont fouffert et caché leurs plus vives atteintes;
Il me faut à mon tour en faire autant pour toy :
Hier devant tous les Dieux je t'en donnay ma foy,
Et pour la maintenir tout me fera poffible [1].

CÉLIDAN.

Ta perte en mon bonheur me feroit trop fenfible,
Et je m'en haïrois, fi j'avois confenty
Que mon hymen laiffaft Alcidon fans party.

ALCIDON.

Et bien, pour t'arracher ce scrupule de l'ame,
(Quoy que je n'eus jamais pour elle aucune flame)
J'époufray Clarice. Ainfi puisque mon fort
Veut qu'à mes amitiez je faffe un tel effort,
Que d'un de mes amis j'époufe la maîtreffe,
C'eft là que par devoir il faut que je m'adreffe.
Philiste eft un parjure, et moy ton obligé,

---

1. On lit dans l'édition orignale les deux vers suivants, remplacés dès l'édition de 1644 :

Et, pour la maintenir, j'éteindrai bien ma braife.
CÉLIDAN.
Mais je ne veux point d'heur aux dépens de ton aife.

Il m'a fait un affront, et tu m'en as vengé.
Balancer un tel choix avec inquiétude,
Ce feroit me noircir de trop d'ingratitude.

CÉLIDAN.

Mais te priver pour moy de ce que tu chéris !

ALCIDON.

C'est faire mon devoir en quittant ma Doris,
Et me venger d'un traiſtre épouſant la Clarice.
Mes discours ny mon cœur n'ont aucun artifice.
Je vay pour confirmer tout ce que je t'ay dit
Employer vers Doris mon reste de crédit.
Si je la puis gagner, je te réponds du frére,
Trop heureux à ce prix d'appaiſer ſa colére.

CÉLIDAN.

C'est ainſi que tu veux m'obliger doublement.
Voy ce que je pourray pour ton contentement.

ALCIDON.

L'affaire, à mon avis, deviendroit plus aiſée,
Si Clarice apprenoit une mort ſuppoſée...

CÉLIDAN.

De qui ? de ſon amant ? va, tien pour aſſeuré
Qu'elle croira dans peu ce perfide expiré.

ALCIDON.

Quand elle en aura ſceu la nouvelle funeſte,
Nous aurons moins de peine à la réſoudre au reſte.
On a beau nous aimer, des pleurs ſont toſt ſéchez,
Et les morts ſoudain mis au rang des vieux péchez.

SCÈNE V.

CÉLIDAN.

l me cède à mon gré Doris de bon courage,
Et ce nouveau dessein d'un autre mariage,
Pour eſtre fait ſur l'heure et tout noncha-
[lamment,
Eſt conduit, ce me ſemble, aſſez acortement.
Qu'il en ſçait de moyens ! qu'il a les raiſons preſtes !
Et qu'il trouve à l'instant de prétextes honneſtes
Pour ne point rapprocher de ſon premier amour !

Plus j'y porte la veuë, et moins j'y voy de jour.
M'auroit-il bien caché le fond de sa pensée ?
Ouy, sans doute Clarice a son ame blessée ;
Il se venge en paroles et s'oblige en effet.
On ne le voit que trop, rien ne le satisfait :
Quand on luy rend Doris il s'aigrit davantage.
Je joürois, à ce conte, un joly personnage !
Il s'en faut éclaircir. Alcidon ruse en vain,
Tandis que le succès est encor en ma main,
Si mon soupçon est vray, je luy feray connoistre
Que je ne suis pas homme à seconder un traistre.
Ce n'est point avec moy qu'il faut faire le fin,
Et qui me veut duper en doit craindre la fin.
Il ne vouloit que moy pour luy servir d'escorte,
Et, si je ne me trompe, il n'ouvrit point la porte ;
Nous estions attendus, on secondoit nos coups :
La nourrice parut en mesme temps que nous,
Et se pasma soudain avec tant de justesse
Que cette pasmoison nous livra sa maistresse.
Qui luy pourroit un peu tirer les vers du nez,
Que nous verrions demain des gens bien étonnez !

SCÉNE VI.

CÉLIDAN, LA NOURRICE.

LA NOURRICE.

h !

CÉLIDAN.
J'entens des soûpirs.
LA NOURRICE.
Destins !
CÉLIDAN.
C'est la nourrice.
Qu'elle vient à propos !
LA NOURRICE.
Ou rendez-moy Clarice !
CÉLIDAN.
Il la faut aborder.

LA NOURRICE.
Ou me donnez la mort.

CÉLIDAN.
Qu'est-ce? qu'as-tu, nourrice, à t'affliger si fort?
Quel funeste accident? quelle perte arrivée?

LA NOURRICE.
Perfide, c'est donc toy qui me l'as enlevée?
En quel lieu la tiens-tu? dy moy, qu'en as-tu fait?

CÉLIDAN.
Ta douleur sans raison m'impute ce forfait,
Car enfin je t'entends, tu cherches ta maitresse?

LA NOURRICE.
Ouy, je te la demande, ame double et traitresse.

CÉLIDAN.
Je n'ay point eu de part en cét enlévement,
Mais je t'en diray bien l'heureux évenement.
Il ne faut plus avoir un vilage si triste,
Elle est en bonne main.

LA NOURRICE.
De qui?

CÉLIDAN.
De son Philiste.

LA NOURRICE.
Le cœur me le disoit, que ce rusé flateur
Devoit estre du coup le véritable autheur.

CÉLIDAN.
Je ne dis pas cela, nourrice; du contraire,
Sa rencontre à Clarice étoit fort nécessaire.

LA NOURRICE.
Quoy? l'a-t-il délivrée?

CÉLIDAN.
Ouy.

LA NOURRICE.
Bons dieux!

CÉLIDAN.
Sa valeur
Oste ensemble la vie et Clarice au voleur.

LA NOURRICE.
Vous ne parlez que d'un.

ACTE IV.

CÉLIDAN.
                    L'autre ayant pris la fuite,
Philiste a négligé d'en faire la poursuite.
            LA NOURRICE.
Leur carosse roulant comme il est advenu...
            CÉLIDAN.
Tu m'en veux informer en vain par le menu;
Peut estre un mauvais pas, une branche, une pierre
Fit verser leur carosse et les jeta par terre,
Et Philiste eut tant d'heur que de les rencontrer
Comme eux et ta maistresse étoient prests d'y rentrer.
            LA NOURRICE.
Cette heureuse nouvelle a mon ame ravie.
Mais le nom de celuy qu'il a privé de vie?
            CÉLIDAN.
C'est... je l'aurois nommé mille fois en un jour...
Que ma mémoire icy me fait un mauvais tour!
C'est un des bons amis que Philiste eust au monde...
Resve un peu comme moy, nourrice, et me seconde.
            LA NOURRICE.
Donnez-m'en quelque adresse.
            CÉLIDAN.
                    Il se termine en *don*.
C'est... j'y suis, peu s'en faut, atten, c'est...
            LA NOURRICE.
                            Alcidon?
            CÉLIDAN.
T'y voila justement.
            LA NOURRICE.
            Est-ce luy? quel dommage,
Qu'un brave gentilhomme en la fleur de son âge...
Touteffois il n'a rien qu'il n'ait bien mérité,
Et, graces aux bons dieux, son dessein avorté...
Mais du moins en mourant il nomma son complice.
            CÉLIDAN.
C'est-là le pis pour toy.
            LA NOURRICE.
                Pour moy!
            CÉLIDAN.
                    Pour toy, nourrice.

LA NOURRICE.

Ah, le traiſtre !

CÉLIDAN.

Sans doute il te vouloit du mal.

LA NOURRICE.

Et m'en pourroit-il faire ?

CÉLIDAN.

Ouy, ſon rapport fatal...

LA NOURRICE.

Ne peut rien contenir que je ne le dénie.

CÉLIDAN.

En effet ce rapport n'eſt qu'une calomnie ;
Ecoute cependant. Il a dit qu'à ton ſçeu
Ce malheureux deſſein avoit été conçeu,
Et que, pour empeſcher la fuite de Clarice,
Ta feinte paſmoiſon luy fit un bon office ;
Qu'il trouva le jardin par ton moyen ouvert.

LA NOURRICE.

De quels damnables tours cét impoſteur ſe ſert !
Non, Monſieur, à préſent il faut que je le die,
Le ciel ne vit jamais de telle perfidie.
Ce traiſtre aimoit Clarice, et bruſlant de ce feu,
Il n'amuſoit Doris que pour couvrir ſon jeu ;
Depuis près de ſix mois il a taſché ſans ceſſe
D'acheter ma faveur auprès de ma maitreſſe ;
Il n'a rien épargné qui fuſt en ſon pouvoir.
Mais, me voyant toûjours ferme dans le devoir,
Et que pour moy ſes dons n'avoient aucune amorce,
Enfin il a voulu recourir à la force.
Vous ſçavez le ſurplus, vous voyez ſon effort
A ſe venger de moy pour le moins en ſa mort ;
Piqué de mes refus, il me fait criminelle,
Et mon crime ne vient que d'eſtre trop fidelle.
Mais, Monſieur, le croit-on ?

CÉLIDAN.

N'en doute aucunement :
Le bruit eſt qu'on t'apreſte un rude chaſtiment.

LA NOURRICE.

Las ! que me dites-vous ?

ACTE IV.

CÉLIDAN.
Ta maîtresse en colère
Jure que tes forfaits recevront leur salaire,
Surtout elle s'aigrit contre ta pasmoison;
Si tu veux éviter une infame prison,
N'atten pas son retour.

LA NOURRICE.
Où me voy-je réduite,
Si mon salut dépend d'une soudaine fuite?
Et mon esprit confus ne sçait où l'adresser !

CÉLIDAN.
J'ay pitié des malheurs qui te viennent presser.
Nourrice, fay chez moy, si tu veux, ta retraite,
Autant qu'en lieu du monde elle y sera secrette.

LA NOURRICE.
Oserois-je espérer que la compassion...

CÉLIDAN.
Je prens ton innocence en ma protection.
Va, ne pers point de temps : estre icy davantage
Ne pourroit à la fin tourner qu'à ton dommage;
Je te suivray de l'œil, et ne dis encor rien
Comme après je sçauray m'employer pour ton bien.
Durant l'éloignement ta paix se pourra faire.

LA NOURRICE.
Vous me serez, Monsieur, comme un Dieu tutélaire.

CÉLIDAN.
Tréve pour le present de ces remercimens,
Va, tu n'as pas loisir de tant de complimens.

SCÉNE VII.

CÉLIDAN.

Voilà mon homme pris, et ma vieille attrapée.
Vraiment, un mauvais conte aisément l'a
[dupée,
Je la croyois plus fine, et n'eusse pas pensé
Qu'un discours sur le champ par hazard commencé,
Dont la suite non plus n'alloit qu'à l'aventure,

Pûſt donner à ſon ame une telle torture,
La jetter en deſordre, et brouiller ſes reſſorts.
Mais la raiſon le veut, c'eſt l'effet des remords;
Le cuiſant ſouvenir d'une action méchante
Soudain au moindre mot nous donne l'épouvante.
Mettons-la cependant en lieu de ſeureté,
D'où nous ne craignions rien de ſa ſubtilité;
Après, nous ferons voir qu'il me faut d'une affaire
Ou du tout ne rien dire, ou du tout ne rien taire,
Et que, depuis qu'on jouë à ſurprendre un amy,
Un trompeur en moy trouve un trompeur et demy.

SCÉNE VIII.

ALCIDON, DORIS.

DORIS.

'eſt donc pour un amy que tu veux que mon ame
Allume à ta prière une nouvelle flame ?
ALCIDON.
Ouy, de tout mon pouvoir je t'en viens conjurer.
DORIS.
A ce coup, Alcidon, voila te déclarer;
Ce compliment, fort beau pour des ames glacées,
M'eſt un aveu bien clair de tes feintes paſſées.
ALCIDON.
Ne parle point de feinte : il n'appartient qu'à toy
D'eſtre diſſimulée et de manquer de foy.
L'effet l'a trop montré.
DORIS.
L'effet a dû t'apprendre,
Quand on feint avec moy, que je ſçay bien le rendre.
Mais je reviens à toy. Tu fais donc tant de bruit
Afin qu'après un autre en recueille le fruit,
Et c'eſt à ce deſſein que ta fauſſe colére
Abuſe inſolemment de l'eſprit de mon frére ?
ALCIDON.
Ce qu'il a pris de part en mes reſſentimens
Apporte ſeul du trouble à tes contentemens,

Et pour moy, qui voy trop ta haine par ce change
Qui t'a fait fans raifon me préférer Florange,
Je n'ofe plus t'offrir un fervice odieux.
DORIS.
Tu ne fais pas tant mal; mais pour faire encor mieux,
Puisque tu reconnois ma véritable haine,
De moy ny de mon choix ne te mets point en peine.
C'eft trop manquer de fens; je te prie, eft-ce à toy,
A l'objet de ma haine, à difpofer de moy?
ALCIDON.
Non, mais puisque je vois à mon peu de mérite
De ta poffeffion l'espérance interdite,
Je fentirois mon mal puiffamment foulagé,
Si du moins un amy m'en étoit obligé.
Ce cavalier au refte a tous les avantages
Que l'on peut remarquer aux plus braves courages,
Beau de corps et d'esprit, riche, adroit, valeureux,
Et fur tout de Doris à l'extrême amoureux.
DORIS.
Toutes ces qualitez n'ont rien qui me déplaife,
Mais il en a de plus une autre fort mauvaife,
C'eft qu'il eft ton amy : cette feule raifon
Me le feroit haïr fi j'en fçavois le nom.
ALCIDON.
Donc pour le bien fervir il faut icy le taire?
DORIS.
Et de plus luy donner cét avis falutaire,
Que, s'il eft vray qu'il m'aime et qu'il veuille eftre aimé,
Quand il m'entretiendra, tu ne fois point nommé;
Qu'il n'espére autrement de réponfe que trifte.
J'ay dépit que le fang me lie avec Philifte,
Et qu'ainfi malgré moy j'aime un de tes amis.
ALCIDON.
Tu feras quelque jour d'un esprit plus remis.
Adieu. Quoy qu'il en foit, fouvien-toy, dédaigneufe,
Que tu hais Alcidon qui te veut rendre heureufe.
DORIS.
Va, je ne veux point d'heur qui parte de ta main.

SCÉNE IX.

DORIS.

Qu'aux filles comme moy le fort est inhumain!
Que leur condition se trouve déplorable!
Une mére aveuglée, un frére inéxorable,
Chacun de son costé, prennent sur mon de- [voir
Et sur mes volontez un absolu pouvoir.
Chacun me veut forcer à suivre son caprice.
L'un a ses amitiez, l'autre a son avarice :
Ma mére veut Florange, et mon frére Alcidon.
Dans leurs divisions mon cœur à l'abandon
N'attend que leur accord pour souffrir et pour feindre.
Je n'ose qu'espérer et je ne sçay que craindre,
Ou plûtost, je crains tout et je n'espére rien;
Je n'ose fuir mon mal ny rechercher mon bien.
Dure sujétion! étrange tyrannie!
Toute liberté donc à mon choix se dépie!
On ne laisse à mes yeux rien à dire à mon cœur,
Et par force un amant n'a de moy que rigueur.
Cependant il y va du reste de ma vie,
Et je n'ose écouter tant soit peu mon envie.
Il faut que mes desirs toûjours indifférens
Aillent sans résistance au gré de mes parens,
Qui m'appreftent peut-estre un brutal, un sauvage,
Et puis, cela s'appelle une fille bien sage.
Ciel, qui vois ma misére, et qui fais les heureux,
Pren pitié d'un devoir qui m'est si rigoureux.

Fin du quatriéme acte.

ACTE V.

SCÉNE PREMIÉRE.

CÉLIDAN, CLARICE.

CÉLIDAN.

N'espérez pas, Madame, avec cét artifice,
Apprendre du forfait l'autheur ny le complice,
Je chéris l'un et l'autre, et croy qu'il m'est permis
De conferver l'honneur de mes plus chers amis.
L'un aveuglé d'amour ne jugea point de blafme
A ravir la beauté qui luy raviffoit l'ame,
Et l'autre l'affifta par importunité :
C'est ce que vous fçaurez de leur témérité.

CLARICE.

Puifque vous le voulez, Monfieur, je fuis contente
De voir qu'un bon fuccès a trompé leur attente,
Et, me réfolvant mefme à perdre à l'avenir
De toute ma douleur l'odieux fouvenir,
J'eftime que la perte en fera plus aifée
Si j'ignore les noms de ceux qui l'ont caufée.
C'eft affez que je fçay qu'à voftre heureux fecours
Je doy tout le bonheur du refte de mes jours.
Philifte autant que moy vous en eft redevable;
S'il a fçeu mon malheur il eft inconfolable,
Et dans fon defefpoir fans doute qu'aujourd'huy
Vous luy rendez la vie en me rendant à luy.
Difpofez du pouvoir et de l'un et de l'autre;
Ce que vous y verrez tenez-le comme au voftre,

Et souffrez cependant qu'on le puisse avertir,
Que nos maux en plaisirs se doivent convertir.
La douleur trop long-temps régne sur son courage.
CÉLIDAN.
C'est à moy qu'appartient l'honneur de ce message,
Mon secours sans cela, comme de nul effet,
Ne vous auroit rendu qu'un service imparfait.
CLARICE.
Après avoir rompu les fers d'une captive,
C'est tout de nouveau prendre une peine excessive,
Et l'obligation que j'en vay vous avoir
Met la revanche hors de mon peu de pouvoir :
Ainsi doresnavant, quelque espoir qui me flate,
Il faudra malgré moi que j'en demeure ingrate.
CÉLIDAN.
En quoy que mon service oblige vostre amour,
Vos seuls remercimens me mettent à retour.

SCÉNE II.
CÉLIDAN.

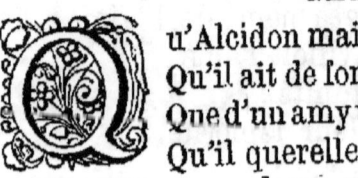

u'Alcidon maintenant soit de feu pour Clarice
Qu'il ait de son party sa traistresse nourrice,
Que d'un amy trop simple il fasse un ravisseur,
Qu'il querelle Philiste et néglige sa sœur ;
Enfin qu'il aime, dupe, enléve, feigne, abuse,
Je trouve mieux que lui mon conte dans sa ruse ;
Son artifice m'aide, et succéde si bien
Qu'il me donne Doris et ne luy laisse rien.
Il semble n'enlever qu'à dessein que je rende,
Et que Philiste, après une faveur si grande,
N'ose me refuser celle dont les transports
Et les faux mouvemens font rompre les accords.
Ne m'offre plus Doris, elle m'est toute acquise :
Je ne la veux devoir, traistre, qu'à ma franchise.
Il suffit que ta ruse ait dégagé sa foy ;
Cesse tes complimens, je l'auray bien sans toy.
Mais pour voir ces effets allons trouver le frére ;
Nostre heur s'accorde mal avecque sa misére,
Et ne peut s'avancer qu'en luy disant le sien.

SCÉNE III.

ALCIDON, CÉLIDAN.

CÉLIDAN.

h, je cherchois une heure avec toy d'entre-[tien,
Ta rencontre jamais ne fut plus opportune.

ALCIDON.

En quel point as-tu mis l'état de ma fortune ?

CÉLIDAN.

Tout va le mieux du monde ; il ne se pouvoit pas
Avec plus de fuccès fuppofer un trépas :
Clarice au défespoir croit Philiste fans vie.

ALCIDON.

Et l'autheur de ce coup ?

CÉLIDAN.

Celuy qui l'a ravie,
Un amant inconnu dont je luy fais parler.

ALCIDON.

Elle a donc bien jeté des injures en l'air ?

CÉLIDAN.

Cela s'en va fans dire.

ALCIDON.

Ainfi rien ne l'appaise ?

CÉLIDAN.

Si je te difois tout, tu mourrois de trop d'aife.

ALCIDON.

Je n'en veux point qui porte une fi dure loy.

CÉLIDAN.

Dans ce grand defespoir elle parle de toy.

ALCIDON.

Elle parle de moy !

CÉLIDAN.

J'ay perdu ce que j'aime,
(Dit elle) *mais du moins fi cét autre luy-mefme,*
Son fidelle Alcidon, m'en confoloit icy !

ALCIDON.

Tout de bon ?

CÉLIDAN.
Son esprit en paroiſt adoucy.
ALCIDON.
Je ne me penſois pas ſi fort dans ſa mémoire.
Mais non, cela n'eſt point, tu m'en donnes à croire.
CÉLIDAN.
Tu peux dans ce jour meſme en voir la vérité.
ALCIDON.
J'accepte le party par curioſité.
Dérobons-nous ce ſoir pour luy rendre viſite.
CÉLIDAN.
Tu verras à quel point elle met ton mérite.
ALCIDON.
Si l'occaſion s'offre on peut la dispoſer,
Mais comme ſans deſſein...
CÉLIDAN.
J'entens, à t'épouſer.
ALCIDON.
Nous pourrons feindre alors que par ma diligence
Le concierge, rendu de mon intelligence,
Me donne un accès libre aux lieux de ſa priſon;
Que déja quelque argent m'en a fait la raiſon,
Et que, s'il en faut croire une juste espérance,
Les pistoles dans peu feront ſa délivrance,
Pourveu qu'un prompt hymen ſuccéde à mes deſirs.
CÉLIDAN.
Que cette invention t'aſſeure de plaiſirs!
Une ſubtilité ſi dextrement tiſſuë
Ne peut jamais avoir qu'une admirable iſſuë.
ALCIDON.
Mais l'éxécution ne s'en doit pas ſurſeoir.
CÉLIDAN.
Ne différe donc point, je t'attens vers le ſoir;
N'y manque pas. Adieu, j'ay quelque affaire en ville.
ALCIDON ſeul.
O l'excellent amy! qu'il a l'esprit docile!
Pouvois-je faire un choix plus commode pour moy!
Je trompe tout le monde avec ſa bonne foy:
Et quant à ſa Doris, ſi ſa pourſuite eſt vaine,
C'eſt dequoy maintenant je ne ſuis guére en peine,

Acte V.

Puisque j'auray mon conte, il m'importe fort peu
Si la coquette agrée ou néglige fon feu.
Mais je ne fonge pas que ma joye imprudente
Laiffe en perpléxité ma chére confidente,
Avant que de partir il faudra fur le tard
De nos heureux fuccès luy faire quelque part.

SCÉNE IV.

CHRYSANTE, PHILISTE, DORIS.

Chrysante.

Je ne le puis céler, bien que j'y compatiffe,
Je trouve en ton malheur quelque peu de
[justice,
Le ciel venge ta fœur : ton fol emportement
A rompu fa fortune et chaffé fon amant,
Et tu vois auffi-toft la tienne renverfée,
Ta maîtreffe par force en d'autres mains paffée [1].
Cependant Alcidon, que tu crois r'appeler,
Toujours de plus en plus s'obftine à quereller.

Philiste.

Madame, c'eft à vous que nous devons nous prendre
De tous les déplaifirs qu'il nous en faut attendre :
D'un fi honteux affront le cuifant fouvenir
Éteint toute autre ardeur que celle de punir.
Ainfi mon mauvais fort m'a bien ôté Clarice,
Mais du refte accufez voftre feule avarice.
Madame, nous perdons par voftre aveuglement,
Voftre fils un amy, voftre fille un amant.

Doris.

Oftez ce nom d'amour : le fard de fon langage
Ne m'empefcha jamais de voir dans fon courage,
Et nous étions tous deux femblables en ce point
Que nous feignions d'aimer ce que nous n'aimions point.

Philiste.

Ce que vous n'aimiez point! jeune diffimulée,

---

1. Toutes les éditions jusqu'à 1654 inclufivement portent :
   Ta maîtreffe ravie et peut-eftre forcée.

Falloit-il donc souffrir d'en estre cajolée ?
DORIS.
Il le falloit souffrir, ou vous desobliger.
PHILISTE.
Dites qu'il vous falloit un esprit moins léger.
CHRYSANTE.
Célidan vient d'entrer, fais un peu de silence,
Et du moins à ses yeux cache ta violence.

SCÉNE V.

PHILISTE, CHRYSANTE, CÉLIDAN, DORIS.

PHILISTE à *Célidan*.

Et bien, que dit, que fait nostre amant irrité ?
Persiste-t-il encor dans sa brutalité ?
CÉLIDAN.
Quitte pour aujourd'huy le soin de tes querelles,
J'ay bien à te conter de meilleures nouvelles :
Les ravisseurs n'ont plus Clarice en leur pouvoir.
PHILISTE.
Amy, que me dis-tu ?
CÉLIDAN.
Ce que je viens de voir.
PHILISTE.
Et de grace, où voit-on le sujet que j'adore ?
Dy-moy le lieu.
CÉLIDAN.
Le lieu ne se dit pas encore.
Celuy qui te la rend te veut faire une loy.
PHILISTE.
Après cette faveur, qu'il dispose de moy,
Mon possible est à luy.
CÉLIDAN.
Donc sous cette promesse
Tu peux dans son logis aller voir ta maîtresse.
Ambassadeur exprés...

SCÈNE VI.
CHRYSANTE, CÉLIDAN, DORIS.

CHRYSANTE.
Son feu précipité
Luy fait faire envers vous une incivilité :
Vous la pardonnerez à cette ardeur trop forte,
Qui, fans vous dire adieu, vers fon objet l'emporte.
CÉLIDAN.
C'eft comme doit agir un véritable amour ;
Un feu moindre eut fouffert quelque plus long féjour,
Et nous voyons affez par cette expérience
Que le lien eft égal à fon impatience.
Mais, puis qu'ainfi le ciel rejoint ces deux amans
Et que tout fe difpofe à vos contentemens,
Pour m'avancer aux miens, oferois-je, Madame,
Offrir à tant d'appas un cœur qui n'eft que flame,
Un cœur fur qui fes yeux, de tout temps abfolus,
Ont imprimé des traits qui ne s'effacent plus ?
J'ay crû par le paffé qu'une ardeur mutüelle
Uniffoit les efprits et d'Alcidon et d'elle,
Et qu'en ce cavalier fon defir arrêté
Prendroit tous autres vœux pour importunité :
Cette feule raifon m'obligeant à me taire,
Je trahiffois mon feu de peur de luy déplaire.
Mais aujourd'huy qu'un autre, en fa place receu,
Me fait voir clairement combien j'étois déceu,
Je ne condamne plus mon amour au filence,
Et viens faire éclater toute fa violence.
Souffrez que mes defirs, fi long-temps retenus,
Rendent à fa beauté des vœux qui luy font dûs ;
Et, du moins par pitié d'un fi crüel martire,
Permettez quelque efpoir à ce cœur qui foûpire.
CHRYSANTE.
Voftre amour pour Doris eft un fi grand bonheur
Que je voudrois fur l'heure en accepter l'honneur ;
Mais vous voyez le point où me réduit Philifte,
Et comme fon caprice à mes fouhaits réfifte.
Trop chaud amy qu'il eft, il s'emporte à tous coups

Pour un fourbe infolent qui fe moque de nous.
Honteufe qu'il me force à manquer de promeffe,
Je n'ofe vous donner une réponfe expreffe,
Tant je crains de fa part un defordre nouveau.
CÉLIDAN.
Vous me tüez, Madame, et cachez le coûteau;
Sous ce détour discret un refus fe colore.
CHRYSANTE.
Non, Monfieur, croyez-moy, voftre offre nous honore,
Auffi dans le refus j'aurois peu de raifon;
Je connoy voftre bien, je fçay votre maifon;
Voftre pére jadis (hélas, que cette histoire
Encor fur mes vieux ans m'eft douce en la mémoire!)
Voftre feu pére, dy-je, eut de l'amour pour moy;
J'étois fon cher objet, et maintenant je voy
Que, comme par un droit fucceffif de famille,
L'amour qu'il eut pour moy vous l'avez pour ma fille.
S'il m'aimoit je l'aimois, et les feules rigueurs
De fes crüels parens diviférent nos cœurs.
On l'éloigna de moy par ce maudit ufage
Qui n'a d'égard qu'aux biens pour faire un mariage,
Et fon pére jamais ne fouffrit fon retour
Que ma foy n'euft ailleurs engagé mon amour.
En vain à cet hymen j'opposay ma constance,
La volonté des miens vainquit ma réfistance.
Mais je reviens à vous, en qui je voy portraits
De fes perfections les plus aimables traits :
Afin de vous ofter deformais toute crainte
Que deffous mes discours fe cache aucune feinte,
Allons trouver Philiste, et vous verrez alors
Comme en voftre faveur je feray mes efforts.
CÉLIDAN.
Si de ce cher objet j'avois mefme affeurance,
Rien ne pourroit jamais troubler mon espérance.
DORIS.
Je ne fçay qu'obéïr, et n'ay point de vouloir.
CÉLIDAN.
Employer contre vous un abfolu pouvoir!
Ma flame d'y penfer fe tiendroit criminelle.

CHRYSANTE.
Je connoy bien ma fille, et je vous réponds d'elle,
Dépefchons feulement d'aller vers ces amans.
CÉLIDAN.
Allons, mon heur dépend de vos commandemens.

SCÉNE VII.

PHILISTE, CLARICE.

PHILISTE.
Ma douleur, qui s'obstine à combattre ma joye,
Pouffe encor des foûpirs bien que je vous revoye,
Et l'excés des plaifirs qui me viennent charmer
Meffe dans ces douceurs je ne fçay quoy d'amer.
Mon ame en eft enfemble et ravie et confufe :
D'un peu de lafcheté voftre retour m'accufe,
Et voftre liberté me reproche aujourd'huy
Que mon amour la doit à la pitié d'autruy.
Elle me comble d'aife et m'accable de honte ;
Celuy qui vous la rend en m'obligeant m'affronte.
Un coup fi glorieux n'appartenoit qu'à moy.
CLARICE.
Vois-tu dans mon esprit des doutes de ta foy ?
Y vois-tu des foupçons qui bleffent ton courage,
Et dispofent ta bouche à ce fafcheux langage ?
Ton amour et tes foins trompez par mon malheur,
Ma prifon inconnuë a bravé ta valeur ;
Que t'importe à préfent qu'un autre m'en délivre,
Puisque c'eft pour toy feul que Clarice veut vivre,
Et que d'un tel orage en bonace réduit
Célidan a la peine et Philiste le fruit ?
PHILISTE.
Mais vous ne dites pas que le point qui m'afflige
C'eft la reconnoiffance où l'honneur vous oblige ;
Il vous faut étre ingrate, ou bien à l'avenir
Luy garder en voftre ame un peu de fouvenir.
La mienne en eft jaloufe, et trouve ce partage,
Quelque inégal qu'il foit, à fon defavantage,

Je ne puis le fouffrir : nos penfers à tous deux
Ne devroient, à mon gré, parler que de nos feux ;
Tout autre objet que moy dans voftre esprit me pique.
CLARICE.
Ton humeur, à ce conte, eft un peu tyrannique ;
Penfes-tu que je veuille un amant fi jaloux ?
PHILISTE.
Je tafche d'imiter ce que je vois en vous ;
Mon esprit amoureux, qui vous tient pour fa reine,
Fait de vos actions fa régle fouveraine.
CLARICE.
Je ne puis endurer ces propos outrageux.
Où me vois-tu jaloufe afin d'eftre ombrageux ?
PHILISTE.
Quoy ! ne l'étiez-vous point l'autre jour qu'en vifite
J'entretins quelque temps Bélinde et Chryfolite ?
CLARICE.
Ne me reproche point l'excés de mon amour.
PHILISTE.
Mais permettez-moy donc cét excès à mon tour.
Eft-il rien de plus juste, ou de plus équitable ?
CLARICE.
Encor pour un jaloux tu feras fort traitable,
Et n'és pas maladroit en ces doux entretiens
D'acculer mes defauts pour excufer les tiens.
Par cette liberté tu me fais bien paroiftre
Que tu crois que l'hymen t'ait déja rendu maiftre,
Puisque, laiffant les vœux et les fubmiffions,
Tu me dis feulement mes imperfections.
Philiste, c'eft douter trop peu de ta puiffance,
Et prendre avant le temps un peu trop de licence ;
Nous avions notre hymen à demain arrêté,
Mais, pour te bien punir de cette liberté,
De plus de quatre jours ne croy pas qu'il s'achéve.
PHILISTE.
Mais fi durant ce temps quelqu'autre vous enléve,
Avez-vous feureté que pour voftre fecours
Le mefme Célidan fe rencontre toûjours ?
CLARICE.
Il faut fçavoir de luy s'il prendroit cette peine.

Acte V.

Voy ta mére et ta sœur, que vers nous il améne.
Sa réponse rendra nos débats terminez.
Philiste.
Ah! mére, sœur, amy, que vous m'importunez!

SCÉNE VIII.

CHRYSANTE, DORIS, CÉLIDAN, CLARICE, PHILISTE.

Chrysante à Clarice.
Je viens après mon fils vous rendre une asseurance,
De la part que je prens en votre délivrance,
Et mon cœur tout à vous ne sçauroit endurer
Que mes humbles devoirs osent le différer.
Clarice à Chrysante.
N'usez point de ce mot vers celle dont l'envie
Est de vous obéïr le reste de sa vie,
Que son retour rend moins à soy-mesme qu'à vous :
Ce brave cavalier accepté pour époux,
C'est à moy desormais, entrant dans sa famille,
A vous rendre un devoir de servante et de fille;
Heureuse mille fois, si le peu que je vaux
Ne vous empesche point d'excuser mes defauts,
Et si vostre bonté d'un tel choix se contente.
Chrysante à Clarice.
Dans ce bien excessif qui passe mon attente
Je soupçonne mes sens d'une infidélité,
Tant ma raison s'oppose à ma crédulité.
Surprise que je suis d'une telle merveille,
Mon esprit tout confus doute encor si je veille,
Mon ame en est ravie, et ces ravissemens
M'ostent la liberté de tous remercimens.
Doris à Clarice.
Souffrez qu'en ce bonheur mon zéle m'enhardisse
A vous offrir, Madame, un fidelle service.
Clarice à Doris.
Et moy sans compliment qui vous farde mon cœur
Je vous offre et demande une amitié de sœur.

Philiste à Célidan.

Toy, sans qui mon malheur étoit inconsolable,
Ma douleur sans espoir, ma perte irréparable,
Qui m'as seul obligé plus que tous mes amis,
Puis que je te doy tout, que je t'ay tout promis,
Cesse de me tenir dedans l'incertitude,
Dy moy par où je puis sortir d'ingratitude,
Donne-moy le moyen après un tel bien-fait
De réduire pour toy ma parole en effet.

Célidan à Philiste

S'il est vray que ta flame et celle de Clarice
Doivent leur bonne issuë à mon peu de service,
Qu'un bon succès par moy réponde à tous vos vœux,
J'ose t'en demander un pareil à mes feux :
J'ose te demander, sous l'aveu de Madame,
Ce digne et seul objet de ma secrette flame,
Cette sœur que j'adore, et qui, pour faire un choix,
Attend de ton vouloir les favorables loix.

Philiste à Célidan.

Ta demande m'étonne ensemble et m'embarrasse,
Sur ton meilleur amy tu brigues cette place,
Et tu sçais que ma foy la réserve pour luy.

Chrysante à Philiste.

Si tu n'as entrepris de m'accabler d'ennuy,
Ne te fay point ingrat pour une ame si double.

Philiste à Célidan.

Mon esprit divisé de plus en plus se trouble ;
Dispense-moy, de grace, et songe qu'avant toy
Ce bizarre Alcidon tient en gage ma foy.
Si mon amour est grand, l'excusé t'est sensible,
Mais je ne t'ay promis que ce qui m'est possible,
Et cette foy donnée oste de mon pouvoir
Ce qu'à nostre amitié je me sçay trop devoir.

Chrysante à Philiste.

Ne te ressouvien plus d'une vieille promesse,
Et juge en regardant cette belle maîtresse
Si celuy qui pour toy l'oste à son ravisseur
N'a pas bien mérité l'échange de ta sœur.

Clarice à Chrysante.

Je ne sçaurois souffrir qu'en ma présence on die

Qu'il doive m'acquérir par une perfidie,
Et pour un tel amy luy voir si peu de foy,
Me feroit redouter qu'il en eust moins pour moy,
Mais Alcidon survient: nous l'allons voir luy-mesme
Contre un rival et vous disputer ce qu'il aime.

SCÉNE IX.

CLARICE, ALCIDON, CHRYSANTE, CÉLIDAN, PHILISTE, DORIS.

CLARICE à Alcidon.

Mon abord t'a surpris, tu changes de couleur,
Tu me croyois sans doute encor dans le mal-
[heur,
Voicy qui m'en délivre, et n'étoit que Philiste
A ses nouveaux desseins en ta faveur résiste,
Cét amy si parfait qu'entre tous tu chéris
T'auroit pour récompense enlevé ta Doris.

ALCIDON.

Le desordre éclatant qu'on voit sur mon visage
N'est que l'effet trop prompt d'une soudaine rage :
Je forcéne de voir que sur vostre retour
Ce traistre asseure ainsi ma perte et son amour.
Perfide, à mes dépens tu veux donc des maîtresses,
Et, mon honneur perdu, tu gagnes leurs caresses?

CÉLIDAN à Alcidon.

Quoy, j'ay sceu jusqu'icy cacher tes laschetez,
Et tu m'oses couvrir de ces indignitez!
Cesse de m'outrager, ou le respect des dames
N'est plus pour contenir celuy que tu diffames.

PHILISTE à Alcidon.

Cher amy, ne crains rien, et demeure asseuré
Que je sçay maintenir ce que je t'ay juré;
Pour t'enlever ma sœur il faut m'arracher l'ame.

ALCIDON à Philiste.

Non, non, il n'est plus temps de déguiser ma flame,
Il te faut malgré moy faire un honteux aveu
Que si mon cœur brusloit, c'étoit d'un autre feu.

Amy, ne cherche plus qui t'a ravy Clarice :
Voici l'autheur du coup, et voila le complice.
Adieu, ce mot lasché, je te suis en horreur.

SCÉNE X.

CHRYSANTE, CLARICE, PHILISTE, CÉLIDAN, DORIS.

CHRYSANTE *à Philiste.*

Et bien, rebelle, enfin sortiras tu d'erreur?
  CÉLIDAN *à Philiste.*   [mystère
Puis que son desespoir vous découvre un
Que ma discrétion vous avoit voulu taire,
C'est à moy de montrer quel étoit mon dessein.
Il est vray qu'en ce coup je luy prétay la main :
La peur que j'eus alors qu'après ma résistance
Il ne trouvast ailleurs trop fidelle assistance...
  PHILISTE *à Célidan.*
Quittons-là ce discours, puisqu'en cette action
La fin m'éclaircit trop de ton intention,
Et ta sincérité se fait assez connoistre.
Je m'obstinois tantost dans le party d'un traistre,
Mais, au lieu d'affoiblir vers toy mon amitié,
Un tel aveuglement te doit faire pitié.
Plain moy, plain mon malheur, plain mon trop de
Qu'un amy déloyal a tellement surprise ; [franchise
Voy par là comme j'aime, et ne te souvien plus
Que j'ay voulu te faire un injuste refus.
Fay malgré mon erreur que ton feu persévére ;
Ne puny point la sœur de la faute du frére,
Et reçoy de ma main celle que ton desir
Avant mon imprudence avoit daigné choisir.
  CLARICE *à Célidan.*
Une pareille erreur me rend toute confuse,
Mais ici mon amour me servira d'excuse.
Il serre nos esprits d'un trop étroit lien
Pour permettre à mon sens de s'éloigner du sien.
  CÉLIDAN.
Si vous croyez encor que cette erreur me touche,

ACTE V.

Un mot me fatisfait de cette belle bouche;
Mais hélas, quel espoir ofe rien préfumer
Quand on a pû fervir et qu'on n'a fait qu'aimer?
DORIS.
Reünir les esprits d'une mére et d'un frére,
Du choix qu'ils m'avoient fait avoir fçeu me défaire,
M'arracher à Florange et m'ofter Alcidon,
Et d'un cœur généreux me faire l'heureux don,
C'eft avoir fçeu me rendre un affez grand fervice
Pour espérer beaucoup avec quelque justice,
Et, puisque on me l'ordonne, on peut vous afleurer
Qu'alors que j'obéïs c'eft fans en murmurer.
CÉLIDAN.
A ces mots enchanteurs tout mon cœur fe déploye,
Et s'ouvre tout entier à l'excès de ma joye.
CHRYSANTE.
Que la mienne eft extrême, et que fur mes vieux ans
Le favorable ciel me fait de doux prefens!
Qu'il conduit mon bonheur par un reffort étrange!
Qu'à propos la faveur m'a fait perdre Florange!
Puiffe-t'elle pour comble accorder à mes vœux
Qu'une éternelle paix fuive de fi beaux nœuds,
Et rendre par les fruits de ce double hyménée
Ma derniére vieilleffe à jamais fortunée.
CLARICE *à Chryfante.*
Cependant pour ce foir ne me refufez pas
L'heur de vous voir icy prendre un mauvais repas,
Afin qu'à ce qui reste enfemble on fe prépare,
Tant qu'un mystère faint deux à deux nous fépare.
CHRYSANTE *à Clarice.*
Nous éloigner de vous avant ce doux moment,
Ce feroit me priver de tout contentement.

Fin du cinquiéme et dernier acte.

EXAMEN DE LA VEFVE

Cette comédie n'eft pas plus réguliére que *Mélite* en ce qui regarde l'unité de lieu, et a le mefme defaut au cinquiéme acte, qui fe paffe en complimens pour venir à la conclufion d'un amour épifodique; avec cette différence touteffois que le mariage de Célidan avec Doris a plus de juftelfe dans celle-cy, que celuy d'Érafte avec Cloris dans l'autre. Elle a quelque chofe de mieux ordonné pour le temps en général, qui n'eft pas fi vague que dans *Mélite*, et a fes intervalles mieux proportionnez par cinq jours confécutifs. C'étoit un tempérament que je croyois lors fort raifonnable entre la rigueur des vingt et quatre heures, et cette étenduë libertine qui n'avoit aucunes bornes. Mais elle a ce mefme defaut dans le particulier de la durée de chaque acte, que fouvent celle de l'action y excéde de beaucoup celle de la reprélentation. Dans le commencement du prémier, Philifte quitte Alcidon pour aller faire des vifites avec Clarice, et paroit en la derniére fcéne avec elle au fortir de ces vifites qui doivent avoir confumé toute l'après-difnée, ou du moins la meilleure partie. La mefme chofe fe trouve au cinquiéme. Alcidon y fait partie avec Célidan d'aller voir Clarice fur le foir dans fon chafteau, où il la croit encore prifonniére, et fe réfout de faire part de fa joye à la nourrice, qu'il n'oferoit voir de jour, de peur de faire foupçonner l'intelligence fecrette et criminelle qu'ils ont enfemble; et environ cent vers après il vient chercher cette confidente chez Clarice, dont il ignore le retour. Il ne pouvoit eftre qu'environ midy quand il en a formé le dessein, puisque Célidan venoit de ramener Clarice (ce que vray-semblablement il a fait le plûtost qu'il a pû, ayant un interest d'amour qui le pressoit de luy rendre ce service en faveur de son amant), et quand il vient pour éxécuter cette résolution, la nuit doit avoir déja assez d'obscurité pour cacher cette visite qu'il luy va rendre. L'excuse qu'on pourroit y donner aussi-bien qu'à ce que j'ay remarqué de Tircis dans *Mélite*, c'est qu'il n'y a point de liaison de scénes, et par consequent point de continüité d'action. Ainsi on pourroit dire que ces scénes détachées qui sont placées l'une après l'autre, ne s'entresuivent pas immediatement, et qu'il se consume un temps notable entre la fin de l'une et le commencement de l'autre; ce qui n'arrive point quand elles sont liées ensemble, cette liaison étant cause que l'une commence nécessairement au mesme instant que l'autre finit.

Cette comédie peut faire connoistre l'aversion naturelle que j'ay toujours euë pour les *à parte*[1]. Elle m'en donnoit de belles occasions, m'étant proposé d'y peindre un amour réciproque, qui parust dans les entretiens de deux personnes qui ne parlent point d'amour ensemble, et de mettre des complimens d'amour suivis entre deux gens qui n'en ont point l'un pour l'autre, et qui sont toutesfois obligez par des considérations particuliéres de s'en rendre des témoignages mutüels. C'étoit un beau jeu pour ces discours à part si fréquens chez les anciens et chez les modernes de toutes les langues : cependant j'ay si bien fait par le moyen des confidences qui ont précédé ces scénes artificieuses, et des réflexions qui les ont suivies, que sans emprunter ce secours, l'amour a parû entre ceux qui n'en parlent point, et le mépris a été visible entre ceux qui se font des protestations d'amour. La sixiéme scéne du quatriéme acte semble commencer par ces *à parte*, et n'en a toutesfois aucun. Célidan et la nourrice parlent véritablement chacun à part, mais en sorte que chacun des deux veut bien que l'autre entende ce qu'il dit. La nourrice cherche à donner à Célidan des

---

[1]. Voir *Histoire de Corneille*, page 22.

marques d'une douleur très-vive qu'elle n'a point, et en affecte d'autant plus les dehors pour l'éblouïr ; et Célidan de ſon coſté veut qu'elle aye lieu de croire qu'il la cherche pour la tirer du péril où il feint qu'elle eſt, et qu'ainſi il la rencontre fort à propos. Le reſte de cette ſcéne eſt fort adroit par la maniére dont il dupe cette vieille, et luy arrache l'aveu d'une fourbe où on le vouloit prendre luy-meſme pour dupe. Il l'enferme de peur qu'elle ne faſſe encor quelque piéce qui trouble ſon deſſein, et quelques-uns ont trouvé à dire qu'on ne parle point d'elle au cinquiéme. Mais ces ſortes de perſonnages, qui n'agiſſent que pour l'intereſt des autres, ne ſont pas aſſez d'importance pour faire naiſtre une curioſité légitime de ſçavoir leurs ſentimens ſur l'événement de la comédie, où ils n'ont plus que faire quand on n'y a plus affaire d'eux ; et d'ailleurs Clarice y a trop de ſatisfaction de ſe voir hors du pouvoir de ſes raviſſeurs, et renduë à ſon amant, pour penſer en ſa préſence à cette nourrice, et prendre garde ſi elle eſt en ſa maiſon, ou ſi elle n'y eſt pas.

Le ſtile n'eſt pas plus élevé icy que dans *Mélite*, mais il eſt plus net, et plus dégagé des pointes dont l'autre eſt ſemée, qui ne ſont, à en bien parler, que de fauſſes lumiéres, dont le brillant marque bien quelque vivacité d'eſprit, mais sans aucune ſolidité de raiſonnement. L'intrique y eſt auſſi beaucoup plus raiſonnable que dans l'autre, et Alcidon a lieu d'eſpérer un bien plus heureux ſuccés de ſa fourbe qu'Éraſte de la ſienne.

LA
GALERIE DU PALAIS [1]

COMÉDIE

— 1634. —

---

[1]. *La Galerie du Palais*, bien que jouée avec succès en 1634, ne fut imprimée qu'en 1637. Le privilége, accordé à Augustin Courbé, qui y associa François Targa, est du 21 janvier 1637, et comprend « trois comédies, savoir : *la Galerie du Palais ou l'Amie rivalle, la Place Royale ou l'Amoureux extravagant* et *la Suivante*, et une tragi-comédie intitulée *le Cid*, composées par Monsieur Corneille. » Ces quatre pièces furent publiées presque en même temps, patronnées par l'immense succès de la dernière. L'achevé d'imprimer de *la Galerie du Palais ou l'Amie rivalle* est du 20 février 1637. Dans les *Œuvres* de Corneille de 1644 elle ne conserva que le premier de ses deux titres.

A MADAME

DE LIANCOUR[1]

Madame,

Je vous demande pardon ſi je vous fais un mauvais preſent ; non pas que j'aye ſi mauvaiſe opinion de cette piéce, que je veuille condamner les applaudiſſemens qu'elle a reçeus, mais parce que je ne croiray jamais qu'un ouvrage de cette nature ſoit digne de vous eſtre preſenté. Auſſi vous ſupplieray-je très-humblement de ne prendre pas tant garde à la qualité de la choſe, qu'au pouvoir de celuy dont elle part : c'eſt tout ce que peut vous offrir un homme de ma ſorte ; et, Dieu ne m'ayant pas fait naiſtre aſſez conſidérable pour eſtre utile à voſtre ſervice, je me tiendray trop récompenſé d'ailleurs ſi je

---

1. Mme de Liancourt était la femme du personnage à qui Corneille avait, quatre ans auparavant, dédié *Mélite*. Née vers 1660, elle était fille du premier maréchal de Schomberg et sœur du second. Tallemant lui a consacré une Historiette. C'était une femme spirituelle, très-pieuse, qui, pour arracher son mari aux dissipations de la cour, avait cherché à lui rendre son château de Normandie le plus délicieux séjour, et y avait attiré dans ce but « des gens d'esprit, savants, d'humeur et de conversation agréables. » Nous nous servons là des termes de l'abbé Boileau dans l'Avertissement biographique qu'il a placé en tête du *Réglement donné par une dame de haute qualité* (Mme de Liancourt) *à Mad.*** (la princesse de Marsillac) *sa petite-fille, pour sa conduite et pour celle de sa maison* ; Paris, 1718, in-12. La duchesse mourut le 14 juin 1674.

puis contribuer en quelque façon à vos divertiffemens. De fix comédies qui me font échapées [1], fi celle-cy n'eft la meilleure, c'eft la plus heureufe, et touteffois la plus malheureufe en ce point, que n'ayant pas eu l'honneur d'eftre vue de vous, il luy manque voftre approbation, fans laquelle fa gloire eft encore douteufe, et n'ofe s'affeurer fur les acclamations publiques. Elle vous la vient demander, Madame, avec cette protection qu'autreffois *Mélite* a trouvée fi favorable. J'efpére que votre bonté ne luy refufera pas l'une et l'autre, ou que, fi vous defapprouvez fa conduite, du moins vous agréerez mon zèle, et me permettrez de me dire toute ma vie,

Madame,

Voftre très-humble, très-obéiffant, et très-obligé ferviteur,

CORNEILLE.

1. Les six comédies qui étaient échappées à Corneille en 1637 étaient : *Mélite, la Veuve, la Galerie du Palais, la Suivante, la Place Royale* et *l'Illusion comique*, qui, représentée en 1636, ne fut imprimée qu'en 1639. Il avait fait de plus, comme il les appelait alors, deux tragi-comédies : *Clitandre* et *le Cid*.

ACTEURS

PLEIRANTE, pére de Célidée.
LYSANDRE, amant de Célidée.
DORIMANT, amoureux d'Hippolyte.
CHRYSANTE, mére d'Hippolyte.
CÉLIDÉE, fille de Pleirante.
HIPPOLYTE, fille de Chryſante.
ARONTE, écuyer de Lyſandre.
CLÉANTE, écuyer de Dorimant.
FLORICE, ſuivante d'Hippolyte [1].
LE LIBRAIRE du Palais.
LE MERCIER du Palais.
LA LINGÉRE du Palais.

La ſcéne eſt à Paris.

---

[1]. Voir pour ce personnage de Suivante, se produiſant pour la première fois sur la scène française, p. 29 de l'*Histoire de Corneille*.

LA GALERIE DU PALAIS

COMÉDIE

—

ACTE PREMIER.

SCÉNE I.

ARONTE, FLORICE.

ARONTE.

Enfin je ne le puis, que veux-tu que j'y faſſe ?
Pour tout autre ſujet mon maiſtre n'eſt que glace ; [chaſſer,
Elle eſt trop dans ſon cœur, on ne l'en peut
Et c'eſt folie à nous que de plus y penſer.
J'ay beau devant les yeux luy remettre Hippolyte,
Parler de ſes attraits, élever ſon mérite,
Sa grace, ſon eſprit, ſa naiſſance, ſon bien,
Je n'avance non plus qu'à ne luy dire rien :
L'amour dont malgré-moy ſon ame eſt poſſédée
Fait qu'il en voit autant, ou plus, en Célidée.

FLORICE.

Ne quittons pas pourtant : à la longue on fait tout;
La gloire ſuit la peine : eſpérons juſqu'au bout.
Je veux que Célidée ait charmé ſon courage,

L'amour le plus parfait n'eſt pas un mariage ;
Fort ſouvent moins que rien cauſe un grand changement,
Et les occaſions naiſſent en un moment.
ARONTE.
Je les prendray toûjours quand je les verray naiſtre.
FLORICE.
Hippolyte en ce cas ſçaura le reconnoiſtre.
ARONTE.
Tout ce que j'en prétens c'eſt un entier ſecret.
Adieu, je vay trouver Célidée à regret.
FLORICE.
De la part de ton maiſtre ?
ARONTE.
Ouy.
FLORICE.
Si j'ay bonne veuë,
La voilà que ſon pére améne vers la ruë.
Tirons-nous à quartier, nous joûrons mieux nos jeux,
S'ils n'aperçoivent point que nous parlions nous deux.

SCÉNE II.

PLEIRANTE, CÉLIDÉE.

PLEIRANTE.

Ne penſe plus, ma fille, à me cacher ta flame,
N'en conçoy point de honte, et n'en crains
[point de blâme ;
Le ſujet qui l'allume a des perfections
Dignes de poſſéder tes inclinations,
Et, pour mieux te montrer le fond de mon courage,
J'aime autant ſon esprit que tu fais ſon viſage.
Confeſſe donc, ma fille, et croy qu'un ſi beau feu
Veut eſtre mieux traité que par un deſaveu.
CÉLIDÉE.
Monſieur, il eſt tout vray, ſon ardeur légitime
A tant gagné ſur moy que j'en fais de l'estime ;
J'honore ſon mérite, et n'ay pû m'empeſcher
De prendre du plaiſir à m'en voir rechercher ;
J'aime ſon entretien, je chéris ſa préſence ;

Mais cela n'est enfin qu'un peu de complaisance,
Qu'un mouvement léger qui passe en moins d'un jour.
Vos seuls commandemens produiront mon amour;
Et votre volonté de la mienne suivie...
PLEIRANTE.
Favorisant tes vœux seconde ton envie.
Aime, aime ton Lysandre, et, puisque je consens
Et que je t'authorise à ces feux innocens,
Donne-luy hardiment une entiére asseurance
Qu'un mariage heureux suivra son espérance :
Engage-luy ta foy. Mais j'aperçoy venir
Quelqu'un qui de sa part te vient entretenir.
Ma fille, adieu; les yeux d'un homme de mon âge
Peut-estre empescheroient la moitié du message.
CÉLIDÉE.
Il ne vient rien de luy qu'il faille vous céler.
PLEIRANTE.
Mais tu feras sans moy plus libre à luy parler,
Et ta civilité, sans doute un peu forcée,
Me fait un compliment qui trahit ta pensée.

SCÉNE III.
CÉLIDÉE, ARONTE.

CÉLIDÉE.
Que fait ton maistre, Aronte?
ARONTE.
Il m'envoye aujourd'huy
Voir ce que sa maîtresse a résolu de luy,
Et comment vous voulez qu'il passe la journée.
CÉLIDÉE.
Je feray chez Daphnis toute l'apresdisnée,
Et s'il m'aime, je croy que nous l'y pourrons voir.
Autrement...
ARONTE.
Ne pensez qu'à l'y bien recevoir.
CÉLIDÉE.
S'il y manque, il verra sa paresse punie.
Nous y devons disner fort bonne compagnie,

J'y méne du quartier Hippolyte et Cloris.
ARONTE.
Après elles et vous il n'eſt rien dans Paris,
Et je n'en ſçache point, pour belles qu'on les nomme,
Qui puiſſent attirer les yeux d'un honneſte homme.
CÉLIDÉE.
Je ne ſuis pas d'humeur bien propre à t'écouter,
Et ne prens pas plaiſir à m'entendre flater,
Sans que ton bel esprit taſche plus d'y paroiſtre,
Meſle-toy de porter ma réponſe à ton maiſtre.
ARONTE *ſeul*.
Quelle ſuperbe humeur! quel arrogant maintien!
Si mon maiſtre me croit, vous ne tenez plus rien;
Il changera d'objet, ou j'y perdray ma peine.
Auſſi bien ſon amour ne vous rend que trop vaine.

SCÉNE IV.

LA LINGÉRE, LE LIBRAIRE.

*On tire un rideau, et l'on voit le Libraire, la Lingére
et le Mercier, chacun dans ſa boutique.*

LA LINGÉRE.
Vous avez fort la preſſe à ce livre nouveau;
C'eſt pour vous faire riche.
LE LIBRAIRE.
On le trouve ſi beau,
Que c'eſt pour mon profit le meilleur qui ſe voye.
Mais vous, que vous vendez de ces toiles de ſoye!
LA LINGÉRE.
De vray, bien que d'abord on en vendiſt fort peu,
A préſent Dieu nous aime; on y court comme au feu.
Je n'en ſçaurois fournir autant qu'on m'en demande :
Elle ſied mieux auſſi que celle de Hollande,
Découvre moins le fard dont un viſage eſt peint,
Et donne, ce me ſemble, un plus grand lustre au teint.
Je perds bien à gagner de ce que ma boutique
Pour eſtre trop étroite empeſche ma pratique;
A peine y puis-je avoir deux chalans à la fois:

Je veux changer de place avant qu'il soit un mois ;
J'aime mieux en payer le double et davantage,
Et voir ma marchandise en un bel étalage.
LE LIBRAIRE.
Vous avez bien raison, mais, à ce que j'entens...
Monsieur, vous plaist-il voir quelques livres du temps ?

SCÈNE V.

DORIMANT, CLÉANTE, LE LIBRAIRE.

DORIMANT.

Montrez-m'en quelques-uns.
LE LIBRAIRE.
Voicy ceux de la mode.
DORIMANT.
Ostez-moy cét autheur, son nom seul m'incommode,
C'est un impertinent, ou je n'y connoy rien.
LE LIBRAIRE.
Ses œuvres touteffois se vendent assez bien.
DORIMANT.
Quantité d'ignorans ne songent qu'à la rime.
CLÉANTE.
Monsieur, en voicy deux dont on fait grande estime.
Considérez ce trait, on le trouve divin.
DORIMANT.
Il n'est que mal traduit du cavalier Marin,
Sa veine, au demeurant, me semble assez hardie.
LE LIBRAIRE.
Ce fut son coup d'essai que cette comédie.
DORIMANT.
Cela n'est pas tant mal pour un commencement :
La pluspart de ses vers coulent fort doucement ;
Qu'il a de mignardise à décrire un visage !

SCÉNE VI.

HIPPOLYTE, FLORICE, DORIMANT, CLÉANTE, LE LIBRAIRE, LA LINGÉRE.

HIPPOLYTE.

adame, montrez-nous quelques collets d'ou-
LA LINGÉRE.   [vrage.
Je vous en vay montrer de toutes les façons.
DORIMANT *au libraire.*
Ce viſage vaut mieux que toutes vos chanſons.
LA LINGÉRE *à Hippolyte.*
Voila du point d'Esprit, de Génes, et d'Espagne.
HIPPOLYTE.
Cecy n'eſt guére bon qu'à des gens de campagne.
LA LINGÉRE.
Voyez bien s'il en eſt deux pareils dans Paris...
HIPPOLYTE.
Ne les vantez point tant, et dites-nous le prix.
LA LINGÉRE.
Quand vous aurez choiſi.
HIPPOLYLE.
                    Que t'en ſemble, Florice?
FLORICE.
Ceux-là ſont aſſez beaux, mais de mauvais ſervice,
En moins de trois ſavons on ne les connoit plus.
HIPPOLYTE.
Celuy-cy, qu'en dis-tu?
FLORICE.
                L'ouvrage en eſt confus,
Bien que l'invention de près ſoit aſſez belle.
Voicy bien voſtre fait, n'étoit que la dentelle
Eſt fort mal aſſortie avec le paſſement;
Cét autre n'a de beau que le couronnement.
LA LINGÉRE.
Si vous pouviez avoir deux jours de patience,
Il m'en vient, mais qui ſont dans la meſme excellence.
Dorimant parle à l'oreille au libraire.

FLORICE.
Il vaudroit mieux attendre.
HIPPOLYTE.
Et bien nous attendrons ;
Dites-nous au plus tard quel jour nous reviendrons.
FLORICE.
Mercredy j'en attens de certaines nouvelles;
Cependant vous faut-il quelques autres dentelles?
HIPPOLYTE.
J'en ay ce qu'il m'en faut pour ma proviſion.
LE LIBRAIRE à *Dorimant*.
J'en vay ſubtilement prendre l'occaſion.
La connois-tu, voiſine ?
LA LINGÉRE.
Ouy, quelque peu de veuë,
Quant au reste elle m'eſt tout à fait inconnuë.
*Dorimant tire Cléante au milieu du théatre
et luy parle à l'oreille.*
Ce cavalier ſans doute y trouve plus d'appas
Que dans tous vos autheurs.
CLÉANTE.
Je n'y manqueray pas.
DORIMANT.
Si tu ne me vois là, je feray dans la ſalle.
Il prend un livre ſur la boutique du libraire.
Je connoy celuy-cy, ſa veine eſt fort égale,
Il ne fait point de vers qu'on ne trouve charmans.
Mais on ne parle plus qu'on faſſe de romans!
J'ay veu que noſtre peuple en étoit idolatre.
LE LIBRAIRE
La mode eſt à préſent des piéces de théatre.
DORIMANT.
De vray, chacun s'en pique, et tel y met la main
Qui n'eut jamais l'esprit d'ajuſter un quatrain[1].

---

1. Voir *Histoire de Corneille*, p. 27.

SCÈNE VII.

LYSANDRE, DORIMANT, LE LIBRAIRE, LE MERCIER.

LYSANDRE.

Je te prens fur le livre.
DORIMANT.
Et bien, qu'en veux-tu dire ?
Tant d'excellens esprits qui fe mellent d'écrire
Valent bien qu'on leur donne une heure de loifir.
LYSANDRE.
Y trouves-tu toûjours une heure de plaifir ?
Beaucoup font bien des vers, et peu la comédie.
DORIMANT.
Ton gouft, je m'en affeure, eft pour la Normandie[1] ?
LYSANDRE.
Sans rien fpécifier, peu méritent le voir ;
Souvent leur entreprife excéde leur pouvoir,
Et tel parle d'amour fans aucune pratique.
DORIMANT.
On n'y fçait guére alors que la vieille rubrique ;
Faute de le connoiftre on l'habille en fureur,
Et loin d'en faire envie on nous en fait horreur.
Luy feul de fes effets a droit de nous instruire ;
Noftre plume à luy feul doit fe laiffer conduire :
Pour en bien difcourir il faut l'avoir bien fait,
Un bon poéte ne vient que d'un amant parfait.
LYSANDRE.
Il n'en faut point douter, l'amour a des tendreffes
Que nous n'aprenons point qu'auprès de nos maîtreffes.
Tant de forte d'appas, de doux faififfemens,
D'agréables langueurs et de raviffemens,
Jusques où d'un bel œil peut s'étendre l'empire,
Et mille autres fecrets que l'on ne fçauroit dire,
(Quoy que tous nos rimeurs en mettent par écrit,)
Ne fe fçeurent jamais par un effort d'efprit,

---

1. Voir *Histoire de Corneille*, p. 28.

Et je n'ay jamais veu de cervelles bien faites
Qui traitaſſent l'amour à la façon des poétes.
C'eſt tout un autre jeu. Le stile d'un ſonnet
Eſt fort extravagant dedans un cabinet.
Il y faut bien louer la beauté qu'on adore,
Sans mépriſer Vénus, ſans médire de Flore,
Sans que l'éclat des lis, des roſes, d'un beau jour
Ait rien à démeſler avecque noſtre amour.
O pauvre comédie, objet de tant de veines !
Si tu n'és qu'un portrait des actions humaines,
On te tire ſouvent ſur un original,
A qui, pour dire vray, tu reſſembles fort mal.
DORIMANT.
Laiſſons la muſe en paix, de grace, à la pareille ;
Chacun fait ce qu'il peut, et ce n'eſt pas merveille
Si, comme avec bon droit on perd bien un procès,
Souvent un bon ouvrage a de foibles ſuccès.
Le jugement de l'homme, ou plûtoſt ſon caprice,
Pour quantité d'esprits n'a que de l'injustice :
J'en admire beaucoup dont on fait peu d'état ;
Leurs fautes, tout au pis, ne ſont pas coups d'État ;
La plus grande eſt toûjours de peu de conſéquence.
LE LIBRAIRE.
Vous plairoit-il de voir des piéces d'éloquence ?
LYSANDRE *ayant regardé le titre d'un livre que le libraire luy préſente.*
J'en leus hier la moitié, mais ſon vol eſt ſi haut
Que presque à tous momens je me trouve en défaut.
DORIMANT.
Voicy quelques autheurs dont j'aime l'industrie.
Mettez ces trois à part, mon maiſtre, je vous prie ;
Tantoſt un de mes gens vous les viendra payer.
LYSANDRE *ſe retirant d'auprès les boutiques.*
Le reste du matin, où veux-tu l'employer ?
LE MERCIER.
Voyez deça, Meſſieurs ; vous plaiſt-il rien du noſtre ?
Voyez : je vous ferai meilleur marché qu'un autre.
Des gands, des baudriers, des rubans, des castors.

SCÉNE VIII.

DORIMANT, LYSANDRE.

DORIMANT.

e ne ſçaurois encor te ſuivre ſi tu ſors ;
Faiſons un tour de ſalle, attendant mon [Cléante.
LYSANDRE.
Qui te retient icy ?
DORIMANT.
L'histoire en eſt plaiſante :
Tantoſt, comme j'étois ſur le livre occupé,
Tout proche on eſt venu choiſir du point-coupé.
LYSANDRE.
Qui ?
DORIMANT.
C'eſt la question, mais il faut s'en remettre
A ce qu'à mes regards ſa coiffe a pû permettre [1] ;
Je n'ay rien veu d'égal : mon Cléante la ſuit,
Et ne reviendra point qu'il n'en ſoit bien instruit,
Qu'il n'en ſçache le nom, le rang et la demeure.
LYSANDRE.
Amy, le cœur t'en dit.
DORIMANT.
Nullement, ou je meure.
Voyant je ne ſçay quoy de rare en ſa beauté,
J'ay voulu contenter ma curioſité.
LYSANDRE.
Ta curioſité deviendra bien-toſt flame ;
C'eſt par là que l'amour ſe gliſſe dans une ame.
A la prémiére veuë un objet qui nous plaiſt
N'inspire qu'un deſir de ſçavoir quel il eſt ;
On en veut auſſi-toſt apprendre davantage,
Voir ſi ſon entretien répond à ſon viſage,
S'il eſt civil ou rude, importun ou charmeur,
Éprouver ſon esprit, connoiſtre ſon humeur :

---

1. On lit encore dans l'édition de 1654 *ſon maſque* au lieu de *ſa coiffe*.

De là cét éxamen fe tourne en complaifance ;
On cherche fi fouvent le bien de fa préfence
Qu'on en fait habitude, et qu'au point d'en fortir,
Quelque regret commence à fe faire fentir :
On revient tout refveur, et noftre ame bleffée,
Sans prendre garde à rien, cajole fa penfée.
Ayant refvé le jour, la nuit à tous propos
On fent je ne fçay quoy qui trouble le repos ;
Un fommeil inquiet fur de confus nuages
Éléve inceffamment de flateufes images,
Et, fur leur vain rapport, fait naiftre des fouhaits
Que le réveil admire et ne dédit jamais ;
Tout le cœur court en hafte après de fi doux guides,
Et le moindre larcin que font les vœux timides
Arrefte le larron et le met dans les fers.

DORIMANT.
Ainfi tu fus épris de celle que tu fers ?

LYSANDRE.
C'eft un autre discours ; à préfent je ne touche
Qu'aux rufes de l'amour contre un esprit farouche,
Qu'il faut apprivoifer presque infenfiblement,
Et contre fes froideurs combattre finement.
Des naturels plus doux...

SCÉNE IX.

DORIMANT, LYSANDRE, CLÉANTE.

DORIMANT.
Et bien ! elle s'appelle ?

CLÉANTE.
Ne m'informez de rien qui touche cette belle.
Trois filoux rencontrez vers le milieu du pont,
Chacun l'épée au poin, m'ont voulu faire affront,
Et, fans quelques amis qui m'ont tiré de peine,
Contr'eux ma réfistance euft peut-eftre été vaine ;
Ils ont tourné le dos me voyant fecouru,
Mais ce que je fuivois tandis eft disparu.

DORIMANT.
Les traîtres ! trois contre un ! t'attaquer ! te furprendre !
Quels infolens vers moy s'ofent ainfi méprendre ?

CLÉANTE.
Je ne connoy qu'un d'eux, et c'eſt là le retour
De quelques tours de main qu'il receut l'autre jour,
Lors que m'ayant tenu quelques propos d'yvrogne,
Nous euſmes priſe enſemble à l'Hoſtel de Bourgogne.
DORIMANT.
Qu'on le trouve où qu'il ſoit; qu'une greſle de bois
Aſſemble ſur luy ſeul le châtiment des trois,
Et que ſous l'étriviére il puiſſe toſt connoiſtre,
Quand on ſe prend aux miens, qu'on s'attaque à leur
LYSANDRE. [maiſtre.
J'aime à te voir ainſi décharger ton couroux;
Mais voudrois-tu parler franchement entre nous?
DORIMANT.
Quoy! tu doutes encor de ma juste colére?
LYSANDRE.
En ce qui le regarde elle n'eſt que légére.
En vain pour ſon ſujet tu fais l'intéreſſé;
Il a paré des coups dont ton cœur eſt bleſſé;
Cét accident faſcheux te vole une maîtreſſe :
Confeſſe ingénûment, c'eſt là ce qui te preſſe.
DORIMANT.
Pourquoy te confeſſer ce que tu vois aſſez?
Au point de ſe former, mes deſſeins renverſez
Et mon deſir trompé pouſſent, dans ces contraintes,
Sous de faux mouvemens de véritables plaintes.
LYSANDRE.
Ce deſir, à vray dire, eſt un amour naiſſant
Qui ne ſçait où ſe prendre, et demeure impuiſſant.
Il s'égare et ſe perd dans cette incertitude,
Et, renaiſſant toûjours de ton inquiétude,
Il te montre un objet d'autant plus ſouhaité
Que plus ſa connoiſſance a de difficulté.
C'eſt par là que ton feu davantage s'allume :
Moins on l'a pû connoiſtre, et plus on en préſume;
Noſtre ardeur curieuſe en augmente le prix.
DORIMANT.
Que tu ſçais, cher amy, lire dans les esprits!
Et que, pour bien juger d'une ſecrette flamme,
Tu pénétres avant dans les reſſorts d'une ame!

LYSANDRE.
Ce n'eſt pas encor tout : je veux te ſecourir.
DORIMANT.
O, que je ne ſuis pas en état de guérir !
L'amour uſe ſur moy de trop de tyrannie.
LYSANDRE.
Souffre que je te méne en une compagnie
Où l'objet de mes vœux m'a donné rendez-vous.
Les divertiſſemens t'y ſembleront ſi doux,
Ton ame en un moment en ſera ſi charmée,
Que, tous ſes déplaiſirs diſſipez en fumée,
On gagnera ſur toy fort aiſément ce point
D'oublier un objet que tu ne connois point.
Mais garde-toy ſur tout d'une jeune voiſine
Que ma maîtreſſe y méne ; elle eſt et belle et fine,
Et ſçait ſi dextrement ménager ſes attraits
Qu'il n'eſt pas bien aiſé d'en éviter les traits.
DORIMANT.
Au hazard, fay de moy tout ce que bon te ſemble.
LYSANDRE.
Donc, en attendant l'heure, allons diſner enſemble.

SCÉNE X.
HIPPOLYTE, FLORICE.
HIPPOLYTE.
Tu me railles toûjours.
FLORICE.
S'il ne vous veut du bien,
Dites aſſeurément que je n'y connoy rien.
Je le conſidérois tantoſt chez ce libraire.
Ses regards de ſur vous ne pouvoient ſe distraire,
Et ſon maintien étoit dans une émotion
Qui m'inſtruiſoit aſſez de ſon affection.
Il vouloit vous parler et n'oſoit l'entreprendre.
HIPPOLYTE.
Toy, ne me parle point, ou parle de Lyſandre :
C'eſt le ſeul dont la veuë excita mon ardeur.
FLORICE.
Et le ſeul qui pour vous n'a que de la froideur.

Célidée eſt ſon ame, et tout autre viſage
N'a point d'aſſez beaux traits pour toucher ſon courage;
Son braſier eſt trop grand, rien ne peut l'amortir:
En vain ſon écuyer taſche à l'en divertir;
En vain, jusques aux cieux portant voſtre loüange,
Il taſche à luy jeter quelque amorce du change,
Et luy dit jusques-là que dans voſtre entretien
Vous témoignez ſouvent de luy vouloir du bien;
Tout cela n'eſt qu'autant de paroles perduës.

HIPPOLYTE.
Faute d'eſtre ſans doute aſſez bien entenduës!

FLORICE.
Ne le préſumez pas : il faut avoir recours
A de plus hauts ſecrets qu'à ces foibles discours.
Je fus fine autrefois, et depuis mon veſvage
Ma ruſe chaque jour s'eſt accruë avec l'âge:
Je me connois en monde, et ſçay mille reſſorts
Pour débaucher une ame et brouiller des accords.

HIPPOLYTE.
Dy promptement, de grace.

FLORICE.
A preſent, l'heure preſſe,
Et je ne vous ſçaurois donner qu'un mot d'adreſſe.
Cette voiſine et vous... Mais déja la voicy.

SCÉNE XI.

CÉLIDÉE, HIPPOLYTE, FLORICE.

CÉLIDÉE.

A force de tarder tu m'as miſe en ſoucy;
Il eſt temps, et Daphnis par un page me mande
Que, pour faire ſervir, on n'attend que ma [bande.
Le caroſſe eſt tout preſt; allons, veux-tu venir?

HIPPOLYTE.
Lyſandre après diſner t'y vient entretenir?

CÉLIDÉE.
S'il oſoit y manquer, je te donne promeſſe
Qu'il pourroit bien ailleurs chercher une maîtreſſe.

Fin du premier acte.

ACTE II.

SCÉNE PREMIÉRE.

HIPPOLYTE, DORIMANT.

HIPPOLYTE.

Ne me contez point tant que mon visage est
  beau :   [de nouveau;
Ces discours n'ont pour moy rien du tout
Je le sçay bien sans vous, et j'ay cét avantage,
Quelques perfections qui soient sur mon visage,
Que je suis la prémiére à m'en apercevoir.
Pour me les bien apprendre il ne faut qu'un miroir[1] ;
J'y vois en un moment tout ce que vous me dites.

DORIMANT.

Mais vous n'y voyez pas tous vos rares mérites ;
Cét esprit tout divin et ce doux entretien
Ont des charmes puissants dont il ne montre rien.

HIPPOLYTE.

Vous les montrez assez par cette apresdisnée
Qu'à causer avec moy vous vous étes donnée ;
Si mon discours n'avoit quelque charme caché
Il ne vous tiendroit pas si longtemps attaché.
Je vous juge plus sage, et plus aimer vostre aise,
Que d'y tarder ainsi sans que rien vous y plaise ;
Et si je présumois qu'il vous plûst sans raison,
Je me ferois moy-mesme un peu de trahison ;
Et, par ce trait badin qui sentiroit l'enfance,
Vostre beau jugement recevroit trop d'offense.

---

1. Toutes les éditions, jusqu'en 1654 inclusivement, portent :

    Pour me galantiser il suffit d'un miroir.

Je fuis un peu timide, et, deuft-on me joüer,
Je n'ofe démentir ceux qui m'ofent loüer.
DORIMANT.
Auffi vous n'avez pas le moindre lieu de craindre
Qu'on puiffe, en vous loüant, ny vous flater, ny feindre;
On voit un tel éclat en vos brillans appas
Qu'on ne peut l'exprimer, ny ne l'adorer pas.
HIPPOLYTE.
Ny ne l'adorer pas! par là vous voulez dire?
DORIMANT.
Que mon cœur deformais vit deffous voftre empire,
Et que tous mes defleins de vivre en liberté
N'ont rien eu d'affez fort contre voftre beauté.
HIPPOLYTE.
Quoy? mes perfections vous donnent dans la veuë?
DORIMANT.
Les rares qualitez dont vous étes pourveuë,
Vous oftent tout fujet de vous en étonner.
HIPPOLYTE.
Ceffez auffi, Monfieur, de vous l'imaginer.
Si vous bruflez pour moy, ce ne font pas merveilles;
J'ay de pareils difcours chaque jour aux oreilles,
Et tous les gens d'efprit en font autant que vous.
DORIMANT.
En amour touteffois je les furpaffe tous.
Je n'ay point confulté pour vous donner mon ame;
Voftre prémier aspect fçeut allumer ma flame,
Et je fentis mon cœur, par un fecret pouvoir,
Auffi prompt à brufler que mes yeux à vous voir.
HIPPOLYTE.
Avoir connu d'abord combien je fuis aimable,
Encor qu'à voftre avis il foit inexprimable!
Ce grand et prompt effet m'affeure puiffamment
De la vivacité de voftre jugement.
Pour moy, que la nature a faite un peu groffiére,
Mon efprit, qui n'a pas cette vive lumiére,
Conduit trop pefamment toutes fes functions
Pour m'avertir fi-toft de vos perfections.
Je voy bien que vos feux méritent récompenfe,
Mais de les feconder ce défaut me difpenfe.

ACTE II. 295

DORIMANT.

Railleuſe !

HIPPOLYTE.

Excuſez-moy, je parle tout de bon.
DORIMANT.
Le temps de cét orgueil me fera la raiſon,
Et nous verrons un jour, à force de ſervices,
Adoucir vos rigueurs et finir mes ſupplices.

SCÉNE II.

DORIMANT, LYSANDRE, HIPPOLYTE, FLORICE.

*Lyſandre ſort de chez Célidée, et paſſe ſans s'arrêter,
leur donnant ſeulement un coup de chapeau.*

HYPPOLYTE.

Peut-eſtre l'avenir.... Tout beau, coureur,
tout beau, [chapeau :
On n'eſt pas quitte ainſi pour un coup de
Vous aimez l'entretien de voſtre fantaiſie;
Mais pour un cavalier c'eſt peu de courtoiſie,
Et cela meſſied fort à des hommes de cour,
De n'accompagner pas leur ſalut d'un bon-jour.
LYSANDRE.
Puiſqu'auprès d'un ſujet capable de nous plaire
La preſence d'un tiers n'eſt jamais néceſſaire,
De peur qu'il en receuſt quelque importunité,
J'ay mieux aimé manquer à la civilité.
HIPPOLYTE.
Voila parer mon coup d'un galand artifice,
Comme ſi je pouvois... Que me veux-tu, Florice ?
Florice ſort et parle à Hippolyte à l'oreille.
Dy-luy que je m'en vay. Meſſieurs, pardonnez-moy,
On me vient d'apporter une faſcheuſe loy ;
Incivile à mon tour, il faut que je vous quitte,
Une mére m'appelle.
DORIMANT.
Adieu, belle Hippolyte,

Adieu, souvenez-vous...
HIPPOLYTE.
Mais vous, n'y songez plus.

SCÉNE III.
LYSANDRE, DORIMANT.
LYSANDRE.

Quoy, Dorimant, ce mot t'a rendu tout confus ?
DORIMANT.
Ce mot à mes desirs laisse peu d'espérance.
LYSANDRE.
Tu ne la vois encor qu'avec indifférence ?
DORIMANT.
Comme toy Célidée.
LYSANDRE.
Elle eut donc chez Daphnis
Hier dans son entretien des charmes infinis.
Je te l'avois bien dit, que ton ame à sa veuë,
Demeureroit ou prise, ou puissamment emeuë.
Mais tu n'as pas si-tost oublié la beauté
Qui fit naistre au Palais ta curiosité !
Du moins ces deux objets balancent ton courage !
DORIMANT.
Sçais-tu bien que c'est là justement mon visage,
Celuy que j'avois veu le matin au Palais ?
LYSANDRE.
A ce conte...
DORIMANT.
J'en tiens, ou l'on n'en tint jamais.
LYSANDRE.
C'est consentir bien-tost à perdre ta franchise.
DORIMANT.
C'est rendre un prompt hommage aux yeux qui me l'ont
LYSANDRE. [prise.
Puisque tu les connois, je ne plains plus ton mal.
DORIMANT.
Leur coup, pour les connoistre, en est-il moins fatal ?
LYSANDRE.
Non, mais du moins ton cœur n'est plus à la tortur

ACTE II.

De voir tes vœux forcez d'aller à l'avanture,
Et cette belle humeur de l'objet qui t'a pris...
DORIMANT.
Sous un accueil riant cache un subtil mépris.
Ah ! que tu ne sçais pas de quel air on me traite ?
LYSANDRE.
Je t'en avois jugé l'ame fort satisfaite,
Et cette gaye humeur qui brilloit dans ses yeux
M'en promettoit pour toy quelque chose de mieux.
DORIMANT.
Cette belle, de vray, quoy que toute de glace,
Mesle dans ses froideurs je ne sçay quelle grace
Par où tout de nouveau je me laisse gagner;
Et consens, peu s'en faut, à m'en voir dédaigner.
Loin de s'en affoiblir, mon amour s'en augmente;
Je demeure charmé de ce qui me tourmente ;
Je pourrois de toute autre estre le possesseur,
Que sa possession auroit moins de douceur.
Je ne suis plus à moy quand je vois Hippolyte
Rejetter ma loüange et vanter son mérite,
Négliger mon amour ensemble et l'approuver,
Me remplir tout d'un temps d'espoir et m'en priver,
Me refuser son cœur en acceptant mon ame,
Faire état de mon chois[1] en méprisant ma flame.
Hélas ! en voila trop : le moindre de ces traits
A pour me retenir de trop puissans attraits;
Trop heureux d'avoir veu sa froideur enjoüée
Ne se point offenser d'une ardeur avoüée !
LYSANDRE.
Son adieu touteffois te défend d'y songer,
Et ce commandement t'en devroit dégager.
DORIMANT.
Qu'un plus capricieux d'un tel adieu s'offense !
Il me donne un conseil plûtost qu'une défense,
Et, par ce mot d'avis, son cœur sans amitié

---

1. *Chois*, qu'on lit dans l'édition de 1682, au lieu de *choix* que Corneille avait écrit dès l'édition originale, est une forme appartenant au nouveau système orthographique qu'il avait adopté.

Du temps que j'y perdray montre quelque pitié.
LYSANDRE.
Soit défense ou conseil, de rien ne desespére ;
Je te répons déja de l'esprit de la mére.
Pleirante son voisin luy parlera pour toy ;
Il peut beaucoup sur elle et fera tout pour moy.
Tu sçais qu'il m'a donné sa fille pour maîtresse.
Tasche à vaincre Hippolyte avec un peu d'adresse,
Et n'appréhende pas qu'il en faille beaucoup :
Tu verras sa froideur se perdre tout d'un coup.
Elle ne se contraint à cette indifférence
Que pour rendre une entiére et pleine déférence,
Et cherche, en déguisant son propre sentiment,
La gloire de n'aimer que par commandement.
DORIMANT.
Tu me flates, amy, d'une attente frivole.
LYSANDRE.
L'effet suivra de près.
DORIMANT.
Mon cœur sur ta parole
Ne se résout qu'à peine à vivre plus content.
LYSANDRE.
Il se peut asseurer du bonheur qu'il prétend ;
J'y donneray bon ordre. Adieu, le temps me presse,
Et je vien de sortir d'auprès de ma maîtresse ;
Quelques commissions dont elle m'a chargé
M'obligent maintenant à prendre ce congé.

SCÉNE IV.

DORIMANT, FLORICE.

DORIMANT seul.

Dieux, qu'il est mal-aisé qu'une ame bien atteinte
Conçoive de l'espoir qu'avec un peu de crainte !
Je doy toute croyance à la foy d'un amy,
Et n'ose cependant m'y fier qu'à demy.
Hippolyte d'un mot chasseroit ce caprice.
Est-elle encor en haut ?

FLORICE.
Encor.
DORIMANT.
Adieu, Florice,
Nous la verrons demain.

SCÉNE V.

HIPPOLYTE, FLORICE.

FLORICE.
Il vient de s'en aller,
Sortez.
HIPPOLYTE.
Mais falloit-il ainſi me rappeler,
Me ſuppoſer ainſi des ordres d'une mére?
Sans mentir, contre toy j'en ſuis toute en colére :
A peine ay-je attiré Lyſandre en nos discours,
Que tu viens par plaiſir en arréter le cours.
FLORICE.
Et bien, prenez-vous-en à mon impatience
De vous communiquer un trait de ma ſcience :
Cét avis important, tombé dans mon esprit,
Méritoit qu'auſſi-toſt Hippolyte l'apprit ;
Je vay ſans perdre temps y diſpoſer Aronte.
HIPPOLYTE.
J'ay la mine, après tout, d'y trouver mal mon conte.
FLORICE.
Je ſçay ce que je fais, et ne perds point mes pas :
Mais de voſtre coſté ne vous épargnez pas ;
Mettez tout voſtre esprit à bien mener la ruſe.
HIPPOLYTE.
Il ne faut point par là te préparer d'excuſe.
Va, suivant le ſuccés je veux à l'avenir
Du mal que tu m'as fait perdre le ſouvenir.

SCÉNE VI.
HIPPOLYTE, CÉLIDÉE.

HIPPOLYTE *frappant à la porte de Célidée.*

élidée, és-tu là ?
CÉLIDÉE.
Que me veut Hippolyte ?
HIPPOLYTE.
Délaſſer mon esprit une heure en ta viſite.
Que j'ay depuis un jour un importun amant,
Et que pour mon malheur je plais à Dorimant !
CÉLIDÉE.
Ma ſœur, que me dis-tu ? Dorimant t'importune !
Quoy ! j'enviois déja ton heureuſe fortune,
Et déja dans l'esprit je ſentois quelque ennuy
D'avoir connu Lyſandre auparavant que luy.
HIPPOLYTE.
Ah ! ne me raille point. Lyſandre, qui t'engage,
Eſt le plus accompli des hommes de ſon âge.
CÉLIDÉE.
Je te jure, à mes yeux l'autre l'eſt bien autant.
Mon cœur a de la peine à demeurer constant,
Et, pour te découvrir jusqu'au fond de mon ame,
Ce n'eſt plus que ma foy qui conſerve ma flame.
Lyſandre me déplaiſt de me vouloir du bien ;
Plûſt aux Dieux que ſon change autoriſaſt le mien,
Ou qu'il uſaſt vers moy de tant de négligence,
Que ma légéreté ſe pûſt nommer vengeance.
Si j'avois un prétexte à me mécontenter,
Tu me verrois bien-toſt réſoudre à le quitter.
HIPPOLYTE.
Simple, préſumes-tu qu'il devienne volage
Tant qu'il verra l'amour régner ſur ton viſage ?
Ta flame trop viſible entretient ſes ferveurs,
Et ſes feux dureront autant que tes faveurs.
CÉLIDÉE.
Il ſemble à t'écouter que rien ne le retienne
Que parce que ſa flame a l'aveu de la mienne.

HIPPOLYTE.
Que fçay-je? il n'a jamais éprouvé tes rigueurs;
L'amour en mefme temps fçeut embrafer vos cœurs,
Et mefme j'ofe dire, après beaucoup de monde,
Que fa flame vers toy ne fut que la feconde.
Il fe vit accepter avant que de s'offrir;
Il ne vit rien à craindre, il n'eut rien à fouffrir;
Il vit fa récompenfe acquife avant la peine,
Et devant le combat fa victoire certaine.
Un homme eft bien cruel quand il ne donne pas
Un cœur qu'on luy demande avecque tant d'appas.
Qu'à ce prix la constance eft une chofe aifée,
Et qu'autrefois par là je me vis abufée!
Alcidor, que mes yeux avoient fi fort épris,
Courut au changement dès le premier mépris.
La force de l'amour paroift dans la fouffrance.
Je le tiens fort douteux s'il a tant d'affeurance.
Qu'on en voit s'affoiblir pour un peu de longueur,
Et qu'on en voit céder à la moindre rigueur!

CÉLIDÉE.
Je connoy mon Lyfandre, et fa flame eft trop forte
Pour tomber en foupçon qu'il m'aime de la forte.
Toutesfois un dédain éprouvera fes feux:
Ainfi, quoy qu'il en foit, j'auray ce que je veux;
Il me rendra constante, ou me fera volage:
S'il m'aime, il me retient; s'il change, il me dégage.
Suivant ce qu'il aura d'amour ou de froideur,
Je fuivray ma nouvelle ou ma prémiére ardeur.

HIPPOLYTE.
En vain tu ty réfous; ton ame un peu contrainte
Au travers de tes yeux luy trahira ta feinte,
L'un d'eux dédira l'autre, et toûjours un foûris
Luy fera voir affez combien tu le chéris.

CÉLIDÉE.
Ce n'eft qu'un faux foupçon qui te le perfüade;
J'armeray de rigueurs jusqu'à la moindre œillade,
Et régleray fi bien toutes mes actions
Qu'il ne pourra juger de mes intentions.

HIPPOLYTE.
Pour le moins auffi-toft que, par cette conduite,

Tu feras de fon cœur fuffifamment inftruite,
S'il demeure conftant, l'amour et la pitié,
Avant que dire adieu, renoûront l'amitié?
CÉLIDÉE.
Il va bien-toft venir. Va-t'en, et fois certaine
De ne voir d'aujourd'huy Lyfandre hors de peine.
HIPPOLYTE.
Et demain?
CÉLIDÉE.
Je t'iray conter fes mouvemens,
Et touchant l'avenir prendre tes fentimens.
O Dieux! fi je pouvois changer fans infamie!
HIPPOLYTE.
Adieu, n'épargne en rien ta plus fidelle amie.

SCÉNE VII.

CÉLIDÉE.

Quel étrange combat! je meurs de le quitter,
Et mon refte d'amour ne le peut mal traiter.
Mon ame veut et n'ofe, et, bien que refroidie,
N'aura trait de mépris, fi je ne l'étudie.
Tout ce que mon Lyfandre a de perfections
Se vient offrir en foule à mes affections.
Je voy mieux ce qu'il vaut lors que je l'abandonne,
Et déja la grandeur de ma perte m'étonne.
Pour régler fur ce point mon efprit balancé,
J'attens fes mouvemens fur mon dédain forcé;
Ma feinte éprouvera fi fon amour eft vraye.
Hélas! fes yeux me font une nouvelle playe.
Prépare-toy, mon cœur, et laiffe à mes difcours
Affez de liberté pour trahir mes amours.

SCÉNE VIII.

LYSANDRE, CÉLIDÉE.

CÉLIDÉE.

Quoi ! j'auray donc de vous encore une visite ?
Vraiment, pour aujourd'huy, je m'en estimois quitte.
LYSANDRE.
Une par jour suffit, si tu veux endurer
Qu'autant comme le jour je la fasse durer.
CÉLIDÉE.
Pour douce que nous soit l'ardeur qui nous consume,
Tant d'importunité n'est point sans amertume.
LYSANDRE.
Au lieu de me donner ces appréhensions,
Appren ce que j'ay fait sur tes commissions.
CÉLIDÉE.
Je ne vous en chargeay qu'afin de me défaire
D'un entretien chargeant et qui m'alloit déplaire.
LYSANDRE.
Depuis quand donnez-vous ces qualitez aux miens ?
CÉLIDÉE.
Depuis que mon esprit n'est plus dans vos liens.
LYSANDRE.
Est-ce donc par gageure, ou par galanterie ?
CÉLIDÉE.
Ne vous flatez point tant que ce soit raillerie.
Ce que j'ay dans l'esprit, je ne le puis céler,
Et ne suis pas d'humeur à rien dissimuler.
LYSANDRE.
Quoy ! que vous ay-je fait ? d'où provient ma disgrace ?
Quel sujet avez-vous d'estre pour moy de glace ?
Ay-je manqué de soins ? ay-je manqué de feux ?
Vous ay-je dérobé le moindre de mes vœux ?
Ay-je trop peu cherché l'heur de votre présence ?
Ay-je eu pour d'autres yeux la moindre complaisance ?
CÉLIDÉE.
Tout cela n'est qu'autant de propos superflus.
Je voulus vous aimer, et je ne le veux plus ;

Mon feu fut fans raifon, ma glace l'eft de mefme;
Si l'un eut quelque exeés, je rendray l'autre extrefme.
LYSANDRE.
Par cette extrémité vous avancez ma mort.
CÉLIDÉE.
Il m'importe fort peu quel fera voftre fort.
LYSANDRE.
Quelle nouvelle amour, ou plûtoft quel caprice
Vous porte à me traiter avec cette injustice,
Vous, de qui le ferment m'a receu pour époux ?
CÉLIDÉE.
J'en perds le fouvenir auffi-bien que de vous.
LYSANDRE.
Évitez-en la honte et fuyez-en le blâme.
CÉLIDÉE.
Je veux les accepter pour peines de ma flame.
LYSANDRE.
Un reproche éternel fuit ce tour inconstant.
CÉLIDÉE.
Si vous me voulez plaire, il en faut faire autant.
LYSANDRE.
Eft-ce donc là le prix de vous avoir fervie ?
Ah, ceffez vos mépris, ou me privez de vie.
CÉLIDÉE.
Et bien, foit ! un adieu les va faire ceffer.
Auffi-bien ce discours ne fait que me laffer.
LYSANDRE.
Ah, redouble plûtoft ce dédain qui me tuë,
Et laiffe-moy le bien d'expirer à ta veuë.
Que j'adore tes yeux, tous cruels qu'ils me font;
Qu'ils reçoivent mes vœux pour le mal qu'ils me font;
Invente à me gefner quelque rigueur nouvelle;
Traite, fi tu le veux, mon ame en criminelle;
Dy que je fuis ingrat; appelle-moy léger;
Impute à mes amours la honte de changer;
Dedans mon defespoir fais éclater ta joye,
Et tout me fera doux, pourveu que je te voye.
Tu verras tes mépris n'ébranler point ma foy,
Et mes derniers foûpirs ne voler qu'après toy.
Ne crains point de ma part de reproche ou d'injure :

Je ne t'appelleray ny lafche, ny parjure;
Mon feu fupprimera ces titres odieux;
Mes douleurs céderont au pouvoir de tes yeux,
Et mon fidelle amour, malgré leur vive atteinte,
Pour t'adorer encor étouffera ma plainte.
CÉLIDÉE.
Adieu; quelques encens que tu veuilles m'offrir,
Je ne me fçaurois plus réfoudre à les fouffrir.

SCÉNE IX.
LYSANDRE.

Célidée, ah tu fuis! tu fuis donc, et tu n'oses
Faire tes yeux témoins d'un trépas que tu
[caufes;
Ton esprit, infenfible à mes feux innocens,
Craint de ne l'eftre pas aux douleurs que je fens.
Tu crains que la pitié qui fe gliffe en ton ame
N'y rejette un rayon de ta prémiére flame,
Et qu'elle ne t'arrache un foudain repentir,
Malgré tout cét orgueil qui n'y peut confentir.
Tu vois qu'un defespoir deffus mon front exprime
En mille traits de feu mon ardeur et ton crime,
Mon vifage t'accufe, et tu vois dans mes yeux
Un portrait que mon cœur conferve beaucoup mieux.
Tous mes foins, tu le fçais, furent pour Célidée;
La nuit ne m'a jamais retracé d'autre idée,
Et tout ce que Paris a d'objets raviffans
N'a jamais ébranlé le moindre de mes fens.
Ton éxemple à changer en vain me follicite,
Dans ta volage humeur j'adore ton mérite,
Et mon amour, plus fort que mes reffentimens,
Conferve fa vigueur au milieu des tourmens.
Revien, mon cher foucy, puisqu'aprés tes défenfes
Mes plus vives ardeurs font pour toy des offenfes;
Voy comme je perfifte à te defobeïr,
Et par là, fi tu peux, pren droit de me haïr.
Fol, je préfume ainfi r'appeler l'inhumaine,
Qui ne veut pas avoir de raifons à fa haine?

Puisqu'elle a fur mon cœur un pouvoir abfolu,
Il luy fuffit de dire : *ainfi je l'ay voulu.*
Crüelle, tu le veux ! c'eft donc ainfi qu'on traite
Les fincéres ardeurs d'une amour fi parfaite !
Tu me veux donc trahir ! tu le veux, et ta foy
N'eft qu'un gage frivole à qui vit fous ta loy !
Mais je veux l'endurer fans bruit, fans réfiftance ;
Tu verras ma langueur, et non mon inconftance.
Et, de peur de t'ofter un captif par ma mort,
J'attendray ce bonheur de mon funefte fort.
Jufque-là, mes douleurs, publiant ta victoire,
Sur mon front palliffant éleveront ta gloire,
Et fçauront en tous lieux hautement témoigner
Que fans me refroidir tu m'as pu dédaigner.

fecond acte.

ACTE III.
SCÉNE PREMIÈRE.
LYSANDRE, ARONTE.
LYSANDRE.

Tu me donnes, Aronte, un étrange reméde
ARONTE.
Souverain touteffois au mal qui vous poſſéde.
Croyez-moy, j'en ay veu des ſuccés mer-
A remettre au devoir ces esprits orgueilleux. [veilleux
Quand on leur ſçait donner un peu de jalouſie,
Ils ont bien-toſt quitté ces traits de fantaiſie ;
Car enfin, tout l'éclat de ces emportemens
Ne peut avoir pour but de perdre leurs amans.
LYSANDRE.
Que voudroit donc par là mon ingrate maîtreſſe ?
ARONTE.
Elle vous jouë un tour de la plus haut adreſſe.
Avez-vous bien pris garde au temps de ſes mépris ?
Tant qu'elle vous a crû légérement épris,
Que voſtre chaîne encor n'étoit pas aſſez forte,
Vous a-t'elle jamais gouverné de la ſorte ?
Vous ignoriez alors l'uſage des ſoûpirs ;
Ce n'étoient que douceurs, ce n'étoient que plaiſirs :
Son esprit aviſé vouloit par cette ruſe
Établir un pouvoir dont maintenant elle uſe.
Remarquez-en l'adreſſe ; elle fait vanité
De voir dans ſes dédains voſtre fidélité.
Voſtre humeur endurante à ces rigueurs l'invite,
On voit par là vos feux, par vos feux ſon mérite
Et cette fermeté de vos affections

Montre un effet puiſſant de ſes perfections.
Oſez-vous eſpérer qu'elle ſoit plus humaine,
Puiſque ſa gloire augmente augmentant voſtre peine ?
Rabatez cét orgueil; faites-luy ſoupçonner
Que vous vous en piquez juſqu'à l'abandonner :
La crainte d'en voir naiſtre une ſi juſte fuite
A vivre comme il faut l'aura bien-toſt réduite ;
Elle en fuira la honte, et ne ſouffrira pas
Que ce change s'impute à ſon manque d'appas.
Il eſt de ſon honneur d'empeſcher qu'on préſume
Qu'on éteigne aiſément les flames qu'elle allume.
Feignez d'aimer quelqu'autre, et vous verrez alors
Combien à vous reprendre elle fera d'efforts.

LYSANDRE.

Mais peux-tu me juger capable d'une feinte ?

ARONTE.

Pouvez-vous trouver rude un moment de contrainte ?

LYSANDRE.

Je trouve ſes mépris plus doux à ſupporter.

ARONTE.

Pour les faire finir il faut les imiter.

LYSANDRE.

Faut-il eſtre inconstant pour la rendre fidelle ?

ARONTE.

Il faut ſouffrir toûjours, ou déguiſer comme elle.

LYSANDRE.

Que de raiſons, Aronte, à combattre mon cœur,
Qui ne peut adorer que ſon premier vainqueur !
Du moins, auparavant que l'effet en éclate,
Fais un effort pour moy : va trouver mon ingrate,
Mets-luy devant les yeux mes ſervices paſſez ;
Mes feux ſi bien receus, ſi mal récompenſez,
L'excés de mes tourmens et de ſes injuſtices ;
Employe à la gagner tes meilleurs artifices.
Que n'obtiendras-tu point par ta déxtérité,
Puiſque tu viens à bout de ma fidélité ?

ARONTE.

Mais, mon poſſible fait, ſi cela ne ſuccéde ?

LYSANDRE.

Je feindray dés demain qu'Aminte me poſſéde.

ARONTE.

Aminte! Ah, commencez la feinte dés demain,
Mais n'allez point courir au fauxbourg saint Germain.
Et quand penferiez-vous que cette ame crüelle
Dans le fond du Marais en receuft la nouvelle ?
Vous feriez tout un fiécle à luy vouloir du bien,
Sans que voftre arrogante en appriſt jamais rien.
Puisque vous voulez feindre, il faut feindre à fa veuë,
Qu'auffi-toft votre feinte en puiſſe eſtre aperceuë,
Qu'elle bleſſe les yeux de fon esprit jaloux,
Et porte jusqu'au cœur d'inévitables coups.
Ce fera faire au voſtre un peu de violence,
Mais tout le fruit confifte à feindre en fa préfence.

LYSANDRE.

Hippolyte en ce cas feroit fort à propos,
Mais je crains qu'un amy en perdift le repos ;
Dorimant, dont fes yeux ont charmé le courage,
Autant que Célidée en auroit de l'ombrage.

ARONTE.

Vous verrez fi foudain rallumer fon amour;
Que la feinte n'eſt pas pour durer plus d'un jour,
Et vous aurez après un fujet de rifée
Des foupçons mal fondez de fon ame abufée.

LYSANDRE.

Va trouver Célidée, et puis nous réfoudrons
En ces extrémitez quel avis nous prendrons.

SCÉNE II.

ARONTE, FLORICE.

ARONTE *feul.*

Sans que pour l'appaifer je me rompe la tefte,
Mon meffage eft tout fait, et fa réponfe prefte.
Bien loin que mon discours pûft la perfüader,
Elle n'aura jamais voulu me regarder.
Une prompte retraite au feul nom de Lyfandre,
C'eſt par où les dédains fe feront fait entendre.
Mes amours du paffé ne m'ont que trop appris
Avec quelles couleurs il faut peindre un mépris ;

A peine faifoit-on femblant de me connoiftre,
De forte...

FLORICE.

Aronte, et bien, qu'as-tu fait vers ton maiftre?
Le verrons-nous bien-toft?

ARONTE.

N'en fois plus en foucy,
Dans une heure au plus tard je te le rends icy.

FLORICE.

Preft à luy temoigner...

ARONTE.

Tout preft. Adieu, je tremble,
Que de chez Célidée on ne nous voye enfemble.

SCÉNE III.

HIPPOLYTE, FLORICE.

HIPPOLYTE.

D'où vient que mon abord l'oblige à te quitter?

FLORICE. [conter...
Tant s'en faut qu'il vous fuye, il vient de me
Touteffois, je ne fçay fi je vous le doy dire.

HIPPOLYTE.

Que tu te plais, Florice, à me mettre en martyre!

FLORICE.

Il faut vous préparer à des raviffemens...

HIPPOLYTE.

Ta longueur m'y prépare avec bien des tourmens,
Dépefche, ces discours font mourir Hippolyte.

FLORICE.

Mourez donc promptement, que je vous reffufcite.

HIPPOLYTE.

L'infupportable femme! enfin diras-tu rien?

FLORICE.

L'impatiente fille! enfin tout ira bien.

HIPPOLYTE.

Enfin tout ira bien, ne fçauray-je autre chofe?

FLORICE.

Il faut que voftre esprit là-deffus fe repofe,

Vous ne pouviez tantoſt ſouffrir de longs propos,
Et, pour vous obliger, j'ay tout dit en trois mots.
Mais ce que maintenant vous n'en pouvez apprendre,
Vous l'apprendrez bien-toſt plus au long de Lyſandre.
HIPPOLYTE.
Tu ne flates mon cœur que d'un espoir confus.
FLORICE.
Parlez à voſtre amie, et ne vous faschez plus.

SCÉNE IV.
CÉLIDÉE, HIPPOLYTE, FLORICE.
CÉLIDÉE.
Mon abord importun rompt voſtre conférence.
Tu m'en voudras du mal.
HIPPOLYTE.
Du mal? et l'apparence?
Je ne ſçay pas aimer de ſi mauvaiſe foy,
Et tout à l'heure encor je luy parlois de toy.
CÉLIDÉE.
Je me retire donc afin que ſans contrainte....
HIPPOLYTE.
Quitte cette grimace, et mets à part la feinte :
Tu fais la réſervée en ces occaſions,
Mais tu meurs de ſçavoir ce que nous en diſions.
CÉLIDÉE.
Tu meurs de le conter plus que moy de l'apprendre,
Et tu prendrois pour crime un refus de l'entendre.
Puis donc que tu le veux, ma curioſité...
HIPPOLYTE.
Vraiment, tu me confons de ta civilité.
CÉLIDÉE.
Voilà de tes détours, et comme tu différes
A me dire en quel point vous teniez mes affaires.
HIPPOLYTE.
Nous parlions du deſſein d'éprouver ton amant.
Tu l'as veu reüſſir à ton contentement?
CÉLIDÉE.
Je viens te voir exprès pour t'en dire l'iſſuë.

Que je m'en fuis trouvée heureufement déceuë !
Je préfumois beaucoup de fes affections,
Mais je n'attendois pas tant de fubmiffions.
Jamais le defespoir qui faifit fon courage
N'en pût tirer un mot à mon defavantage ;
Il tenoit mes dédains encor trop précieux,
Et les reproches mefme étoient officieux.
Auffi ce grand amour a rallumé ma flame ;
Le change n'a plus rien qui chatoüille mon ame,
Il n'a plus de douceurs pour mon esprit flotant,
Auffi ferme à préfent qu'il le croit inconstant.

FLORICE.

Quoy que vous ayez veu de fa perfévérance,
N'en prenez pas encore une entiére affeurance.
L'espoir de vous fléchir a pu le premier jour
Jetter fur fon dépit ces beaux dehors d'amour ;
Mais vous verrez bien-toft que pour qui le méprife
Toute légéreté luy femblera permife.
J'ay veu des amoureux de toutes les façons.

HYPPOLYTE.

Cette bizarre [1] humeur n'eft jamais fans foupçons !
L'avantage qu'elle a d'un peu d'expérience
Tient éternellement fon ame en défiance ;
Mais ce qu'elle te dit ne vaut pas l'écouter.

CÉLIDÉE.

Et je ne fuis pas fille à m'en épouvanter.
Je veux que ma rigueur à tes yeux continuë,
Et lors fa fermeté te fera mieux connuë.
Tu ne verras des traits que d'un amour fi fort
Que Florice elle-mefme avoûra qu'elle a tort.

HIPPOLYTE.

Ce fera trop long-temps luy paroiftre crüelle.

CÉLIDÉE.

Tu connoiftras par là combien il m'eft fidelle.
Le ciel à ce deffein nous l'envoye à propos.

HIPPOLYTE.

Et quand te réfous-tu de le mettre en repos ?

---

1. On lit jufqu'en 1654 *bigearre* au lieu de *bizarre*.

Acte III.

CÉLIDÉE.

Trouve bon, je te prie, après un peu de feinte,
Que mes feux violens s'expliquent fans contrainte,
Et, pour le rappeler des portes du trépas,
Si j'en dis un peu trop, ne t'en offenfe pas [1].

SCÈNE V.

LYSANDRE, CÉLIDÉE, HIPPOLYTE, FLORICE.

LYSANDRE.

Merveille des beautez, feul objet qui m'engage...

CÉLIDÉE.

N'oublierez-vous jamais cét importun langage?
Vous obstiner encore à me perfécuter,
C'eft prendre du plaifir à vous voir maltraiter.
Perdez mon fouvenir avec voftre espérance,
Et ne m'accablez plus de cette déférence :
Il faut pour m'arrefter des entretiens meilleurs.

LYSANDRE.

Quoy ! vous prenez pour vous ce que j'adreffe ailleurs ?
Adore qui voudra voftre rare mérite,
Un change heureux me donne à la belle Hippolyte.
Mon fort en cela feul a voulu me trahir,
Qu'en ce change mon cœur femble vous obéïr,
Et que mon feu paffé va vous rendre fi vaine
Que vous imputerez ma flame à voftre haine,
A voftre orgueil nouveau mes nouveaux fentimens,
L'effet de ma raifon à vos commandemens.

CÉLIDÉE.

Tant s'en faut que je prenne une fi triste gloire ;
Je chaffe mes dédains mefme de ma mémoire,
Et dans leur fouvenir rien ne me femble doux,
Puisqu'en le confervant je penferois à vous.

LYSANDRE à *Hippolyte*.

Beauté de qui les yeux, nouveaux rois de mon ame,

---

1. Toutes les éditions, jusqu'en 1654, portent :
    S'il m'échape un baifer, ne t'en offenfe pas.

Me font eſtre léger ſans en craindre le blaſme...
HIPPOLYTE.
Ne vous emportez point à ces propos perdus,
Et ceſſez de m'offrir des vœux qui luy ſont dûs ;
Je penſe mieux valoir que le refus d'une autre.
Si vous voulez venger ſon mépris par le voſtre,
Ne venez point du moins m'enrichir de ſon bien.
Elle vous traite mal, mais elle n'aime rien ;
Vous, faites-en autant, ſans chercher de retraite
Aux importunitez dont elle s'eſt défaite.
LYSANDRE.
Que ſon éxemple encor régláſt mes actions !
Cela fut bon du temps de mes affections.
A preſent que mon cœur adore une autre reine,
A preſent qu'Hippolyte en eſt la ſouveraine...
HIPPOLYTE.
C'eſt elle ſeulement que vous voulez flater.
LYSANDRE.
C'eſt elle ſeulement que je dois imiter.
HIPPOLYTE.
Sçavez-vous donc à quoy la raiſon vous oblige ?
C'eſt à me négliger comme je vous néglige.
LYSANDRE.
Je ne puis imiter ce mépris de mes feux,
A moins qu'à voſtre tour vous m'offriez des vœux ;
Donnez-m'en les moyens, vous en verrez l'iſſuë.
HIPPOLYTE.
J'appréhenderois fort d'eſtre trop bien receuë,
Et qu'au lieu du plaiſir de me voir imiter,
Je n'euſſe que l'honneur de me faire écouter,
Pour n'avoir que la honte après de me dédire.
LYSANDRE.
Souffrez donc que mon cœur ſans éxemple ſoûpire,
Qu'il aime ſans éxemple, et que mes paſſions
S'égalent ſeulement à vos perfections.
Je vaincray vos rigueurs par mon humble ſervice,
Et ma fidélité...
CÉLIDÉE.
Viens avec moy, Florice :
J'ay des nippes en haut que je veux te montrer.

SCÈNE VI.

HIPPOLYTE, LYSANDRE.

HIPPOLYTE.

Quoy ! sans la retenir, vous la laissez rentrer !
Allez, Lysandre, allez, c'est assez de contraintes ;
J'ay pitié du tourment que vous donnent ces feintes.
Suivez ce bel objet dont les charmes puissans
Sont et seront toûjours absolus sur vos sens.
Quoy qu'après ses dédains un peu d'orgueil publie,
Son mérite est trop grand pour souffrir qu'on l'oublie ;
Elle a des qualitez, et de corps et d'esprit,
Dont pas un cœur donné jamais ne se reprit.

LYSANDRE.

Mon change fera voir l'avantage des vôtres,
Qu'en la comparaison des unes et des autres
Les siennes désormais n'ont qu'un éclat terny ;
Que son mérite est grand, et le vôtre infiny.

HIPPOLYTE.

Que j'emporte sur elle aucune préférence !
Vous tenez des discours qui sont hors d'apparence ;
Elle me passe en tout, et, dans ce changement,
Chacun vous blasmeroit de peu de jugement.

LYSANDRE.

M'en blasmer en ce cas c'est en manquer soy-mesme,
Et choquer la raison qui veut que je vous aime.
Nous sommes hors du temps de cette vieille erreur
Qui faisoit de l'amour une aveugle fureur,
Et, l'ayant aveuglé, luy donnoit pour conduite
Le mouvement d'une ame et surprise et seduite.
Ceux qui l'ont peint sans yeux ne le connoissoient pas ;
C'est par les yeux qu'il entre, et nous dit vos appas :
Lors nostre esprit en juge, et, suivant le mérite,
Il fait croistre une ardeur que cette veuë excite ;
Si la mienne pour vous se relasche un moment,
C'est lors que je croiray manquer de jugement,
Et la mesme raison qui vous rend admirable

Doit rendre comme vous ma flame incomparable.
HIPPOLYTE.
Épargnez avec moy ces propos affétez.
Encor hier Célidée avait ces qualitez;
Encor hier en mérite elle étoit fans pareille.
Si je fuis aujourd'huy cette unique merveille,
Demain quelqu'autre objet, dont vous fuivrez la loy,
Gagnera vôtre cœur, et ce titre fur moy :
Un esprit inconstant a toujours cette adreffe.

SCÉNE VII.

CHRYSANTE, PLEIRANTE, HIPPOLYTE, LISANDRE.

CHRYSANTE.

Monfieur, j'aime ma fille avec trop de tendreffe
Pour la vouloir contraindre en fes affections.
PLEIRANTE.
Madame, vous fçaurez fes inclinations,
Elle voudra vous plaire, et je l'en voy foûrire.
Allons, mon cavalier, j'ay deux mots à vous dire.
CHRYSANTE.
Vous en aurez réponfe avant qu'il foit trois jours.

SCÉNE VIII.

CHRYSANTE, HIPPOLYTE.

CHRYSANTE.

Devinerois-tu bien quels étoient nos discours?
HIPPOLYTE.
Il vous parloit d'amour, peut-eftre?
CHRYSANTE.
     Ouy, que t'en femble?
HIPPOLYTE.
D'âge presque pareils, vous feriez bien enfemble.
CHRYSANTE.
Tu me donnes vraiment un gracieux détour!

C'étoit pour ton sujet qu'il me parloit d'amour.
HIPPOLYTE.
Pour moy ? Ces jours passez un poéte qui m'adore
(Du moins à ce qu'il dit) m'égaloit à l'aurore ;
Je me raillois alors de la comparaison :
Mais si cela se fait, il avoit bien raison.
CHRYSANTE.
Avec tout ce babil tu n'és qu'une étourdie.
Le bon-homme est bien loin de cette maladie ;
Il veut te marier, mais c'est à Dorimant :
Voy si tu te résous d'accepter cét amant.
HIPPOLYTE.
Dessus tous mes desirs vous étes absoluë,
Et, si vous le voulez, m'y voilà résoluë ;
Dorimant vaut beaucoup, je vous le dy sans fard ;
Mais remarquez un peu le trait de ce vieillard.
Lysandre si longtemps a bruslé pour sa fille
Qu'il en faisoit déja l'appuy de sa famille ;
A present que ses feux ne sont plus que pour moy,
Il voudroit bien qu'un autre eust engagé ma foy,
Afin que, sans espoir dans cette amour nouvelle,
Un nouveau changement le ramenast vers elle.
N'avez-vous point pris garde, en vous disant adieu,
Qu'il a presque arraché Lysandre de ce lieu ?
CHRYSANTE.
Simple, ce qu'il en fait ce n'est qu'à sa priére,
Et Lysandre tient mesme à faveur singuliére...
HIPPOLYTE.
Je sçay que Dorimant est un de ses amis ;
Mais vous voyez d'ailleurs que le ciel a permis
Que, pour mieux vous montrer que tout n'est qu'artifice,
Lysandre me faisoit ses offres de service.
CHRYSANTE.
Aucun des deux n'est homme à se joüer de nous ;
Quelque secret mystére est caché là-dessous.
Allons, pour en tirer la vérité plus claire,
Seules dedans ma chambre éxaminer l'affaire ;
Ici quelque importun pourroit nous aborder.

SCÉNE IX.

HIPPOLYTE, FLORICE.

HIPPOLYTE.

'auray bien de la peine à la persuader.
Ah! Florice, en quel point laisses-tu Célidée?
FLORICE.
De honte et de dépit tout à fait possédée.
HIPPOLYTE.
Que t'a-t'elle montré?
FLORICE.
Cent choses à la fois,
Selon que le hazard les mettoit sous les doigts.
Ce n'étoit qu'un prétexte à faire la retraite.
HIPPOLYTE.
Elle t'a témoigné d'estre fort satisfaite?
FLORICE.
Sans que je vous amuse en discours superflus
Son visage suffit pour juger du surplus.
HIPPOLYTE *regarde Célidée.*
Ses pleurs ne le sçauroient empescher de descendre,
Et j'en aurois pitié si je n'aimois Lysandre.

SCÉNE X.

CÉLIDÉE.

Infidelles témoins d'un feu mal allumé,
  Soyez-les de ma honte, et vous fondant en
larmes;
                         [sumé
Punissez-vous, mes yeux, d'avoir trop pré-
  Du pouvoir de vos charmes.

De quoy vous a servy d'avoir sceu me flater,
D'avoir pris le party d'un ingrat qui me trompe,
S'il ne fit le constant qu'afin de me quitter
  Avecque plus de pompe?

ACTE III.

Quand je m'en veux défaire, il eſt parfait amant;
Quand je veux le garder, il n'en fait plus de conte;
Et, n'ayant pu le perdre avec contentement,
    Je le perds avec honte.

Ce que j'eus lors de joye augmente mon regret;
Par là mon deſespoir davantage ſe pique.
Quand je le crus constant, mon plaiſir fut ſecret,
    Et ma honte eſt publique.

Le traiſtre avoit ſenty qu'alors me négliger
C'étoit à Dorimant livrer toute mon ame;
Et la constance plût à cét esprit léger,
    Pour amortir ma flame.

Autant que j'eus de peine à l'éteindre en naiſſant,
Autant m'en faudra-t'il à la faire renaiſtre;
De peur qu'à cét amour d'eſtre encor impuiſſant
    Il n'oſe plus paroiſtre.

Outre que de mon cœur pleinement exilé,
Et n'y conſervant plus aucune intelligence,
Il eſt trop glorieux pour n'eſtre rappelé
    Qu'à ſervir ma vengeance.

Mais j'aperçoy celuy qui le porte en ſes yeux.
Courage donc, mon cœur, espérons un peu mieux.
Je ſens bien que déja devers luy tu t'envoles;
Mais pour t'accompagner je n'ay point de paroles:
Ma honte et ma douleur, ſurmontant mes deſirs,
N'en laiſſent le paſſage ouvert qu'à mes ſoûpirs.

SCÉNE XI.

DORIMANT, CÉLIDÉE, CLÉANTE.

DORIMANT.

ans ce profond penſer, paſle, triste, abatuë,
  Ou quelque grand malheur de Lyſandre vous
    tuë, [nuis.
Ou bien-toſt vos douleurs l'accableront d'en-

CÉLIDÉE.

Il est cause en effet de l'état où je suis,
Non pas en la façon qu'un amy s'imagine,
Mais...

DORIMANT.

Vous n'achevez point, faut-il que je devine ?

CÉLIDÉE.

Permettez que je céde à la confusion
Qui m'étouffe la voix en cette occasion,
J'ay d'incroyables traits de Lysandre à vous dire,
Mais ce reste du jour souffrez que je respire,
Et m'obligez demain que je vous puisse voir.

DORIMANT.

De sorte qu'à présent on n'en peut rien sçavoir ?
Dieux ! elle se dérobe, et me laisse en un doute...
Poursuivons toutesfois nostre premiére route ;
Peut-estre ces beaux yeux, dont l'éclat me surprit,
De ce fascheux soupçon purgeront mon esprit.

A Cléante.

Frape.

SCÈNE XII.

DORIMANT, FLORICE, CLÉANTE.

FLORICE.

Que vous plaist-il ?

DORIMANT.

Peut-on voir Hippolyte ?

FLORICE.

Elle vient de sortir pour faire une visite.

DORIMANT.

Ainsi tout aujourd'huy mes pas ont esté vains.
Florice, à ce defaut fay-luy mes baise-mains.

FLORICE *seule.*

Ce sont des complimens qu'il fait mauvais luy faire :
Depuis que ce Lysandre a tasché de luy plaire,
Elle ne veut plus estre au logis que pour luy,
Et tous autres devoirs luy donnent de l'ennuy.

Fin du troisiéme acte.

ACTE IV.

SCÉNE PREMIÉRE.

HIPPOLYTE, ARONTE.

HIPPOLYTE.

A cét excès d'amour qu'il me faiſoit paroiſtre,
Je me croyois déja maîtreſſe de ton maiſtre ;
Tu m'as fait grand dépit de me déſabuſer.
Qu'il a l'eſprit adroit quand il veut déguiſer !
Et que, pour mettre en jour ces complimens frivoles,
Il ſait bien ajuſter ſes yeux à ſes paroles !
Mais je me promets tant de ta dextérité,
Qu'il tournera bien-toſt la feinte en vérité.

ARONTE.

Je n'oſe l'eſpérer : ſa paſſion trop forte
Déja vers ſon objet malgré moy le remporte ;
Et, comme s'il avoit reconnu ſon erreur,
Vos yeux luy ſont à charge, et ſa feinte en horreur.
Meſme il m'a commandé d'aller vers ſa crüelle,
Luy jurer que ſon cœur n'a bruſlé que pour elle,
Attaquer ſon orgueil par des ſubmiſſions...

HIPPOLYTE.

J'entens aſſez le but de tes commiſſions.
Tu vas taſcher pour luy d'amollir ſon courage ?

ARONTE.

J'employe auprès de vous le temps de ce meſſage
Et la feray parler tantoſt à mon retour
D'une façon mal propre à donner de l'amour ;
Mais, après mon rapport, ſi ſon ardeur extrème
Le réſout à porter ſon meſſage luy-meſme,

Je ne répons de rien. L'amour qu'ils ont tous deux
Vaincra noſtre artifice, et parlera pour eux.
HIPPOLYTE.
Sa maîtreſſe éblouÿe ignore encor ma flame,
Et laiſſe à mes conſeils tout pouvoir ſur ſon ame.
Ainſi tout eſt à nous, s'il ne faut qu'empeſcher
Qu'un ſi fidelle amant n'en puiſſe rapprocher.
ARONTE.
Qui pourroit touteſfois en détourner Lyſandre,
Ce ſeroit le plus ſeur.
HIPPOLYTE.
              N'oſes-tu l'entreprendre ?
ARONTE.
Donnez-moy les moyens de le rendre jaloux,
Et vous verrez après fraper d'étranges coups.
HIPPOLYTE.
L'autre jour Dorimant toucha fort ma rivale,
Jusque-là qu'entre eux deux ſon ame étoit égale ;
Mais Lyſandre depuis, endurant ſa rigueur,
Luy montra tant d'amour qu'il regagna ſon cœur.
ARONTE.
Donc à voir Célidée et Dorimant enſemble,
Quelque Dieu qui vous aime aujourd'huy les aſſemble.
HIPPOLYTE.
Fay-les voir à ton maiſtre, et ne perds point ce temps,
Puisque de là dépend le bon-heur que j'attens.

SCÉNE II.

DORIMANT, CÉLIDÉE, ARONTE.

DORIMANT.   [voye ?

ronte, un mot. Tu fuis. Crains-tu que je te
ARONTE.   [m'envoye,
Non, mais preſſé d'aller où mon maiſtre
J'avois doublé le pas ſans vous apercevoir.
DORIMANT.
D'où viens-tu ?
ARONTE.
        D'un logis vers la Croix du Tiroir.

DORIMANT.
C'eſt donc en ce Marais que finit ton voyage?
ARONTE.
Non, je cours au Palais faire encor un meſſage.
DORIMANT.
Et c'en eſt le chemin de paſſer par icy?
ARONTE.
Souffrez que j'aille oſter mon maiſtre de ſoucy;
Il meurt d'impatience à force de m'attendre.
DORIMANT.
Et touchant mes amours ne peux-tu rien m'apprendre?
As-tu veu depuis peu l'objet que je chéris?
ARONTE.
Ouy, tantoſt en paſſant j'ay rencontré Cloris.
DORIMANT.
Tu cherches des détours, je parle d'Hippolyte.
CÉLIDÉE.
Et c'eſt là ſeulement le discours qu'il évite.
Tu t'enferres, Aronte, et, pris au dépourveu,
En vain tu veux cacher ce que nous avons veu.
Va, ne ſois point honteux des crimes de ton maiſtre:
Pourquoy déſavoüer ce qu'il fait trop paroiſtre?
Il la ſert à mes yeux, cét infidelle amant,
Et te vient d'envoyer luy faire un compliment.

Aronte rentre.

SCÈNE III.

DORIMANT, CÉLIDÉE.

CÉLIDÉE.
Après cette retraite et ce morne ſilence,
Pouvez-vous bien encor demeurer en balance?
DORIMANT.
Je n'en ay que trop veu, mes yeux m'en ont trop dit,
Aronte en me parlant étoit tout interdit,
Et ſa confuſion portoit ſur ſon viſage
Aſſez et trop de jour pour lire ſon meſſage.
Traiſtre, traiſtre Lyſandre, eſt-ce là donc le fruit
Qu'en faveur de mes feux ton amitié produit?

CÉLIDÉE.

Connoiſſez tout à fait l'humeur de l'infidelle ;
Voſtre amour ſeulement la luy fait trouver belle :
Cét objet, tout aimable et tout parfait qu'il eſt,
N'a des charmes pour luy que depuis qu'il vous plaiſt ;
Et votre affection, de la ſienne ſuivie,
Montre que c'eſt par là qu'il en a pris envie,
Qu'il veut moins l'acquérir que vous le dérober.

DORIMANT *monſtrant ſon épée*.

Voicy, dans ce larcin, qui le fait ſuccomber.
En ce deſſein commun de ſervir Hippolyte,
Il faut voir ſeul à ſeul qui des deux la mérite :
Son ſang me répondra de ſon manque de foy,
Et me fera raiſon et pour vous et pour moy.
Noſtre vieille union ne fait qu'aigrir mon ame,
Et mon amitié meurt voyant naiſtre ſa flame.

CÉLIDÉE.

Vouloir quelque meſure entre un perfide et vous,
Eſt-ce faire juſtice à ce juſte courroux ?
Pouvez-vous préſumer, après ſa tromperie,
Qu'il ait dans les combats moins de ſupercherie ?
Certes pour le punir c'eſt trop vous négliger,
Et chercher à vous perdre au lieu de vous venger.

DORIMANT.

Pourriez-vous approuver que je priſſe avantage
Pour immoler ce traiſtre à mon peu de courage ?
J'achéterois trop cher la mort du ſuborneur,
Si, pour avoir ſa vie, il m'en coûtoit l'honneur,
Et montrerois une ame et trop baſſe et trop noire,
De ménager mon ſang aux dépens de ma gloire.

CÉLIDÉE.

Sans les voir l'un ny l'autre en péril expoſez,
Il eſt pour vous venger des moyens plus aiſez.
Pour peu que vous fuſſiez de mon intelligence,
Vous auriez bien-toſt pris une juſte vengeance,
Et vous pourriez ſans bruit oſter à l'inconſtant...

DORIMANT.

Quoy ? ce qu'il m'a volé ?

CÉLIDÉE.

Non, mais du moins autant.

DORIMANT.

La foibleſſe du ſéxe en ce point vous conſeille :
Il ſe croit trop vengé quand il rend la pareille ;
Mais ſuivre le chemin que vous voulez tenir,
C'eſt imiter ſon crime au lieu de le punir ;
Au lieu de luy ravir une belle maîtreſſe,
C'eſt prendre à ſon refus une beauté qu'il laiſſe.

Lyſandre vient avec Aronte qui luy fait voir
Dorimant avec Célidée.

C'eſt lui faire plaiſir au lieu de l'affliger,
C'eſt ſouffrir un affront, et non pas ſe venger.
J'en perds icy le temps. Adieu, je me retire ;
Mais, avant qu'il ſoit peu, ſi vous entendez dire
Qu'un coup fatal et juſte ait puny l'impoſteur,
Vous pourrez aiſément en devenir l'autheur.

CÉLIDÉE.

De grace, encor un mot. Hélas! il m'abandonne
Aux cuiſans déplaiſirs que ma douleur me donne ;
Rentre, pauvre abuſée, et dedans tes malheurs,
Si tu ne les retiens, cache du moins tes pleurs.

SCÉNE IV.

LYSANDRE, ARONTE.

ARONTE.

Eh bien, qu'en dites-vous, et que vous ſemblé [d'elle?

LYSANDRE.

Hélas! pour mon malheur, tu n'és que trop [fidelle.
N'éxerce plus tes ſoins à me faire endurer ;
Ma plus douce fortune eſt de tout ignorer ;
Je ſerois trop heureux ſans le rapport d'Aronte.

ARONTE.

Encor, pour Dorimant, il en a quelque honte :
Vous voyant, il a fuy.

LYSANDRE.

Mais mon ingrate alors
Pour empeſcher ſa fuite a fait tous ſes efforts,
Aronte, et tu prenois ſes dédains pour des feintes!

Tu croyois que son cœur n'eust point d'autres atteintes,
Que son esprit entier se conservoit à moy,
Et parmy les rigueurs n'oublioit point sa foy !
ARONTE.
A vous dire le vray, j'en suis trompé moy-mesme.
Après deux ans passez dans un amour extréme,
Que sans occasion elle vinst à changer,
Je me susse tenu coupable d'y songer.
Mais, puisque sans raison la volage vous change,
Faites qu'avec raison un changement vous venge.
Pour punir comme il faut son infidélité,
Vous n'avez qu'à tourner la feinte en vérité.
LYSANDRE.
Misérable, est-ce ainsi qu'il faut qu'on me soulage ?
Ay-je trop peu souffert sous cette humeur volage,
Et veux-tu desormais que par un second choix
Je m'engage à souffrir encor une autre fois ?
Qui t'a dit qu'Hippolyte à cette amour nouvelle
Se rendroit plus sensible, ou seroit plus fidelle ?
ARONTE.
Vous en devez, Monsieur, présumer beaucoup mieux.
LYSANDRE.
Conseiller importun, oste-toy de mes yeux.
ARONTE.
Son ame...
LYSANDRE.
Oste-toy, dy-je, et dérobe ta teste
Aux violens effets que ma colére apreste :
Ma bouillante fureur ne cherche qu'un objet ;
Vas, tu l'attirerois sur un sang trop abjet.

SCÉNE V.

LYSANDRE.

Il faut à mon courroux de plus nobles victimes : [crimes ;
Il faut qu'un mesme coup me venge de deux
Qu'après les trahisons de ce couple indiscret,
L'un meure de ma main, et l'autre de regret.

ACTE IV.

Ouy, la mort de l'amant punira la maîtreſſe,
Et mes plaiſirs alors naiſtront de ſa triſteſſe ;
Mon cœur, à qui mes yeux apprendront ſes tourmens,
Permettra le retour à mes contentemens ;
Ce viſage ſi beau, ſi bien pourveu de charmes,
N'en aura plus pour moy s'il n'eſt couvert de larmes ;
Ses douleurs ſiement ont droit de me guérir ;
Pour me réſoudre vivre il faut la voir mourir.
Frénétiques tranſports, avec quelle inſolence
Portez-vous mon eſprit à tant de violence ?
Allez, vous avez pris trop d'empire ſur moy :
Doy-je eſtre ſans raiſon parce qu'ils ſont ſans foy ?
Dorimant, Célidée, amy, chére maîtreſſe,
Suivrois-je contre vous la fureur qui me preſſe ?
Quoy ! vous ayant aimez, pourrois-je vous haïr ?
Mais vous pourrois-je aimer, quand vous m'oſez trahir ?
Qu'un rigoureux combat déchire mon courage !
Ma jalouſie augmente et redouble ma rage ;
Mais quelques fiers projets qu'elle jette en mon cœur,
L'amour... ah ! ce mot ſeul me range à la douceur.
Celle que nous aimons jamais ne nous offenſe ;
Un mouvement ſecret prend toûjours ſa deffenſe :
L'amant ſouffre tout d'elle, et, dans ſon changement,
Quelque irrité qu'il ſoit, il eſt toûjours amant.
Touteſfois ſi l'amour contre elle m'intimide,
Revenez, mes fureurs, pour punir le perfide ;
Arrachez luy mon bien ; une telle beauté
N'eſt pas le juſte prix d'une déloyauté.
Souffrirois-je à mes yeux que par ſes artifices
Il recueilliſt les fruits dûs à mes longs ſervices ?
S'il vous faut épargner le ſujet de mes feux,
Que ce traiſtre du moins réponde pour tous deux.
Vous me devez ſon ſang pour expier ſon crime :
Contre ſa laſcheté tout vous eſt légitime,
Et quelques châtimens... Mais, Dieux ! que voy-je icy ?

SCÉNE VI.
HIPPOLYTE, LISANDRE.
HIPPOLYTE.

ous avez dans l'esprit quelque pesant soucy,
Ce visage enflamé, ces yeux pleins de coléres
En font voir au dehors une marque trop
[claire.
Je prens assez de parts en tous vos interests,
Pour vouloir en aveugle y mesler mes regrets;
Mais si vous me disiez ce qui cause vos peines...
LYSANDRE.
Ah, ne m'imposez point de si crüelles gesnes;
C'est irriter mes maux que de me secourir.
La mort, la seule mort a droit de me guérir.
HIPPOLYTE.
Si vous vous obstinez à m'en taire la cause,
Tout mon pouvoir sur vous n'est que fort peu de chose.
LYSANDRE.
Vous l'avez souverain, horsmis en ce seul point.
HIPPOLYTE.
Laissez-le moy par tout, ou ne m'en laissez point.
C'est n'aimer qu'à demy qu'aimer avec réserve,
Et ce n'est pas ainsi que je veux qu'on me serve.
Il faut m'apprendre tout, et, lors que je vous voy,
Estre de belle humeur, ou n'estre plus à moy.
LYSANDRE.
Ne perdez point d'efforts à vaincre mon silence,
Vous useriez sur moy de trop de violence,
Adieu : je vous ennuye, et les grands déplaisirs
Veulent en liberté s'exhaler en soûpirs.

SCÉNE VII.
HIPPOLYTE.
C'est donc là tout l'état que tu fais d'Hippolyte?
Après des vœux offerts, c'est ainsi qu'on me
[quitte !
Qu'Aronte jugeoit bien que ses feintes amours,

Avant qu'il fuſt long-temps, interromproient leur cours!
Dans ce peu de ſuccès des ruſes de Florice
J'ay manqué de bonheur, mais non pas de malice,
Et ſi j'en puis jamais trouver l'occaſion,
J'y mettray bien encor de la diviſion.
Si noſtre pauvre amant eſt plein de jalouſie,
Ma rivale qui sort n'en eſt pas moins ſaiſie.

SCÉNE VIII.

HIPPOLYTE, CÉLIDÉE.

CÉLIDÉE.

N'ay-je pas tantoſt veu mon perfide avec vous?
Il a bien-toſt quitté des entretiens ſi doux.
HIPPOLYTE.
Qu'y feroit-il, ma ſœur? ta fidelle Hippolyte
Traite cét inconstant ainſi qu'il le mérite;
Il a beau m'en conter de toutes les façons,
Je le renvoye ailleurs pratiquer ſes leçons.
CÉLIDÉE.
Le parjure à préſent eſt fort ſur ta loüange?
HIPPOLYTE.
Il ne tient pas à luy que je ne ſois un ange;
Et quand il vient enſuite à parler de ſes feux,
Aucune paſſion jamais n'approcha d'eux.
Par tous ces vains discours il croit fort qu'il m'oblige,
Mais non la moitié tant qu'alors qu'il te néglige:
C'eſt par là qu'il me penſe acquérir puiſſamment;
Et moy, qui t'ay toûjours chérie uniquement,
Je te laisse à juger alors ſi je l'endure.
CÉLIDÉE.
C'eſt trop prendre, ma ſœur, de part en mon injure;
Laiſſe-le mépriſer celle dont les mépris
Sont cauſe maintenant que d'autres yeux l'ont pris.
Si Lyſandre te plaiſt, poſſéde le volage,
Mais ne me traite point avec desavantage;
Et ſi tu te réſous d'accepter mon amant,
Relaſche-moy du moins le cœur de Dorimant.

HIPPOLYTE.

Pourveu que leur vouloir se range sous le nostre,
Je te donne le choix et de l'un et de l'autre ;
Ou, si l'un ne suffit à ton jeune desir,
Défay-moy de tous deux : tu me feras plaisir.
J'estimay fort Lysandre avant que le connoistre,
Mais, depuis cét amour que mes yeux ont fait naistre,
Je te répute heureuse après l'avoir perdu.
Que son humeur est vaine, et qu'il fait l'entendu !
Que son discours est fade avec ses flatteries !
Qu'on est importuné de ses afféteries !
Vraiment, si tout le monde étoit fait comme luy,
Je croy qu'avant deux jours je sécherois d'ennuy.

CÉLIDÉE.

Qu'en cela du destin l'ordonnance fatale
A pris pour nos malheurs une route inégale !
L'un et l'autre me fuit, et je brusle pour eux,
L'un et l'autre t'adore, et tu les fuis tous deux.

HIPPOLYTE.

Si nous changions de sort, que nous serions contentes !

CÉLIDÉE.

Outre, hélas ! que le ciel s'oppose à nos attentes,
Lysandre n'a plus rien à rengager ma foy.

HIPPOLYTE.

Mais l'autre, tu voudrois...

SCÈNE IX.

PLEIRANTE, HIPPOLYTE, CÉLIDÉE.

PLEIRANTE.

               Ne rompez pas pour moy ;
Craignez-vous qu'un amy sçache de vos nouvelles ?

HIPPOLYTE.

Nous causions de mouchoirs, de rabats, de dentelles,
De ménages de fille.

PLEIRANTE.

               Et, parmy ces discours,
Vous conferiez ensemble un peu de vos amours.
Et bien, ce serviteur, l'aura-t'on agréable ?

Hippolyte.
Vous m'attaquez toûjours par quelque trait semblable.
Des hommes comme vous ne font que des conteurs.
Vraiment c'eſt bien à moy d'avoir des ſerviteurs?
Pleirante.
Parlons, parlons françois. Enfin, pour cette affaire,
Nous en remettrons-nous à l'avis d'une mére?
Hippolyte.
J'obéïray toûjours à ſon commandement.
Mais de grace, Monſieur, parlez plus clairement:
Je ne puis deviner ce que vous voulez dire.
Pleirante.
Un certain cavalier pour vos beaux yeux ſoûpire...
Hippolyte.
Vous en voulez par là.
Pleirante.
    Ce n'eſt point fiction
Que ce que je vous dy de ſon affection.
Voſtre mére ſçeut hier à quel point il vous aime,
Et veut que ce ſoit vous qui vous donniez vous meſme.
Hippolyte.
Et c'eſt ce que ma mére, afin de m'expliquer,
Ne m'a point fait l'honneur de me communiquer;
Mais, pour l'amour de vous, je vay le ſçavoir d'elle.

SCÈNE X.

PLEIRANTE, CÉLIDÉE.

Pleirante.
Ta compagne eſt du moins auſſi fine que belle.
Célidée.
Elle a bien ſçeu de vray ſe défaire de vous.
Pleirante.
Et fort habilement ſe parer de mes coups.
Célidée.
Peut-eſtre innocemment, faute d'y rien comprendre.
Pleirante.
Mais faute, bien plûtoſt, d'y vouloir rien entendre,

Je suis des plus trompez si Dorimant luy plaist.
CÉLIDÉE.
Y prenez-vous, Monsieur, pour luy quelque intérest?
PLEIRANTE.
Lysandre m'a prié d'en porter la parole.
CÉLIDÉE.
Lysandre!
PLEIRANTE.
Ouy, ton Lysandre.
CÉLIDÉE.
Et luy-mesme cajole...
PLEIRANTE.
Quoy! que cajole-t'il?
CÉLIDÉE.
Hippolyte à mes yeux.
PLEIRANTE.
Folle, il n'aima jamais que toy dessous les cieux,
Et nous sommes tous prests de choisir la journée
Qui bien-tost de vous deux termine l'hyménée.
Il se plaint touteffois un peu de ta froideur,
Mais, pour l'amour de moy, montre-luy plus d'ardeur;
Parle : ma volonté sera-t'elle obéïe?
CÉLIDÉE.
Hélas! qu'on vous abuse après m'avoir trahie!
Il vous fait, cét ingrat, parler pour Dorimant,
Tandis qu'au mesme objet il s'offre pour amant,
Et traverse par là tout ce qu'à sa prière
Vostre vaine entremise avance vers la mére.
Cela, qu'est-ce, Monsieur, que se joüer de vous?
PLEIRANTE.
Qu'il est peu de raison dans ces esprits jaloux!
Et quoy! pour un amy s'il rend une visite,
Faut-il s'imaginer qu'il cajole Hippolyte?
CÉLIDÉE.
Je sçay ce que j'ay veu.
PLEIRANTE.
Je sçay ce qu'il m'a dit,
Et ne veux plus du tout souffrir de contredit.
Mon choix de vostre hymen en sa faveur dispose.

CÉLIDÉE.
Commandez-moy plûtoſt, Monſieur, toute autre choſe.
PLEIRANTE.
Quelle bizarre humeur! quelle inégalité,
De rejeter un bien qu'on a tant ſouhaité!
La belle, voyez-vous, qu'on perde ces caprices;
Il faut pour m'éblouïr de meilleurs artifices.
Quelque nouveau venu vous donne dans les yeux,
Quelque jeune étourdy qui vous flate un peu mieux;
Et parce qu'il vous fait quelque feinte careſſe,
Il faut que nous manquions vous et moy de promeſſe?
Quittez, pour voſtre bien, ces fantasques refus.
CÉLIDÉE.
Monſieur...
PLEIRANTE.
Quittez-les, dy-je, et ne contestez plus.

SCÈNE XI.
CÉLIDÉE.

Faſcheux commandement d'un incrédule pére,
Qu'il me fut doux jadis, et qu'il me deſespére!
J'avois, auparavant qu'on m'euſt manqué de foy,
Le devoir et l'amour tout d'un party chez moy,
Et ma flame, d'accord avecque ſa puiſſance,
Uniſſoit mes deſirs à mon obeïſſance;
Mais, hélas! que depuis cette infidélité
Je trouve d'injustice en ſon authorité!
Mon esprit s'en révolte, et ma flame bannie
Fait qu'un pouvoir ſi ſaint m'eſt une tyrannie.
Dures extrémitez où mon ſort eſt réduit!
On donne mes faveurs à celuy qui les fuit;
Nous avons l'un pour l'autre une pareille haine,
Et l'on m'attache à luy d'une éternelle chaine.
Mais, s'il ne m'aimoit plus, parleroit-il d'amour
A celuy dont je tiens la lumiére du jour?
Mais s'il m'aimoit encor, verroit-il Hippolyte?
Mon cœur en meſme temps le retient et s'excite.
Je ne ſçay quoy me flate, et je ſens déja bien

Que mon feu ne dépend que de croire le sien.
Tout-beau, ma passion, c'est déja trop paroistre;
Attens, attens du moins la sienne pour renaistre.
A quelle folle erreur me laissay-je emporter?
Il fait tout à dessein de me persécuter.
L'ingrat cherche ma peine, et veut par sa malice
Que l'ordre qu'on me donne augmente mon supplice.
Rentrons, que son objet présenté par hazard
De mon cœur ébranlé ne reprenne une part:
C'est bien assez qu'un pére à souffrir me destine,
Sans que mes yeux encor aident à ma ruïne.

SCÈNE XII.

LA LINGÉRE, LE MERCIER.

LA LINGÉRE, *après qu'ils se sont entrepoussé une boete qui est entre leurs boutiques.*

J'envoiray tout à bas, puis après on verra.
Ardez [1], vraiment c'est mon [2], on vous l'endurera!   [craindre!
Vous étes un bel homme, et je doy fort vous

LE MERCIER.

Tout est sur mon tapis, qu'avez-vous à vous plaindre?

LA LINGÉRE.

Aussi vostre tapis est tout sur mon batant:
Je ne m'étonne plus dequoy je gagne tant.

LE MERCIER.

Là, là, criez bien haut, faites bien l'étourdie,
Et puis on vous joüra dedans la comédie.

LA LINGÉRE.

Je voudrois l'avoir veu, que quelqu'un s'y sust mis!

---

1. *Ardez*, pour: Regardez, par apocope. *Ardez le beau museau*, dit Marinette du *Dépit amoureux*, A. IV, sc. 4.

2. *C'est mon*, ou *çamon*, comme Molière le dit dans *le Bourgeois gentilhomme*, A. III, sc. 3, et dans *le Malade imaginaire*, A. I, sc. 2, pour *n'est-ce pas?* Voir *Lexique comparé de la langue de Molière*, par Génin, Paris, F. Didot frères, 1846, p. 57.

Pour en avoir raiſon nous manquerions d'amis?
On joüe ainſi le monde?
Le Mercier.
Après tout ce langage
Ne me repouſſez pas mes boetes davantage.
Voſtre caquet m'enléve à tous coups mes chalands;
Vous vendez dix rabats contre moy deux galands[1],
Pour conſerver la paix depuis ſix mois j'endure,
Sans vous en dire mot, ſans le moindre murmure,
Et vous me harcelez, et ſans cauſe et ſans fin.
Qu'une femme hargneuſe eſt un mauvais voiſin!
Nous n'appaiſerons point cette humeur qui vous pique
Que par un entre-deux mis à voſtre boutique;
Alors, n'ayant plus rien enſemble à démeſler,
Vous n'aurez plus auſſi ſur quoy me quereller.
La Lingère.
Juſtement.

SCÈNE XIII.

LA LINGÉRE, FLORICE, LE MERCIER, LE LIBRAIRE, CLÉANTE.

La Lingère.
De tout loin je vous ay reconnuë.
Florice.
Vous vous doutez donc bien pourquoy je ſuis venuë?
Les avez-vous receus, ces point-coupez nouveaux?
La Lingère.
Ils viennent d'arriver.
Florice.
Voyons donc les plus beaux.
Le Mercier à *Cléante qui paſſe.*
Ne vous vendray-je rien, Monſieur? des bas de ſoye,
Des gands en broderie, ou quelque petite-oye[2]?

---

1. *Galand*, suivant l'orthographe de Corneille, ou *galant*, comme Molière l'écrit A. IV, sc. 4 du *Dépit amoureux*, un nœud de rubans.

2. La *petite-oye* était les accessoires de la toilette, les ornements qui la complétaient, comme plumes, rubans, den-

CLÉANTE *au libraire.*
Ces livres que mon maiſtre avoit fait mettre à part,
Les avez-vous encor?
LE LIBRAIRE *empaquetant ſes livres.*
Ah, que vous venez tard!
Encor un peu, ma foy, je m'en allois les vendre:
Trois jours ſans revenir, je m'ennuyois d'attendre.
CLÉANTE.
Je l'avois oublié. Le prix?
LE LIBRAIRE.
Chacun le ſçait,
Autant de quarts-d'écus, c'eſt un marché tout fait.
LA LINGÉRE *à Florice.*
Et bien, qu'en dites-vous?
FLORICE.
J'en ſuis toute ravie,
Et n'ay rien encor veu de pareil en ma vie.
Vous aurez noſtre argent ſi l'on croit mon rapport.
Que celuy-cy me ſemble et délicat et fort!
Que cét autre me plaiſt! que j'en aime l'ouvrage!
Montrez-m'en cependant quelqu'un à mon uſage.
LA LINGÉRE.
Voicy dequoy vous faire un aſſez beau collet.
FLORICE.
Je penſe en vérité qu'il ne ſeroit pas laid;
Que me coûtera-t'il?
LA LINGÈRE.
Allez, faites-moy vendre,
Et pour l'amour de vous je n'en voudray rien prendre;
Mais aviſez alors à me récompenſer.
FLORICE.
L'offre n'eſt pas mauvaiſe, et vaut bien y penſer.
Vous me verrez demain avecque ma maitreſſe.

telles. Mascarille, des *Précieuses ridicules* (sc. 10), dit : « Que
« vous ſemble de ma petite-oye? La trouvez-vous congruante à
« l'habit? »

ACTE IV.

SCÈNE XIV.

FLORICE, ARONTE, LE MERCIER, LA LINGÈRE.

FLORICE.

ronte, et bien, quels fruits produira noſtre
  ARONTE. [adreſſe ?
De fort mauvais pour moy : mon maiſtre au
  [deſeſpoir
Fuit les yeux d'Hippolyte, et ne veut plus me voir.
  FLORICE.
Nous ſommes donc ainſi bien loin de noſtre conte ?
  ARONTE.
Ouy, mais tout le malheur en tombe ſur Aronte.
  FLORICE.
Ne te débauche point, je veux faire ta paix.
  ARONTE.
Son courroux eſt trop grand pour s'appaiſer jamais.
  FLORICE.
S'il vient encor chez nous, ou chez la Célidée,
Je te rends auſſi-toſt l'affaire accommodée.
  ARONTE.
Si tu fais ce coup là, que ton pouvoir eſt grand !
Vien, je te veux donner tout à l'heure un galand.
  LE MERCIER.
Voyez, monſieur, j'en ay des plus beaux de la terre.
En voilà de Paris, d'Avignon, d'Angleterre.
  ARONTE *après avoir regardé une boete de galands.*
Tous vos rubans n'ont point d'assez vives couleurs.
Allons, Florice, allons, il en faut voir ailleurs.
  LA LINGÈRE.
Ainſi, faute d'avoir de bonne marchandiſe,
Des hommes comme vous perdent leur chalandiſe.
  LE MERCIER.
Vous ne la perdez pas, vous, mais Dieu ſait comment.
Du moins, ſi je vends peu, je vends loyalement,
Et je n'attire point, avec une promeſſe,
De ſuivante qui m'aide à tromper la maîtreſſe.

LA LINGÉRE.
Quand il faut dire tout, on s'entre-connoît bien,
Chacun fçait fon métier, et... Mais je ne dy rien ¹.
LE MERCIER.
Vous ferez un grand coup fi vous pouvez vous taire.
LA LINGÉRE.
Je ne réplique point à des gens en colére.

---

1. *S'entre-connoître.* Corneille, qui cherchait à enrichir la langue, et auquel sont dus beaucoup de mots utiles, s'est servi d'un grand nombre de verbes ainsi composés. Dans le jeu de scène qui ouvre la scène 12 de ce même acte, la lingère et le mercier *s'entre-pouffent* une boîte; dans *Clitandre*, on a lu dans l'Argument : *s'entr'aimer*, et A. III, sc. 1 : *s'entre-devoir*; dans *la Vefve* : *s'entre-payer*, *s'entre-donner*, *s'entr'appeler*; on trouvera plus tard *s'entre-dire* dans l'Examen de *la Suivante*, *s'entre-choquer*, A. V, sc. 9 de la même pièce, et *s'entre-produire* au commencement de l'épître dédicatoire de *Cinna*. L'Académie n'a sanctionné que quelques-unes de ces créations, qui ont toutes cependant au même degré la même raison d'être.

Fin du quatrième acte.

ACTE V.

SCÉNE PREMIÉRE.

LYSANDRE.

Indiscrete vengeance, imprudentes chaleurs,
Dont l'impuiſſance ajoûte un comble à mes
    malheurs,   [faire;
Ne me conſeillez plus la mort de ce fauſ-
J'aime encor Célidée, et n'oſe luy déplaire :
Priver de la clarté ce qu'elle aime le mieux
Ce n'eſt pas le moyen d'agréer à ſes yeux.
L'amour, en la perdant, me retient en balance;
Il produit ma fureur et rompt ſa violence,
Et, me laiſſant trahy, confus et mépriſé,
Ne veut que triompher de mon cœur diviſé.
  Amour, crüel autheur de ma longue miſére,
Ou permets, à la fin, d'agir à ma colére,
Ou, ſans m'embarraſſer d'inutiles transports,
Auprès de ce bel œil fay tes derniers efforts.
Viens, accompagne-moy chez ma belle inhumaine,
Et, comme de mon cœur, triomphe de ſa haine.
Contre toy ma vengeance a mis les armes bas,
Contre ſes crüautez rens les meſmes combats ;
Exerce ta puiſſance à fléchir la farouche ;
Montre-toy dans mes yeux, et parle par ma bouche.
Si tu te ſens trop foible, appelle à ton ſecours
Le ſouvenir de mille et de mille heureux jours,
Où les deſirs, d'accord avec mon espérance,
Ne laiſſoient à nos vœux aucune différence.
Je penſe avoir encor ce qui la ſçeut charmer,
Les meſmes qualitez qu'elle voulut aimer.

Peut-eſtre mes douleurs ont changé mon viſage,
Mais en revanche auſſi je l'aime davantage.
Mon respect s'eſt accrû pour un objet ſi cher;
Je ne me venge point de peur de la faſcher.
Un infidelle amy tient ſon ame captive,
Je le ſçay, je le vois, et je ſouffre qu'il vive.
  Je tarde trop; allons, ou vaincre ſes refus,
Ou me venger ſur moy de ne luy plaire plus,
Et tirons de ſon cœur, malgré ſa flame éteinte,
La pitié par ma mort, ou l'amour par ma plainte :
Ses rigueurs par ce fer me perceront le ſein.

SCÈNE II.

DORIMANT, LYSANDRE.

DORIMANT.

t quoy! pour m'avoir veu vous changez de
deſſein? [Hippolyte;
Ne craignez point pour moy d'entrer chez
Vous ne m'apprendrez rien en luy faiſant
[viſite;
Mes yeux, mes propres yeux n'ont que trop découvert
Comme un amy ſi rare auprès d'elle me ſert.

LYSANDRE.

Parlez plus franchement : ma rencontre importune
Auprès d'un autre objet trouble voſtre fortune,
Et vous montrez aſſez, par ces foibles détours,
Qu'un témoin comme moy déplaiſt à vos amours.
Vous voulez ſeul à ſeul cajoler Célidée;
La querelle entre nous ſera bien-toſt vuidée :
Ma mort vous donnera chez elle un libre accès,
Ou ma juſte vengeance un funeste ſuccès.

DORIMANT.

Qu'eſt-ce-cy, déloyal? quelle fourbe eſt la voſtre?
Vous m'en disputez une afin d'acquérir l'autre !
Après ce que chacun a veu de voſtre feu,
C'eſt une laſcheté d'en faire un deſaveu.

LYSANDRE.

Je ne me connoy point à combattre d'injures :

ACTE V.

DORIMANT.
Auſſi veux-je punir autrement tes parjures:
Le ciel, le juste ciel ennemy des ingrats,
Qui pour ton châtiment a destiné mon bras,
T'apprendra qu'à moy ſeul Hippolyte eſt gardée.
LYSANDRE.
Garde ton Hippolyte.
DORIMANT.
Et toy ta Célidée.
LYSANDRE.
Voila faire le fin de crainte d'un combat.
DORIMANT.
Tu m'imputes la crainte, et ton cœur s'en abat!
LYSANDRE.
Laiſſons à part les noms, disputons la maîtreſſe,
Et pour qui que ce ſoit montre icy ton adreſſe.
DORIMANT.
C'eſt comme je l'entens.

SCÉNE III.

CÉLIDÉE, LYSANDRE, DORIMANT.

CÉLIDÉE.
      O dieux! ils ſont aux coups.
Ah perfide! ſur moy détourne ton courroux,
La mort de Dorimant me ſeroit trop funeste.
DORIMANT.
Lyſandre, une autre fois nous vuiderons le reste.
CÉLIDÉE *à Dorimant.*
Arreſte, cher ingrat.
LYSANDRE.
Tu recules, voleur.
DORIMANT.
Je fuy cette importune, et non pas ta valeur.

SCÉNE IV.
LYSANDRE, CÉLIDÉE.

LYSANDRE.

e ſuivez pas du moins ce perfide à ma veuë :
Avez-vous réſolu que ſa fuite me tuë,
Et qu'ayant ſçeu braver ſon plus vaillant
[effort,
Par ſa retraite infame il me donne la mort?
Pour en fraper le coup vous n'avez qu'à le ſuivre.
CÉLIDÉE.
Je tiens des gens ſans foy ſi peu dignes de vivre,
Qu'on ne verra jamais que je recule un pas
De crainte de cauſer un ſi juſte trépas.
LYSANDRE.
Et bien, voyez-le donc; ma lame toute preſte
N'attendoit que vos yeux pour immoler ma teſte.
Vous lirez dans mon ſang, à vos pieds répandu,
Ce que valoit l'amant que vous avez perdu,
Et, ſans vous reprocher un ſi crüel outrage,
Ma main de vos rigueurs achevera l'ouvrage.
Trop heureux mille fois ſi je plais en mourant
A celle à qui j'ay pû déplaire en l'adorant,
Et ſi ma prompte mort, ſecondant ſon envie,
L'aſſeure du pouvoir qu'elle avoit ſur ma vie.
CÉLIDÉE.
Moy, du pouvoir ſur vous! vos yeux ſe ſont mépris,
Et quelque illuſion qui trouble vos eſprits
Vous fait imaginer d'eſtre auprès d'Hippolyte.
Allez, volage, allez où l'amour vous invite;
Dans ces doux entretiens recherchez vos plaiſirs,
Et ne m'empeſchez plus de ſuivre mes deſirs.
LYSANDRE.
Ce n'eſt pas ſans raiſon que ma feinte paſſée
A jetté cette erreur dedans voſtre penſée.
Il est vray, devant vous forçant mes ſentimens,
J'ay preſenté des vœux, j'ay fait des complimens;
Mais c'étoient complimens qui partoient d'une ſouche;

Mon cœur que vous teniez defavoüoit ma bouche.
Pleirante, qui rompit ces ennuyeux discours,
Sçait bien que mon amour n'en changea point de cours;
Contre voftre froideur une modeste plainte
Fut tout noftre entretien au fortir de la feinte,
Et je le priay lors...
CÉLIDÉE.
D'ufer de fon pouvoir?
Ce n'étoit pas par là qu'il me falloit avoir;
Les mauvais traitemens ne font qu'aigrir les ames.
LYSANDRE,
Confus, defefpéré du mépris de mes flames,
Sans confeil, fans raifon, pareil aux matelots
Qu'un naufrage abandonne à la mercy des flots,
Je me fuis pris à tout ne fcachant où me prendre.
Ma douleur par mes cris d'abord s'eft fait entendre:
J'ay creu que vous feriez d'un naturel plus doux
Pourveu que voftre esprit devint un peu jaloux;
J'ay fait agir pour moy l'authorité d'un pére;
J'ay fait venir aux mains celuy qu'on me préfére,
Et puisque ces efforts n'ont réüffi qu'en vain,
J'auray de vous ma grace, ou la mort de ma main.
Choififfez, l'une ou l'autre achevera mes peines.
Mon fang brufle déja de fortir de mes veines:
Il faut pour l'arrefter me rendre voftre amour;
Je n'ay plus rien fans luy qui me retienne au jour.
CÉLIDÉE.
Volage, falloit-il pour un peu de rudeffe
Vous porter fi foudain à changer de maîtreffe?
Que je vous croyois bien d'un jugement plus meur!
Ne pouviez-vous fouffrir de ma mauvaife humeur?
Ne pouviez-vous juger que c'étoit une feinte
A deffein d'éprouver quelle étoit voftre atteinte?
Les dieux m'en foient témoins, et ce nouveau fujet
Que vos feux inconstans ont choifi pour objet,
Si jamais j'eus pour vous de dédain véritable
Avant que voftre amour paruft fi peu durable!
Qu'Hippolyte vous die avec quels fentimens
Je luy fus raconter vos prémiers mouvemens;
Avec quelles douceurs je m'étois préparée

A redonner la joie à voſtre ame éplorée.
Dieux ! que je fus ſurpriſe et mes ſens éperdus
Quand je vy vos devoirs à ſa beauté rendus !
Voſtre légéreté fut ſoudain imitée.
Non-pas que Dorimant m'en euſt ſollicitée;
Au contraire, il me fuit, et l'ingrat ne veut pas
Que ſa franchiſe céde au peu que j'ay d'appas.
Mais hélas ! plus il fuit, plus ſon portrait s'efface.
Je vous ſens malgré moy reprendre voſtre place ;
L'aveu de voſtre erreur déſarme mon courroux ;
Ne redoutez plus rien, l'amour combat pour vous.
Si nous avons failli de feindre l'un et l'autre,
Pardonnez à ma feinte, et j'oubliray la voſtre.
Moy-meſme je l'avouë à ma confuſion,
Mon imprudence a fait noſtre diviſion.
Tu ne méritois pas de ſi rudes alarmes :
Accepte un repentir accompagné de larmes,
Et ſouffre que le tien nous faſſe tour à tour
Par ce petit divorce augmenter noſtre amour.

LYSANDRE.

Que vous me ſurprenez ! ô ciel ! eſt-il poſſible
Que je vous trouve encor à mes deſirs ſenſible ?
Que j'aime ces dédains qui finiſſent ainſi !

CÉLIDÉE.

Et pour l'amour de toy, que je les aime auſſi !

LYSANDRE.

Que ce ſoit touteſfois ſans qu'il vous prenne envie
De les plus eſſayer au péril de ma vie.

CÉLIDÉE.

J'aime trop deſormais ton repos et le mien ;
Tous mes ſoins n'iront plus qu'à noſtre commun bien.
Voudrois-je après ma faute une plus douce amende
Que l'effet d'un hymen qu'un pére me commande ?
Je t'accuſois en vain d'une infidélité :
Il agiſſoit pour toy de pleine authorité,
Me traitoit de parjure et de fille rebelle.
Mais allons luy porter cette heureuſe nouvelle :
Ce que pour mes froideurs il témoigne d'horreur
Mérite bien qu'en haſte on le tire d'erreur.

LYSANDRE.

Vous craignez qn'à vos yeux cette belle Hippolyte
N'ait encor de ma bouche un hommage hypocrite.
CÉLIDÉE.
Non, je fuy Dorimant qu'ensemble j'aperçoy;
Je ne veux plus le voir, puisque je fuis à toy.

SCÉNE V.

DORIMANT, HIPPOLYTE.

DORIMANT.

Autant que mon esprit adore vos mérites,
Autant veux-je de mal à vos longues visites.
HIPPOLYTE.
Que vous ont-elles fait pour vous mettre en [courroux ?
DORIMANT.
Elles m'ostent le bien de vous trouver chez vous.
J'y fais à tous momens une course inutile;
J'apprens cent fois le jour que vous étes en ville :
En voicy presque trois que je n'ay pu vous voir
Pour rendre à vos beautez ce que je sçay devoir;
Et n'étoit qu'aujourd'huy cette heureuse rencontre,
Sur le point de rentrer, par hazard me les montre,
Je croy que ce jour mesme auroit encor passé
Sans moyen de m'en plaindre aux yeux qui m'ont blessé.
HIPPOLYTE.
Ma libre et gaye humeur hait le ton de la plainte;
Je n'en puis écouter qu'avec de la contrainte.
Si vous prenez plaisir dedans mon entretien,
Pour le faire durer ne vous plaignez de rien.
DORIMANT.
Vous me pouvez oster tout sujet de me plaindre.
HIPPOLYTE.
Et vous pouvez aussi vous empescher d'en feindre.
DORIMANT.
Est-ce en feindre un sujet qu'accuser vos rigueurs ?
HIPPOLYTE.
Pour vous en plaindre à faux vous feignez des langueurs.

DORIMANT.
Verrois-je lans languir ma flame qu'on néglige?
HIPPOLYTE.
Éteignez cette flame où rien ne vous oblige.
DORIMANT.
Vos charmes trop puiſſans me forcent à ces feux.
HIPPOLYTE.
Ouy, mais rien ne vous force à vous approcher d'eux.
DORIMANT.
Ma préſence vous faſche et vous eſt odieuſe.
HIPPOLYTE.
Non; mais tout ce discours peut la rendre ennuyeuſe.
DORIMANT.
Je voy bien ce que c'eſt, je ly dans voſtre cœur :
Il a receu les traits d'un plus heureux vainqueur ;
Un autre, regardé d'un œil plus favorable,
A mes ſubmiſſions vous fait inéxorable ;
C'eſt pour luy ſeulement que vous voulez bruſler.
HIPPOLYTE.
Il eſt vray, je ne puis vous le diſſimuler :
Il faut que je vous traite avec toute franchiſe.
Alors que je vous pris, un autre m'avoit priſe ;
Un autre captivoit mes inclinations.
Vous devez préſumer de vos perfections,
Que, ſi vous attaquiez un cœur qui fuſt à prendre,
Il ſeroit mal-aiſé qu'il s'en pûſt bien défendre.
Vous auriez eu le mien s'il n'euſt été donné ;
Mais puisque les destins ainſi l'ont ordonné,
Tant que ma paſſion aura quelque espérance,
N'attendez rien de moy que de l'indifférence.
DORIMANT.
Vous ne m'apprenez point le nom de cét amant.
Sans doute que Lyſandre eſt cét objet charmant
Dont les discours flateurs vous ont préoccupée.
HIPPOLYTE.
Cela ne ſe dit point à des hommes d'épée.
Vous expoſer aux coups d'un düel hazardeux,
Ce ſeroit le moyen de vous perdre tous deux.
Je vous veux, ſi je puis, conſerver l'un et l'autre ;
Je chéris ſa perſonne, et hay ſi peu la voſtre

ACTE V.

Qu'ayant perdu l'espoir de le voir mon époux,
Si ma mére y confent, Hippolyte eft à vous.
Mais auffi jusque là plaignez voftre infortune.
DORIMANT.
Permettez pour ce nom que je vous importune;
Ne me refufez plus de me le déclarer :
Que je fçache en quel temps j'auray droit d'espérer.
Un mot me fuffira pour me tirer de peine,
Et lors j'étoufferay fi bien toute ma haine
Que vous me trouverez vous-mefme trop remis.

SCÉNE VI.

PLEIRANTE, LYSANDRE, CÉLIDÉE, DORIMANT, HIPPOLYTE.

PLEIRANTE.

Souffrez, mon cavalier, que je vous rende amis.
Vous ne luy voulez pas quereller Célidée?
DORIMANT.
L'affaire, à cela près, peut eftre décidée;
Voicy le feul objet de nos affections,
Et l'unique motif de nos diffentions.
LYSANDRE.
Diffipe, cher amy, cette jaloufe atteinte;
C'eft l'objet de tes feux et celuy de ma feinte.
Mon cœur fut toûjours ferme, et moy je me dédis
Des vœux que de ma bouche elle receut jadis.
Piqué d'un faux dédain, j'avois pris fantaifie
De mettre Célidée en quelque jaloufie;
Mais, au lieu d'un esprit, j'en ay fait deux jaloux.
PLEIRANTE.
Vous pouvez deformais achever entre vous :
Je vay dans ce logis dire un mot à madame.

SCÈNE VII.

DORIMANT, LYSANDRE, CÉLIDÉE, HIPPOLYTE.

DORIMANT.

Ainsi, loin de m'aider, tu traverfois ma flame !
LYSANDRE.
Les efforts que Pleirante à ma priére a faits
T'auroient acquis déja le but de tes fouhaits;
Mais tu dois accufer les glaces d'Hippolyte,
Si ton bonheur n'eft pas égal à ton mérite.
HIPPOLYTE.
Qu'auray-je cependant pour fatisfaction
D'avoir fervy d'objet à votre fiction?
Dans voftre différent je fuis la plus bleffée,
Et me trouve, à l'accord, entiérement laiffée.
CÉLIDÉE.
N'y fonge plus, de grace, et, pour l'amour de moy,
Trouve bon qu'il ait feint de vivre fous ta loy.
Veux-tu le quereller lors que je luy pardonne ?
Le droit de l'amitié tout autrement ordonne :
Tous prefts d'eftre affemblez d'un lien conjugal,
Tu ne peux le haïr fans me vouloir du mal.
J'ay feint par ton confeil, luy par celuy d'un autre,
Et, bien qu'amour jamais ne fut égal au noftre,
Je m'étonne comment cette confufion
Laiffe finir fi-toft noftre divifion.
HIPPOLYTE.
De forte qu'à préfent le ciel y remédie ?
CÉLIDÉE.
Tu vois; mais après tout, s'il faut que je le die,
Ton confeil eft fort bon, mais un peu dangereux.
HIPPOLYTE.
Excufe, chére amie, un esprit amoureux;
Lyfandre me plaifoit, et tout mon artifice
N'alloit qu'à détourner fon cœur de ton fervice.
J'ay fait ce que j'ay pû pour broüiller vos esprits;
J'ay, pour me l'attirer, pratiqué tes mépris;

Mais puisqu'ainsi le ciel rejoint voſtre hyménée...
DORIMANT.
Voſtre rigueur vers moy doit eſtre terminée.
Sans chercher de raiſons pour vous perſüader,
Voſtre amour hors d'espoir fait qu'il me faut céder;
Vous ſçavez trop à quoy la parole vous lie.
HIPPOLYTE.
A vous dire le vray, j'ay fait une folie:
Je les croyois encor loin de ſe reünir,
Et moy, par conſéquent, loin de vous la tenir.
DORIMANT.
Auriez-vous pour la rompre une ame aſſez légére?
HIPPOLYTE.
Puisque je l'ay promis, vous pouvez voir ma mére.
LYSANDRE.
Si tu juges Pleirante à cela ſuffiſant,
Je croy qu'eux deux enſemble en parlent à préſent.
DORIMANT.
Après cette faveur qu'on me vient de promettre,
Je croy que mes devoirs ne ſe peuvent remettre;
J'eſpére tout de luy, mais, pour un bien ſi doux,
Je ne ſçaurois...
LYSANDRE.
Arreſte, ils s'avancent vers nous.

SCÈNE VIII.

PLEIRANTE, CHRYSANTE, LYSANDRE, DORIMANT, CÉLIDÉE, HIPPOLYTE, FLORICE.

DORIMANT à Chryſante.

Madame, un pauvre amant, captif de cette belle,
Implore le pouvoir que vous avez ſur elle;
Tenant ſes volontez, vous gouvernez mon ſort:
J'attends de voſtre bouche ou la vie ou la [mort.
CHRYSANTE à Dorimant.
Un homme tel que vous et de voſtre naiſſance
Ne peut avoir beſoin d'implorer ma puiſſance.
Si vous avez gagné ſes inclinations,

Soyez feur du fuccés de vos affections :
Mais je ne fuis pas femme à forcer fon courage ;
Je fçay ce que la force eft en un mariage ;
Il me fouvient encor de tous mes déplaifirs,
Lors qu'un prémier hymen contraignit mes defirs,
Et, fage à mes dépens, je veux bien qu'Hippolyte
Prenne ou laiffe, à fon choix, un homme de mérite.
Ainfi préfumez tout de mon confentement,
Mais ne prétendez rien de mon commandement.

DORIMANT *à Hippolyte.*

Après un tel aveu ferez-vous inhumaine ?

HIPPOLYTE *à Chryfante.*

Madame[1], un mot de vous me mettroit hors de peine.
Ce que vous remettez à mon choix d'accorder,
Vous feriez beaucoup mieux de me le commander.

PLEIRANTE *à Chryfante.*

Elle vous montre affez où fon défir fe porte.

CHRYSANTE.

Puisqu'elle s'y réfout, le reste ne m'importe.

DORIMANT.

Ce favorable mot me rend le plus heureux
De tout ce que jamais on a veu d'amoureux.

---

1. Dans les comédies de Corneille (comme du reste c'était assez généralement l'usage dans les familles à cette époque), les enfants disent souvent : *Monsieur, Madame* en parlant à leur père ou à leur mère. Dans la scène 2 de l'Acte I de cette même pièce, Célidée dit à son père :

Monfieur, il eft tout vrai ; fon ardeur légitime...

Un commentateur de Corneille a fait à ce sujet la curieuse note que voici :

« *Monsieur.* En se servant de cette expression respectueuse, Célidée fait pressentir qu'elle est peu disposée à suivre les conseils de son père. Cette nuance délicate, dont on chercherait vainement le modèle dans les écrivains antérieurs à Corneille, aurait disparu si Célidée avait dit simplement : *Mon père.* »

Cet ingénieux commentateur, qui savait voir tant de choses dans un : *Monsieur*, ne s'est pas aperçu que, dans la même pièce, Hippolyte dit *Madame* à sa mère, dont cependant elle est fort contente de suivre les conseils, et que par là la *nuance délicate* qu'il avait découverte se trouve effacée.

LYSANDRE.
J'en fens croistre la joye au milieu de mon ame,
Comme fi de nouveau l'on acceptoit ma flame.
HIPPOLYTE à *Lyfandre.*
Ferez-vous donc enfin quelque chofe pour moy?
LYSANDRE.
Tout, horfmis ce feul point de luy manquer de foy.
HIPPOLYTE.
Pardonnez donc à ceux qui, gagnez par Florice,
Lors que je vous aimois, m'ont fait quelque fervice.
LYSANDRE.
Je vous entens affez, foit. Aronte impuny,
Pour fes mauvais confeils ne fera point banny.
Tu le fouffrirois bien, puisqu'elle m'en fupplie.
CÉLIDÉE.
Il n'eft rien que pour elle et pour toi je n'oublie.
PLEIRANTE.
Attendant que demain ces deux couples d'amans
Soient mis au plus haut point de leurs contentemens,
Allons chez moy, Madame, achever la journée.
CHRYSANTE.
Mon cœur eft tout ravy de ce double hyménée.
FLORICE.
Mais afin que la joye en foit égale à tous,
Faites encor celuy de Monfieur et de vous.
CHRYSANTE.
Outre l'âge, en tous deux un peu trop refroidie,
Cela fentiroit trop fa fin de comédie.

Fin du cinquième et dernier acte.

EXAMEN
DE LA GALERIE DU PALAIS

Ce titre feroit tout à fait irrégulier, puisqu'il n'est fondé que sur le spectacle du premier acte, où commence l'amour de Dorimant pour Hippolyte, s'il n'étoit authorisé par l'éxemple des anciens, qui étoient sans doute encor bien plus licentieux, quand ils ne donnoient à leurs tragédies que le nom des chœurs, qui n'étoient que témoins de l'action, comme *les Trachiniennes* et *les Phœniciennes*. L'Ajax mesme de Sophocle ne porte pas pour titre, la Mort d'Ajax, qui est sa principale action, mais *Ajax porte-fouet*, qui n'est que l'action du prémier acte. Je ne parle point des *Nuës*, des *Guespes*, et des *Grenouilles* d'Aristophane; cecy doit suffire pour montrer que les Grecs, nos prémiers maistres, ne s'attachoient point à la principale action pour en faire porter le nom à leurs ouvrages, et qu'ils ne gardoient aucune régle sur cet article. J'ay donc pris ce titre de *la Galerie du Palais*, parce que la promesse de ce spectacle extraordinaire, et agréable pour sa naïveté, devoit exciter vray-semblablement la curiosité des auditeurs, et ç'a été pour plaire plus d'une fois, que j'ay fait paroistre ce mesme spectacle à la fin du quatriéme acte, où il est entiérement inutile, et n'est renoué avec celuy du prémier que par des valets, qui viennent prendre dans les boutiques ce que leurs maistres y avaient acheté, ou voir si les marchands ont receu les nippes qu'ils attendoient. Cette espéce de renoüement luy étoit nécessaire, afin qu'il eust quelque liaison qui luy fist trouver sa place, et qu'il ne fust pas tout à fait hors d'œuvre. La rencontre que j'y fais faire d'Aronte et de Florice est ce qui le fixe particuliérement en ce lieu là, et, sans cet incident, il eust été aussi propre à la fin du second et du troisiéme qu'en la place qu'il occupe. Sans cet agrément la piéce auroit été très régulière pour l'unité du lieu et la liaison des scénes, qui n'est interrompuë que par là. Célidée et Hippolyte sont deux voisines, dont les demeures ne sont séparées que par le travers d'une ruë, et ne sont pas d'une condition trop élevée pour souffrir que leurs amants les entretiennent à leur porte. Il est vray que ce qu'elles y disent seroit mieux dit dans une chambre, ou dans une salle, et mesme ce n'est que pour se faire voir aux spectateurs qu'elles quittent cette porte où elle dévroient estre retranchées, et viennent parler au milieu de la scéne; mais c'est un accommodement de théatre qu'il faut souffrir, pour trouver cette rigoureuse unité de lieu qu'éxigent les grands réguliers. Il sort un peu de l'éxacte vray-semblance, et de la bien-séance mesme; mais il est presque impossible d'en user autrement, et les spectateurs y sont si accoûtumez qu'ils n'y trouvent rien qui les blesse. Les anciens, sur les éxemples desquels on a formé les régles, se donnoient cette liberté. Ils choisissoient pour le lieu de leurs comédies, et mesme de leurs tragédies, une place publique : mais je m'asseure qu'à les bien éxaminer, il y a plus de la moitié de ce qu'ils sont dire qui seroit mieux dit dans la maison qu'en cette place. Je n'en produiray qu'un éxemple sur qui le lecteur en pourra trouver d'autres.

L'Andrienne de Térence commence par le vieillard Simon, qui revient du marché avec des valets chargez de ce qu'il vient d'acheter pour les nopces de son fils; il leur commande d'entrer dans sa maison avec leur charge, et retient avec luy Sosie, pour luy apprendre que ces nopces ne sont que des nopces feintes, à dessein de voir ce qu'en dira son fils, qu'il croit engagé dans une autre affection dont il luy conte l'histoire. Je ne pense pas qu'aucun me dénie qu'il seroit mieux dans sa salle à luy faire confidence de ce secret, que dans une ruë. Dans la seconde scéne, il menace Davus de le maltraiter s'il fait aucune fourbe pour troubler ces nopces : il le menaceroit plus à propos dans sa maison qu'en public; et la seule raison qui le fait parler devant fon logis, c'est afin que ce Davus, demeuré feul, puifle voir Myfis fortir de chez Glycére, et qu'il fe faffe une liaifon d'œil entre ces deux fcénes, ce qui ne regarde pas l'action préfente de cette prémiére, qui fe pafferoit mieux dans la maifon, mais une action future qu'ils ne prévoyent point, et qui est plûtoft du deffein du poëte, qui force un peu la vray-femblance pour obferver les régles de fon art, que du choix des acteurs qui ont à parler, et qui ne feroient pas où les met le poëte, s'il n'étoit question que de dire ce qu'il leur fait dire. Je laiffe aux curieux à éxaminer le reste de cette comédie de Térence, et je veux croire qu'à moins que d'avoir l'esprit fort préoccupé d'un fentiment contraire, ils demeureront d'accord de ce que je dis.

Quant à la durée de cette piéce, elle est dans le mefme ordre que la précédente, c'eft à dire dans cinq jours confécutifs. Le stile en eft plus fort et plus dégagé des pointes dont j'ay parlé, qui s'y trouveront affez rares. Le perfonnage de nourrice qui eft de la vieille comédie, et que le manque d'actrices fur nos théatres y avoit confervé jufqu'alors, afin qu'un homme le pûft repréfenter fous le masque, fe trouve icy métamorphofé en celuy de fuivante, qu'une femme représente fur fon vifage [1]. Le caractére des deux amantes a quelque chose de choquant en ce qu'elles font toutes deux amoureufes d'hommes qui ne le font point d'elles, et Célidée particuliérement s'emporte jufqu'à s'offrir elle-mefme. On la pourroit excufer fur le violent dépit qu'elle a de s'eftre veuë méprifée par fon amant, qui, en fa préfence mefme, a conté des fleurettes a une autre, et j'aurois de plus à dire que nous ne mettons pas fur la fcéne des perfonnages fi parfaits qu'ils ne foient fujets à des defauts, et aux foibleffes qu'impriment les paffions ; mais je veux bien avoüer que cela va trop avant, et paffe trop la bien-féance et la modestie du féxe, bien qu'abfolument il ne foit pas condamnable. En récompenfe, le cinquiéme acte eft moins traifnant que celuy des précédentes et conclut deux mariages fans laiffer aucun mécontent ; ce qui n'arrive pas dans celles-là.

1. Voir *Histoire de Corneille*, p. 29.

LA SUIVANTE[1]

COMÉDIE

— 1634 —

---

1. Nous avons mentionné et daté, page 275 ci-dessus, le privilége en vertu duquel fut imprimée *la Suivante*, privilége commun à *la Galerie du Palais*, à *la Place Royale* et au *Cid*. L'achevé d'imprimer de cette pièce est du 9 septembre 1637. La première édition est de Paris, Augustin Courbé, 1637, in-4º.

ÉPISTRE[1]

Monsieur,

Je vous préfente une comédie qui n'a pas été également aimée de toutes fortes d'efprits; beaucoup, et de fort bons, n'en ont pas fait grand état, et beaucoup d'autres l'ont mife au-deffus du reste des miennes. Pour moi, je laiffe dire tout le monde, et fais mon profit des bons avis, de quelque part que je les reçoive. Je traite toûjours mon fujet le moins mal qu'il m'eft poffible; et, après y avoir corrigé ce qu'on me fait connoiftre d'inexcufable, je l'abandonne au public. Si je ne fais bien, qu'une autre faffe mieux; je feray des vers à fa louange, au lieu de le cenfurer. Chacun a fa méthode; je ne blafme point celle des autres, et me tiens à la mienne: jusques à préfent je m'en fuis trouvé fort bien; j'en chercheray une meilleure quand je commenceray à m'en trouver mal. Ceux qui fe font preffer à la repréfentation de mes ouvrages m'obligent infiniment; ceux qui ne les approuvent pas peuvent fe dispenfer d'y venir gagner la migraine; ils épargneront de l'argent, et me feront plaifir. Les jugements font libres en ces matiéres, et les goufts divers. J'ay veu des perfonnes de fort bon fens admirer des endroits fur qui j'aurois paffé l'éponge, et j'en connoys dont les poëmes

---

1. Il est très-probable que cette *Épistre* n'a jamais été à une autre adresse qu'à celle du public, ou plutôt des censeurs, dont Corneille commençait à ne plus subir les critiques qu'avec quelque impatience. Voir pages 29 et 30 de l'*Histoire de Corneille*.

réussissent au théatre avec éclat, et qui, pour principaux ornemens, y employent des choses que j'évite dans les miens. Ils pensent avoir raison, et moy aussi : qui d'eux ou de moy se trompe ? c'est ce qui n'est pas aisé à juger. Chez les philosophes, tout ce qui n'est point de la foy ny des principes est disputable ; et souvent ils soutiendront, à vostre choix, le pour et le contre d'une mesme proposition : marques certaines de l'excellence de l'esprit humain, qui trouve des raisons à défendre tout ; ou plûtost de sa foiblesse, qui n'en peut trouver de convaincantes, ny qui ne puissent estre combattues et détruites par de contraires. Ainsi ce n'est pas merveille si les critiques donnent de mauvaises interprétations à nos vers, et de mauvaises faces à nos personnages. « Qu'on me « donne (dit Monsieur de Montagne, au chapitre XXXVI « du premier livre) l'action la plus excellente et pure, « je m'en voys y fournir vraysemblablement cinquante « vicieuses intentions. » C'est au lecteur désintéressé à prendre la médaille par le beau revers. Comme il nous a quelque obligation d'avoir travaillé à le divertir, j'ose dire que, pour reconnoissance, il nous doit un peu de faveur, et qu'il commet une espèce d'ingratitude s'il ne se montre plus ingénieux à nous défendre qu'à nous condamner, et s'il n'applique la subtilité de son esprit plûtost à colorer et justifier en quelque sorte nos véritables defauts, qu'à en trouver où il n'y en a point. Nous pardonnons beaucoup de choses aux anciens ; nous admirons quelqueffois dans leurs écrits ce que nous ne souffririons pas dans les nostres ; nous faisons des mystères de leurs imperfections, et couvrons leurs fautes du nom de licences poétiques. Le docte Scaliger a remarqué des taches dans tous les latins, et de moins sçavants que lui en remarqueroient bien dans les grecs, et dans son Virgile même, à qui il dresse des autels sur le mépris des autres. Je vous laisse donc à penser si nostre présomption ne seroit pas ridicule, de prétendre qu'une éxacte censure ne peut mordre sur nos ouvrages, puisque ceux de ces grands génies de l'antiquité ne se peuvent pas soutenir contre un rigoureux examen. Je ne me suis jamais imaginé avoir rien mis au jour de parfait, je n'eſpére pas meſme y pouvoir jamais arriver ; je fais néanmoins mon poſſible pour en approcher, et les plus beaux ſuccès des autres ne produiſent en moy qu'une vertueuſe émulation, qui me fait redoubler mes efforts, afin d'en avoir de pareils :

> Je voys d'un œil égal croiſtre le nom d'autruy,
> Et taſche à m'élever auſſi haut comme luy,
> Sans haſarder ma peine à le faire descendre.
> La gloire a des tréſors qu'on ne peut épuiſer ;
> Et plus elle en prodigue à nous favoriſer,
> Plus elle en garde encore où chacun peut prétendre.

Pour venir à cette *Suivante* que je vous dédie, elle eſt d'un genre qui demande plûtoſt un ſtile naïf que pompeux. Les fourbes et les intrigues sont principalement du jeu de la comédie ; les paſſions n'y entrent que par accident. Les régles des anciens ſont aſſez religieuſement obſervées en celle-ci. Il n'y a qu'une action principale à qui toutes les autres aboutiſſent ; ſon lieu n'a point plus d'étendue que celle du théatre, et le temps n'en eſt point plus long que celuy de la repréſentation, ſi vous en exceptez l'heure du diſner, qui ſe paſſe entre le prémier et le ſecond acte. La liaiſon meſme des ſcénes, qui n'eſt qu'un embelliſſement, et non pas un précepte, y eſt gardée ; et ſi vous prenez la peine de conter les vers, vous n'en trouverez pas en un acte plus qu'en l'autre. Ce n'eſt pas que je me ſois aſſujetty depuis aux meſmes rigueurs. J'aime à ſuivre les régles ; mais, loin de me rendre leur esclave, je les élargis et reſſerre ſelon le beſoin qu'en a mon ſujet, et je romps meſme ſans ſcrupule celle qui regarde la durée de l'action, quand ſa ſévérité me ſemble abſolument incompatible avec les beautez des événemens que je décris. Savoir les régles, et entendre le ſecret de les apprivoiſer adroitement avec notre théatre, ce ſont deux ſciences bien différentes ; et peut-eſtre que pour faire maintenant réuſſir une piéce, ce n'eſt pas aſſez d'avoir étudié dans les livres d'Ariſtote et d'Horace. J'eſpère un jour traiter ces matiéres plus à fond, et montrer de quelle eſpéce eſt la vraiſemblance qu'ont ſuivie ces grands maiſtres des autres ſiécles, en faiſant parler des beſtes et des choſes qui n'ont point de corps. Cependant mon avis eſt celuy de Térence. Puisque nous faiſons des poëmes pour eſtre repréſentés, noſtre premier but doit eſtre de plaire à la cour et au peuple, et d'attirer un grand monde à leurs repréſentations. Il faut, s'il ſe peut, y ajouter les régles, afin de ne déplaire pas aux ſçavans, et recevoir un applaudiſſement univerſel; mais ſurtout gagnons la voix publique; autrement noſtre piéce aura beau eſtre réguliére, ſi elle eſt ſiſſlée au théatre, les ſçavants n'oſeront ſe déclarer en noſtre faveur, et aimeront mieux dire que nous aurons mal entendu les régles, que de nous donner des louanges quand nous ſerons décriés par le conſentement général de ceux qui ne voyent la comédie que pour ſe divertir.

Je ſuis,

  Monſieur,

    Voſtre très-humble ſerviteur,

     CORNEILLE.

ACTEURS.

GÉRASTE, pére de Daphnis.
POLÉMON, oncle de Clarimond.
CLARIMOND, amoureux de Daphnis.
FLORAME, amant de Daphnis.
THÉANTE, aussi amoureux de Daphnis.
DAMON, amy de Florame et de Théante.
DAPHNIS, maitreſſe de Florame, aimée de Clarimond et de Théante.
AMARANTE, ſuivante de Daphnis.
CÉLIE, voiſine de Géraste et ſa confidente.
CLÉON, domestique de Damon.

La ſcéne eſt à Paris.

LA SUIVANTE

COMÉDIE

—

ACTE PREMIER

SCÉNE I.

DAMON, THÉANTE.

DAMON.

Amy, j'ay beau reſver, toute ma reſverie
Ne me fait rien comprendre en ta galanterie.
Auprès de ta maîtreſſe engager un amy
C'eſt, à mon jugement, ne l'aimer qu'à demy.
Ton humeur qui s'en laſſe au changement l'invite,
Et, n'oſant la quitter, tu veux qu'elle te quitte.
THÉANTE.
Amy, n'y reſve plus; c'eſt en juger trop bien
Pour t'oſer plaindre encor de n'y comprendre rien.
Quelques puiſſans appas que poſſéde Amarante,
Je trouve qu'après tout ce n'eſt qu'une ſuivante,
Et je ne puis ſonger à ſa condition
Que mon amour ne céde à mon ambition.
Ainſi, malgré l'ardeur qui pour elle me preſſe,
A la fin j'ay levé les yeux ſur ſa maîtreſſe,
Où mon deſſein plus haut et plus laborieux
Se promet des ſuccès beaucoup plus glorieux.
Mais lors, ſoit qu'Amarante euſt pour moy quelque flame,
Soit qu'elle pénétraſt juſqu'au fond de mon âme,

Et que, malicieuſe, elle priſt du plaiſir
A rompre les effets de mon nouveau deſir,
Elle ſçavoit toûjours m'arrêter auprès d'elle
A tenir des propos d'une fuite éternelle.
L'ardeur qui me brufloit de parler à Daphnis
Me fourniſſoit en vain des détours infinis,
Elle uſoit de ſes droits, et, toute impérieuſe,
D'une voix demy-gaye et demy-ſérieuſe,
Quand j'ay des ſerviteurs, c'eſt pour m'entretenir,
Diſoit-elle ; *autrement je les ſçay bien punir ;*
Leurs devoirs près de moy n'ont rien qui les excuſe.

DAMON.

Maintenant je devine à peu près une ruſe
Que tout autre en ta place à peine entreprendroit.

THÉANTE.

Écoute, et tu verras ſi je ſuis mal adroit.
Tu ſçais comme Florame à tous les beaux viſages
Fait par civilité toûjours de feints hommages,
Et, ſans avoir d'amour, offrant par tout des vœux,
Traite de peu d'esprit les véritables feux.
Un jour qu'il ſe vantoit de cette humeur étrange,
A qui chaque objet plaiſt, et que pas un ne range,
Et reprochoit à tous que leur peu de beauté
Luy laiſſoit ſi long-temps garder ſa liberté,
Florame, dy-je alors, *ton ame indifférente*
Ne tiendroit que fort peu contre mon Amarante.
Théante, me dit-il, *il faudroit l'éprouver,*
Mais l'éprouvant peut-eſtre on te feroit reſver,
Mon feu, qui ne ſeroit que pure courtoiſie,
La rempliroit d'amour, et toy de jalouſie.
Je réplique, il repart, et nous tombons d'accord
Qu'au hazard du ſuccès il y feroit effort.
Ainſi je l'introduis, et par ce tour d'adreſſe
Qui me fait pour un temps luy céder ma maîtreſſe,
Engageant Amarante et Florame au discours,
J'entretiens à loiſir mes nouvelles amours.

DAMON.

Fut-elle ſur ce point ou faſcheuſe ou facile ?

THÉANTE.

Plus que je n'eſpérois je l'y trouvay docile ;

Soit que je luy donnasse une fort douce loy,
Et qu'il fust à ses yeux plus aimable que moy;
Soit qu'elle fist dessein sur ce fameux rebelle
Qu'une simple gageure attachoit auprès d'elle,
Elle perdit pour moy son importunité,
Et n'en demanda plus tant d'assidüité.
La douceur d'estre seule à gouverner Florame
Ne souffrit plus chez elle aucun soin de ma flame,
Et ce qu'elle goûtoit avec luy de plaisirs
Luy fit abandonner mon ame à mes desirs.

DAMON.

On t'abuse, Théante; il faut que je te die
Que Florame est atteint de mesme maladie;
Qu'il roule en son esprit mesmes desseins que toy,
Et que c'est à Daphnis qu'il veut donner sa foy.
A servir Amarante il met beaucoup d'étude;
Mais ce n'est qu'un prétexte à faire une habitude:
Il accoûtume ainsi ta Daphnis à le voir,
Et ménage un accès qu'il ne pouvoit avoir.
Sa richesse l'attire, et la beauté le blesse;
Elle le passe en biens, il l'égale en noblesse,
Et cherche, ambitieux, par sa possession,
A relever l'éclat de son extraction.
Il a peu de fortune et beaucoup de courage,
Et hors cette espérance il hait le mariage.
C'est ce que l'autre jour en secret il m'apprit :
Tu peux sur cét avis lire dans son esprit.

THÉANTE.

Parmy ses hauts projets il manque de prudence,
Puisqu'il traite avec toy de telle confidence.

DAMON.

Croy qu'il m'éprouvera fidelle au dernier point
Lorsque ton interest ne s'y meslera point.

THÉANTE.

Je doy l'attendre icy; quitte moy, je te prie,
De peur qu'il n'ait soupçon de ta supercherie.

DAMON.

Adieu, je suis à toy.

SCÉNE II.

THÉANTE.

Par quel malheur fatal
Ay-je donné moy-meſme entrée à mon rival ?
De quelque trait ruſé que mon esprit ſe vante,
Je me trompe moy-meſme en trompant Amarante,
Et choiſis un amy qui ne veut que m'oſter
Ce que par luy je taſche à me faciliter.
Qu'importe touteſfois qu'il bruſle et qu'il ſoûpire ?
Je ſçay trop comme il faut l'empeſcher d'en rien dire.
Amarante l'arreſte, et j'arreſte Daphnis :
Ainſi tous entretiens d'entr'eux deux ſont bannis,
Et tant d'heur ſe rencontre en ma ſage conduite,
Qu'au langage des yeux ſon amour eſt réduite.
Mais n'eſt-ce pas aſſez pour ſe communiquer ?
Que faut-il aux amans de plus pour s'expliquer ?
Meſme ceux de Daphnis à tous coups luy répondent;
L'un dans l'autre à tous coups leurs regards ſe confondent,
Et, d'un commun aveu, ces müets truchemens
Ne ſe diſent que trop leurs amoureux tourmens.

Quelles vaines frayeurs troublent ma fantaiſie ?
Que l'amour aiſément penche à la jalouſie !
Qu'on croit toſt ce qu'on craint en ces perpléxitez,
Où les moindres ſoupçons paſſent pour véritez !
Daphnis eſt toute aimable, et, ſi Florame l'aime,
Doy-je m'imaginer qu'il ſoit aimé de meſme ?
Florame avec raiſon adore tant d'appas,
Et Daphnis ſans raiſon s'abaiſſeroit trop bas ;
Ce feu, ſi juſte en l'un, en l'autre inexcuſable,
Rendroit l'un glorieux et l'autre mépriſable.

Simple, l'amour peut-il écouter la raiſon ?
Et meſme ces raiſons ſont-elles de ſaiſon ?
Si Daphnis doit rougir en bruſlant pour Florame,
Qui l'en affranchiroit en ſecondant ma flame ?
Étant tous deux égaux, il faut bien que nos feux
Luy faſſent meſme honte, ou meſme honneur tous deux :
Ou tous deux nous formons un deſſein téméraire,
Ou nous avons tous deux meſme droit de luy plaire :

Si l'espoir m'eſt permis il y peut aspirer,
Et s'il pretend trop haut je doy deſespérer.
Mais le voicy venir.

SCÉNE III.

THÉANTE, FLORAME.

THÉANTE.
Tu me fais bien attendre.
FLORAME.
Encor eſt-ce à regret qu'icy je viens me rendre,
Et comme un criminel qu'on traiſne à la priſon.
THÉANTE.
Tu ne fais qu'en raillant cette comparaiſon.
FLORAME.
Elle n'eſt que trop vraye.
THÉANTE.
Et ton indifférence ?
FLORAME.
La conſerver encor ! le moyen ! l'apparence !
Je m'étois plû toûjours d'aimer en mille lieux :
Voyant une beauté, mon cœur ſuivoit mes yeux ;
Mais, de quelques attraits que le ciel l'euſt pourveuë,
J'en perdois la mémoire auſſi-toſt que la veuë,
Et, bien que mes discours luy donnaſſent ma foy,
De retour au logis, je me trouvois à moy.
Cette façon d'aimer me ſembloit fort commode,
Et maintenant encor je vivrois à ma mode :
Mais l'objet d'Amarante eſt trop embaraſſant ;
Ce n'eſt point un viſage à ne voir qu'en paſſant ;
Un je ne ſçay quel charme auprès d'elle m'attache ;
Je ne la puis quitter que le jour ne ſe cache ;
Meſme alors, malgré moy, ſon image me ſuit,
Et me vient au lieu d'elle entretenir la nuit.
Le ſommeil n'oſeroit me peindre une autre idée ;
J'en ay l'esprit remply, j'en ay l'ame obſédée [1].

1. Dans toutes les éditions, jusqu'en 1654 inclusivement, on lit, au lieu de ces deux derniers vers, ceux que voici :

Théante, ou permets-moy de n'en plus approcher,
Ou fonge que mon cœur n'eft pas fait d'un rocher;
Tant de charmes enfin me rendroient infidelle.
                    THÉANTE.
Devien-le fi tu veux, je fuis affeuré d'elle;
Et, quand il te faudra tout de bon l'adorer,
Je prendray du plaifir à te voir foûpirer,
Tandis que, pour tout fruit, tu porteras la peine
D'avoir tant perfifté dans une humeur fi vaine.
Quand tu ne pourras plus te priver de la voir,
C'eft alors que je veux t'en ofter le pouvoir,
Et j'attens de pied ferme à reprendre ma place
Qu'il ne foit plus en toy de retrouver ta glace.
Tu te défens encor, et n'en tiens qu'à demy.
                    FLORAME.
Crüel, eft-ce là donc me traiter en amy?
Garde pour châtiment de cét injuste outrage
Qu'Amarante pour toy ne change de courage,
Et, fe rendant fenfible à l'ardeur de mes vœux...
                    THÉANTE.
A cela près, pourfuy, gagne-la, fi tu peux;
Je ne m'en prendray lors qu'à ma feule imprudence,
Et, demeurant enfemble en bonne intelligence,
En dépit du malheur que j'auray mérité,
J'aimeray le rival qui m'aura fupplanté.
                    FLORAME.
Amy, qu'il vaut bien mieux ne tomber point en peine
De faire à tes dépens cette épreuve incertaine!
Je me confeffe pris, je quitte, j'ay perdu:
Que veux-tu plus de moy? repren ce qui t'eft dû.
Séparer plus long-temps une amour fi parfaite!
Continüer encor la faute que j'ay faite!
Elle n'eft que trop grande; et, pour la réparer,
J'empefcheray Daphnis de vous plus féparer.
Pour peu qu'à mes discours je la trouve acceffible,
Vous joüirez vous deux d'un entretien paifible;
Je fçauray l'amufer, et vos feux redoublez

          Elle entre effrontément jusque dedans ma couche,
          Me redit fes propos, me préfente fa bouche

Par son facheux abord ne seront plus troublez.
THÉANTE.
Ce seroit prendre un soin qui n'est pas nécessaire ;
Daphnis sçait d'elle-mesme assez bien se distraire,
Et jamais son abord ne trouble nos plaisirs,
Tant elle est complaisante à nos chastes desirs.

SCÉNE IV.
FLORAME, THÉANTE, AMARANTE.
THÉANTE.

éploye, il en est temps, tes meilleurs artifices,
(Sans mettre touteffois en oubly mes services)
Je t'améne un captif qui te veut échaper.
AMARANTE.
J'en ay vu d'échapez que j'ay sceu r'atraper.
THÉANTE.
Voy qu'en sa liberté ta gloire se hazarde.
AMARANTE.
Allez, laissez-le-moy, j'en feray bonne garde,
Daphnis est au jardin.
FLORAME.
Sans plus vous desunir,
Souffre qu'au lieu de toy je l'aille entretenir.

SCÉNE V.
AMARANTE, FLORAME.
AMARANTE.

aissez, mon cavalier, laissez aller Théante :
Il porte assez au cœur le portrait d'Amarante ;
Je n'appréhende point qu'on l'en puisse effacer.
C'est au vostre à présent que je le veux tracer,
Et la difficulté d'une telle victoire
M'en augmente l'ardeur, comme elle en croist la gloire.
FLORAME.
Aurez-vous quelque gloire à me faire souffrir ?
AMARANTE.
Plus que de tous les vœux qu'on me pourroit offrir.

FLORAME.
Vous plaisez-vous à ceux d'une ame si contrainte,
Qu'une vieille amitié retient toûjours en crainte ?
AMARANTE.
Vous n'étes pas encore au point où je vous veux,
Et toute amitié meurt où naissent de vrais feux.
FLORAME.
De vray, contre ses droits mon esprit se rebelle ;
Mais feriez-vous état d'un amant infidelle ?
AMARANTE.
Je ne prendray jamais pour un manque de foy
D'oublier un amy pour se donner à moy.
FLORAME.
Encor si je pouvois former quelque espérance
De vous voir favorable à ma persévérance,
Que vous pûssiez m'aimer après tant de tourment,
Et d'un mauvais amy faire un heureux amant !
Mais, hélas ! je vous sers, je vy sous vostre empire,
Et je ne puis prétendre où mon desir aspire :
Théante (ah, nom fatal pour me combler d'ennuy !)
Vous demandez mon cœur, et le vostre est à luy !
Souffrez qu'en autre lieu j'adresse mes services,
Que du manque d'espoir j'évite les supplices.
Qui ne peut rien prétendre a droit d'abandonner.
AMARANTE.
S'il ne tient qu'à l'espoir, je vous en veux donner.
Apprenez que chez moi c'est un foible avantage
De m'avoir de ses vœux le prémier fait hommage ;
Le mérite y fait tout, et tel plaist à mes yeux,
Que je négligerois près de qui vaudroit mieux.
Luy seul de mes amans régle la différence,
Sans que le temps leur donne aucune préférence.
FLORAME.
Vous ne flatez mes sens que pour m'embarasser.
AMARANTE.
Peut-estre, mais enfin, il faut le confesser,
Vous vous trouveriez mieux auprès de ma maistresse.
FLORAME.
Ne pensez pas...

ACTE I.

AMARANTE.

Non, non, c'est là ce qui vous preſſe.
Allons dans le jardin enſemble la chercher.
(*A part.*)
Que j'ay ſceu dextrement à ſes yeux la cacher!

SCÉNE VI.
DAPHNIS, THÉANTE.

DAPHNIS.

Voyez comme tous deux ont fuy noſtre rencontre:
Je vous l'ay déja dit, et l'effet vous le [montre,
Vous perdez Amarante, et cét amy fardé
Se ſaiſit finement d'un bien ſi mal gardé :
Vous devez vous laſſer de tant de patience,
Et voſtre ſeureté n'eſt qu'en la défiance.

THÉANTE.

Je connois Amarante, et ma facilité
Établit mon repos ſur ſa fidélité :
Elle rit de Florame et de ſes flateries,
Qui ne ſont, après tout, que des galanteries.

DAPHNIS.

Amarante, de vray, n'aime pas à changer,
Mais voſtre peu de ſoin l'y pourroit engager ;
On néglige aiſément un homme qui néglige.
Son naturel eſt vain, et qui la ſert l'oblige.
D'ailleurs les nouveautez ont de puiſſans appas.
Théante, croyez-moy, ne vous y fiez pas.
J'ay ſceu me faire jour juſqu'au fond de ſon ame,
Où j'ay peu remarqué de ſa premiére flame,
Et, s'il tournoit la feinte en véritable amour,
Elle ſeroit bien fille à vous joüer d'un tour.
Mais afin que l'iſſuë en ſoit pour vous meilleure,
Laiſſez-moy ce cauſeur à gouverner une heure ;
J'ay tant de paſſion pour tous vos intéreſts,
Que j'en ſçauray bien-toſt pénétrer les ſecrets.

THÉANTE.

C'eſt un trop bas employ pour de ſi hauts mérites ;

Et, quand elle aimeroit à souffrir ses visites,
Quand elle auroit pour luy quelque inclination,
Vous m'en verriez toûjours sans appréhension.
Qu'il se mette à loisir s'il peut dans son courage;
Un moment de ma veuë en efface l'image.
Nous nous ressemblons mal, et, pour ce changement,
Elle a de trop bons yeux et trop de jugement.

DAPHNIS.
Vous le méprisez trop : je trouve en luy des charmes
Qui vous devroient du moins donner quelques alarmes.
Clarimond n'a de moy que haine et que rigueur,
Mais, s'il luy ressembloit, il gagneroit mon cœur.

THÉANTE.
Vous en parlez ainsi faute de le connoistre.

DAPHNIS.
J'en parle et juge ainsi sur ce qu'on voit paroistre.

THÉANTE.
Quoy qu'il en soit, l'honneur de vous entretenir...

DAPHNIS.
Brisons-là ce discours, je l'aperçoy venir.
Amarante, ce semble, en est fort satisfaite.

SCÈNE VII.

DAPHNIS, FLORAME, THÉANTE, AMARANTE.

THÉANTE.

Je t'attendois, amy, pour faire la retraite.
L'heure du disner presse, et nous incommo-
    dons
Celles qu'en nos discours icy nous retar-
DAPHNIS. [dons.
Il n'est pas encor tard.

THÉANTE.
Nous ferions conscience
D'abuser plus long-temps de vostre patience.

FLORAME.
Madame, excusez donc cette incivilité
Dont l'heure nous impose une nécessité.

DAPHNIS.
Sa force vous excuse, et je ly dans vostre ame
Qu'à regret vous quittez l'objet de votre flame.

SCÈNE VIII.
DAPHNIS, AMARANTE.
DAPHNIS.

Cette assiduité de Florame avec vous
A la fin a rendu Théante un peu jaloux.
Aussi de vous y voir tous les jours attachée,
Quelle puissante amour n'en seroit point touchée ?
Je viens d'examiner son esprit en passant,
Mais vous ne croiriez pas l'ennuy qu'il en ressent.
Vous y devez pourvoir, et, si vous étes sage,
Il faut à cét amy faire mauvais visage,
Luy fausser compagnie, éviter ses discours :
Ce sont pour l'appaiser les chemins les plus courts :
Sinon, faites état qu'il va courir au change.

AMARANTE.
Il seroit en ce cas d'une humeur bien étrange.
A sa priére seule, et pour le contenter,
J'écoute cét amy quand il m'en vient conter;
Et, pour vous dire tout, cét amant infidelle
Ne m'aime pas assez pour en estre en cervelle :
Il forme des desseins beaucoup plus relevez,
Et de plus beaux portraits en son cœur sont gravez.
Mes yeux pour l'asservir ont de trop foibles armes,
Il voudroit pour m'aimer que j'eusse d'autres charmes,
Que l'éclat de mon sang, mieux soûtenu de biens,
Ne fust point ravalé par le rang que je tiens;
Enfin (que serviroit aussi-bien de le taire ?)
Sa vanité le porte au soucy de vous plaire.

DAPHNIS.
En ce cas il verra que je sçay comme il faut
Punir des insolens qui prétendent trop haut.

AMARANTE.
Je luy veux quelque bien, puisque, changeant de flame,
Vous voyez, par pitié, qu'il me laisse Florame,
Qui, n'étant pas si vain, a plus de fermeté.

DAPHNIS.

Amarante, après tout, disons la vérité :
Théante n'est si vain qu'en vostre fantaisie ;
Et sa froideur pour vous naist de sa jalousie.
Mais, soit qu'il change ou non, il ne m'importe en rien,
Et ce que je vous dy n'est que pour vostre bien.

SCÈNE IX.
AMARANTE.

Pour peu sçavant qu'on soit aux mouvemens
    de l'ame,   [rame.
On devine aisément qu'elle en veut à Flo-
Sa fermeté pour moy, que je vantois à faux,
Luy portoit dans l'esprit de terribles assauts.
Sa surprise à ce mot a paru manifeste ;
Son teint en a changé, sa parole, son geste :
L'entretien que j'en ay luy sembleroit bien doux,
Et je croy que Théante en est le moins jaloux.
Ce n'est pas d'aujourd'huy que je m'en suis doutée.
Estre toûjours des yeux sur un homme arrêtée ;
Dans son manque de biens déplorer son malheur,
Juger à sa façon qu'il a de la valeur,
Demander si l'esprit en répond à la mine,
Tout cela de ses feux eust instruit la moins fine.
Florame en est de mesme, il meurt de luy parler,
Et s'il peut d'avec moy jamais se démesler,
C'en est fait, je le perds. L'impertinente crainte !
Que m'importe de perdre une amitié si feinte ?
Et que me peut servir un ridicule feu,
Où jamais de son cœur sa bouche n'a l'aveu ?
Je m'en veux mal en vain ; l'amour a tant de force,
Qu'il attache mes sens à cette fausse amorce,
Et fera son possible à toûjours conserver
Ce doux extérieur dont on me veut priver.

Fin du prémier acte.

ACTE II.

SCÉNE PREMIÉRE.

GÉRASTE, CÉLIE.

CÉLIE.

Et bien j'en parleray; mais fongez qu'à voftre [âge
Mille accidens fafcheux fuivent le mariage :
On aime rarement de fi fages époux,
Et leur moindre malheur c'est d'eftre un peu
Convaincus au dedans de leur propre foibleffe, [jaloux.
Une ombre leur fait peur, une mouche les bleffe,
Et cét heureux hymen qui les charmoit fi fort
Devient fouvent pour eux un fourrier de la mort.

GÉRASTE.

Excufe, ou pour le moins pardonne à ma folie;
Le fort en eft jetté : va, ma chére Célie,
Va trouver la beauté qui me tient fous fa loy,
Flate-la de ma part, promets-luy tout de moy :
Dy-luy que fi l'amour d'un vieillard l'importune,
Elle fait une planche à fa bonne fortune;
Que l'excès de mes biens, à force de préfens,
Répare la vigueur qui manque à mes vieux ans;
Qu'il ne luy peut échoir de meilleure avanture.

CÉLIE.

Ne m'importunez point de voftre tablature :
Sans vos instructions je fais bien mon métier,
Et je n'en laifferay pas un trait à quartier.

GÉRASTE.

Je ne fuis point ingrat quand on me rend office.
Peins-luy bien mon amour, offre bien mon fervice,

Dy bien que mes beaux jours ne sont pas si passez,
Qu'il ne me reste encor...
CÉLIE.
Que vous m'étourdissez !
N'est-ce point assez dit que vostre ame est éprise ?
Que vous allez mourir si vous n'avez Florise ?
Reposez-vous sur moy.
GÉRASTE.
Que voilà froidement
Me promettre ton aide à finir mon tourment.
CÉLIE.
S'il faut aller plus vite, allons, je voy son frére,
Et vay, tout devant vous, luy proposer l'affaire.
GÉRASTE.
Ce seroit tout gaster ; arreste, et, par douceur,
Essaye auparavant d'y résoudre la sœur.

SCÉNE II.
FLORAME.

Jamais ne verray-je finie
Cette incommode affection,
Dont l'impitoyable manie
Tyrannise ma passion ?
Je feins, et je fais naistre un feu si véritable,
Qu'à force d'estre aimé je deviens misérable.

Toy, qui m'assiéges tout le jour,
Fascheuse cause de ma peine,
Amarante, de qui l'amour
Commence à mériter ma haine,
Cesse de te donner tant de soins superflus,
Je te voudray du bien de ne m'en vouloir plus.

Dans une ardeur si violente,
Près de l'objet de mes desirs,
Penses-tu que je me contente
D'un regard et de deux soûpirs,
Et que je souffre encor cét injuste partage,
Où tu tiens mes discours, et Daphnis mon courage ?

Si j'ay feint pour toy quelques feux,
C'eſt à quoy plus rien ne m'oblige :
Quand on a l'effet de ces vœux
Ce qu'on adoroit ſe néglige.
Je ne voulois de toy qu'un accès chez Daphnis :
Amarante, je l'ay ; mes amours ſont finis.

Théante, repren ta maîtreſſe,
N'oſte plus à mes entretiens
L'unique ſujet qui me bleſſe,
Et qui peut-eſtre eſt las des tiens ;
Et toy, puiſſant amour, fais enfin que j'obtienne
Un peu de liberté pour luy donner la mienne.

SCÉNE III.

AMARANTE, FLORAME.

AMARANTE.

Que vous voilà ſoudain de retour en ces lieux !
FLORAME.
Vous jugerez par là du pouvoir de vos yeux.
AMARANTE.
Autre objet que mes yeux devers nous vous attire.
FLORAME.
Autre objet que vos yeux ne cauſe mon martyre.
AMARANTE.
Voſtre martyre donc eſt de perdre avec moy
Un temps dont vous voulez faire un meilleur employ.

SCÉNE IV.

DAPHNIS, AMARANTE, FLORAME.

DAPHNIS.

Amarante, allez voir ſi dans la galerie
Ils ont bien-toſt tendu cette tapiſſerie :
Ces gens-là ne font rien ſi l'on n'a l'œil ſur eux.
Amarante rentre et Daphnis continuë.
Je romps pour quelque temps le discours de vos feux.

FLORAME.
N'appellez point des feux un peu de complaifance
Que détruit voftre abord, qu'éteint voftre préfence.
DAPHNIS.
Voftre amour eft trop forte, et vos cœurs trop unis,
Pour l'oublier foudain à l'abord de Daphnis,
Et vos civilitez, étant dans l'impoffible,
Vous rendent bien flateur, mais non pas infenfible.
FLORAME.
Quoy que vous estimiez de ma civilité,
Je ne me pique point d'infenfibilité;
J'aime, il n'eft que trop vray, je brufle, je foûpire,
Mais un plus haut fujet me tient fous fon empire.
DAPHNIS.
Le nom ne s'en dit point?
FLORAME.
Je ry de ces amans
Dont le trop de respect redouble les tourmens,
Et qui, pour les cacher, fe faifant violence,
Se promettent beaucoup d'un timide filence.
Pour moy, j'ay toujours creu qu'un amour vertüeux
N'avoit point à rougir d'eftre préfomptueux;
Je veux bien vous nommer le bel œil qui me dompte,
Et ma témérité ne me fait point de honte.
Ce rare et haut fujet...
AMARANTE *revenant brusquement.*
Tout eft presque tendu.
DAPHNIS.
Vous n'avez auprès d'eux guére de temps perdu.
AMARANTE.
J'ay veu qu'ils l'employoient, et je fuis revenuë.
DAPHNIS.
J'ay peur de m'enrheumer au froid qui continuë:
Allez au cabinet me querir un mouchoir;
J'en ay laiffé les clefs autour de mon miroir,
Vous les trouverez là.
Amarante rentre et Daphnis continuë.
J'ay crû que cette belle
Ne pouvoit à propos fe nommer devant elle,
Qui, recevant par là quelque espéce d'affront,

Acte II.

En auroit eu ſoudain la rougeur ſur le front.
FLORAME.
Sans affront je la quitte, et luy préfére une autre
Dont le mérite égal, le rang pareil au voſtre,
L'esprit et les attraits également puiſſans
Ne devroient de ma part avoir que de l'encens :
Ouy, ſa perfection, comme la voſtre extrême,
N'a que vous de pareille, en un mot, c'eſt...
DAPHNIS.
Moy-meſme.
Je voy bien que c'eſt là que vous voulez venir,
Non tant pour m'obliger comme pour me punir.
Ma curioſité devenuë indiscretre
A voulu trop ſçavoir d'une flame ſecrette :
Mais bien qu'elle en reçoive un juste châtiment
Vous pouviez me traiter un peu plus doucement.
Sans me faire rougir, il vous devoit ſuffire
De me taire l'objet dont vous aimez l'empire.
Mettre en ſa place un nom qui ne vous touche pas,
C'eſt un cruel reproche au peu que j'ay d'appas.
FLORAME.
Veu le peu que je ſuis, vous dédaignez de croire
Une ſi malheureuſe et ſi baſſe victoire ?
Mon cœur eſt un captif ſi peu digne de vous,
Que vos yeux en voudroient déſavoüer leurs coups,
Ou peut-eſtre mon ſort me rend ſi mépriſable,
Que ma témérité vous devient incroyable.
Mais quoy que deſormais il m'en puiſſe arriver,
Je fais ſerment...
AMARANTE.
Vos clefs ne ſçauroient ſe trouver.
DAPHNIS.
Faute d'un plus exquis, et comme par bravade,
Cecy ſervira donc de mouchoir de parade.
Enfin, ce cavalier que nous viſmes au bal,
Vous trouvez comme moy qu'il ne danſe pas mal ?
FLORAME.
Je ne le vis jamais mieux ſur ſa bonne mine.
DAPHNIS.
Il s'étoit ſi bien mis pour l'amour de Clarine.

A Amarante.
A propos de Clarine, il m'étoit échapé
Qu'elle en a deux à moy d'un nouveau point-coupé;
Allez, et dites-luy qu'elle me les renvoye.

AMARANTE.
Il est hors d'apparence aujourd'huy qu'on la voye;
Dès une heure au plus tard elle devoit sortir.

DAPHNIS.
Son cocher n'est jamais si-tost prest à partir,
Et d'ailleurs son logis n'est pas au bout du monde;
Vous perdrez peu de pas. Quoy qu'elle vous réponde,
Dites-luy nettement que je les veux avoir.

AMARANTE.
A vous les rapporter je feray mon pouvoir.

SCÉNE V.
FLORAME, DAPHNIS.
FLORAME.

'est à vous maintenant d'ordonner mon sup-
plice,   [tice.
Seure que sa rigueur n'aura point d'injus-

DAPHNIS.
Vous voyez qu'Amarante a pour vous de l'amour,
Et ne manquera pas d'estre tost de retour.
Bien que je pûsse encor user de ma puissance,
Il vaut mieux ménager le temps de son absence.
Donc, pour n'en perdre point en discours superflus,
Je croy que vous m'aimez; n'attendez rien de plus :
Florame, je suis fille, et je dépens d'un pére.

FLORAME.
Mais de vostre costé que faut-il que j'espére?

DAPHNIS.
Si ma jalouse encor vous rencontroit icy,
Ce qu'elle a de soupçons seroit trop éclaircy :
Laissez-moy seule, allez.

FLORAME.
                Se peut il que Florame
Souffre d'estre si-tost séparé de son ame?

Ouy, l'honneur d'obéïr à vos commandemens
Luy doit estre plus cher que ses contentemens.

SCÉNE VI.

Daphnis.

Mon amour par ses yeux plus forte devenuë
L'eust bien-tost emporté dessus ma retenuë,
Et je sentois mon feu tellement s'augmenter
Qu'il n'étoit plus en moy de le pouvoir domp-
J'avois peur d'en trop dire; et, cruelle à moy-mesme, [ter.
Parce que j'aime trop, j'ay banny ce que j'aime.
Je me trouve captive en de si beaux liens,
Que je meurs qu'il le sçache, et j'en fuy les moyens.
Quelle importune loy que cette modestie,
Par qui nostre apparence en glace convertie
Étouffe dans la bouche et nourrit dans le cœur
Un feu dont la contrainte augmente la vigueur!
Que ce penser m'est doux! que je t'aime, Florame!
Et que je songe peu, dans l'excés de ma flame,
A ce qu'en nos destins contre nous irritez
Le mérite et les biens font d'inégalitez!
Aussi par celle-là de bien loin tu me passes,
Et l'autre seulement est pour les ames basses,
Et ce penser flatteur me fait croire aisément
Que mon pére sera de mesme sentiment.
Hélas : c'est en effet bien flatter mon courage
D'accommoder son sens aux desirs de mon âge;
Il voit par d'autres yeux, et veut d'autres appas.

SCÉNE VII.

DAPHNIS, AMARANTE.

Amarante.

Je vous l'avois bien dit, qu'elle n'y seroit pas!
Daphnis.
Que vous avez tardé pour ne trouver personne!
Amarante.
Ce reproche vrayment ne peut qu'il ne m'étonne.

Pour revenir plus viſte il euſt fallu voler.
DAPHNIS.
Florame cependant, qui vient de s'en aller,
A la fin, malgré moy, s'eſt ennuyé d'attendre.
AMARANTE.
C'eſt choſe touteſfois que je ne puis comprendre.
Des hommes de mérite et d'esprit comme luy
N'ont jamais avec vous aucun ſujet d'ennuy;
Voſtre ame généreuſe a trop de courtoiſie.
DAPHNIS.
Et la voſtre amoureuſe un peu de jalouſie.
AMARANTE.
De vray, je gouſtois mal de faire tant de tours,
Et perdois à regret ma part de ſes discours.
DAPHNIS.
Auſſi je me trouvois ſi promptement ſervie
Que je me doutois bien qu'on me portoit envie.
En un mot, l'aimez-vous?
AMARANTE.
Je l'aime aucunement,
Non-pas jusqu'à troubler votre contentement;
Mais ſi ſon entretien n'a point dequoy vous plaire,
Vous m'obligerez fort de ne m'en plus distraire.
DAPHNIS.
Mais au cas qu'il me plûſt?
AMARANTE.
Il faudroit vous céder.
C'est ainſi qu'avec vous je ne puis rien garder.
Au moindre feu pour moy qu'un amant fait paroiſtre,
Par curioſité vous le voulez connoiſtre,
Et, quand il a gouſté d'un ſi doux entretien,
Je puis dire dès lors que je ne tiens plus rien.
C'est ainſi que Théante a négligé ma flame.
Encor tout de nouveau vous m'enlevez Florame.
Si vous continuez à rompre ainſi mes coups,
Je ne ſçay tantoſt plus comment vivre avec vous.
DAPHNIS.
Sans colére, Amarante; il ſemble à vous entendre
Qu'en meſme lieu que vous je vouluſſe prétendre?
Allez, aſſeurez-vous que mes contentemens

Ne vous defroberont aucun de vos amans,
Et, pour vous en donner la preuve plus expreffe,
Voilà voftre Théante avec qui je vous laiffe.

SCÈNE VIII.

THÉANTE, AMARANTE.

THÉANTE.

u me vois fans Florame : un amoureux ennuy
Affez adroitement m'a defrobé de luy.
Las de céder ma place à fon discours frivole,
Et n'ofant toutefois luy manquer de parole,
Je pratique un quart-d'heure à mes affections.
AMARANTE.
Ma maîtreffe lifoit dans tes intentions,
Tu vois à ton abord comme elle a fait retraite,
De peur d'incommoder une amour fi parfaite.
THÉANTE.
Je ne la fçaurois croire obligeante à ce point.
Ce qui la fait partir ne fe dira-t'il point?
AMARANTE.
Veux-tu que je t'en parle avec toute franchife?
C'eft la mauvaife humeur où Florame l'a mife.
THÉANTE.
Florame?
AMARANTE.
Ouy, ce caufeur vouloit l'entretenir,
Mais il aura perdu le gouft d'y revenir :
Elle n'a que fort peu fouffert fa compagnie,
Et l'en a chaffé presque avec ignominie.
De dépit cependant fes mouvemens aigris
Ne veulent aujourd'huy traiter que de mépris,
Et l'unique raifon qui fait qu'elle me quitte,
C'eft l'eftime où te met près d'elle ton mérite :
Elle ne voudroit pas te voir mal fatisfait,
N'y rompre fur le champ le deffein qu'elle a fait.
THÉANTE.
J'ay regret que Florame ait receu cette honte,
Mais enfin auprès d'elle il trouve mal fon conte?

AMARANTE.

Auffi c'eft un discours ennuyeux que le fien;
Il parle inceffamment fans dire jamais rien,
Et n'étoit que pour toy je me fais ces contraintes,
Je l'envoirois bien-toft porter ailleurs fes feintes.

THÉANTE.

Et je m'affeure auffi tellement en ta-foy,
Que, bien que tout le jour il cajole avec toy,
Mon esprit te conferve une amitié fi pure,
Que, fans eftre jaloux, je le vois et l'endure.

AMARANTE.

Comment le ferois-tu pour un fi trifte objet?
Ses imperfections t'en oftent tout fujet.
C'est à toy d'admirer qu'encor qu'un beau vifage
Dedans les entretiens à toute heure t'engage,
J'ay pour toy tant d'amour et fi peu de foupçon
Que je n'en fuis jaloufe en aucune façon.
C'est aimer puiffamment que d'aimer de la forte;
Mais mon affection eft bien encor plus forte.
Tu fçais (et je le dis fans te mefeftimer)
Que quand noftre Daphnis auroit fçeu te charmer,
Ce qu'elle eft plus que toy mettroit hors d'espérance
Les fruits qui feroient dûs à ta perfévérance.
Plûft à Dieu que le ciel te donnaft affez d'heur
Pour faire naiftre en elle autant que j'ay d'ardeur!
Voyant ainfi la porte à ta fortune ouverte
Je pourrois librement confentir à ma perte.

THÉANTE.

Je te fouhaite un change autant avantageux.
Plûft à Dieu que le fort te fuft moins outrageux,
Ou que jufqu'à ce point il t'euft favorifée,
Que Florame fuft prince, et qu'il t'euft époufée.
Je prife auprès des tiens fi peu mes intérefts,
Que, bien que j'en fentiffe au cœur mille regrets,
Et que de déplaifir il m'en couftaft la vie,
Je me la tiendrois lors heureufement ravie.

AMARANTE.

Je ne voudrois point d'heur qui vinft avec ta mort,
Et Damon que voilà n'en feroit pas d'accord.

Théante.
Il a mine d'avoir quelque chose à me dire.
Amarante.
Ma présence y nuiroit, adieu, je me retire.
Théante.
Arreste, nous pourrons nous voir tout à loisir;
Rien ne le presse.

SCÉNE IX.
THÉANTE, DAMON.
Théante.
Amy, que tu m'as fait plaisir!
J'étois fort à la gesne avec cette suivante.
Damon.
Celle qui te charmoit te devient bien pesante.
Théante.
Je l'aime encor pourtant; mais mon ambition
Ne laisse point agir mon inclination.
Ma flame sur mon cœur en vain est la plus forte,
Tous mes desirs ne vont qu'où mon dessein les porte.
Au reste j'ay sondé l'esprit de mon rival.
Damon.
Et connu?...
Théante.
Qu'il n'est pas pour me faire grand mal.
Amarante m'en vient d'apprendre une nouvelle
Qui ne me permet plus que j'en sois en cervelle.
Il a veu...
Damon.
Qui?
Théante.
Daphnis, et n'en a remporté
Que ce qu'elle devoit à sa témérité.
Damon.
Comme quoy?
Théante.
Des mépris, des rigueurs sans pareilles,
Damon.
As-tu beaucoup de foy pour de telles merveilles?

THÉANTE.
Celle dont je les tiens en parle asseurément.
DAMON.
Pour un homme si fin on te dupe aisément.
Amarante elle-mesme en est mal satisfaite,
Et ne t'a rien conté que ce qu'elle souhaite.
Pour seconder Florame en ses intentions,
On l'avoit écartée à des commissions.
Je viens de le trouver, tout ravy dans son ame
D'avoir eu les moyens de déclarer sa flame,
Et qui présume tant de ses prospéritez
Qu'il croit ses vœux receus puisqu'ils sont écoutez :
Et certes son espoir n'est pas hors d'apparence ;
Après ce bon accueil et cette conférence
Dont Daphnis elle-mesme a fait l'occasion,
J'en crains fort un succès à ta confusion.
Taschons d'y donner ordre, et, sans plus de langage,
Avise en quoy tu veux employer mon courage.
THÉANTE.
Luy disputer un bien où j'ay si peu de part,
Ce seroit m'exposer pour quelqu'autre au hazard.
Le düel est fâcheux, et, quoyqu'il en arrive,
De sa possession l'un et l'autre il nous prive,
Puisque de deux rivaux l'un mort, l'autre s'enfuit,
Tandis que de sa peine un troisiéme a le fruit.
A croire son courage en amour on s'abuse ;
La valeur d'ordinaire y sert moins que la ruse.
DAMON.
Avant que passer outre, un peu d'attention.
THÉANTE.
Te viens-tu d'aviser de quelque invention?
DAMON.
Ouy, ta seule maxime en fonde l'entreprise.
Clarimond voit Daphnis ; il l'aime, il la courtise,
Et, quoy qu'il n'en reçoive encor que des mépris,
Un moment de bonheur luy peut gagner ce prix.
THÉANTE.
Ce rival est bien moins à redouter qu'à plaindre.
DAMON.
Je veux que de sa part tu ne doives rien craindre ;

N'eſt-ce pas le plus ſeur qu'un düel hazardeux
Entre Florame et luy les en prive tous deux?
THÉANTE.
Crois-tu qu'avec Florame aiſément on l'engage?
DAMON.
Je l'y réſoudray trop avec un peu d'ombrage.
Un amant dédaigné ne voit pas de bon œil
Ceux qui du meſme objet ont un plus doux accueil.
Des faveurs qu'on leur fait il forme ſes offenses,
Et, pour peu qu'on le pouſſe, il court aux violences.
Nous les verrions par là, l'un et l'autre écartez,
Laiſſer la place libre à tes félicitez.
THÉANTE.
Ouy, mais s'il t'obligeoit d'en porter la parole?
DAMON.
Tu te mets en l'esprit une crainte frivole.
Mon péril de ces lieux ne te bannira pas;
Et moy, pour te ſervir, je courrois au trépas.
THÉANTE.
En meſme occaſion dispoſe de ma vie,
Et ſois ſeur que pour toy j'auray la meſme envie.
DAMON.
Allons; ces complimens en retardent l'effet.
THÉANTE.
Le ciel ne vit jamais un amy ſi parfait.

Fin du ſecond acte.

ACTE III.

SCÉNE PREMIÉRE.
FLORAME, CÉLIE.

FLORAME.

Enfin quelque froideur qui paroiſſe en Floriſe,
Aux volontez d'un frére elle s'en eſt remiſe.
CÉLIE.
Quoy qu'elle s'en rapporte à vous entiérement,
Vous luy feriez plaiſir d'en uſer autrement.
Les amours d'un vieillard ſont d'une foible amorce.
FLORAME.
Que veux-tu? ſon eſprit ſe fait un peu de force.
Elle ſe ſacrifie à mes contentemens,
Et pour mes intéreſts contraint ſes ſentimens.
Aſſeure donc Géraſte, en me donnant ſa fille,
Qu'il gagne en un moment toute noſtre famille,
Et que, tout vieil qu'il eſt, cette condition
Ne laiſſe aucun obſtacle à ſon affection.
Mais auſſi de Floriſe il ne doit rien prétendre,
A moins que ſe réſoudre à m'accepter pour gendre.
CÉLIE.
Plaiſez-vous à Daphnis? C'eſt là le principal.
FLORAME.
Elle a trop de bonté pour me vouloir du mal :
D'ailleurs ſa réſiſtance obſcurciroit ſa gloire;
Je la mériterois ſi je la pouvois croire.
La voila qu'un rival m'empeſche d'aborder :
Le rang qu'il tient ſur moy m'oblige à luy céder,
Et la pitié que j'ay d'un amant ſi fidelle
Luy veut donner loiſir d'eſtre dédaigné d'elle.

SCÉNE II.

CLARIMOND, DAPHNIS.

CLARIMOND.

Ces dédains rigoureux dureront-ils toûjours ?
DAPHNIS.
Non, ils ne dureront qu'autant que vos
CLARIMOND.   [amours.
C'eſt prescrire à mes feux des lois bien inhumaines!
DAPHNIS.
Faites finir vos feux, je finiray leurs peines.
CLARIMOND.
Le moyen de forcer mon inclination?
DAPHNIS.
Le moyen de ſouffrir voſtre obstination?
CLARIMOND.
Qui ne s'obstineroit en vous voyant ſi belle ?
DAPHNIS.
Qui vous pourroit aimer vous voyant ſi rebelle ?
CLARIMOND.
Est-ce rebellion que d'avoir trop de feu?
DAPHNIS.
C'eſt avoir trop d'amour et m'obéïr trop peu.
CLARIMOND.
La puiſſance ſur moy que je vous ay donnée…
DAPHNIS.
D'aucune exception ne doit eſtre bornée.
CLARIMOND.
Eſſayez autrement ce pouvoir ſouverain.
DAPHNIS.
Cét eſſay me fait voir que je commande en vain.
CLARIMOND.
C'eſt un injuste eſſay qui feroit ma ruïne.
DAPHNIS.
Ce n'eſt plus obéïr depuis qu'on éxamine.
CLARIMOND.
Mais l'amour vous défend un tel commandement.

DAPHNIS.
Et moy je me défens un plus doux traitement.
CLARIMOND.
Avec ce beau viſage avoir le cœur de roche !
DAPHNIS.
Si le mien s'endurcit, ce n'eſt qu'à voſtre approche.
CLARIMOND.
Que je ſçache du moins d'où naiſſent vos froideurs.
DAPHNIS.
Peut-eſtre du ſujet qui produit vos ardeurs.
CLARIMOND.
Si je bruſle, Daphnis, c'est de nous voir enſemble.
DAPHNIS.
Et c'eſt de nous y voir, Clarimond, que je tremble.
CLARIMOND.
Voſtre contentement n'eſt qu'à me maltraiter.
DAPHNIS.
Comme le voſtre n'eſt qu'à me perſécuter.
CLARIMOND.
Quoy ! l'on vous perſécute à force de ſervices ?
DAPHNIS.
Non, mais de voſtre part ce me ſont des ſupplices.
CLARIMOND.
Hélas ! et quand pourra venir ma guériſon ?
DAPHNIS.
Lors que le temps chez vous remettra la raiſon.
CLARIMOND.
Ce n'eſt pas ſans raiſon que mon ame eſt épriſe.
DAPHNIS.
Ce n'eſt pas ſans raiſon auſſi qu'on vous mépriſe.
CLARIMOND.
Juste ciel ! et que doy-je espérer deſormais.
DAPHNIS.
Que je ne ſuis pas fille à vous aimer jamais.
CLARIMOND.
C'eſt donc perdre mon temps que de plus y prétendre ?
DAPHNIS.
Comme je perds le mien icy à vous entendre.
CLARIMOND.
Me quittez-vous ſi-toſt ſans me vouloir guérir ?

ACTE III.

DAPHNIS.
Clarimond fans Daphnis peut et vivre et mourir.
CLARIMOND.
Je mourray touteffois fi je ne vous poffede.
DAPHNIS.
Tenez-vous donc pour mort, s'il vous faut ce remede [1].

SCÉNE III.

CLARIMOND.

Tout dédaigné je l'aime, et, malgré fa rigueur,
Ses charmes plus puiffans luy confervent mon cœur;
Par un contraire effet dont mes maux s'en- [tretiennent
Sa bouche le refufe, et fes yeux le retiennent;
Je ne puis, tant elle a de mépris et d'appas,
Ny le faire accepter, ny ne le donner pas;
Et, comme fi l'amour faifoit naiftre fa haine,
Ou qu'elle mefuraft fes plaifirs à ma peine,
On voit paroiftre enfemble, et croiftre également,
Ma flame et fes froideurs, fa joye et mon tourment.
Je tafche à m'affranchir de ce malheur extrême.
Et je ne fçaurois plus difpofer de moy-mefme;
Mon défefpoir trop lafche obéït à mon fort,
Et mes reffentimens n'ont qu'un débile effort.
Mais, pour foibles qu'ils foient, aidons leur impuiffance:
Donnons-leur le fecours d'une éternelle abfence.
Adieu, cruelle ingrate, adieu. Je fuy ces lieux
Pour defrober mon ame au pouvoir de tes yeux.

1. On verra Corneille, dans l'Examen de cette pièce, faire bon marché de ce feu roulant d'égales réparties.

SCÉNE IV.

CLARIMOND, AMARANTE.

AMARANTE.

Monsieur, Monsieur, un mot : l'air de vostre visage [rage.
Témoigne un déplaisir caché dans le cou-
Vous quittez ma maistresse un peu mal satis-
                                           [fait.

CLARIMOND.

Ce que voit Amarante en est le moindre effet ;
Je porte, malheureux, après de tels outrages,
Des douleurs sur le front, et, dans le cœur, des rages.

AMARANTE.

Pour un peu de froideur, c'est trop desespérer.

CLARIMOND.

Que ne dis-tu plûtost que c'est trop endurer ?
Je devrois estre las d'un si crüel martyre,
Briser les fers honteux où me tient son empire,
Sans irriter mes maux avec un vain regret.

AMARANTE.

Si je vous croyois homme à garder un secret,
Vous pourriez sur ce point apprendre quelque chose,
Que je meurs de vous dire, et touteffois je n'ose.
L'erreur où je vous voy me fait compassion ;
Mais pourriez-vous avoir de la discrétion ?

CLARIMOND.

Prens-en ma foy de gage avec... Laisse-moy faire.

*Il veut tirer un diamant de son doigt pour le
luy donner, et elle l'en empesche.*

AMARANTE.

Vous voulez justement m'obliger à me taire.
Aux filles de ma sorte il suffit de la foy ;
Réservez vos présens pour quelqu'autre que moy.

CLARIMOND.

Souffre...

AMARANTE.

Gardez-les, dy-je, ou je vous abandonne.
Daphnis a des rigueurs dont l'excès vous étonne,

Mais vous aurez bien plus de quoy vous étonner,
Quand vous fçaurez comment il faut la gouverner.
A force de douceurs vous la rendez crüelle,
Et vos fubmiffions vous perdent auprés d'elle :
Épargnez déformais tous ces pas fuperflus ;
Parlez-en au bon-homme, et ne la voyez plus.
Toutes fes crüautez ne font qu'en apparence ;
Du cofté du vieillard tournez voftre espérance.
Quand il aura pour elle accepté quelque amant,
Un prompt amour naiftra de fon commandement.
Elle vous fait tandis cette galanterie
Pour s'acquérir le bruit de fille bien nourrie,
Et gagner d'autant plus de réputation
Qu'on la croira forcer fon inclination.
Nommez cette maxime ou prudence ou fottife,
C'eft la feule raifon qui fait qu'on vous méprife.
CLARIMOND.
Hélas! et le moyen de croire tes discours?
AMARANTE.
De grace, n'ufez point fi mal de mon fecours :
Croyez les bons avis d'une bouche fidelle,
Et, fongeant feulement que je viens d'avec elle,
Derechef épargnez tous ces pas fuperflus ;
Parlez-en au bon-homme, et ne la voyez plus.
CLARIMOND.
Tu ne flates mon cœur que d'un espoir frivole.
AMARANTE.
Hazardez feulement deux mots fur ma parole,
Et n'appréhendez point la honte d'un refus.
CLARIMOND.
Mais fi j'en recevois, je ferois bien confus,
Un oncle pourra mieux concerter cette affaire.
AMARANTE.
Ou par vous, ou par luy ménagez bien le pére.

SCÉNE V.

AMARANTE.

Qu'aifément un esprit qui fe laiffe flater
S'imagine un bon-heur qu'il penfe mériter!
Clarimond eft bien vain enfemble et bien cré-
De fe perfuader que Daphnis diffimule, [dule
Et que ce grand dédain déguife un grand amour
Que le feul choix d'un pére a droit de mettre au jour.
Il s'en pafme de joye, et deffus ma parole
De tant d'affronts receus fon ame fe confole;
Il les chérit peut-eftre et les tient à faveurs,
Tant ce trompeur efpoir redouble fes ferveurs!
S'il rencontroit le pére, et que mon entreprife...

SCÉNE VI.

GÉRASTE, AMARANTE.

GÉRASTE.

marante.

AMARANTE.
Monfieur.
GÉRASTE.
Vous faites la furprife,
Encor que de fi loin vous m'ayez veu venir
Que Clarimond n'eft plus à vous entretenir!
Je donne ainfi la chaffe à ceux qui vous en content!
AMARANTE.
A moy? mes vanitez jufque là ne fe montent.
GÉRASTE.
Il fembloit touteffois parler d'affection.
AMARANTE.
Ouy, mais qu'eftimez-vous de fon intention?
GÉRASTE.
Je croy que fes deffeins tendent au mariage.
AMARANTE.
Il eft vray.

GÉRASTE.
Quelque foy qu'il vous donne pour gage,
Il cherche à vous furprendre, et, fous ce faux appas,
Il cache des projets que vous n'entendez pas[1].
AMARANTE.
Voftre âge foupçonneux a toûjours des chiméres
Qui le font mal juger des cœurs les plus fincéres.
GÉRASTE.
Où les conditions n'ont point d'égalité,
L'amour ne fe fait guére avec fincérité.
AMARANTE.
Pofé que cela foit : Clarimond me careffe;
Mais fi je vous difois que c'eft pour ma maitreffe,
Et que le feul befoin qu'il a de mon fecours,
Sortant d'avec Daphnis, l'arrefte en mes discours?
GÉRASTE.
S'il a befoin de toy pour avoir bonne iffuë,
C'eft figne que fa flame eft affez mal reçeuë.
AMARANTE.
Pas tant qu'elle paroit, et que vous préfumez.
D'un mutüel amour leurs cœurs font enflamez,
Mais Daphnis fe contraint de peur de vous déplaire,
Et fa bouche est toûjours à fes defirs contraire,
Horfmis lors qu'avec moy s'ouvrant confidemment,
Elle trouve à fes maux quelque foulagement.
Clarimond cependant, pour fondre tant de glaces,
Tafche par tous moyens d'avoir mes bonnes graces,
Et moy je l'entretiens toûjours d'un peu d'espoir.
GÉRASTE.
A ce conte Daphnis eft fort dans le devoir :
Je n'en puis fouhaiter un meilleur témoignage,
Et ce respect m'oblige à l'aimer davantage.
Je luy feray bon pére, et, puisque ce party
A fa condition fe rencontre afforty,
Bien qu'elle pûft encor un peu plus haut atteindre,
Je la veux enhardir à ne fe plus contraindre.

1. Au lieu de ces derniers vers, on lit dans l'édition originale :

> Ce n'est qu'un faux appas, et, fous cette couleur,
> Il ne veut cependant que furprendre une fleur.

AMARANTE.

Vous n'en pourrez jamais tirer la vérité.
Honteuſe de l'aimer ſans voſtre authorité,
Elle s'en défendra de toute ſa puiſſance.
N'en cherchez point d'aveu que dans l'obéïſſance;
Quand vous aurez fait choix de cét heureux amant
Vos ordres produiront un prompt conſentement.
Mais on ouvre la porte, hélas! je ſuis perduë,
Si j'ay tant de malheur qu'elle m'ait entenduë.

Elle rentre dans le jardin.

GÉRASTE.

Luy procurant du bien elle croit la faſcher,
Et cette vaine peur la fait ainſi cacher.
Que ces jeunes cerveaux ont de traits de folie!
Mais il faut aller voir ce qu'aura fait Célie.
Touteſfois diſons-luy quelque mot en paſſant
Qui la puiſſe guérir du mal qu'elle reſſent.

SCÉNE VII.

GÉRASTE, DAPHNIS.

GÉRASTE.

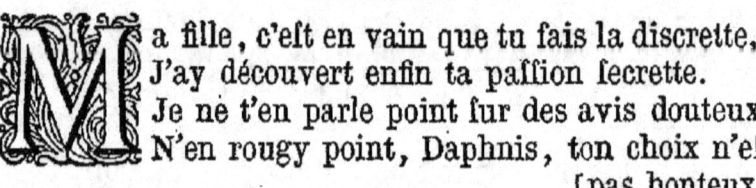

Ma fille, c'eſt en vain que tu fais la discrette,
J'ay découvert enfin ta paſſion ſecrette.
Je ne t'en parle point ſur des avis douteux.
N'en rougy point, Daphnis, ton choix n'eſt
[pas honteux;
Moy-meſme je l'agrée, et veux bien que ton ame
A cét amant ſi cher ne cache plus ſa flame.
Tu pouvois en effet prétendre un peu plus haut,
Mais on ne peut aſſez eſtimer ce qu'il vaut;
Ses belles qualitez, ſon crédit et ſa race
Auprès des gens d'honneur ſont trop dignes de grace.
Adieu; ſi tu le vois, tu peux luy témoigner
Que, ſans beaucoup de peine, on me pourra gagner.

SCÉNE VIII.

DAPHNIS.

D'aife et d'étonnement je demeure immobile.
D'où luy vient cette humeur de m'eftre fi
facile ? [penfer ?
D'où me vient ce bon-heur où je n'ofois
Florame, il m'eft permis de te récompenfer,
Et, fans plus déguifer ce qu'un pére authorife,
Je puis me revancher du don de ta franchife ;
Ton mérite le rend, malgré ton peu de biens,
Indulgent à mes feux, et favorable aux tiens ;
Il trouve en tes vertus des richeffes plus belles.
Mais eft-il vray, mes fens ? m'étes-vous fi fidelles ?
Mon heur me rend confufe, et ma confufion
Me fait tout foupçonner de quelque illufion.
Je ne me trompe point, ton mérite et ta race
Auprès des gens d'honneur font trop dignes de grace,
Florame, il eft tout vray ; deffors que je te vis
Un batement de cœur me fit de cét avis ;
Et mon pére aujourd'huy fouffre que dans fon ame
Les mefmes fentimens...

SCÉNE IX.

FLORAME, DAPHNIS.

DAPHNIS.

Quoy, vous voila, Florame !
Je vous avois prié tantoft de me quitter.

FLORAME.

Et je vous ay quittée auffi fans contefter.

DAPHNIS.

Mais revenir fi-toft c'eft me faire une offenfe.

FLORAME.

Quand j'aurois fur ce point receu quelque défenfe,
Si vous fçaviez quels feux ont preffé mon retour,
Vous en pardonneriez le crime à mon amour.

DAPHNIS.
Ne vous préparez point à dire des merveilles
Pour me persüader des flames sans pareilles :
Je croy que vous m'aimez, et c'est en croire plus,
Que n'en exprimeroient vos discours superflus.
FLORAME.
Mes feux, qu'ont redoublé ces propos adorables,
A force d'estre crûs deviennent incroyables,
Et vous n'en croyez rien qui n'en soit au dessous.
Que ne m'est-il permis d'en croire autant de vous?
DAPHNIS.
Vostre croyance est libre.
FLORAME.
Il me la faudroit vraye.
DAPHNIS.
Mon cœur par mes regards vous fait trop voir sa playe.
Un homme si sçavant au langage des yeux
Ne doit pas demander que je m'explique mieux.
Mais puis qu'il vous en faut un aveu de ma bouche,
Allez, asseurez-vous que vostre amour me touche.
Depuis tantost je parle un peu plus librement,
Ou, si vous le voulez, un peu plus hardiment;
Aussi j'ay veu mon pére, et, s'il vous faut tout dire,
Avec tous nos desirs sa volonté conspire.
FLORAME.
Surpris, ravy, confus, je n'ay que repartir.
Estre aimé de Daphnis! un pére y consentir!
Dans mon affection ne trouver plus d'obstacle!
Mon espoir n'eust osé concevoir ce miracle.
DAPHNIS.
Miracles toutesfois qu'Amarante a produits;
De sa jalouse humeur nous tirons ces doux fruits.
Au récit de nos feux, malgré son artifice,
La bonté de mon pére a trompé sa malice;
Du moins je le présume, et ne puis soupçonner
Que mon pére sans elle ait pû rien deviner.
FLORAME.
Les avis d'Amarante, en trahissant ma flame,
N'ont point gagné Géraste en faveur de Florame.
Les ressorts d'un miracle ont un plus haut moteur,

ACTE III.

Et tout autre qu'un Dieu n'en peut estre l'autheur.
DAPHNIS.
C'en est un que l'amour.
FLORAME.
Et vous verrez peut-estre
Que son pouvoir divin se fait icy paroistre,
Dont quelques grands effets avant qu'il soit long-temps
Vous rendront étonnée et nos desirs contens.
DAPHNIS.
Florame, après vos feux et l'aveu de mon pére,
L'amour n'a point d'effets capables de me plaire.
FLORAME.
Aimez-en le prémier, et recevez la foy
D'un bien-heureux amant qu'il met sous vostre loy.
DAPHNIS.
Vous, prisez le dernier qui vous donne la mienne.
FLORAME.
Quoyque doresnavant Amarante survienne,
Je croy que nos discours iront d'un pas égal,
Sans donner sur le rheume, ou gauchir sur le bal?
DAPHNIS.
Si je puis tant soit peu dissimuler ma joye,
Et que dessus mon front son excés ne se voye,
Je me joüray bien d'elle et des empeschemens
Que son adresse apporte à mes contentemens.
FLORAME.
J'en apprendray de vous l'agréable nouvelle.
Un ordre nécessaire au logis me rappelle,
Et doit fort avancer le succés de nos vœux.
DAPHNIS.
Nous n'avons plus qu'une ame et qu'un vouloir nous deux!
Bien que vous éloigner ce me soit un martyre,
Puisque vous le voulez, je n'y puis contredire.
Mais quand doy-je espérer de vous revoir icy?
FLORAME.
Dans une heure au plus tard.
DAPHNIS.
Allez donc, la voicy.

SCÉNE X.

DAPHNIS, AMARANTE.

DAPHNIS.

marante, vrayment vous étes fort jolie;
Vous n'égayez pas mal voftre mélancolie.
Voftre jaloux chagrin a de beaux agrémens,
Et choifit affez bien fes divertiffemens:
Voftre efprit pour vous mefme a force complaifance,
De me faire l'objet de voftre médifance;
Et, pour donner couleur à vos détractions,
Vous lifez fort avant dans mes intentions.

AMARANTE.

Moy! que de vous j'ofaffe aucunement médire!

DAPHNIS.

Voyez-vous, Amarante, il n'eft plus temps de rire.
Vous avez vu mon pére, avec qui vos difcours
M'ont fait à votre gré de frivoles amours.
Quoy! fouffrir un moment l'entretien de Florame,
Vous le nommez bien-toft une fecrette flame?
Cette jaloufe humeur dont vous fuivez la loy
Vous fait en mes fecrets plus fçavante que moy.
Mais paffe pour le croire, il falloit que mon pére
De voftre confidence appriſt cette chimére.

AMARANTE.

S'il croit que vous l'aimez, c'eft fur quelque foupçon
Où je ne contribuë en aucune façon.
Je fçay trop que le ciel, avec de telles graces,
Vous donne trop de cœur pour des flames fi baffes,
Et, quand je vous croirois dans cet indigne choix,
Je fçay ce que je fuis et ce que je vous dois.

DAPHNIS.

Ne tranchez point ainfi de la respectüeufe:
Voftre peine, après tout, vous eft bien fructueufe;
Vous la devez chérir, et fon heureux fuccès
Qui chez nous à Florame interdit tout accès.
Mon pére le bannit et de l'une et de l'autre.
Penfant nuire à mon feu vous ruïnez le voftre.

Je luy viens de parler, mais c'étoit seulement
Pour luy dire l'arrest de son bannissement.
Vous devez cependant estre fort satisfaite
Qu'à vostre occasion un pére me maltraite ;
Pour fruit de vos labeurs si cela vous suffit,
C'est acquérir ma haine avec peu de profit.

AMARANTE.

Si touchant vos amours on sçait rien de ma bouche,
Que je puisse à vos yeux devenir une souche !
Que le ciel...

DAPHNIS.

Finissez vos imprécations,
J'aime vostre malice et vos délations.
Ma mignonne, apprenez que vous êtes deceuë :
C'est par vostre rapport que mon ardeur est sceuë,
Mais mon pére y consent, et vos avis jaloux
N'ont fait que me donner Florame pour époux.

SCÉNE XI.

AMARANTE.

Ay-je bien entendu ? sa belle humeur se jouë,
Et par plaisir soy-mesme elle se desavouë.
Son pére la mal-traite, et consent à ses vœux !
Ay-je nommé Florame en parlant de ses feux ?
Florame, Clarimond ; ces deux noms, ce me semble,
Pour estre confondus n'ont rien qui se ressemble.
Le moyen que jamais on entendist si mal
Que l'un de ces amans fust pris pour son rival ?
Je ne sçais où j'en suis, et touteffois j'espére ;
Sous ces obscuritez je soupçonne un mystére,
Et mon esprit confus, à force de douter,
Bien qu'il n'ose rien croire, ose encor se flater.

Fin du troisiéme acte.

ACTE IV.

SCÉNE PREMIÉRE.

DAPHNIS.

u'en l'attente de ce qu'on aime
Une heure eſt faſcheuſe à paſſer !
Qu'elle ennuye une amour extrème   [ſer.
Dont la joye eſt réduite aux douceurs d'y pen-

Le mien, qui fuit la défiance,
　La trouve trop longue à venir,
　Et s'accuſe d'impatience
Plûtoſt que mon amant de peu de ſouvenir.

　Ainſi moy-meſme je m'abuſe
　De crainte d'un plus grand ennuy,
　Et je ne cherche plus de ruſe
Qu'à m'oſter tout ſujet de me plaindre de luy.

　Auſſi-bien, malgré ma colére,
　Je bruſlerois de m'appaiſer,
　Et ſa peine la plus ſevére
Ne ſeroit, tout au plus, qu'un mot pour l'excuſer.

　Je doy rougir de ma foibleſſe ;
　C'eſt eſtre trop bonne en effet ;
　Daphnis, fais un peu la maîtreſſe,
Et ſouvien-toy du moins... [1]

---

1. Dans toutes les éditions jusqu'en 1654, on lit, au lieu de ces cinq derniers vers, ceux qui suivent :

SCÉNE II.

GÉRASTE, CÉLIE, DAPHNIS.

GÉRASTE *à Célie.*
Adieu, cela vaut fait,
Tu l'en peux asseurer.
Célie rentre, et Géraste continuë à parler à Daphnis.
Ma fille, je présume,
Quelques feux dans ton cœur que ton amant allume,
Que tu ne voudrois pas sortir de ton devoir.
DAPHNIS.
C'est ce que le passé vous a pû faire voir.
GÉRASTE.
Mais si, pour en tirer une preuve plus claire,
Je disois qu'il faut prendre un sentiment contraire,
Qu'une autre occasion te donne un autre amant?
DAPHNIS.
Il seroit un peu tard pour un tel changement.
Sous vostre authorité j'ay dévoilé mon ame,
J'ay découvert mon cœur à l'objet de ma flame,
Et c'est sous vostre aveu qu'il a receu ma foy.
GÉRASTE.
Ouy; mais je viens de faire un autre choix pour toy.
DAPHNIS.
Ma foy ne permet plus une telle inconstance.
GÉRASTE.
Et moy je ne sçaurois souffrir de résistance.
Si ce gage est donné par mon consentement,
Il faut le retirer par mon commandement.
Vous soûpirez en vain, vos soûpirs et vos larmes
Contre ma volonté sont d'impuissantes armes.
Rentrez, je ne puis voir qu'avec mille douleurs

Pour criminel qu'il fust, ne seroit qu'un baiser.

Dieux! je rougis d'une parole
Dont je meurs de gouster l'effet,
Et, dans cette honte frivole,
Je prépare un refus...

Voſtre rebellion s'exprimer par vos pleurs.
Daphnis rentre, et Géraſte continuë.
La pitié me gagnoit. Il m'étoit impoſſible
De voir encor ſes pleurs, et n'eſtre pas ſenſible :
Mon injuste rigueur ne pouvoit plus tenir ;
Et, de peur de me rendre, il la falloit bannir.
N'importe toutefois, la parole me lie,
Et mon amour ainſi l'a promis à Célie ;
Floriſe ne ſe peut acquérir qu'à ce prix,
Si Florame...

SCÉNE III.

GÉRASTE, AMARANTE.

AMARANTE.
Monſieur, vous vous êtes mépris ;
C'eſt Clarimond qu'elle aime.
GÉRASTE.
Et ma plus grande peine
N'eſt que d'en avoir eu la preuve trop certaine ;
Dans ſa rebellion à mon authorité
L'amour qu'elle a pour luy n'a que trop éclaté.
Si pour ce cavalier elle avoit moins de flame,
Elle agréroit le choix que je fais de Florame,
Et, prenant deſormais un mouvement plus ſain,
Ne s'obſtineroit pas à rompre mon deſſein.
AMARANTE.
C'eſt ce choix inégal qui vous la fait rebelle ;
Mais pour tout autre amant n'appréhendez rien d'elle.
GÉRASTE.
Florame a peu de bien, mais pour quelque raiſon
C'eſt luy ſeul dont je fais l'appuy de ma maiſon.
Examiner mon choix, c'eſt un trait d'imprudence.
Toy qu'à préſent Daphnis traite de confidence,
Et dont le ſeul avis gouverne ſes ſecrets,
Je te prie, Amarante, adoucy ſes regrets,
Réſous-la, ſi tu peux, à contenter un pére ;
Fay qu'elle aime Florame, ou craigne ma colére.
AMARANTE.
Puiſque vous le voulez, j'y feray mon pouvoir :

Acte IV.

C'eſt choſe touteſfois dont j'ay ſi peu d'eſpoir,
Que je craindrois plûtoſt de l'aigrir davantage.
GÉRASTE.
Il eſt tant de moyens de fléchir un courage...
Trouve pour la gagner quelque ſubtil appas,
La récompenſe après ne te manquera pas.

SCÉNE IV.

AMARANTE.

ccorde qui pourra le pére avec la fille;
L'égarement d'eſprit régne ſur la famille.
Daphnis aime Florame, et ſon pére y conſent;
D'elle-meſme j'ay ſçeu l'aiſe qu'elle en reſſent;
Et, ſi j'en croy ce pére, elle ne porte en l'ame
Que révolte, qu'orgueil, que mépris pour Florame.
Peut-elle s'oppoſer à ſes propres deſirs,
Démentir tout ſon cœur, détruire ſes plaiſirs?
S'ils ſont ſages tous deux, il faut que je ſois folle :
Leur méconte pourtant, quel qu'il ſoit, me conſole,
Et, bien qu'il me réduiſe au bout de mon latin,
Un peu plus en repos j'en attendray la fin.

SCÉNE V.

FLORAME, DAMON.

FLORAME.

ans me voir elle rentre, et quelque bon génie
Me ſauve de ſes yeux et de ſa tyrannie.
Je ne me croyois pas quitte de ſes diſcours,
A moins que ſa maîtreſſe en vinſt rompre le
DAMON. [cours.
Je voudrois t'avoir veu dedans cette contrainte.
FLORAME.
Peut-eſtre voudrois-tu qu'elle empeſchaſt ma plainte?
DAMON.
Si Théante ſçait tout, ſans raiſon tu t'en plains;
Je t'ay dit ſes ſecrets, comme à luy tes deſſeins.

Il voit dedans ton cœur, tu lis dans son courage,
Et je vous fais combattre ainsi sans avantage.
FLORAME.
Touteffois au combat tu n'as pû l'engager?
DAMON.
Sa générosité n'en craint pas le danger;
Mais cela choque un peu sa prudence amoureuse,
Veu que la fuite en est la fin la plus heureuse,
Et qu'il faut que l'un mort, l'autre tire païs.
FLORAME.
Malgré le déplaisir de mes secrets trahis,
Je ne puis, cher amy, qu'avec toy je ne rie
Des subtiles raisons de sa poltronnerie.
Nous faire ce duël sans s'exposer aux coups,
C'est véritablement en sçavoir plus que nous,
Et te mettre en sa place avec assez d'adresse.
DAMON.
Qu'importe à quels périls il gagne une maîtresse?
Que ses rivaux entr'eux fassent mille combats,
Que j'en porte parole, ou ne la porte pas,
Tout luy semblera bon, pourveu que sans en estre
Il puisse de ces lieux les faire disparoistre.
FLORAME.
Mais ton service offert hazardoit bien ta foy,
Et, s'il eust eu du cœur, t'engageoit contre moy.
DAMON.
Je sçavois trop que l'offre en seroit rejettée.
Depuis plus de dix ans je connoy sa portée;
Il ne devient mutin que fort malaisément,
Et préfére la ruse à l'éclaircissement.
FLORAME.
Les maximes qu'il tient pour conserver sa vie
T'ont donné des plaisirs où je te porte envie.
DAMON.
Tu peux incontinent les gouster si tu veux.
Luy, qui doute fort peu du succès de ses vœux,
Et qui croit que déjà Clarimond et Florame
Disputent loin d'icy le sujet de leur flame,
Seroit-il homme à perdre un temps si précieux,
Sans aller chez Daphnis faire le gracieux,

Et, seul, à la faveur de quelque mot pour rire,
Prendre l'occasion de conter son martire?
FLORAME.
Mais, s'il nous trouve ensemble, il pourra soupçonner
Que nous prenons plaisir tous deux à le berner.
DAMON.
De peur que nous voyant il conceust quelque ombrage,
J'avois mis tout exprès Cléon sur le passage.
Théante approche-t'il?
CLÉON.
Il est en ce carfour.
DAMON.
Adieu donc, nous pourrons le jouer tour à tour.
FLORAME seul.
Je m'étonne comment tant de belles parties
En cét illustre amant sont si mal assorties,
Qu'il a si mauvais cœur avec de si bons yeux,
Et fait un si beau choix sans le défendre mieux.
Pour tant d'ambition, c'est bien peu de courage.

SCÉNE VI.

FLORAME, THÉANTE.

FLORAME.

Quelle surprise, amy, paroist sur ton visage?
THÉANTE.
T'ayant cherché long-temps, je demeure consus
De t'avoir rencontré quand je n'y pensois plus.
FLORAME.
Parle plus franchement. Fasché de ta promesse,
Tu veux, et n'oserois reprendre ta maîtresse :
Ta passion, qui souffre une trop dure loy,
Pour la gouverner seul te desroboit de moy?
THÉANTE.
De peur que ton esprit formast cette croyance
De l'aborder sans toy je faisois conscience.
FLORAME.
C'est ce qui t'obligeoit sans doute à me chercher?

Mais ne te prive plus d'un entretien ſi cher.
Je te céde Amarante, et te rends ta parole.
J'aime ailleurs, et, laſſé d'un compliment frivole,
Et de feindre une ardeur qui bleſſe mes amis,
Ma flame eſt véritable, et ſon effet permis.
J'adore une beauté qui peut dispoſer d'elle,
Et ſeconder mes feux ſans ſe rendre infidelle.

THÉANTE.

Tu veux dire Daphnis?

FLORAME.

Je ne puis te céler
Qu'elle eſt l'unique objet pour qui je veux bruſler.

THÉANTE.

Le bruit vole déja qu'elle eſt pour toy ſans glace,
Et déja d'un cartel Clarimond te menace.

FLORAME.

Qu'il vienne, ce rival, apprendre, à ſon malheur,
Que, s'il me paſſe en bien, il me céde en valeur:
Que ſa vaine arrogance, en ce duël trompée,
Me faſſe mériter Daphnis à coups d'épée.
Par là je gagne tout; ma généroſité
Suppléra ce qui fait noſtre inégalité;
Et ſon pére, amoureux du bruit de ma vaillance,
La fera ſur ſes biens emporter la balance.

THÉANTE.

Tu n'en peux espérer un moindre événement:
L'heur ſuit dans les duëls le plus heureux amant.
Le glorieux ſuccès d'une action ſi belle,
Ton ſang mis au hazard, ou répandu pour elle,
Ne peut laiſſer au pére aucun lieu de refus.
Tien ta maîtreſſe acquiſe et ton rival confus;
Et, ſans t'épouvanter d'une vaine fortune,
Qu'il ſoûtient laſchement d'une valeur commune,
Ne fay de ſon orgueil qu'un ſujet de mépris,
Et penſe que Daphnis ne s'acquiert qu'à ce prix.
Adieu: puiſſe le ciel à ton amour parfaite
Accorder un ſuccès tel que je le ſouhaite.

FLORAME.

Ce cartel, ce me ſemble, eſt trop long à venir:
Mon courage bouillant ne ſe peut contenir;

Enflé par tes discours, il ne sçauroit attendre
Qu'un insolent deffi l'oblige à se défendre.
Va donc, et, de ma part, appelle Clarimond ;
Dy-luy que, pour demain, il choisisse un second,
Et que nous l'attendrons au chasteau de Bissestre.
THÉANTE.
J'adore ce grand cœur qu'icy tu fais paroistre,
Et demeure ravy du trop d'affection
Que tu m'as témoigné par cette élection.
Prens-y garde pourtant ; pense à quoy tu t'engages.
Si Clarimond, lassé de souffrir tant d'outrages,
Éteignant son amour, te cédoit ce bonheur,
Quel besoin seroit-il de le piquer d'honneur ?
Peut-estre qu'un faux bruit nous apprend sa menace :
C'est à toy seulement de défendre ta place.
Ces coups du désespoir des amans méprisez
N'ont rien d'avantageux pour les favorisez.
Qu'il recoure, s'il veut, à ces fascheux remédes ;
Ne luy querelle point un bien que tu possédes :
Ton amour, que Daphnis ne sçauroit dédaigner
Court risque d'y tout perdre, et n'y peut rien gagner.
Avise encor un coup ; ta valeur inquiéte
En d'extrèmes périls un peu trop tost te jette.
FLORAME.
Quels périls ? L'heur y suit le plus heureux amant.
THÉANTE.
Quelqueffois le hazard en dispose autrement.
FLORAME.
Clarimond n'eut jamais qu'une valeur commune.
THÉANTE.
La valeur aux duëls fait moins que la fortune.
FLORAME.
C'est par là seulement qu'on mérite Daphnis.
THÉANTE.
Mais plùtost de ses yeux par là tu te bannis.
FLORAME.
Cette belle action pourra gagner son pére.
THÉANTE.
Je le souhaite ainsi plus que je ne l'espére.

FLORAME.
Acceptant un cartel fuis-je plus affeuré ?
THÉANTE.
Où l'honneur fouffriroit rien n'eft confidéré.
FLORAME.
Je ne puis réfifter à des raifons fi fortes,
Sur ma bouillante ardeur malgré moy tu l'emportes.
J'attendray qu'on m'attaque.
THÉANTE.
Adieu donc.
FLORAME.
En ce cas.
Souvien-t'en, cher amy, tu me promets ton bras ?
THÉANTE.
Difpofe de ma vie.
FLORAME *feul*.
Elle eft fort affeurée,
Si rien que ce duël n'empefche la durée.
Il en parle des mieux, c'eft un jeu qui luy plaift :
Mais il devient fort fage auffi-toft qu'il en eft,
Et montre cependant des graces peu vulgaires
A batre fes raifons par des raifons contraires.

SCÈNE VII.

DAPHNIS, FLORAME.

DAPHNIS.

Je n'ofois t'aborder les yeux baignez de pleurs,
Et devant ce rival t'apprendre nos malheurs.
FLORAME.
Vous me jettez, Madame, en d'étranges alarmes !
Dieux ! et d'où peut venir ce déluge de larmes?
Le bon-homme eft-il mort ?
DAPHNIS.
Non, mais il fe dédit :
Tout amour déformais pour toy m'eft interdit;
Si-bien qu'il me faut eftre ou rebelle ou parjure,
Forcer les droits d'amour, ou ceux de la nature,
Mettre un autre en ta place, ou luy defobéïr,

L'irriter, ou moy-mesme avec toy me trahir.
A moins que de changer, sa haine inévitable
Me rend de tous costez ma perte indubitable,
Je ne puis conserver mon devoir et ma foy,
Ny, sans crime, brusler pour d'autres ny pour toy.
FLORAME.
Le nom de cét amant, dont l'indiscrette envie
A mes ressentimens vient apporter sa vie!
Le nom de cét amant, qui, par sa prompte mort,
Doit, au lieu du vieillard, me réparer ce tort,
Et qui, sur quelque orgueil que son amour se fonde,
N'a que jusqu'à ma veuë à demeurer au monde?
DAPHNIS.
Je n'aime pas si mal que de m'en informer;
Je t'aurois fait trop voir que j'eusse pu l'aimer.
Si j'en sçavois le nom, ta juste defiance
Pourroit à ses defauts imputer ma constance,
A son peu de mérite attacher mon dédain,
Et croire qu'un plus digne auroit receu ma main.
J'atteste ici le bras qui lance le tonnerre,
Que tout ce que le ciel a fait paroistre en terre
De mérites, de biens, de grandeurs et d'appas,
En mesme objet uny ne m'ébranleroit pas.
Florame a droit luy seul de captiver mon ame,
Florame vaut luy seul à ma pudique flame
Tout ce que peut le monde offrir à mes ardeurs
De mérites, d'appas, de biens et de grandeurs.
FLORAME.
Qu'avec des mots si doux vous m'étes inhumaine!
Vous me comblez de joye et redoublez ma peine.
L'effet d'un tel amour hors de vostre pouvoir
Irrite d'autant plus mon sanglant desespoir;
L'excès de vostre ardeur ne sert qu'à mon supplice.
Devenez-moy crüelle, afin que je guérisse.
Guérir! ah, qu'ay-je dit? ce mot me fait horreur.
Pardonnez aux transports d'une aveugle fureur,
Aimez toûjours Florame; et, quoy qu'il ait pû dire,
Croissez de jour en jour vos feux et son martire.
Peut-il rendre sa vie à de plus heureux coups,
Ou mourir plus content que pour vous et par vous?

DAPHNIS.

Puisque de nos destins la rigueur trop sévére
Oppose à nos desirs l'authorité d'un pére,
Que veux-tu que je fasse en l'état où je suis?
Estre à toy malgré luy? c'est ce que je ne puis;
Mais je puis empescher qu'un autre me posséde,
Et qu'un indigne amant à Florame succéde.
Le cœur me manque. Adieu. Je sens faillir ma voix.
Florame, souvien-toy de ce que tu me dois,
Si nos feux sont égaux, mon éxemple t'ordonne,
Ou d'estre à ta Daphnis, ou de n'estre à personne.

SCÉNE VIII.

FLORAME.

Dépourveu de conseil comme de sentiment,
L'excès de ma douleur m'oste le jugement.
De tant de biens promis je n'ay plus que sa veuë
Et mes bras impuissans ne l'ont pas retenuë;
Et mesme je luy laisse abandonner ce lieu,
Sans trouver de parole à luy dire un adieu!
Ma fureur pour Daphnis a de la complaisance;
Mon desespoir n'osoit agir en sa présence,
De peur que mon tourment aigrist les déplaisirs;
Une pitié secrette étouffoit mes soûpirs:
Sa douleur, par respect, faisoit taire la mienne;
Mais ma rage à présent n'a rien qui la retienne.
  Sors, infame vieillard, dont le consentement
Nous a vendu si cher le bonheur d'un moment;
Sors, que tu sois puny de cette humeur brutale
Qui rend ta volonté pour nos feux inégale.
A nos chastes amours qui t'a fait consentir,
Barbare? mais plûtost qui t'en fait repentir?
Crois-tu qu'aimant Daphnis, le titre de son pére
Debilite ma force, ou rompe ma colére?
Un nom si glorieux, lasche, ne t'est plus dû;
En luy manquant de foy ton crime l'a perdu.
Plus j'ay d'amour pour elle, et plus pour toy de haine
Enhardit ma vengeance, et redouble ta peine:

ACTE IV.

Tu mourras; et je veux, pour finir mes ennuis,
Mériter par ta mort celle où te me réduis.
 Daphnis, à ma fureur ma bouche abandonnée
Parle d'oſter la vie à qui te l'a donnée !
Je t'aime, et je t'oblige à m'avoir en horreur,
Et ne connois encor qu'à peine mon erreur !
Si je ſuis ſans respect pour ce que tu respectes,
Que mes affections ne t'en ſoient pas ſuspectes;
De plus réglez transports me feroient trahiſon;
Si j'avois moins d'amour, j'aurois de la raiſon :
C'eſt peu que de la perdre, après t'avoir perduë;
Rien ne ſert plus de guide à mon ame éperduë;
Je condamne à l'instant ce que j'ay réſolu;
Je veux, et ne veux plus ſi-toſt que j'ay voulu :
Je menace Géraste, et pardonne à ton pére;
Ainſi rien ne me venge, et tout me déſespére.

SCÉNE IX.

FLORAME, CÉLIE.

FLORAME *en ſoupirant*.

Célie...

CÉLIE.
 Et bien, Célie? enfin elle a tant fait
Qu'à vos deſirs Géraste accorde leur effet.
Quel viſage avez-vous? voſtre aiſe vous transporte.

FLORAME.
Celle d'aigrir ma flame en raillant de la ſorte,
Organe d'un vieillard qui croit faire un bon tour
De ſe joüer de moy par une feinte amour.
Si tu te veux du bien, fay-luy tenir promeſſe :
Vous me rendrez tous deux la vie ou ma maîtreſſe;
Et ce jour expiré, je vous feray ſentir
Que rien de ma fureur ne vous peut garantir.

CÉLIE.
Florame.

FLORAME.
Je ne puis parler à des perfides.

CÉLIE, *feul.*

Il veut donner l'alarme à mes esprits timides,
Et prend plaisir luy-mesme à le joüer de moy.
Géraste a trop d'amour pour n'avoir point de foy;
Et, s'il pouvoit donner trois Daphnis pour Florise,
Il la tiendroit encor heureusement acquise.
D'ailleurs ce grand courroux pourroit-il estre feint?
Auroit-il pû si-tost falsifier son teint,
Et si bien ajuster ses yeux et son langage
A ce que la fureur marquoit sur son visage?
Quelqu'un des deux me jouë; épions tous les deux,
Et nous éclaircissons sur un point si douteux.

Fin du quatriéme acte.

ACTE V.

SCÉNE PREMIÉRE.

THÉANTE, DAMON.

THÉANTE.

Croirois-tu qu'un moment m'ait pû changer [de forte
Que je paſſe à regret par devant cette porte?
DAMON.
Que ton humeur n'a-t-elle un peu plûtoſt changé!
Nous aurions veu l'effet où tu m'as engagé. [changé!
Tantoſt quelque démon, ennemy de ta flame,
Te faiſoit en ces lieux accompagner Florame:
Sans la crainte qu'alors il te priſt pour ſecond,
Je l'allois appeler au nom de Clarimond;
Et, comme ſi depuis il étoit inviſible,
Sa rencontre pour moy s'eſt renduë impoſſible.
THÉANTE.
Ne le cherche donc plus. A bien conſidérer,
Qu'ils ſe batent ou non, je n'en puis qu'eſpérer.
Daphnis, que ſon adreſſe a malgré moy ſéduite,
Ne pourroit l'oublier, quand il feroit en fuite.
Leur amour eſt trop forte; et d'ailleurs ſon trépas,
Le privant d'un tel bien ne me le donne pas.
Inégal en fortune à ce qu'eſt cette belle,
Et déja par malheur aſſez mal voulu d'elle,
Que pourrois-je, après tout, prétendre de ſes pleurs,
Et quel eſpoir pour moy naiſtroit de ſes douleurs?
Deviendrois-je par là plus riche ou plus aimable?
Que ſi de l'obtenir je me trouve incapable,
Mon amitié pour luy qui ne peut expirer
A tout autre qu'à moy me le fait préférer,

Et j'aurois peine à voir un troisième en sa place.
DAMON.
Tu t'avises trop tard; que veux-tu que je fasse?
J'ay poussé Clarimond à luy faire un appel;
J'ay charge de sa part de luy rendre un cartel,
Le puis-je supprimer?
THÉANTE.
Non, mais tu pourrois faire...
DAMON.
Quoy?
THÉANTE.
Que Clarimond prist un sentiment contraire.
DAMON.
Le détourner d'un coup où seul je l'ay porté!
Mon courage est mal propre à cette lascheté.
THÉANTE.
A de telles raisons je n'ay de repartie,
Sinon que c'est à moy de rompre la partie.
J'en vay semer le bruit.
DAMON.
Et sur ce bruit tu veux...?
THÉANTE.
Qu'on leur donne dans peu des gardes à tous deux,
Et qu'une main puissante arreste leur querelle.
Qu'en dis-tu, cher amy?
DAMON.
L'invention est belle,
Et le chemin bien court à les mettre d'accord;
Mais souffre auparavant que j'y fasse un effort:
Peut-estre mon esprit trouvera quelque ruse
Par où, sans en rougir, du cartel je m'excuse.
Ne donnons point sujet de tant parler de nous,
Et sçachons seulement à quoy tu te résous.
THÉANTE.
A les laisser en paix, et courir l'Italie
Pour divertir le cours de ma mélancolie,
Et ne voir point Florame emporter à mes yeux
Le prix où prétendoit mon cœur ambitieux.
DAMON.
Amarante, à ce conte, est hors de ta pensée?

ACTE V.

THÉANTE.
Son image du tout n'en eſt pas effacée.
Mais...

DAMON.
Tu crains que pour elle on te faſſe un duël.

THÉANTE.
Railler un malheureux, c'eſt eſtre trop cruël.
Bien que ſes yeux encor régnent ſur mon courage,
Le bonheur de Florame à la quitter m'engage.
Le ciel ne nous fit point et pareils et rivaux
Pour avoir des ſuccès tellement inégaux.
C'eſt me perdre d'honneur, et, par cette pourſuite,
D'égal que je luy ſuis, me ranger à ſa ſuite.
Je donne deſormais des régles à mes feux;
De moindres que Daphnis ſont incapables d'eux;
Et rien doreſnavant n'aſſervira mon ame
Qui ne me puiſſe mettre au-deſſus de Florame.
Allons, je ne puis voir ſans mille déplaiſirs
Ce poſſeſſeur du bien où tendoient mes deſirs.

DAMON.
Arreſte. Cette fuite eſt hors de bienſéance,
Et je n'ay point d'appel à faire en ta préſence.
Théante ſe retire du théatre comme par force.

SCÉNE II.

FLORAME.

Jetteray-je toûjours des menaces en l'air,
Sans que je ſçache enfin à qui je doy parler?
Auroit-on jamais crû qu'elle me fuſt ravie,
Et qu'on me pûſt oſter Daphnis avant la vie?
Le poſſeſſeur du prix de ma fidélité,
Bien que je ſois vivant, demeure en ſeureté;
Tout inconnu qu'il m'eſt, il produit ma miſére;
Tout mon rival qu'il eſt, il rit de ma colére.
Rival! ah quel malheur! j'en ay pour me bannir,
Et ceſſe d'en avoir quand je le veux punir.
Grands dieux, qui m'enviez cette juſte allégeance
Qu'un amant ſupplanté tire de la vengeance,

Et me cachez le bras dont je reçoy les coups,
Est-ce voſtre deſſein que je m'en prenne à vous?
Eſt-ce voſtre deſſein d'attirer mes blaſphèmes,
Et qu'ainſi que mes maux mes crimes ſoient extrêmes;
Qu'à mille impiétez oſant me diſpenſer,
A voſtre foudre oiſif je donne où ſe lancer?
Ah! ſouffrez qu'en l'état de mon ſort déplorable
Je demeure innocent encor que miſérable:
Deſtinez à vos feux d'autres objets que moy;
Vous n'en ſauriez manquer quand on manque de foy.
Employez le tonnerre à punir les parjures,
Et prenez intéreſt vous meſme à mes injures:
Montrez, en me vengeant, que vous êtes des dieux,
Ou conduiſez mon bras, puiſque je n'ay point d'yeux,
Et qu'on ſçait deſrober d'un rival qui me tuë
Le nom à mon oreille, et l'objet à ma veuë.
 Rival, qui que tu ſois, dont l'inſolent amour
Idolatre un ſoleil et n'oſe voir le jour,
N'oppoſe plus ta crainte à l'ardeur qui me preſſe;
Fay toy, fay toy connoiſtre allant voir ta maîtreſſe.

SCÉNE III.
FLORAME, AMARANTE.

FLORAME.

Amarante (auſſi-bien te faut-il confeſſer
Que la ſeule Daphnis avoit ſçeu me bleſſer),
Dy-moy qui me l'enléve; appren-moy quel myſtére
Me cache le rival qui poſſéde ſon pére;
A quel heureux amant Géraſte a deſtiné
Ce beau prix que l'amour m'avoit ſi bien donné.

AMARANTE.
Ce dûſt vous eſtre aſſez de m'avoir abuſée,
Sans faire encor de moy vos ſujets de riſée.
Je ſçay que le vieillard favoriſe vos feux,
Et que rien que Daphnis n'eſt contraire à vos vœux.

FLORAME.
Que me dis-tu? luy ſeul, et ſa rigueur nouvelle

Empeschant les effets d'une ardeur mutüelle.
AMARANTE.
Pensez-vous me duper avec ce feint courroux?
Luy-mesme il m'a prié de luy parler pour vous.
FLORAME.
Voy-tu, ne t'en ry plus; ta seule jalousie
A mis à ce vieillard ce change en fantaisie;
Ce n'est pas avec moy que tu te dois joüer,
Et ton crime redouble à le desavoüer;
Mais sçache qu'aujourd'huy, si tu ne fais en sorte
Que mon fidelle amour sur ce rival l'emporte,
J'auray trop de moyens à te faire sentir
Qu'on ne m'offense point sans un prompt repentir.

SCÉNE IV.

AMARANTE.

Voilà dequoy tomber en un nouveau dédale.
O ciel! qui vit jamais confusion égale!
Si j'écoute Daphnis, j'aprens qu'un feu puissant
La brusle pour Florame, et qu'un pére y consent;
Si j'écoute Géraste, il luy donne Florame,
Et se plaint que Daphnis en rejette la flame;
Et si Florame est crû, ce vieillard aujourd'huy
Dispose de Daphnis pour un autre que luy.
Sous un tel embarras je me trouve accablée,
Eux ou moy nous avons la cervelle troublée;
Si ce n'est qu'à dessein ils se soient concertez
Pour me faire enrager par ces diversitez.
Mon foible esprit s'y perd, et n'y peut rien comprendre;
Pour en venir à bout il me les faut surprendre,
Et, quand ils se verront, écouter leurs discours,
Pour apprendre par là le fond de ces détours.
Voici mon vieux resveur; fuyons de sa présence,
Qu'il ne m'embrouille encor de quelque confidence;
De crainte que j'en ay d'icy je me bannis,
Tant qu'avec luy je voye ou Florame, ou Daphnis.

SCÉNE V.
GÉRASTE, POLÉMON.

POLÉMON.

J'ay grand regret, monsieur, que la foy qui
    vous lie   [s'allie,
Empesche que chez vous mon neveu ne
Et que son feu m'employe aux offres qu'il vous
Lorsqu'il n'est plus en vous d'en accepter l'effet. [fait

GÉRASTE.
C'est un rare trésor que mon malheur me vole,
Et, si l'honneur souffroit un manque de parole,
L'avantageux party que vous me présentez
Me verroit aussi-tost prest à ses volontez.

POLÉMON.
Mais si quelque hazard rompoit cette alliance?

GÉRASTE.
N'ayez lors, je vous prie, aucune défiance;
Je m'en tiendrois heureux, et ma foy vous répond
Que Daphnis, sans tarder, épouse Clarimond.

POLÉMON.
Adieu, faites état de mon humble service.

GÉRASTE.
Et vous pareillement d'un cœur sans artifice.

SCÉNE VI.
CÉLIE, GÉRASTE.

CÉLIE.
De sorte qu'à mes yeux vostre foy luy répond
Que Daphnis sans tarder épouse Clarimond.

GÉRASTE.
Cette vaine promesse en un cas impossible
Adoucit un refus, et le rend moins sensible;
C'est ainsi qu'on oblige un homme à peu de frais.

CÉLIE.
Ajouster l'impudence à vos perfides traits!

Il vous faudroit du charme, au lieu de cette ruſe,
Pour me perſuader que qui promet refuſe.
GÉRASTE.
J'ay promis, et tiendrois ce que j'ay proteſté,
Si Florame rompoit le concert arrêté.
Pour Daphnis, c'eſt en vain qu'elle fait la rebelle;
J'en viendray trop à bout.
CÉLIE.
Impudence nouvelle!
Florame, que Daphnis fait maiſtre de ſon cœur,
De voſtre ſeul caprice accuſe la rigueur;
Et je ſçay que ſans vous leur mutüelle flame
Uniroit deux amants qui n'ont déja qu'une ame.
Vous m'oſez cependant effrontément conter
Que Daphnis ſur ce point aime à vous réſiſter!
Vous m'en aviez promis une toute autre iſſuë,
J'en ay porté parole après l'avoir receuë:
Qu'avois-je, contre vous, ou fait, ou projetté,
Pour me faire tremper en voſtre laſcheté?
Ne pouviez-vous trahir que par mon entremiſe?
Aviſez: il y va de plus que de Floriſe.
Ne vous estimez pas quitte pour la quitter,
Ny que de cette ſorte on ſe laiſſe affronter.
GÉRASTE.
Me prens-tu donc pour homme à manquer de parole
En faveur d'un caprice où s'obstine une folle?
Va, ſay venir Florame; à ſes yeux, tu verras
Que pour luy mon pouvoir ne s'épargnera pas,
Que je maltraiteray Daphnis en ſa préſence
D'avoir pour ſon amour ſi peu de complaiſance.
Qu'il vienne ſeulement voir un pére irrité,
Et joindre la priére à mon authorité;
Et lors, ſoit que Daphnis y réſiſte ou conſente,
Croy que ma volonté ſera la plus puiſſante.
CÉLIE.
Croyez que nous tromper ce n'eſt pas voſtre mieux.
GÉRASTE.
Me foudroye en ce cas la colére des cieux!

SCÈNE VII.

GÉRASTE, DAPHNIS.

GÉRASTE *seul*.

éraste, ſur le champ il te falloit contraindre
Celle que ta pitié ne pouvoit oüir plaindre.
Tu n'as pû refuſer du temps à ſes douleurs;
Ton cœur s'attendriſſoit de voir couler ſes [pleurs;
Et, pour avoir uſé trop peu de ta puiſſance,
On t'impute à forfait la déſobéïſſance.
Un traitement trop doux te fait croire ſans foy.

Daphnis vient.

Faudra-t'il que de vous je reçoive la loy,
Et que l'aveuglement d'une amour obſtinée
Contre ma volonté régle voſtre hymenée?
Mon extrème indulgence a donné par malheur
A vos rebellions quelque foible couleur;
Et, pour quelque moment que vos feux m'ont ſçeu plaire
Vous penſez avoir droit de braver ma colére:
Mais ſçachez qu'il falloit, ingrate, en vos amours
Ou ne m'obéïr point, ou m'obéïr toûjours.

DAPHNIS.

Si dans mes prémiers feux je vous ſemble obſtinée,
C'eſt l'effet de ma foy ſous voſtre aveu donnée.
Quoy que mette en avant voſtre injuſte courroux
Je ne veux oppoſer à vous-meſme que vous.
Voſtre permiſſion doit eſtre irrévocable:
Devenez ſeulement à vous-meſme ſemblable.
Il vous falloit, monſieur, vous-meſme à mes amours
Ou ne conſentir point, ou conſentir toûjours.
Je choiſiray la mort plûtoſt que le parjure;
M'y voulant obliger, vous vous faites injure.
Ne veuillez point combattre ainſi hors de ſaiſon
Voſtre vouloir, ma foy, mes pleurs, et la raiſon.
Que vous a fait Daphnis? que vous a fait Florame,
Que pour luy vous vouliez que j'éteigne ma flame?

GÉRASTE.

Mais que vous a-t'il fait, que pour luy ſeulement

Vous vous rendiez rebelle à mon commandement?
Ma foy n'eſt-elle rien au deſſus de la voſtre?
Vous vous donnez à l'un, ma foy vous donne à l'autre,
Qui le doit emporter, ou de vous ou de moy,
Et qui doit de nous deux plûtoſt manquer de foy?
Quand vous en manquerez mon vouloir vous excuſe.
Mais à trop raiſonner moy-meſme je m'abuſe:
Il n'est point de raiſon valable entre nous deux,
Et, pour toute raiſon, il ſuffit que je veux.

DAPHNIS.

Un parjure jamais ne devient légitime;
Une excuſe ne peut juſtifier un crime.
Malgré vos changemens, mon eſprit réſolu
Croit ſuffire à mes feux que vous ayez voulu.

SCÉNE VIII.

GÉRASTE, DAPHNIS, FLORAME, CÉLIE, AMARANTE.

DAPHNIS.

oicy ce cher amant qui me tient engagée,
A qui ſous voſtre aveu ma foy s'eſt obligée,
Changez de volonté pour un objet nouveau:
Daphnis épouſera Florame ou le tombeau.

GÉRASTE.

Que voy-je icy, bons dieux?

DAPHNIS.

                Mon amour, ma conſtance.

GÉRASTE.

Et ſur quoy donc fonder ta déſobéïſſance?
Quel envieux démon, et quel charme aſſez fort
Faiſoit entrechoquer deux volontez d'accord?
C'eſt luy que tu chéris et que je te deſtine,
Et ta rébellion dans un refus s'obſtine!

FLORAME.

Appelez-vous refus de me donner ſa foy
Quand voſtre volonté ſe déclara pour moy?
Et cette volonté pour un autre tournée,
Vous peut-elle obéïr aprés la foy donnée?

####### GÉRASTE.
C'est pour vous que je change, et pour vous seulement
Je veux qu'elle renonce à son prémier amant.
Lors que je consentis à sa secrette flame
C'étoit pour Clarimond qui possédoit son ame ;
Amarante du moins me l'avoit dit ainsi.

####### DAPHNIS.
Amarante, approchez, que tout soit éclaircy.
Une telle imposture est-elle pardonnable ?

####### AMARANTE.
Mon amour pour Florame en est le seul coupable :
Mon esprit l'adoroit ; et vous étonnez-vous
S'il devient inventif, puisqu'il étoit jaloux ?

####### GÉRASTE.
Et par là tu voulois...

####### AMARANTE.
Que vostre ame deceuë
Donnast à Clarimond une si bonne issue,
Que Florame, frustré de l'objet de ses vœux,
Fust réduit desormais à seconder mes feux.

####### FLORAME.
Pardonnez-luy, Monsieur ; et vous, daignez, Madame,
Justifier son feu par vostre propre flame.
Si vous m'aimez encor, vous devez estimer
Qu'on ne peut faire un crime à force de m'aimer.

####### DAPHNIS.
Si je t'aime, Florame ? ah ! ce doute m'offense !
D'Amarante avec toy je prendray la défense.

####### GÉRASTE.
Et moy dans ce pardon je vous veux prévenir ;
Vostre hymen aussi-bien sçaura trop le punir.

####### DAPHNIS.
Qu'un nom teu par hazard nous a donné de peine !

####### CÉLIE.
Mais que, sceu maintenant, il rend sa ruse vaine,
Et donne un prompt succès à vos contentemens !

####### FLORAME *à Gérante.*
Vous de qui je les tiens...

Acte V.

GÉRASTE.
             Trève de complimens;
Ils nous empefcheroient de parler de Florife.
FLORAME.
Il n'en faut point parler; elle vous eft acquife.
GÉRASTE.
Allons donc la trouver; que cet échange heureux
Comble d'aife à fon tour un vieillard amoureux.
DAPHNIS.
Quoy! je ne fçavois rien d'une telle partie!
FLORAME.
Je penfe toutefois vous avoir avertie
Qu'un grand effet d'amour, avant qu'il fuft longtemps,
Vous rendroit étonnée, et nos defirs contens.
Mais différez, Monfieur, une telle vifite;
Mon feu ne fouffre point que fi-toft je la quitte;
Et d'ailleurs je fçay trop que la loy du devoir
Veut que je fois chez nous pour vous y recevoir.
GÉRASTE *à Célie.*
Va donc luy témoigner le défir qui me preffe.
FLORAME.
Plûtoft fay-la venir faluer ma maîtreffe:
Ainfi tout à la fois nous verrons fatisfaits
Vos feux et mon devoir, ma flame et vos fouhaits.
GÉRASTE.
Je dois eftre honteux d'attendre qu'elle vienne.
CÉLIE.
Attendez-la, Monfieur, et qu'à cela ne tienne;
Je cours éxécuter cette commiffion.
GÉRASTE.
Le temps en fera long à mon affection.
FLORAME.
Toûjours l'impatience à l'amour eft meflée.
GÉRASTE.
Allons dans le jardin faire deux tours d'allée,
Afin que cet ennuy que j'en pourray fentir
Parmy voftre entretien trouve à fe divertir.

SCÉNE IX.

AMARANTE.

e le perds donc, l'ingrat, sans que mon artifice
Ait tiré de ses maux aucun soulagement ;
Sans que pas un effet ait suivy ma malice,
Ou ma confusion n'égalast son tourment.

Pour agréer ailleurs, il taschoit à me plaire ;
Un amour dans la bouche, un autre dans le sein :
J'ay servy de prétexte à son feu téméraire,
Et je n'ay pû servir d'obstacle à son dessein.

Daphnis me le ravit, non par son beau visage,
Non par son bel esprit ou ses doux entretiens,
Non que sur moy sa race ait aucun avantage,
Mais par le seul éclat qui sort d'un peu de biens.

Filles que la nature a si bien partagées,
Vous devez présumer fort peu de vos attraits ;
Quelque charmans qu'ils soient, vous êtes négligées,
A moins que la fortune en rehausse les traits.

Mais encor que Daphnis eust captivé Florame,
Le moyen qu'inégal il en fust possesseur ?
Destins, pour rendre aisé le succès de sa flame,
Falloit-il qu'un vieux fou fust épris de sa sœur ?

Pour tromper mon attente, et me faire un supplice,
Deux fois l'ordre commun se renverse en un jour ;
Un jeune amant s'attache aux lois de l'avarice,
Et ce vieillard pour luy fuit celles de l'amour.

Un discours amoureux n'est qu'une fausse amorce :
Et Théante et Florame ont feint pour moy des feux ;
L'un m'échape de gré, comme l'autre de force ;
J'ay quitté l'un pour l'autre, et je les perds tous deux.

ACTE V.

Mon cœur n'a point d'espoir dont je ne sois séduite.
Si je prens quelque peine, une autre en a les fruits;
Et, dans le triste état où le ciel m'a réduite
Je ne sens que douleurs, et ne prévoy qu'ennuis [1].

Vieillard, qui de ta fille achétes une femme
Dont peut-estre aussi-tost tu seras mécontent,
Puisse le ciel aux soins qui te vont ronger l'ame
Dénier le repos du tombeau qui t'attend!

Puisse le noir chagrin de ton humeur jalouse
Me contraindre moy-mesme à déplorer ton sort,
Te faire un long trépas, et cette jeune épouse
User toute sa vie à souhaiter ta mort [2]!

[1]. On lit à la place de ce vers dans toutes les éditions jusqu'en celle de 1654 :

J'auray bien à passer encor de tristes nuits.

[2]. La pièce se termine ainsi dans toutes les éditions jusqu'en 1654 inclusivement :

Puisse enfin ta foiblesse et ton humeur jalouse
Te priver desormais de tout contentement,
Te remplir de soupçons, et cette jeune épouse
Joindre à mille mépris le secours d'un amant.

Fin du cinquiéme et dernier acte.

ÉXAMEN DE LA SUIVANTE

Je ne diray pas grand mal de celle-cy, que je tiens assez reguliére, bien qu'elle ne soit pas sans taches. Le stile en est plus foible que celuy des autres. L'amour de Géraste pour Florise n'est point marqué dans le prémier acte, et ainsi la protase comprend la prémiére scéne du second, où il se présente avec sa confidente Célie, sans qu'on les connoisse ny l'un ny l'autre. Cela ne seroit pas vicieux s'il ne s'y présentoit que comme pére de Daphnis, et qu'il ne s'expliquast que sur les interests de sa fille ; mais il en a de si notables pour luy, qu'ils font le nœud et le dénoüement. Ainsi, c'est un defaut, selon moy, qu'on ne le connoisse pas dès ce prémier acte. Il pourroit estre encor souffert, comme Célidan dans *la Vefve*, si Florame l'alloit voir pour le faire consentir à son mariage avec sa fille, et que, par occasion, il luy proposast celuy de sa sœur pour luy-mesme ; car alors ce seroit Florame qui l'introduiroit dans la piéce, et il y seroit appellé par un acteur agissant dès le commencement. Clarimond, qui ne paroit qu'au troisième, est insinüé dès le prémier, où Daphnis parle de l'amour qu'il a pour elle, et avoüe qu'elle ne le dédaigneroit pas s'il ressembloit à Florame. Ce mesme Clarimond fait venir son oncle Polémon au cinquiéme, et ces deux acteurs sont ainsi éxempts du defaut que je remarque en Géraste. L'entretien de Daphnis, au troisiéme, avec cet amant dédaigné, a une affectation assez dangereuse, de ne dire que chacun un vers à la fois ; cela sort tout-à-fait du vraysemblable, puisque naturellement on ne peut estre si mesuré en ce qu'on s'entredit. Les éxemples d'Euripide et de Sénéque pourroient autoriſer cette affectation, qu'ils pratiquent ſi ſouvent, et meſme par discours généraux, qu'il ſemble que leurs acteurs ne viennent quelquefois ſur la ſcéne que pour s'y battre à coups de ſentences : mais c'eſt une beauté qu'il ne leur faut pas envier ; elle eſt trop fardée pour donner un amour raiſonnable à ceux qui ont de bons yeux, et ne prend pas aſſez de ſoin pour cacher l'artifice de ſes parures, comme l'ordonne Ariſtote.

Géraſte n'agit pas mal en vieillard amoureux, puis-qu'il ne traite l'amour que par tierce perſonne, qu'il ne prétend eſtre conſidérable que par ſon bien, et qu'il ne ſe produit point aux yeux de ſa maîtreſſe, de peur de luy donner du dégouſt par ſa préſence. On peut douter s'il ne ſort point du caractére des vieillards, en ce qu'étant naturellement avares, ils conſidérent le bien plus que toute autre choſe dans les mariages de leurs enfans, et que celuy-cy donne aſſez libéralement ſa fille à Floráme, malgré ſon peu de fortune, pourveu qu'il en obtienne ſa ſœur. En cela, j'ay ſuivy la peinture que fait Quintilien d'un vieux mary qui a épouſé une jeune femme, et n'ay point fait de ſcrupule de l'appliquer à un vieillard qui ſe veut marier. Les termes en ſont ſi beaux, que je n'oſe les gaſter par ma traduction : *Genus infirmiſſimæ ſervitutis eſt ſenex maritus, et flagrantius uxoriæ charitatis ardorem frigidis concipimus affectibus.* C'eſt ſur ces deux lignes que je me ſuis crû bien fondé à faire dire de ce bon-homme :

> Que s'il pouvoit donner trois Daphnis pour Floriſe,
> Il la tiendroit encor heureuſement acquiſe.

Il peut naiſtre encor une autre difficulté ſur ce que Théante et Amarante forment chacun un deſſein, pour traverſer les amours de Florame et Daphnis, et qu'ainſi ce ſont deux intriques qui rompent l'unité d'action. A quoy je répons, prémiérement, que ces deux deſſeins formez en meſme temps, et continüez tous deux juſ-qu'au bout, font une concurrence qui n'empeſche pas cette unité ; ce qui ne feroit pas ſi, après celuy de

Théante avorté, Amarante en formoit un nouveau de
fa part; en fecond lieu, que ces deux deffeins ont une
espéce d'unité entr'eux, en ce que tous deux font fondez fur l'amour que Clarimond a pour Daphnis, qui
fert de prétexte à l'un et à l'autre; et enfin, que de
ces deux deffeins il n'y en a qu'un qui faffe effet,
l'autre fe détruifant de foy-mefme; et qu'ainfi la fourbe
d'Amarante eft le feul véritable nœud de cette comédie, où le deffein de Théante ne fert qu'à un agréable
épifode de deux honneftes gens qui joüent tour à tour
un poltron, et le tournent en ridicule.

Il y avoit icy un auffi beau jeu pour les *à parte*
qu'en *la Vefve*; mais j'y en fais voir la mefme averfion, avec cét avantage qu'une feule scéne qui ouvre
le théatre donne icy l'intelligence du fens caché de ce
que difent mes acteurs, et qu'en l'autre j'en employe
quatre ou cinq pour l'éclaircir.

L'unité de lieu eft affez éxactement gardée en cette
comédie, avec ce paffedroit touteffois dont j'ay déja
parlé, que tout ce que dit Daphnis à fa porte, où en la
ruë, feroit mieux dit dans fa chambre, où les scénes qui
fe font fans elle et fans Amarante ne peuvent fe placer.
C'eft ce qui m'oblige à la faire fortir au dehors, afin
qu'il y puiffe avoir et unité de lieu entiére, et liaifon
de scéne perpétuëlle dans la piéce : ce qui ne pourroit
eftre, fi elle parloit dans fa chambre, et les autres dans
la ruë.

J'ay déja dit que je tiens impoffible de choifir une
place publique pour le lieu de la scéne que cet incon-
vénient n'arrive; j'en parleray encor plus au long
quand je m'expliqueray fur l'unité de lieu. J'ay dit que
la liaifon de scénes est ici perpétuelle, et j'y en ay mis
de deux fortes, de préfence et de veuë. Quelques-uns
ne veulent pas que quand un acteur fort du théatre
pour n'eftre point veu de celuy qui y vient, cela faffe
une liaifon; mais je ne puis eftre de leur avis fur ce
point, et tiens que c'en eft une fuffifante quand l'acteur qui entre fur le théatre voit celuy qui en fort, ou
que celuy qui fort voit celuy qui entre : foit qu'il le
cherche, foit qu'il le fuye, foit qu'il le voye fimplement,

fans avoir intereft à le chercher ny à le fuïr. Auffi j'appelle en général une liaifon de veuë ce qu'ils nomment une liaifon de recherche. J'avouë que cette liaifon eft beaucoup plus imparfaite que celle de préfence et de discours, qui fe fait lors qu'un acteur ne fort point du théatre fans y laiffer un autre à qui il aye parlé; et dans mes derniers ouvrages je me fuis arrété à celle-cy fans me fervir de l'autre; mais enfin je croy qu'on s'en peut contenter, et je la préférerois de beaucoup à celle qu'on appelle liaifon de bruit, qui ne me femble pas fupportable s'il n'y a de tres-juftes et de tres-importantes occafions qui obligent un acteur à fortir du théatre quand il en entend; car d'y venir fimplement par curiofité pour fçavoir ce que veut dire ce bruit, c'eft une fi foible liaifon que je ne confeillerois jamais perfonne de s'en fervir.

La durée de l'action ne pafferoit point en cette comédie celle de la repréfentation, fi l'heure du difner n'y féparoit point les deux prémiers actes. Le reste n'empórte que ce temps-là; et je n'aurois pû luy en donner davantage que mes acteurs n'euffent le loifir de s'éclaircir, ce qui les brouille n'étant qu'un mal-entendu qui ne peut fubfifter qu'autant que Gérafte, Florame, et Daphnis ne fe trouvent point tous trois énfemble. Je n'ofe dire que je m'y fuis affervy à faire les actes fi égaux, qu'aucun n'a pas un vers plus que l'autre; c'eft une affectation qui ne fait aucune beauté. Il faut, à la vérité, les rendre les plus égaux qu'il se peut, mais il n'eft pas befoin de cette éxactitude; il fuffit qu'il n'y aye point d'inégalité notable qui fatigue l'attention de l'auditeur en quelques uns, et ne la rempliffe pas dans les autres.

LA
PLACE ROYALLE[1]

COMÉDIE

— 1635. —

---

1. *La Place royalle ou l'Amoureux extravagant*, dont le privilège est commun à trois autres pièces de Corneille (voir précédemment page 275), fut achevée d'imprimer le 20 février 1637 et parut sous cette date à Paris, chez Augustin Courbé, in-4º. Elle perdit, dès le recueil de 1644, le second des titres qu'elle portait dans son édition originale.

A MONSIEUR ***

Monſieur,

J'obſerve religieuſement la loy que vous m'avez preſcrite, et vous rends mes devoirs avec le meſme ſecret que je traiterois un amour, ſi j'étois homme à bonne fortune. Il me ſuffit que vous ſachiez que je m'acquitte, ſans le faire connoiſtre à tout le monde, et ſans que, par cette publication, je vous mette en mauvaiſe odeur auprès d'un ſexe dont vous conſervez les bonnes graces avec tant de ſoin. Le héros de cette piéce ne traite pas bien les dames, et taſche d'établir des maximes qui leur ſont trop déſavantageuſes pour nommer ſon protecteur: elles s'imagineroient que vous ne pourriez l'approuver ſans avoir grande part à ſes ſentimens, et que toute ſa morale ſeroit plûtoſt un portrait de voſtre conduite qu'un effort de mon imagination; et véritablement, Monſieur, cette poſſeſſion de vous-meſme, que vous conſervez ſi parfaite parmi tant d'intrigues où vous ſemblez embarraſſé, en approche beaucoup. C'eſt de vous que j'ay appris que l'amour d'un honneſte homme doit eſtre toûjours volontaire; qu'on ne doit jamais aimer en un point qu'on ne puiſſe n'aimer pas; que, ſi on en vient juſque-là, c'eſt une tyrannie dont il faut ſecouer le joug; et qu'enfin la perſonne aimée nous a beaucoup plus d'obligation de notre amour, alors qu'elle est toûjours l'effet de noſtre choix et de ſon mérite, que quand elle vient d'une inclination aveugle, et forcée par quelque aſcendant de naiſſance à qui nous ne pouvons réſiſter. Nous ne ſommes point redevables à celuy de qu nous recevons un bienfait par contrainte, et on ne nous donne point ce qu'on ne sçauroit nous refuser. Mais je vais trop avant pour une épistre : il sembleroit que j'entreprendrois la justification de mon *Alidor ;* et ce n'est pas mon dessein de mériter, par cette défense, la haine de la plus belle moitié du monde, et qui domine si puissamment sur les volontés de l'autre. Un poëte n'est jamais garant des fantaisies qu'il donne à ses acteurs, et si les dames trouvent ici quelques discours qui les blessent, je les supplie de se souvenir que j'appelle extravagant[1] celuy dont ils partent, et que, par d'autres poëmes, j'ay assez relevé leur gloire, et soutenu leur pouvoir, pour effacer les mauvaises idées que celuy-cy leur pourra faire concevoir de mon esprit. Trouvez bon que j'achéve par là, et que je n'ajoute à cette priére que je leur fais, que la protestation d'estre éternellement,

Monsieur,

Vostre très-humble et très-obéissant serviteur,

CORNEILLE.

---

1. Nous venons de dire que la pièce avait d'abord un second titre : *ou l'Amoureux extravagant.*

ACTEURS

ALIDOR, amant d'Angélique.
CLÉANDRE, amy d'Alidor.
DORASTE, amoureux d'Angélique.
LYSIS, amoureux de Phylis.
ANGÉLIQUE, maitreſſe d'Alidor et de Doraste.
PHYLIS, ſœur de Doraste.
POLYMAS, domestique d'Alidor.
LYCANTE, domestique de Doraste.

La ſcéne eſt à Paris dans la Place Royalle.

LA
PLACE ROYALLE

COMÉDIE

ACTE PREMIER.

SCÉNE I.

ANGÉLIQUE, PHYLIS.

ANGÉLIQUE.

on frére, je l'avouë, a beaucoup de mérite;
Mais souffre qu'envers luy cét éloge m'ac-
 quitte, [pour moy.
Et ne m'entretien plus des feux qu'il a
PHYLIS.
C'est me vouloir prescrire une trop dure loy.
Puis-je, sans étouffer la voix de la nature,
Dénier mon secours aux tourmens qu'il endure?
Quoy! tu m'aimes, il meurt, et tu peux le guérir,
Et sans t'importuner je le verrois périr!
Ne me diras-tu point que j'ay tort de le plaindre?
ANGÉLIQUE.
C'est un mal bien leger qu'un feu qu'on peut éteindre.
PHYLIS.
Je sçay qu'il le devroit; mais avec tant d'appas,
Le moyen qu'il te voye et ne t'adore pas?

Ses yeux ne fouffrent point que fon cœur foit de glace;
On ne pourroit auffi m'y réfoudre, en fa place,
Et tes regards, fur moy plus forts que tes mépris,
Te fçauroient conferver ce que tu m'aurois pris.
ANGÉLIQUE.
S'il veut garder encor cette humeur obftinée,
Je puis bien m'empefcher d'en eftre importunée,
Feindre un peu de migraine, ou me faire céler;
C'eft un moyen bien court de ne luy plus parler :
Mais ce qui m'en déplaift, et qui me defespere,
C'eft de perdre la fœur pour éviter le frére,
Et me violenter à fuir ton entretien,
Puisque te voir encor, c'eft m'expofer au fien.
Du moins, s'il faut quitter cette douce pratique,
Ne mets point en oubly l'amitié d'Angélique,
Et croy que fes effets auront leur prémier cours
Auffi-toft que ton frére aura d'autres amours.
PHYLIS.
Tu vis d'un air étrange et presque infupportable.
ANGÉLIQUE.
Que toy-mefme pourtant dois trouver équitable.
Mais la raifon fur toy ne fçauroit l'emporter;
Dans l'intéreft d'un frére on ne peut l'écouter.
PHYLIS.
Et par quelle raifon négliger fon martire?
ANGÉLIQUE.
Vois-tu, j'aime Alidor, et c'eft affez te dire.
Le refte des mortels pourroit m'offrir des vœux,
Je fuis aveugle, fourde, infenfible pour eux;
La pitié de leurs maux ne peut toucher mon ame
Que par des fentimens defrobez à ma flame.
On ne doit point avoir des amans par quartier;
Alidor a mon cœur et l'aura tout entier;
En aimer deux, c'eft eftre à tous deux infidelle.
PHYLIS.
Qu'Alidor feul te rende à tout autre crüelle,
C'eft avoir pour le reste un cœur trop endurcy.
ANGÉLIQUE.
Pour aimer comme il faut il faut aimer ainfi.

ACTE I.

PHYLIS.
Dans l'obſtination où je te voy réduite
J'admire ton amour et ry de ta conduite.
  Faſſe état qui voudra de ta fidélité,
Je ne me pique point de cette vanité ;
Et l'éxemple d'autruy m'a trop fait reconnoiſtre,
Qu'au lieu d'un ſerviteur c'eſt accepter un maiſtre.
Quand on n'en ſouffre qu'un, qu'on ne penſe qu'à luy,
Tous autres entretiens nous donnent de l'ennuy ;
Il nous faut de tout point vivre à ſa fantaiſie,
Souffrir de ſon humeur, craindre ſa jalouſie,
Et, de peur que le temps n'emporte ſes ferveurs,
Le combler chaque jour de nouvelles faveurs ;
Noſtre ame, s'il s'éloigne, eſt chagrine, abatuë,
Sa mort nous deſeſpere, et ſon change nous tuë.
Et, de quelques douceurs que nos feux ſoient ſuivis,
On diſpoſe de nous ſans prendre noſtre avis ;
C'eſt rarement qu'un pére à nos gouſts s'accommode ;
Et lors, juge quels fruits on a de ta méthode.
  Pour moy, j'aime un chacun, et, ſans rien négliger,
Le prémier qui m'en conte a dequoy m'engager ;
Ainſi tout contribuë à ma bonne fortune ;
Tout le monde me plaiſt, et rien ne m'importune.
De mille que je rends l'un de l'autre jaloux,
Mon cœur n'eſt à pas un, et ſe promet à tous ;
Ainſi tous à l'envy s'efforcent à me plaire ;
Tous vivent d'eſpérance, et briguent leur ſalaire ;
L'éloignement d'aucun ne ſçauroit m'affliger,
Mille encore préſens m'empeſchent d'y ſonger.
Je n'en crains point la mort, je n'en crains point le change ;
Un monde m'en conſole auſſi-toſt, ou m'en venge.
Le moyen que de tant, et de ſi différens,
Quelqu'un n'ait aſſez d'heur pour plaire à mes parens ?
Et, ſi quelque inconnu m'obtient d'eux pour maîtreſſe,
Ne croy pas que j'en tombe en profonde triſteſſe ;
Il aura quelques traits de tant que je chéris,
Et je puis avec joye accepter tous maris.
ANGÉLIQUE.
Voila fort plaiſamment tailler cette matiére,
Et donner à ta langue une libre carriére ;

Ce grand flux de raifons dont tu viens m'attaquer
Eft bon à faire rire, et non à pratiquer.
Simple! tu ne fçais pas ce que c'eft que tu blâmes,
Et ce qu'a de douceurs l'union de deux ames;
Tu n'éprouvas jamais de quels contentemens
Se nourriffent les feux des fidelles amans.
Qui peut en avoir mille en eft plus eftimée;
Mais qui les aime tous de pas un n'eft aimée;
Elle voit leur amour foudain fe diffiper.
Qui veut tout retenir laiffe tout échaper.

PHYLIS.

Défay-toy, défay-toy de tes fauffes maximes;
Ou, fi ces vieux abus te femblent légitimes,
Si le feul Alidor te plaift deffous les cieux,
Conferve-luy ton cœur, mais partage tes yeux :
De mon frére par là foulage un peu les playes;
Accorde un faux reméde à des douleurs fi vrayes;
Feins, déguife avec luy, trompe-le par pitié,
Ou du moins par vengeance et par inimitié.

ANGÉLIQUE.

Le beau prix qu'il auroit de m'avoir tant chérie,
Si je ne le payois que d'une tromperie !
Pour falaire des maux qu'il endure en m'aimant,
Il aura qu'avec luy je vivray franchement.

PHYLIS.

Franchement, c'eft à dire avec mille rudeffes,
Le méprifer, le fuir, et, par quelques adreffes
Qu'il tafche d'adoucir... Quoy, me quitter ainfi!
Et fans me dire adieu! Le fujet ?

SCÉNE II.

DORASTE, PHYLIS.

DORASTE.

                                     Le voicy,
Ma fœur, ne cherche plus une chofe trouvée :
Sa fuite n'eft l'effet que de mon arrivée;
Ma préfence la chaffe; et fon muët départ
A presque devancé fon dédaigneux regard.

PHYLIS.

Juge par là quels fruits produit mon entremife.
Je m'acquitte des mieux de la charge commife;
Je te fais plus parfait mille fois que tu n'és :
Ton feu ne peut aller au point où je le mets;
J'invente des raifons à combattre fa haine;
Je blafme, flate, prie, et perds toûjours ma peine,
En grand péril d'y perdre encor fon amitié,
Et d'eftre en tes malheurs avec toy de moitié.

DORASTE.

Ah! tu ris de mes maux.

PHYLIS.

Que veux-tu que je faffe?
Ry des miens, fi jamais tu me vois en ta place.
Que ferviroient mes pleurs? veux-tu qu'à tes tourmens
J'ajoufte la pitié de mes reffentimens?
Aprés mille mépris qu'a receus ta folie,
Tu n'és que trop chargé de ta mélancolie;
Si j'y joignois la mienne, elle t'accableroit,
Et de mon déplaifir le tien redoubleroit.
Contraindre mon humeur me feroit un fupplice
Qui me rendroit moins propre à te rendre fervice.
Vois-tu? par tous moyens je te veux foulager;
Mais j'ay bien plus d'esprit que de m'en affliger.
Il n'eft point de douleur fi forte en un courage
Qui ne perde fa force auprès de mon vifage;
C'eft toûjours de tes maux autant de rabatu :
Confeffe, ont-ils encor le pouvoir qu'ils ont eu?
Ne fens-tu point déja ton ame un peu plus gaye?

DORASTE.

Tu me forces à rire en dépit que j'en aye.
Je fouffre tout de toy, mais à condition
D'employer tous tes foins à mon affection.
Dy-moy par quelle rufe il faut...

PHYLIS.

Rentrons, mon frére :
Un de mes amans vient qui pourroit nous distraire.

SCÉNE III.

CLÉANDRE.

Que je dois bien faire pitié [nique!
De souffrir les rigueurs d'un sort si tyran-
J'aime Alidor, j'aime Angélique;
Mais l'amour céde à l'amitié,
Et jamais on n'a veu sous les lois d'une belle
D'amant si malheureux, ny d'amy si fidelle.

Ma bouche ignore mes desirs;
Et de peur de se voir trahy par imprudence,
Mon cœur n'a point de confidence
Avec mes yeux, ny mes soûpirs :
Tous mes vœux sont müets, et l'ardeur de ma flame
S'enferme toute entiére au dedans de mon ame.

Je feins d'aimer en d'autres lieux;
Et, pour en quelque sorte alléger mon supplice,
Je porte du moins mon service
A celle qu'elle aime le mieux.
Phylis, à qui j'en conte, a beau faire la fine,
Son plus charmant appas, c'est d'estre sa voisine.

Esclave d'un œil si puissant,
Jusque-là seulement me laisse aller ma chaisne,
Trop récompensé, dans ma peine,
D'un de ses regards en passant :
Je n'en veux à Phylis que pour voir Angélique;
Et mon feu, qui vient d'elle, auprès d'elle s'explique.

Amy, mieux aimé mille fois,
Faut-il, pour m'accabler de douleurs infinies,
Que vos volontez soient unies
Jusqu'à faire le mesme choix?
Vien quereller mon cœur d'avoir tant de foiblesse
Que de se laisser prendre au mesme œil qui te blesse.

Mais plûtost voy te préferer
A celle que le tien préfere à tout le monde,

Et ton amitié fans feconde
N'aura plus de quoy murmurer,
Ainfi je veux punir ma flame déloyale;
Ainfi.....

SCÉNE IV.

ALIDOR, CLÉANDRE.

ALIDOR.
Te rencontrer dans la Place Royale
Solitaire, et fi prés de ta douce prifon,
Montre bien que Phylis n'eft pas à la maifon.
CLÉANDRE.
Mais voir de ce cofté ta démarche avancée
Montre bien qu'Angélique eft fort dans ta penfée.
ALIDOR.
Hélas! c'eft mon malheur! fon objet trop charmant,
Quoy que je puiffe faire, y régne abfolument.
CLÉANDRE.
De ce pouvoir peut-eftre elle ufe en inhumaine?
ALIDOR.
Rien moins, et c'eft par là que redouble ma peine:
Ce n'eft qu'en m'aimant trop qu'elle me fait mourir;
Un moment de froideur, et je pourrois guérir;
Une mauvaife œillade, un peu de jaloufie,
Et j'en aurois foudain paffé ma fantaifie.
Mais las! elle eft parfaite, et fa perfection
N'approche point encor de fon affection;
Point de refus pour moy, point d'heures inégales;
Accablé de faveurs à mon repos fatales,
Si-toft qu'elle voit jour à d'innocens plaifirs,
Je voy qu'elle devine et prévient mes defirs,
Et fi j'ay des rivaux, fa dédaigneufe veuë
Les defefpére autant que fon ardeur me tuë.
CLÉANDRE.
Vit-on jamais amant de la forte enflamé,
Qui fe tinft malheureux pour eftre trop aimé?
ALIDOR.
Contes-tu mon esprit entre les ordinaires?

Penſes-tu qu'il s'arreſte aux ſentimens vulgaires?
Les régles que je ſuis ont un air tout divers;
Je veux la liberté dans le milieu des fers.
Il ne faut point ſervir d'objet qui nous poſſéde;
Il ne faut point nourrir d'amour qui ne nous céde;
Je le hay s'il me force, et, quand j'aime, je veux
Que de ma volonté dépendent tous mes vœux;
Que mon feu m'obéïſſe, au lieu de me contraindre;
Que je puiſſe à mon gré l'enflamer et l'éteindre,
Et, toûjours en état de diſpoſer de moy,
Donner, quand il me plaiſt, et retirer ma foy.
Pour vivre de la ſorte Angélique eſt trop belle :
Mes penſers ne ſçauroient m'entretenir que d'elle;
Je ſens de ſes regards mes plaiſirs ſe borner;
Mes pas d'autre coſté n'oſeroient ſe tourner;
Et de tous mes ſoucis la liberté bannie
Me ſoûmet en esclave à trop de tyrannie.
J'ay honte de ſouffrir les maux dont je me plains,
Et d'éprouver ſes yeux plus forts que mes deſſeins.
Je n'ay que trop languy ſous de ſi rudes geſnes;
A tel prix que ce ſoit, il faut rompre mes chaiſnes,
De crainte qu'un hymen, m'en oſtant le pouvoir,
Fiſt d'un amour par force un amour par devoir.

CLÉANDRE.
Crains-tu de poſſéder un objet qui te charme?

ALIDOR.
Ne parle point d'un nœud dont le ſeul nom m'alarme.
J'idolatre Angélique : elle eſt belle aujourd'huy,
Mais ſa beauté peut-elle autant durer que luy?
Et pour peu qu'elle dure, aucun me peut-il dire
Si je pourray l'aimer jusqu'à ce qu'elle expire?
Du temps, qui change tout, les révolutions
Ne changent-elles pas nos réſolutions?
Eſt-ce une humeur égale et ferme que la noſtre?
N'a-t'on point d'autres gouſts en un âge qu'en l'autre?
Juge alors le tourment que c'eſt d'eſtre attaché,
Et de ne pouvoir rompre un ſi faſcheux marché.
Cependant Angélique, à force de me plaire,
Me flate doucement de l'espoir du contraire;
Et, ſi d'autre façon je ne me ſçay garder,

Je fens que fes attraits m'en vont perfuader.
Mais, puisque fon amour me donne tant de peine,
Je la veux offenfer pour acquérir fa haine,
Et mériter enfin un doux commandement
Qui prononce l'arreft de mon banniffement.
Ce reméde eft crüel, mais pourtant néceffaire :
Puisqu'elle me plaift trop, il me faut luy déplaire.
Tant que j'auray chez elle encor le moindre accés,
Mes deffeins de guérir n'auront point de fuccès.

CLÉANDRE.

Étrange humeur d'amant!

ALIDOR.

     Étrange, mais utile.
Je me procure un mal pour en éviter mille.

CLÉANDRE.

Tu ne prévois donc pas ce qui t'attend de maux,
Quand un rival aura le fruit de tes travaux?
Pour fe venger de toy, cette belle offenfée
Sous les loix d'un mary fera bien-toft paffée;
Et lors, que de foupirs et de pleurs répandus
Ne te rendront aucun de tant de biens perdus!

ALIDOR.

Dy mieux, que, pour rentrer dans mon indifférence,
Je perdray mon amour avec mon espérance,
Et qu'y trouvant alors fujet d'averfion,
Ma liberté naiftra de ma punition.

CLÉANDRE.

Après cette affeurance, amy, je me déclare
Amoureux dès long-temps d'une beauté fi rare;
Toy feul de la fervir me pouvois empefcher;
Et je n'aimois Phylis que pour m'en approcher.
Souffre donc maintenant que, pour mon allégeance,
Je prenne, fi je puis, le temps de fa vengeance;
Que des reffentimens qu'elle aura contre toy
Je tire un avantage en luy portant ma foy;
Et que cette colére, en fon ame conceuë,
Puiffe de mes defirs faciliter l'iffuë.

ALIDOR.

Si ce joug inhumain, ce paffage trompeur,
Ce fupplice éternel, ne te fait point de peur,

A moy ne tiendra pas que la beauté que j'aime
Ne me quitte bien-toſt pour un autre moy-meſme.
Tu portes en bon lieu tes deſirs amoureux;
Mais ſonge que l'hymen fait bien des malheureux;
    CLÉANDRE.
J'en veux bien faire eſſay; mais d'ailleurs, quand j'y penſe,
Peut-eſtre ſeulement le nom d'époux t'offenſe;
Et tu voulois qu'un autre...
    ALIDOR.
        Amy, que me dis-tu?
Connoy mieux Angélique et ſa haute vertu;
Et ſçache qu'une fille a beau toucher mon ame,
Je ne la connoy plus dès l'heure qu'elle est femme.
De mille qu'autrefois tu m'as veu careſſer,
En pas une un mary pouvoit-il s'offenſer?
J'évite l'apparence autant comme le crime;
Je fuis un compliment qui ſemble illégitime;
Et le jeu m'en déplaiſt quand on fait à tous coups
Cauſer un médiſant et reſver un jaloux.
Encor que dans mon feu mon cœur ne s'intéreſſe,
Je veux pouvoir prétendre où ma bouche l'adreſſe,
Et garder, ſi je puis, parmy ces fictions,
Un renom auſſi pur que mes intentions.
Amy, ſoupçon à part et ſans plus de replique,
Si tu veux en ma place eſtre aimé d'Angélique,
Allons tout de ce pas enſemble imaginer
Les moyens de la perdre, et de te la donner,
Et quelle invention ſera la plus aiſée.
    CLÉANDRE.
Allons. Ce que j'ay dit n'eſtoit que par riſée.

Fin du premier acte.

ACTE II.
SCÉNE PREMIÉRE.
ANGÉLIQUE, POLYMAS.

ANGÉLIQUE *tenant une lettre ouverte.*

De cette trahiſon ton maiſtre eſt donc l'autheur?
POLYMAS.
Aſſez imprudemment il m'en fait le porteur;
Comme il ſe rend par là digne qu'on le pré-
Je veux bien en faire une en haine de la ſienne; [vienne,
Et mon devoir, mal propre à de ſi laſches coups,
Manque auſſi-toſt vers luy que ſon amour vers vous.
ANGÉLIQUE.
Contre ce que je voy le mien encor s'obſtine.
Qu'Alidor ait écrit cette lettre à Clarine,
Et qu'ainſi d'Angélique il ſe vouluſt joüer!
POLYMAS.
Il n'aura pas le front de le deſavoüer.
Oppoſez-luy ces traits, batez-le de ſes armes;
Pour s'en pouvoir défendre il luy faudroit des charmes:
Mais ſurtout cachez-luy ce que je fais pour vous,
Et ne m'expoſez point aux traits de ſon courroux;
Que je vous puiſſe encor trahir ſon artifice,
Et pour mieux vous ſervir reſter à ſon ſervice.
ANGÉLIQUE.
Rien ne m'échapera qui te puiſſe toucher;
Je ſçay ce qu'il faut dire, et ce qu'il faut cacher.
POLYMAS.
Feignez d'avoir receu ce billet de Clarine,
Et que...

ANGÉLIQUE.
Ne m'inſtruy point; et va, qu'il ne devine.
POLYMAS.
Mais...
ANGÉLIQUE.
Ne réplique plus, et va-t'en.
POLYMAS.
J'obéïs.
ANGÉLIQUE ſeule.
Mes feux, il eſt donc vray que l'on vous a trahis?
Et ceux dont Alidor montroit ſon ame atteinte
Ne ſont plus que fumée, ou n'étoient qu'une feinte?
Que la foy des amans eſt un gage pipeur!
Que leurs ſermens ſont vains, et noſtre eſpoir trompeur!
Qu'on eſt peu dans leur cœur pour eſtre dans leur bouche,
Et que malaiſément on ſçait ce qui les touche!
Mais voicy l'infidelle. Ah! qu'il ſe contraint bien!

SCÉNE II.

ALIDOR, ANGÉLIQUE.

ALIDOR.

Puis-je avoir un moment de ton cher entretien?
Mais j'appelle un moment, de meſme qu'une année [journée.
Paſſe entre deux amans pour moins qu'une
ANGÉLIQUE.
Avec de tels discours oſes-tu m'aborder,
Perfide, et ſans rougir peux-tu me regarder?
As-tu crû que le ciel conſentiſt à ma perte
Juſqu'à ſouffrir encor ta laſcheté couverte?
Appren, perfide, appren que je ſuis hors d'erreur;
Tes yeux ne me ſont plus que des objets d'horreur.
Je ne ſuis plus charmée, et mon ame, plus ſaine,
N'eut jamais tant d'amour qu'elle a pour toy de haine.
ALIDOR.
Voilà me recevoir avec des complimens
Qui feroient pour tout autre un peu moins que charmans.
Quel en eſt le ſujet?

ACTE II.

ANGÉLIQUE.
Le fujet! ly, parjure!
Et puis accufe-moy de te faire une injure;

ALIDOR *lit la lettre entre les mains d'Angélique.*

LETTRE SUPPOSÉE D'ALIDOR A CLARINE.

larine, je fuis tout à vous;
Ma liberté vous rend les armes :
Angelique n'a point de charmes
Pour me défendre de vos coups;
Ce n'eft qu'une idole mouvante;
Ses yeux font fans vigueur, fa bouche fans appas;
Alors que je l'aimay je ne la connus pas,
Et de quelques attraits que ce monde vous vante,
Vous devez mes affections
Autant à fes défauts qu'à vos perfections.

ANGÉLIQUE.
Et bien, ta perfidie eft-elle en évidence?

ALIDOR.
Eft-ce là tant dequoy?

ANGÉLIQUE.
Tant dequoy! l'impudence!
Après mille fermens il me manque de foy,
Et me demande encor fi c'eft-là tant dequoy!
Change, fi tu le veux; je n'y perds qu'un volage;
Mais en m'abandonnant, laiffe en paix mon vifage;
Oublie avec ta foy ce que j'ay de défauts;
N'étably point tes feux fur le peu que je vaux;
Fay que fans m'y mefler ton compliment s'explique,
Et ne le groffy point du mépris d'Angélique.

ALIDOR.
Deux mots de vérité vous mettent bien aux champs.

ANGÉLIQUE.
Ciel, tu ne punis point des hommes fi méchans!
Ce traîftre vit encor, il me voit, il respire,
Il m'affronte, il l'avouë, il rit quand je foûpire.

ALIDOR.
Vraiment, le ciel a tort de ne vous pas donner,
Lors que vous tempeftez, la foudre à gouverner;

Il devroit avec vous eſtre d'intelligence.
Angélique déchire la lettre, et en jette les
morceaux, et Alidor continuë.
Le digne et grand objet d'une haute vengeance !
Vous traitez du papier avec trop de rigueur.
ANGÉLIQUE.
Que n'en puis-je autant faire à ton perfide cœur !
ALIDOR.
Qui ne vous flate point, puiſſamment vous irrite.
Pour dire franchement votre peu de mérite
Commet-on des forfaits ſi grands et ſi nouveaux
Qu'on doive tout à l'heure eſtre mis en morceaux ?
Si ce crime autrement ne ſçauroit ſe remettre,
Il luy préſente aux yeux un miroir qu'elle
porte à ſa ceinture.
Caſſez ; cecy vous dit encor pis que ma lettre.
ANGÉLIQUE.
S'il me dit mes defauts autant ou plus que toy,
Déloyal, pour le moins il n'en dit rien qu'à moy,
C'eſt dedans ſon cristal que je les étudie ;
Mais après il s'en taiſt, et moy j'y remédie ;
Il m'en donne un avis ſans me les reprocher,
Et, me les découvrant, il m'aide à les cacher.
ALIDOR.
Vous étes en colére, et vous dites des pointes !
Ne préſumiez-vous point que j'irois, à mains jointes,
Les yeux enflez de pleurs, et le cœur de ſoûpirs,
Vous faire offre à genoux de mille repentirs ?
Que vous étes à plaindre étant ſi fort déceuë !
ANGÉLIQUE.
Inſolent, oſte-toy pour jamais de ma veuë.
ALIDOR.
Me défendre vos yeux après mon changement,
Appelez-vous cela du nom de châtiment ?
Ce n'eſt que me bannir du lieu de mon ſupplice ;
Et ce commandement eſt ſi plein de justice,
Que bien que je renonce à vivre ſous vos lois,
Je vais vous obéïr pour la derniére fois.

SCÉNE III.

ANGÉLIQUE.

Commandement honteux, où ton obéïssance
N'est qu'un signe trop clair de mon peu de
[puissance,
Où ton bannissement a pour toy des appas,
Et me devient crüel de ne te l'estre pas!
A quoy se résoudra desormais ma colére,
Si ta punition te tient lieu de salaire?
Que mon pouvoir me nuit! et qu'il m'est cher vendu!
Voila ce que me vaut d'avoir trop attendu :
Je devois prévenir ton outrageux caprice;
Mon bonheur dépendoit de te faire injustice.
Je chasse un fugitif avec trop de raison,
Et luy donne les champs quand il rompt sa prison.

Ah! que n'ay-je eu des bras à suivre mon courage!
Qu'il m'eust bien autrement réparé cét outrage!
Que j'eusse retranché de ses propos railleurs!
Le traistre n'eust jamais porté son cœur ailleurs;
Puisqu'il m'étoit donné, je m'en fusse saisie,
Et, sans prendre conseil que de ma jalousie,
Puisqu'un autre portrait en efface le mien,
Cent coups auroient chassé ce voleur de mon bien;
Vains projets, vains discours, vaine et fausse allégeance!
Et mes bras et son cœur manquent à ma vengeance!

Ciel, qui m'en vois donner de si justes sujets,
Donne-m'en des moyens, donne-m'en des objets,
Où me doy-je adresser? qui doit porter sa peine?
Qui doit à son défaut m'éprouver inhumaine?
De mille desespoirs mon cœur est assailly.
Je suis seule punie, et je n'ay point failly;
Mais j'ose faire au ciel une injuste querelle;
Je n'ay que trop failly d'aimer un infidelle,
De recevoir un traistre, un ingrat, sous ma loy,
Et trouver du mérite en qui manquoit de foy.
Ciel, encor une fois, écoute mon envie;
Oste-m'en la mémoire, ou le prive de vie;

Fay que de mon esprit je puisse le bannir,
Ou ne l'avoir que mort dedans mon souvenir.
Que je m'anime en vain contre un objet aimable,
Tout criminel qu'il est, il me semble adorable;
Et mes souhaits, qu'étouffe un soudain repentir,
En demandant sa mort n'y sauroient consentir.
Restes impertinens d'une flame insensée,
Ennemis de mon heur, sortez de ma pensée;
Ou si vous m'en peignez encor quelques traits,
Laissez-là ses vertus, peignez-moy ses forfaits.

SCÉNE IV.
ANGÉLIQUE, PHYLIS.

ANGÉLIQUE.

Le croirois-tu, Phylis, Alidor m'abandonne?
PHYLIS.
Pourquoy non? je n'y voy rien du tout qui m'étonne,
Rien qui ne soit possible, et, de plus, fort commun.
La constance est un bien qu'on ne voit en pas un.
Tout change sous les cieux, mais par tout bon reméde.
ANGÉLIQUE.
Le ciel n'en a point fait au mal qui me posséde.
PHYLIS.
Choisy de mes amans, sans t'affliger si fort,
Et n'appréhende pas de me faire grand tort;
J'en pourrois au besoin fournir toute la ville,
Qu'il m'en demeureroit encor plus de deux mille.
ANGÉLIQUE.
Tu me ferois mourir avec de tels propos;
Ah! laisse-moy plùtost soûpirer en repos,
Ma sœur.
PHYLIS.
Plùst au bon Dieu que tu voulusses l'estre!
ANGÉLIQUE.
Et quoy! tu ris encor? c'est bien faire paroistre...
PHYLIS.
Que je ne sçaurois voir d'un visage affligé
Ta cruauté punie, et mon frére vengé.

Après tout, je connoy quelle est ta maladie;
Tu vois comme Alidor est plein de perfidie,
Mais je mets dans deux jours ma teste à l'abandon,
Au cas qu'un repentir n'obtienne son pardon.
ANGÉLIQUE.
Après que cet ingrat me quitte pour Clarine?
PHYLIS.
De le garder long-temps elle n'a pas la mine;
Et j'estime si peu ces nouvelles amours,
Que je te plége[1] encor son retour dans deux jours;
Et lors ne pense pas, quoy que tu te proposes,
Que de tes volontez devant luy tu disposes.
Prépare tes dédains, arme-toy de rigueur,
Une larme, un soûpir, te percera le cœur;
Et je seray ravie alors de voir vos flames
Brusler mieux que devant, et rejoindre vos ames :
Mais j'en crains un succès à ta confusion :
Qui change une fois, change à toute occasion;
Et nous verrons toûjours, si Dieu le laisse vivre,
Un change, un repentir, un pardon s'entresuivre.
Ce dernier est souvent l'amorce d'un forfait;
Et l'on cesse de craindre un courroux sans effet.
ANGÉLIQUE.
Sa faute a trop d'excès pour estre rémissible,
Ma sœur; je ne suis pas de la sorte insensible;
Et si je présumois que mon trop de bonté
Pûst jamais se résoudre à cette lascheté,
Qu'un si honteux pardon pust suivre cette offense,
J'en préviendrois le coup, m'en ostant la puissance.
Adieu : dans la colére où je suis aujourd'huy,
J'accepterois plûtost un barbare que luy.

---

1. *Pléger*, garantir, cautionner. Nous en avons déjà vu le substantif dans *Mélite*, page 35 et note.

SCÉNE V.

PHYLIS, DORASTE.

PHYLIS.

Il faut donc fe hafter, qu'elle ne refroidiffe.
Elle frape du pied à la porte de fon logis
et fait fortir fon frére.
Frére, quelque inconnu t'a fait un bon office :
Il ne tiendra qu'à toy d'eftre un fecond Médor;
On a fait qu'Angélique...

DORASTE.
Et bien ?
PHYLIS.
Hait Alidor.
DORASTE.
Elle hait Alidor ! Angélique !
PHYLIS.
Angélique.
DORASTE.
D'où luy vient cette humeur ? qui les a mis en pique ?
PHYLIS.
Si tu prens bien ton temps, il y fait bon pour toy.
Va, ne t'amufe point à favoir le pourquoy;
Parle au pére d'abord : tu fçais qu'il te fouhaite;
Et s'il ne s'en dédit, tien l'affaire pour faite.
DORASTE.
Bien qu'un fi bon avis ne foit à méprifer,
Je crains...
PHYLIS.
Lyfis m'aborde, et tu me veux caufer !
Entre chez Angélique, et pouffe ta fortune :
Quand je vois un amant, un frére m'importune.

SCÉNE VI.
LYSIS, PHYLIS.

LYSIS.

Comme vous le chaffez !
PHYLIS.
Qu'euft-il fait avec nous ?
Mon entretien fans luy te femblera plus doux ;
Tu pourras t'expliquer avec moins de contrainte,
Me conter de quels feux tu te fens l'ame atteinte,
Et ce que tu croiras propre à te foulager.
Regarde maintenant fi je fais t'obliger.
LYSIS.
Cette obligation feroit bien plus extrême
Si vous vouliez traiter tous mes rivaux de mefme ;
Et vous feriez bien plus pour mon contentement,
De fouffrir avec vous vint fréres qu'un amant.
PHYLIS.
Nous fommes donc, Lyfis, d'une humeur bien contraire.
J'y fouffrirois plûtoft cinquante amans qu'un fréré ;
Et puis que nos esprits ont fi peu de rapport,
Je m'étonne comment nous nous aimons fi fort.
LYSIS.
Vous étes ma maîtreffe, et mes flames discrettes
Doivent un tel respect aux loix que vous me faites,
Que, pour leur obéïr, mes fentimens domptez
N'ofent plus fe régler que fur vos volontez.
PHYLIS.
J'aime des serviteurs qui pour une maîtreffe,
Souffrent ce qui leur nuit, aiment ce qui les bleffe.
Si tu vois quelque jour tes feux récompenfez,
Souvien-toy... Qu'eft-ce-cy ? Cléandre, vous paffez ?

*Cléandre va pour entrer chez Angélique,
et Phylis l'arrefte.*

SCÈNE VII.

CLÉANDRE, PHYLIS, LYSIS.

CLÉANDRE.

Il me faut bien paſſer, puis que la place eſt
           PHYLIS. [priſe.
Venez; cette raiſon eſt de mauvaiſe miſe,
D'un million d'amans je puis flater les vœux,
Et n'aurois pas l'eſprit d'en entretenir deux ?
Sortez de cette erreur, et ſouffrant ce partage,
Ne faites pas icy l'entendu davantage.

CLÉANDRE.

Le moyen que je ſois inſenſible à ce point ?

PHYLIS.

Quoy! pour l'entretenir ne vous aimay-je point?

CLÉANDRE.

Encor que voſtre ardeur à la mienne réponde,
Je ne veux plus d'un bien commun à tout le monde.

PHYLIS.

Si vous nommez ma flame un bien commun à tous,
Je n'aime, pour le moins perſonne plus que vous;
Cela vous doit ſuffire.

CLÉANDRE.

              Ouy bien, à des volages
Qui peuvent en un jour adorer cent viſages;
Mais ceux dont un objet poſſéde tous les ſoins,
Se donnant tous entiers, n'en méritent pas moins.

PHYLIS.

De vray, ſi vous valiez beaucoup plus que les autres,
Je devrois dédaigner leurs vœux auprès des voſtres;
Mais mille auſſi bien faits ne ſont pas mieux traitez,
Et ne murmurent point contre mes volontez.
Eſt-ce à moy, s'il vous plaiſt, de vivre à voſtre mode?
Voſtre amour, en ce cas, ſeroit fort incommode :
Loin de la recevoir, vous me feriez la loy.
Qui m'aime de la ſorte, il s'aime, et non pas moy.

LYSIS *à Cléandre.*

Perſiſte en ton humeur, je te prie, et conſeille

A tous nos concurrens d'en prendre une pareille.
CLÉANDRE.
Tu feras bien-toft feul, s'ils veulent m'imiter.
PHYLIS.
Quoy donc! c'eſt tout de bon que tu me veux quitter!
Tu ne dis mot, reſveur, et, pour toute replique
Tu tournes tes regards du coſté d'Angélique :
Eſt-elle donc l'objet de tes légéretez?
Veux-tu faire d'un coup deux infidélitez,
Et que dans mon offenſe Alidor s'intéreſſe?
Cléandre, c'eſt aſſez de trahir ta maîtreſſe ;
Dans ta nouvelle flame épargne tes amis,
Et ne l'adreſſe point en lieu qui ſoit promis.
CLÉANDRE.
De la part d'Alidor je vay voir cette belle,
Laiſſe-m'en avec luy démeſler la querelle,
Et ne t'informe point de mes intentions.
PHYLIS.
Puis qu'il me faut réſoudre en mes afflictions,
Et que, pour te garder, j'ay trop peu de mérite,
Du moins, avant l'adieu, demeurons quitte à quitte;
Que ce que j'ay du tien je te le rende icy :
Tu m'as offert des vœux, que je t'en offre auſſi,
Et faiſons entre nous toutes choſes égales.
LYSIS.
Et moy, durant ce temps, je garderay les balles?
PHYLIS.
Je te donne congé d'une heure, ſi tu veux.
LYSIS.
Je l'accepte, au hazard de le prendre pour deux.
PHYLIS.
Pour deux, pour quatre, ſoit; ne crains pas qu'il m'en-[nuye

SCÉNE VIII.

CLÉANDRE, PHYLIS.

Phylis arefte Cléandre qui tafche de s'échaper
pour entrer chez Angélique.

Mais je ne confens pas cependant qu'on me fuye; [congé.
Tu perds temps d'y tafcher, fi tu n'as mon
Inhumain! eft-ce ainfi que je t'ay négligé?
Quand tu m'offrois des vœux, prenois-je ainfi la fuite?
Et rends-tu la pareille à ma jufte pourfuite?
Avec tant de douceur tu te vis écouter!
Et tu tournes le dos quand je t'en veux conter!

CLÉANDRE.
Va te joüer d'un autre avec tes railleries;
J'ay l'oreille mal faite à ces galanteries:
Ou celle de m'aimer, ou n'aime plus que moy.

PHYLIS.
Je ne t'impofe pas une fi dure loy;
Avec moy, fi tu veux, aime toute la terre,
Sans craindre que jamais je t'en faffe la guerre.
Je reconnois affez mes imperfections;
Et, quelque part que j'aye en tes affections,
C'eft encor trop pour moy; feulement ne rejette
La parfaite amitié d'une fille imparfaite.

CLÉANDRE.
Qui te rend obftinée à me perfécuter?

PHYLIS.
Qui te rend fi crüel que de me rebuter?

CLÉANDRE.
Il faut que de tes mains un adieu me délivre.

PHYLIS.
Si tu fçais t'en aller, je fçauray bien te fuivre;
Et quelque occafion qui t'améne en ces lieux,
Tu ne lui diras pas grand fecret à mes yeux.
Je fuis plus incommode encor qu'il ne te femble.
Parlons plûtoft d'accord, et compofons enfemble.
Hier un peintre excellent m'apporta mon portrait:

Tandis qu'il t'en demeure encore quelque trait,
Qu'encor tu me connois, et que de ta penſée
Mon image n'eſt pas tout-à-fait effacée,
Ne m'en refuſe point ton petit jugement.
CLÉANDRE.
Je le tiens pour bien fait.
PHYLIS.
                Plains-tu tant un moment!
Et, m'attachant à toy, ſi je te deſespére,
A ce prix trouves-tu ta liberté trop chére?
CLÉANDRE.
Allons, puis qu'autrement je ne te puis quitter,
A tel prix que ce ſoit il me faut racheter.

Fin du ſecond acte.

ACTE III.

SCÉNE PREMIÉRE.

PHYLIS, CLÉANDRE.

CLÉANDRE.

n ce point il reſſemble à ton humeur volage,
Qu'il reçoit tout le monde avec meſme viſage ;
Mais d'ailleurs ce portrait ne te reſſemble pas,
En ce qu'il ne dit mot, et ne ſuit point mes pas.
PHYLIS.
En quoy que deſormais ma préſence te nuiſe,
La civilité veut que je te reconduiſe.
CLÉANDRE.
Mets enfin quelque borne à ta civilité,
Et, ſuivant noſtre accord, me laiſſe en liberté.

SCÉNE II.

DORASTE, PHYLIS, CLÉANDRE.

DORASTE *ſort de chez Angélique.*

out eſt gagné, ma ſœur ; la belle m'eſt acquiſe :
Jamais occaſion ne ſe trouva mieux priſe ;
Je poſſéde Angélique.
CLÉANDRE.
      Angélique ?
DORASTE.
        Ouy ; tu peux
Avertir Alidor du ſuccès de mes vœux,

ACTE III.

Et qu'au fortir du bal que je donne chez elle,
Demain un facré nœud m'unit à cette belle;
Dy-luy qu'il s'en confole. Adieu: je vay pourvoir
A tout ce qu'il me faut préparer pour ce foir.
PHYLIS.
Ce foir j'ay bien la mine, en dépit de ta glace,
D'en trouver là cinquante à qui donner ta place.
Va-t'en, fi bon te femble, ou demeure en ces lieux:
Je ne t'arrêtois pas icy pour tes beaux yeux;
Mais jusqu'à maintenant j'ay voulu te distraire,
De peur que ton abord interrompift mon frére.
Quelque fin que tu fois, tien-toy pour affiné.

SCÉNE III.

CLÉANDRE.

Ciel, à tant de malheurs m'aviez-vous destiné!
Faut-il que d'un deffein fi juste que le noftre
La peine foit pour nous, et les fruits pour un au-
Et que noftre artifice ait fi mal fuccédé, [tre,
Qu'il me defrobe un bien qu'Alidor m'a cédé?
Officieux amy d'un amant déplorable,
Que tu m'offres en vain cét objet adorable!
Qu'en vain de m'en faifir ton adreffe entreprend!
Ce que tu m'as donné, Dorafte le furprend.
Tandis qu'il me fupplante, une fœur me cajole.
Elle me tient les mains cependant qu'il me vole.
On me jouë, on me brave, on me tuë, on s'en rit:
L'un me vante fon heur, l'autre fon trait d'esprit,
L'un et l'autre à la fois me perd, me defefpére.
Et je puis épargner ou la fœur ou le frére,
Eftre fans Angélique, et fans reffentiment!
Avec fi peu de cœur aimer fi puiffamment!
Cléandre, eft-ce un forfait que l'ardeur qui te preffe?
Craignois-tu d'avoüer une telle maîtreffe,
Et cachois-tu l'excès de ton affection,
Par honte, par dépit, ou par discrétion?
Pouvois-tu defirer occafion plus belle
Que le nom d'Alidor à venger ta querelle?

Si pour tes feux cachez tu n'oſes t'émouvoir,
Laiſſe leurs intereſts ; ſuy ceux de ton devoir.
On ſupplante Alidor, du moins en apparence,
Et ſans reſſentiment tu ſouffres cette offenſe !
Ton courage eſt müet, et ton bras endormy !
Pour eſtre amant diſcret tu parois laſche amy !
C'eſ trop abandonner ta renommée au blaſme ;
Il faut ſauver d'un coup ton honneur et ta flame,
Et l'un et l'autre ici marchent d'un pas égal ;
Soûtenant un amy, tu t'oſtes un rival.
Ne différe donc plus ce que l'honneur commande ;
Et luy gagne Angélique, afin qu'il te la rende.
Il faut...

SCÉNE IV.

ALIDOR, CLÉANDRE.

ALIDOR.
Et bien, Cléandre, ay-je ſceu t'obliger ?
CLÉANDRE.
Pour m'avoir obligé, que je vay t'affliger !
Doraste a pris le temps des dépits d'Angélique.
ALIDOR.
Après ?
CLÉANDRE.
Après cela tu veux que je m'explique ?
ALIDOR.
Qu'en a-t'il obtenu ?
CLÉANDRE.
Par delà ſon espoir ;
Il l'épouſe demain, luy donne bal ce ſoir :
Juge, juge par là ſi mon mal eſt extrême.
ALIDOR.
En és-tu bien certain ?
CLÉANDRE.
J'ay tout ſceu de luy-meſme.
ALIDOR.
Que je ſerois heureux ſi je ne t'aimois point !
Ton malheur auroit mis mon bonheur à ſon point ;

La prison d'Angélique auroit rompu la mienne.
Quelque empire sur moy que son visage obtienne,
Ma passion fust morte avec sa liberté;
Et, trop vain pour souffrir qu'en la captivité
Les restes d'un rival m'eussent enchaisné l'ame,
Les feux de son hymen auroient éteint ma flame [1].
 Pour forcer sa colére à de si doux effets,
Quels efforts, cher amy, ne me suis-je point faits?
Malgré tout mon amour, prendre un orgueil farouche;
L'adorer dans le cœur et l'outrager de bouche;
J'ay souffert ce supplice, et me suis feint léger,
De honte et de dépit de ne pouvoir changer.
Et je voy, près du but où je voulois prétendre,
Les fruits de mon travail n'estre pas pour Cléandre !
A ces conditions mon bonheur me déplaist.
Je ne puis estre heureux si Cléandre ne l'est.
Ce que je t'ay promis ne peut estre à personne;
Il faut que je périsse, ou que je te le donne.
J'auray trop de moyens de te garder ma foy;
Et, malgré les destins, Angélique est à toy.

     CLÉANDRE.

Ne trouble point pour moy le repos de ton ame;
Il t'en coûteroit trop pour avancer ma flame.
Sans que ton amitié fasse un second effort,
Voicy de qui j'auray ma maîtresse ou la mort.
Si Doraste a du cœur, il faut qu'il la défende,
Et que l'épée au poin il la gagne ou la rende.

     ALIDOR.

Simple ! par le chemin que tu penses tenir,
Tu la luy peux oster, mais non pas l'obtenir.
La fuite des düels ne fut jamais plaisante:
C'étoit ces jours passez ce que disoit Théante [2].
Je veux prendre un moyen et plus court et plus seur,
Et sans aucun péril t'en rendre possesseur.

---

1. On lit dans l'édition originale, au lieu de ces deux vers :

 Les restes d'un rival eussent fait mon servage,
 Elle eust perdu mon cœur avec son pucelage.

2. Alidor, de *la Place Royale*, s'appuie ici de l'autorité de Théante, de *la Suivante*, A. II, sc. 9.

Va-t'en donc, et me laiſſe auprès de ta maîtreſſe
De mon reste d'amour faire joüer l'adreſſe.
CLÉANDRE.
Cher amy...
ALIDOR.
Va-t'en, dy-je, et par tes complimens
Ceſſe de t'oppoſer à tes contentemens ;
Deſormais en ces lieux tu ne fais que me nuire.
CLÉANDRE.
Je vay donc te laiſſer ma fortune à conduire.
Adieu. Puiſſay-je avoir les moyens à mon tour
De faire autant pour toy que toy pour mon amour!
ALIDOR *ſeul*.
Que pour ton amitié je vay ſouffrir de peine!
Déja presque échapé, je rentre dans ma chaiſne.
Il faut encore un coup, m'expoſant à ſes yeux,
Reprendre de l'amour, afin d'en donner mieux.
Mais reprendre un amour dont je veux me défaire,
Qu'eſt-ce qu'à mes deſſeins un chemin tout contraire?
Allons-y touteſfois, puisque je l'ay promis,
Et que la peine eſt douce à qui ſert ſes amis.

SCÉNE V.

ANGÉLIQUE, *dans ſon cabinet*.

Quel malheur par tout m'accompagne!
Qu'un indiscret hymen me venge à mes dé-
[pens!
Que de pleurs en vain je répans,
Moins pour ce que je perds que pour ce que je gagne!
L'un m'eſt plus doux que l'autre, et j'ay moins de tourment
Du crime d'Alidor que de ſon châtiment.
Ce traiſtre alluma donc ma flame!
Je puis donc conſentir à ces tristes accords!
Hélas! par quelques vains efforts
Que je me faſſe jour jusqu'au fond de mon ame,
J'y trouve ſeulement, afin de me punir,
Le dépit du paſſé, l'horreur de l'avenir.

SCÈNE VI.

ANGÉLIQUE, ALIDOR.

ANGÉLIQUE.

Où viens-tu, déloyal? avec quelle impudence
Oſes-tu redoubler mes maux par ta préſence?
Qui te donne le front de ſurprendre mes pleurs!
Cherches-tu de la joye à meſme mes douleurs,
Et peux-tu conſerver une ame aſſez hardie
Pour voir ce qu'à mon cœur coûte ta perfidie?
Après que tu m'as fait un inſolent aveu
De n'avoir plus pour moy ny de foy, ny de feu,
Tu te mets à genoux, et tu veux, miſérable,
Que ton feint repentir m'en donne un véritable?
Va, va, n'eſpére rien de tes ſubmiſſions;
Porte-les à l'objet de tes affections;
Ne me préſente plus les traits qui m'ont deceuë;
N'attaque point mon cœur en me bleſſant la veuë.
Penſes-tu que je ſois, après ton changement,
Ou ſans reſſouvenir, ou ſans reſſentiment?
S'il te ſouvient encor de ton brutal caprice,
Dy-moy, que viens-tu faire au lieu de ton ſupplice?
Garde un éxil ſi cher à tes legéretez.
Je ne veux plus ſçavoir de toy mes véritez.

Quoy! tu ne me dis mot! crois-tu que ton ſilence
Puiſſe de tes discours réparer l'inſolence?
Des pleurs effacent-ils un mépris ſi cuiſant?
Et ne t'en dédis-tu, traiſtre, qu'en te taiſant?
Pour triompher de moy veux-tu, pour toutes armes,
Employer des ſoûpirs et de müettes larmes?
Sur noſtre amour paſſé c'eſt trop te confier;
Du moins dy quelque choſe à te juſtifier;
Demande le pardon que tes regards m'arrachent;
Explique leur discours; dy-moy ce qu'ils me cachent.
Que mon courroux eſt foible! et que leurs traits puiſſans
Rendent des criminels aiſément innocens!
Je n'y puis réſiſter, quelque effort que je faſſe;
Et, de peur de me rendre, il faut quitter la place.

ALIDOR *la retient, comme elle veut s'en aller.*
Quoy! voſtre amour renaiſt, et vous m'abandonnez!
C'eſt bien là me punir quand vous me pardonnez.
Je ſçay ce que j'ay fait, et qu'après tant d'audace
Je ne mérite pas de joüir de ma grace;
Mais demeurez du moins tant que vous ayez ſceu
Que par un feint mépris voſtre amour fut deceu,
Que je vous fus fidelle en dépit de ma lettre,
Qu'en vos mains ſeulement on la devoit remettre;
Que mon deſſein n'alloit qu'à voir vos mouvemens,
Et juger de vos feux par vos reſſentimens.
Dites, quand je la vis entre vos mains remiſe,
Changeay-je de couleur? eus-je quelque ſurpriſe?
Ma parole plus ferme et mon port aſſeuré
Ne vous montroient-ils pas un esprit préparé?
Que Clarine vous die, à la prémiére veuë
Si jamais de mon change elle s'eſt aperceuë.
Ce mauvais compliment flatoit mal ſes appas;
Il vous faiſoit outrage et ne l'obligeoit pas,
Et ſes termes piquans, mal conceus pour luy plaire,
Au lieu de ſon amour cherchoient voſtre coléra.
ANGÉLIQUE.
Ceſſe de m'éclaircir ſur ce triste ſecret;
En te montrant fidelle, il accroiſt mon regret:
Je perds moins, ſi je croy ne perdre qu'un volage,
Et je ne puis ſortir d'erreur qu'à mon dommage.
Que me ſert de ſçavoir que tes vœux ſont constans?
Que te ſert d'eſtre aimé, quand il n'eſt plus temps?
ALIDOR.
Auſſi je ne viens pas pour regagner vostre ame :
Préférez-moy Doraste, et devenez ſa femme;
Je vous viens, par ma mort, en donner le pouvoir :
Moy vivant, voſtre foy ne le peut recevoir;
Elle m'eſt engagée; et, quoy que l'on vous die,
Sans crime elle ne peut durer moins que ma vie;
Mais voicy qui vous rend l'une et l'autre à la fois.
ANGÉLIQUE.
Ah! ce crüel discours me réduit aux abois.
Ma coléra a rendu ma perte inévitable,
Et je déteste en vain ma faute irréparable.

ACTE III.

ALIDOR.
Si vous avez du cœur, on la peut réparer.
ANGÉLIQUE.
On nous doit dès demain pour jamais feparer,
Que puis-je à de tels maux appliquer pour reméde.
ALIDOR.
Ce qu'ordonne l'amour aux ames qu'il poffede.
Si vous m'aimez encor, vous fçaurez dès ce foir
Rompre les noirs effets d'un jufte defespoir.
Quittez avec le bal vos malheurs pour me fuivre,
Ou foudain à vos yeux je vais ceffer de vivre.
Mettrez-vous en ma mort voftre contentement?
ANGÉLIQUE.
Non; mais que dira-t'on d'un tel emportement?
ALIDOR.
Eft-ce là donc le prix de vous avoir fervie?
Il y va de voftre heur, il y va de ma vie,
Et vous vous arrétez à ce qu'on en dira!
Mais faites deformais tout ce qu'il vous plaira:
Puisque vous confentez plûtoft à vos fupplices
Qu'à l'unique moyen de payer mes fervices,
Ma mort va me venger de voftre peu d'amour;
Si vous n'étes à moy, je ne veux plus du jour.
ANGÉLIQUE.
Retien ce coup fatal; me voila réfoluë :
Ufe fur tout mon cœur de puiffance abfoluë :
Puis qu'il eft tout à toy, tu peux tout commander,
Et contre nos malheurs j'ofe tout hazarder.
Cét éclat du dehors n'a rien qui m'embaraffe;
Mon honneur feulement te demande une grace :
Accorde à ma pudeur que deux mots de ta main
Puiffent justifier ma fuite et ton deffein;
Que mes parens furpris trouvent icy ce gage
Qui les rende affeurez d'un heureux mariage,
Et que je fauve ainfi ma réputation
Par la fincérité de ton intention.
Ma faute en fera moindre, et mon trop de constance
Paroiftra feulement fuir une violence.
ALIDOR.
Enfin, par ce deffein vous me reffuscitez:

Agiſſez pleinement deſſus mes volontez;
J'avois pour voſtre honneur la meſme inquiétude,
Et ne pourrois, d'ailleurs, qu'avec ingratitude,
Voyant ce que pour moy voſtre flâme réſout,
Dénier quelque choſe à qui m'accorde tout.
Donnez-moy... ſur le champ je vous veux ſatisfaire.
                    ANGÉLIQUE.
Il vaut mieux que l'effet à tantoſt ſe différe.
Je manque icy de tout, et j'ay le cœur tranſi
De crainte que quelqu'un ne te découvre icy.
Mon deſſein généreux fait naiſtre cette crainte;
Depuis qu'il eſt formé j'en ay ſenty l'atteinte.
Quitte-moy, je te prie, et coule toy ſans bruit.
                    ALIDOR.
Puisque vous le voulez, adieu jusqu'à minuit.
    ANGÉLIQUE. *Alidor s'en va, et Angélique continuë.*
        Que promets-tu, pauvre aveuglée?
A quoy t'engage icy ta folle paſſion,
        Et de quelle indiscrétion
Ne s'accompagne point ton ardeur déréglée?
Tu cours à ta ruïne, et vas tout hazarder
Sur la foy d'un amant qui n'en ſçauroit garder.

    Je me trompe, il n'eſt point volage;
J'ay veu ſa fermeté, j'en ay crû ſes ſoûpirs
        Et ſi je flate mes deſirs,
Une ſi douce erreur n'eſt qu'à mon avantage.
Me manquaſt-il de foy, je la luy doy garder,
Et pour perdre Doraste il faut tout hazarder.
    ALIDOR, *ſortant de la porte d'Angélique,*
            et repaſſant ſur le théatre.
Cléandre, elle eſt à toy; j'ay fléchy ſon courage.
Que ne peut l'artifice et le fard du langage?
Et ſi pour un amy ces effets je produis,
Lors que j'agis pour moy, qu'eſt-ce que je ne puis?

SCÉNE VII.

PHYLIS.

Alidor à mes yeux fort de chez Angélique,
Comme s'il y gardoit encor quelque pratique;
Et mefme, à fon vifage, il femble affez content.
Auroit-il regagné cét esprit inconstant?
O! qu'il feroit bon voir que cette humeur volage
Deux fois, en moins d'une heure, euft changé de courage!
Que mon frére en tiendroit, s'ils s'étoient mis d'accord!
Il faut qu'à le fçavoir je faffe mon effort.
Ce foir je fonderay les fecrets de fon ame;
Et fi fon entretien ne me trahit fa flame,
J'auray l'œil de fi près deffus fes actions,
Que je m'éclairciray de fes intentions.

SCÉNE VIII.

PHYLIS, LYSIS.

PHYLIS.

Quoy! Lyfis, ta retraite eft de peu de durée!
LYSIS.
L'heure de mon congé n'eft qu'à peine expirée;
Mais vous voyant icy sans frére et fans amant..
PHYLIS.
N'en préfume pas mieux pour ton contentement.
LYSIS.
Et d'où vient à Phylis une humeur fi nouvelle?
PHYLIS.
Vois-tu, je ne fçay quoy me brouille la cervelle.
Va, ne me conte rien de ton affection;
Elle en auroit fort peu de fatisfaction.
LYSIS.
Cependant fans parler il faut que je foûpire?
PHYLIS.
Réferve pour le bal ce que tu me veux dire.
LYSIS.
Le bal! où le tient-on?

PHYLIS.
Là dedans.
LYSIS.
                              Il suffit;
De voſtre bon avis je feray mon profit.

Fin du troiſiéme acte.

ACTE IV.

SCÉNE PREMIÉRE.

ALIDOR, CLÉANDRE,
Troupe d'armez.

ALIDOR.

L'acte est dans la nuit, et Alidor dit ce premier vers à Cléandre; et, l'ayant fait retirer avec sa troupe, il continuë seul.

Atten sans faire bruit que je t'en avertisse [1].
Enfin la nuit s'avance, et son voile propice
Me va faciliter le succès que j'attens,
Pour rendre heureux Cléandre, et mes desirs contens.
Mon cœur, las de porter un joug si tyrannique,
Ne sera plus qu'une heure esclave d'Angélique.
Je vay faire un amy possesseur de mon bien.
Aussi dans son bonheur je rencontre le mien;
C'est moins pour l'obliger que pour me satisfaire,
Moins pour le luy donner qu'afin de m'en défaire.
Ce trait paroistra lasche et plein de trahison,
Mais cette lascheté m'ouvrira ma prison,
Je veux bien à ce prix avoir l'ame traitresse,
Et que ma liberté me coûte une maîtresse.
Que luy fay-je, après tout, qu'elle n'ait mérité
Pour avoir, malgré moy, fait ma captivité?
Qu'on ne m'accuse point d'aucune ingratitude;
Ce n'est que me venger d'un an de servitude,

---

1. Toutes les éditions, jusqu'en 1654 inclusivement, portent :
   Atten là de pied coy que je t'en avertisse.

Que rompre ſon deſſein comme elle a fait le mien,
Qu'uſer de mon pouvoir comme elle a fait du ſien,
Et ne luy pas laiſſer un ſi grand avantage
De ſuivre ſon humeur, et forcer mon courage.
Le forcer ! mais, hélas ! que mon conſentement,
Par un ſi doux effort fut ſurpris aiſément !
Quel excès de plaiſirs gouſta mon imprudence
Avant que réfléchir ſur cette violence ?
Examinant mon feu, qu'eſt-ce que je ne perds,
Et qu'il m'eſt cher vendu de connoiſtre mes fers !
Je ſoupçonne déja mon deſſein d'injuſtice,
Et je doute s'il eſt ou raiſon, ou caprice.
Je crains un pire mal après ma guériſon,
Et d'aller au ſupplice en rompant ma priſon.
Alidor, tu conſens qu'un autre la poſſéde !
Tu t'expoſes ſans crainte à des maux ſans reméde [1] !
Ne romps point les effets de ſon intention,
Et laiſſe un libre cours à ton affection.
Fay ce beau coup pour toy ; fuy l'ardeur qui te preſſe.
Mais trahir ton amy ! mais trahir ta maîtreſſe !
Je n'en veux obliger pas un à me haïr,
Et ne ſçay qui des deux, ou ſervir, ou trahir.

    Quoy ! je balance encor, je m'arreſte, je doute !
Mes réſolutions, qui vous met en déroute ?
Revenez, mes deſſeins, et ne permettez pas
Qu'on triomphe de vous avec un peu d'appas.
En vain pour Angélique ils prennent la querelle ;
Cléandre, elle eſt à toy, nous ſommes deux contre elle.
Ma liberté conſpire avecque tes ardeurs ;
Les miennes deſormais vont tourner en froideurs ;
Et, laſſé de ſouffrir un ſi rude ſervage,
J'ay l'eſprit aſſez fort pour combattre un viſage.
Ce coup n'eſt qu'un effet de généroſité,

---

1. Corneille a supprimé ici les quatre vers suivants, qu'on lit encore dans l'édition de 1654 :

> A de vains repentirs, d'inutiles regrets,
> De steriles remords et des bourreaux ſecrets,
> Cependant qu'un amy, par tes laſches menées
> Cueillira les faveurs qu'elle t'a deſtinées.

Et je ne fuis honteux que d'en avoir douté.
Amour, que ton pouvoir tafche en vain de paroiftre!
Fuy, petit infolent, je veux eftre le maiftre;
Il ne fera pas dit qu'un homme tel que moy,
En dépit qu'il en ait, obéiffe à ta loy.
Je ne me réfoudray jamais à l'hyménée
Que d'une volonté franche et déterminée,
Et celle à qui les nœuds m'uniront pour jamais,
M'en fera redevable, et non à fes attraits;
Et ma flame...

SCÉNE II.

ALIDOR, CLÉANDRE.

CLÉANDRE.
Alidor.
ALIDOR.
Qui m'appelle?
CLÉANDRE.
Cléandre.
ALIDOR.
Tu t'avances trop toft.
CLÉANDRE.
Je me laffe d'attendre.
ALIDOR.
Laiffe-moy, cher amy, le foin de t'avertir
En quel temps de ce coin il te faudra fortir.
CLÉANDRE.
My-nuit vient de fonner; et, par expérience,
Tu fçais comme l'amour eft plein d'impatience.
ALIDOR.
Va donc tenir tout preft à faire un fi beau coup;
Ce que nous attendons ne peut tarder beaucoup.
Il livre entre tes mains cette belle maîtreffe,
Si toft que j'auray pû luy rendre ta promeffe:
Sans lumière, et d'ailleurs s'affeurant en ma foy,
Rien ne l'empefchera de la croire de moy.
Après, achéve feul; je ne puis fans fupplice,
Forcer ici mon bras à te faire fervice;

Et mon reste d'amour, en cét enlévement,
Ne peut contribüer que mon confentement.
CLÉANDRE.
Amy, ce m'eft affez.
ALIDOR.
Va donc là bas attendre
Que je te donne avis du temps qu'il faudra prendre.
Cléandre, encor un mot. Pour de pareils exploits
Nous nous reffemblons mal, et de taille et de voix;
Angélique foudain pourra te reconnoiftre :
Regarde après fes cris fi tu ferois le maiftre.
CLÉANDRE.
Ma main deffus fa bouche y fçaura trop pourvoir.
ALIDOR.
Amy, féparons-nous, je penfe l'entrevoir.
CLÉANDRE.
Adieu. Fay promptement.

SCÉNE III.

ALIDOR, ANGÉLIQUE.

ANGÉLIQUE.
Que la nuit eft obscure!
Alidor n'eft pas loin, j'entens quelque murmure.
ALIDOR.
De peur d'eftre connu, je défens à mes gens
De paroiftre en ces lieux avant qu'il en foit temps.
Tenez.
Il luy donne la promeffe de Cléandre.
ANGÉLIQUE.
Je prens fans lire, et ta foy m'eft fi claire,
Que je la prens bien moins pour moy que pour mon pére;
Je la porte à ma chambre : épargnons les discours;
Fais avancer tes gens, et dépefche.
ALIDOR.
J'y cours.
Lors que de fon honneur je luy rends l'affeurance,
C'eft quand je trompe mieux fa crédule espérance;
Mais, puisqu'au lieu de moy je luy donne un amy,
A tout prendre, ce n'eft la tromper qu'à demy.

ACTE IV.

SCÉNE IV.

PHYLIS.

ngélique! C'est fait, mon frére en a dans l'aisle;
La voyant échaper je courois après elle,
Mais un maudit galand m'est venu brusque-
                              [ment
Servir à la traverse un mauvais compliment,
Et par ses vains discours m'embarrasser de sorte
Qu'Angélique à son aise a sceu gagner la porte.
Sa perte est asseurée, et le traistre Alidor
La posséda jadis et la posséde encor.
Mais jusques à ce point seroit-elle imprudente ?
Il n'en faut point douter, sa perte est évidente;
Le cœur me le disoit, le voyant en sortir,
Et mon frére dès lors se devoit avertir :
Je te trahis, mon frére, et par ma négligence,
Étant sans y penser de leur intelligence...

    Alidor paroit avec Cléandre accompagné d'une
    troupe, et, aprés luy avoir montré Phylis qu'il
    croit estre Angélique, il se retire en un coin
    du théatre, et Cléandre enléve Phylis, et luy
    met d'abord la main sur la bouche.

SCÉNE V.

ALIDOR.

n l'enléve, et mon cœur, surpris d'un vain re-
Fait à ma perfidie un reproche secret; [gret
Il tient pour Angélique, il la suit, le rebelle !
Parmy mes trahisons il veut estre fidelle;
Je le sens, malgré moy, de nouveaux feux épris,
Refuser de ma main sa franchise à ce prix,
Desavoüer mon crime, et, pour mieux s'en défendre,
Me demander son bien, que je céde à Cléandre.
Hélas! qui me préscrit cette brutale loy
De payer tant d'amour avec si peu de foy ?
Qu'envers cette beauté ma flame est inhumaine !

Si mon feu la trahit, que luy feroit ma haine?
Juge, juge, Alidor, en quelle extrémité
La va précipiter ton infidélité.
Écoute ſes ſoûpirs, conſidére ſes larmes,
Laiſſe-toy vaincre enfin à de ſi fortes armes;
Et va voir ſi Cléandre, à qui tu ſers d'appuy,
Pourra faire pour toy ce que tu fais pour luy.
Mais mon esprit s'égare, et, quoy qu'il ſe figure,
Faut-il que je me rende à des pleurs en peinture,
Et qu'Alidor, de nuit plus foible que de jour,
Redonne à la pitié ce qu'il oſte à l'amour?
Ainſi donc mes deſſeins ſe tournent en fumée!
J'ay d'autres repentirs que de l'avoir aymée!
Suis-je encor Alidor aprés ces ſentimens,
Et ne pourray-je enfin régler mes mouvemens?
 Vaine compaſſion des douleurs d'Angélique,
Qui penſe triompher d'un cœur mélancolique!
Téméraire avorton d'un impuiſſant remords,
Va, va porter ailleurs tes débiles efforts.
Après de tels appas, qui ne m'ont pû ſéduire,
Qui te fait espérer ce qu'ils n'ont ſceu produire?
Pour un méchant ſoûpir que tu m'as deſrobé,
Ne me préſume pas tout-à-fait ſuccombé :
Je ſçay trop maintenir ce que je me propoſe,
Et, ſouverain ſur moy, rien que moy n'en diſpoſe,
En vain un peu d'amour me déguiſe en forfait
Du bien que je me veux le généreux effet,
De nouveau j'y conſens, et preſt à l'entreprendre...

SCÉNE VI.

ANGÉLIQUE, ALIDOR.

ANGÉLIQUE.

Je demande pardon de t'avoir fait attendre;
D'autant qu'en l'escalier on faiſoit quelque [bruit,
Et qu'un peu de lumiére en effaçoit la nuit;
Je n'oſois avancer, de peur d'eſtre aperceuë.

Allons, tout eſt-il preſt? Perſonne ne m'a veuë :
De grace, dépeſchons, c'eſt trop perdre de temps,
Et les momens icy nous ſont trop importans ;
Fuyons viſte, et craignons les yeux d'un domestique.
Quoy! tu ne répons point à la voix d'Angélique?

ALIDOR.

Angélique ! Mes gens vous viennent d'enlever;
Qui vous a fait ſi-toſt de leurs mains vous ſauver?
Quel ſoudain repentir, quelle crainte de blaſme,
Et quelle ruſe enfin vous deſrobe à ma flame ?
Ne vous ſuffit-il point de me manquer de foy,
Sans prendre encor plaiſir à vous joüer de moy ?

ANGÉLIQUE.

Que tes gens cette nuit m'ayent veuë ou ſaiſie,
N'ouvre point ton esprit à cette fantaiſie.

ALIDOR.

Autant que l'ont permis les ombres de la nuit,
Je l'ay veu de mes yeux.

ANGÉLIQUE.

                Tes yeux t'ont donc ſéduit :
Et quelqu'autre ſans doute, aprés moy descenduë
Se trouve entre les mains dont j'étois attenduë.
Mais, ingrat, pour toy ſeul j'abandonne ces lieux,
Et tu n'accompagnois ma fuite que des yeux !
Pour marque d'un amour que je croyois extréme,
Tu remets ma conduite à d'autres qu'à toy-meſme !
Je ſuis donc un larcin indigne de tes mains !

ALIDOR.

Quand vous aurez appris le fond de mes deſſeins,
Vous n'attribûrez plus, voyant mon innocence,
A peu d'affection l'effet de ma prudence.

ANGÉLIQUE.

Pour oſter tout ſoupçon et tromper ton rival,
Tu diras qu'il falloit te montrer dans le bal.
Foible ruſe !

ALIDOR.

        Ajoûtez, et vaine, et ſans adreſſe,
Puisque je ne pouvois démentir ma promeſſe.

ANGÉLIQUE.

Quel étoit donc ton but ?

ALIDOR.
                    D'attendre icy le bruit
Que les prémiers ſoupçons auront bien-toſt produit ;
Et, d'un autre coſté me jettant à la fuite,
Divertir de vos pas leur plus chaude pourſuite.
            ANGÉLIQUE, *en pleurant.*
Mais enfin, Alidor, tes gens ſe ſont mépris.
                ALIDOR.
Dans ce coup de malheur, et confus et ſurpris,
Je voy tous mes deſſeins ſuccéder à ma honte ;
Mais il me faut donner quelque ordre à ce méconte :
Permettez...
                ANGÉLIQUE.
            Cependant, à qui me laiſſes-tu ?
Tu frustres donc mes vœux de l'espoir qu'ils ont eu ;
Et ton manque d'amour, de mes malheurs complice,
M'abandonnant icy, me livre à mon ſupplice !
L'hymen (ah ! ce mot ſeul me réduit aux abois !)
D'un amant odieux me va ſoûmettre aux loix ;
Et tu peux m'expoſer à cette tyrannie !
De l'erreur de tes gens je me verray punie !
                ALIDOR.
Nous préſerve le ciel d'un pareil deſespoir !
Mais voſtre éloignement n'eſt plus en mon pouvoir.
J'en ay manqué le coup ; et, ce que je regrette,
Mon caroſſe eſt party, mes gens ont fait retraite.
A Paris, et de nuit, une telle beauté
Suivant un homme ſeul eſt mal en ſeureté ;
Doraſte, ou, par malheur, quelque rencontre pire,
Me pourroit arracher le tréſor où j'aspire :
Évitons ces périls en différant d'un jour.
                ANGÉLIQUE.
Tu manques de courage auſſi-bien que d'amour,
Et tu me fais trop voir, par ta bizarrerie
Le chimérique effet de ta poltronnerie.
Alidor (quel amant !) n'oſe me poſſéder.
                ALIDOR.
Un bien ſi précieux ſe doit-il hazarder,
Et ne pouvez-vous point d'une ſeule journée
Retarder le malheur de ce triſte hyménée ?

Peut-eſtre le deſordre et la confuſion
Qui naiſtront dans le bal de cette occaſion
Le remettront pour vous, et, l'autre nuit, je jure...
ANGÉLIQUE.
Que tu feras encor ou timide ou parjure.
Quand tu m'as réſoluë à tes intentions,
Laſche, t'ay-je oppoſé tant de précautions ?
Tu m'adores, dis-tu ! tu le fais bien paroiſtre,
Rejettant mon bonheur ainſi ſur un peut-eſtre !
ALIDOR.
Quoy qu'oſe mon amour appréhender pour vous,
Puisque vous le voulez, fuyons, je m'y réſous;
Et, malgré ces périls... Mais on ouvre la porte,
C'est Doraste qui ſort, et nous ſuit à main forte.

*Alidor s'échape, et Angélique le veut
ſuivre; mais Doraste l'arreſte.*

SCÉNE VII.
ANGÉLIQUE, DORASTE, LYCANTE,
Troupe d'amis.

DORASTE.

Quoy ! ne m'attendre pas ? c'eſt trop me dé-
daigner ; [gner;
Je ne viens qu'à deſſein de vous accompa-
Car vous n'entreprenez ſi matin ce voyage
Que pour vous préparer à noſtre mariage.
Encor que vous partiez beaucoup devant le jour,
Vous ne ſerez jamais aſſez toſt de retour ;
Vous vous éloignez trop, veu que l'heure nous preſſe.
Infidelle ! eſt-ce-là me tenir ta promeſſe ?
ANGÉLIQUE.
Et bien, c'eſt te trahir. Penſes-tu que mon feu
D'un généreux deſſein te faſſe un deſaveu ?
Je t'acquis par dépit, et perdrois avec joye.
Mon deſespoir à tous m'abandonnoit en proye,
Et, lors que d'Alidor je me vis outrager,
Je fis arme de tout afin de me venger.
Tu t'offris par hazard, je t'acceptay de rage;

Je te donnay fon bien, et non pas mon courage.
Ce change à mon couroux jettoit un faux appas;
Je le nommois fa peine, et c'étoit mon trépas :
Je prenois pour vengeance une telle injustice,
Et, deffous ces couleurs, j'adorois mon fupplice.
Aveugle que j'étois ! mon peu de jugement
Ne fe laiffoit guider qu'à mon reffentiment.
Mais depuis, Alidor m'a fait voir que fon ame,
En feignant un mépris n'avoit pas moins de flame;
Il a repris mon cœur en me rendant les yeu
Et foudain mon amour m'a fait haïr ces lieu

DORASTE.

Tu fuivois Alidor !

ANGÉLIQUE.

Ta funeste arrivée,
En arrétant mes pas, de ce bien m'a privée,
Mais fi...

DORASTE.

Tu le fuivois !

ANGÉLIQUE.

Ouy : fait tous tes efforts :
Luy feul aura mon cœur, tu n'auras que le corps.

DORASTE.

Impudente, effrontée autant comme traîtreffe,
De ce cher Alidor tiens-tu cette promeffe ?
Eft-elle de fa main, parjure ? De bon cœur
J'aurois cédé ma place à ce prémier vainqueur;
Mais fuivre un inconnu ! me quitter pour Cléandre !

ANGÉLIQUE.

Pour Cléandre !

DORASTE.

J'ay tort; je tafche à te furprendre.
Voy ce qu'en te cherchant m'a donné le hazard;
C'eft ce que dans ta chambre a laiffé ton départ :
C'eft là qu'au lieu de toy j'ay trouvé fur ta table
De ta fidelité la preuve indubitable.
Ly, mais ne rougy point; et me foûtiens encor
Que tu ne fuis ces lieux que pour fuivre Alidor !

BILLET DE CLÉANDRE A ANGÉLIQUE.

Angélique, reçoy ce gage
De la foy que je te promets
Qu'un prompt et facré mariage
Unira nos jours deformais.
Quittons ces lieux, chére maitreſſe ;
Rien ne peut que ta fuite aſſeurer mon bonheur :
Mais laiſſe aux tiens cette promeſſe
Pour ſeureté de ton honneur,
Afin qu'ils en puiſſent apprendre
Que tu fuis ton mary lors que tu fuis Cléandre.
CLÉANDRE.

ANGÉLIQUE,

Que je fuy mon mary lors que je luy Cléandre !
Alidor eſt perfide, ou Doraſte impoſteur,
Je voy la trahiſon, et doute de l'autheur.
Mais pour m'en éclaircir ce billet doit ſuffire ;
Je le pris d'Alidor, et le pris ſans le lire ;
Et puisqu'à m'enlever ſon bras ſe refuſoit,
Il ne prétendoit rien au larcin qu'il faiſoit.
Le traiſtre ! j'étois donc deſtinée à Cléandre
Hélas ! mais qu'à propos le ciel l'a fait méprendre,
Et, ne conſentant point à ſes lâches deſſeins,
Met au lieu d'Angélique une autre entre ſes mains !

DORASTE.

Que parles-tu d'une autre en ta place ravie ?

ANGÉLIQUE.

J'en ignore le nom, mais elle m'a ſuivie,
Et ceux qui m'attendoient dans l'ombre de la nuit...

DORASTE.

C'en eſt aſſez ; mes yeux du reſte m'ont inſtruit.
Autre n'eſt que Phylis entre leurs mains tombée ;
Après toy de la ſalle elle s'eſt dérobée.
J'arreſte une maitreſſe, et je perds une ſœur !
Mais allons promptement aprés le raviſſeur.

SCÈNE VIII.

ANGÉLIQUE.

Dure condition de mon malheur extréme!
Si j'aime, on me trahit; je trahis fi l'on m'aime.
Qu'accuferay-je icy, d'Alidor ou de moy?
Nous manquons l'un et l'autre également de
Si j'ofe l'appeler lafche, traiftre, parjure,   [foy;
Ma rougeur auffi-toft prendra part à l'injure;
Et les mefmes couleurs qui peindront les forfaits,
Des miens en mefme temps exprimeront les traits.
Mais quel aveuglement nos deux crimes égale,
Puisque c'eft pour luy feul que je fuis déloyale?
L'amour m'a fait trahir (qui n'en trahiroit pas?),
Et la trahifon feule a pour luy des appas.
Son crime eft fans excufe, et le mien pardonnable:
Il eft deux fois (que dis-je?), il eft le feul coupable;
Il m'a prescrit la loy, je n'ay fait qu'obéïr;
Il me trahit luy-mefme, et me force à trahir.
Déplorable Angélique, en malheurs fans feconde,
Que veux-tu deformais, que peux-tu faire au monde,
Si ton ardeur fincére et ton peu de beauté
N'ont pû te garantir d'une déloyauté?
Doraste tient ta foy; mais fi ta perfidie
A jusque à te quitter fon ame refroidie,
Suy, luy dorefnavant de plus faines raifons,
Et fans plus t'expofer à tant de trahifons,
Puisque de ton amour on fait fi peu de conte,
Va cacher dans un cloiftre et tes pleurs et ta honte.

Fin du quatriéme acte.

ACTE V.

SCÉNE PREMIÉRE.

CLÉANDRE, PHYLIS.

CLÉANDRE.

ccordez-moy ma grace avant qu'entrer chez
PHYLIS. [vous.
Vous voulez donc enfin d'un bien commun à
[tous?
Craignez-vous qu'à vos feux ma flame ne réponde?
Et puis-je vous haïr fi j'aime tout le monde?
CLÉANDRE.
Voftre bel esprit raille, et, pour moy feul crüel,
Du rang de vos amans fépare un criminel :
Toutesfois mon amour n'eft pas moins légitime,
Et mon erreur du moins me rend vers vous fans crime,
Soyez, quoy qu'il en foit, d'un naturel plus doux:
L'amour a pris le foin de me punir pour vous;
Les traits que cette nuit il trempoit de vos larmes
Ont triomphé d'un cœur invincible à vos charmes.
PHYLIS.
Puisque vous ne m'aimez que par punition,
Vous m'obligez fort peu de cette affection.
CLÉANDRE.
Après voftre beauté, fans raifon négligée,
Il me punit bien moins qu'il ne vous a vengée.
Avez-vous jamais veu deffein plus renverfé?
Quand j'ay la force en main, je me trouve forcé;
Je croy prendre une fille, et fuis pris par une autre;
J'ay tout pouvoir fur vous, et me remets au voftre.

Angélique me perd, quand je croy l'acquérir ;
Je gagne un nouveau mal, quand je penſe guérir.
Dans un enlèvement je hay la violence ;
Je ſuis respectueux après cette inſolence ;
Je commets un forfait, et n'en ſçaurois uſer ;
Je ne ſuis criminel que pour m'en accuſer.
Je m'expoſe à ma peine ; et, négligeant ma fuite,
Aux voſtres offenſez j'épargne la pourſuite.
Ce que j'ay pû ravir, je viens le demander ;
Et, pour vous devoir tout, je veux tout hazarder.

PHYLIS.

Vous ne me devez rien, du moins ſi j'en ſuis creuë [1] ;
Et ſi mes propres yeux vous donnent dans la veuë,
Si voſtre propre cœur ſoûpire après ma main,
Vous courez grand hazard de ſoupirer en vain.
Touteffois, après tout, mon humeur eſt ſi bonne
Que je ne puis jamais deſespérer perſonne.
Sçachez que mes deſirs, toujours indifférens,
Iront ſans réſiſtance au gré de mes parens ;
Leur choix ſera le mien : c'eſt vous parler ſans feinte.

CLÉANDRE.

Je voy de leur coſté meſmes ſujets de crainte ;
Si vous me refuſez, m'écouteront-ils mieux ?

PHYLIS.

Le monde vous croit riche, et mes parens ſont vieux.

---

1. On lit encore dans l'édition de 1654, au lieu des trois vers qui suivent celui-ci, ceux que nous allons rapporter :

CLÉANDRE.

Mais, après le danger où vous vous êtes veuë,
Malgré tous vos mépris, les ſoins de voſtre honneur
Vous doivent deſormais reſoudre à mon bonheur.
La moitié d'une nuit paſſée en ma puiſſance
A d'étranges ſoupçons porte la médiſance :
Cela ſceu, préſumez comme on pourra cauſer.

PHYLIS.

Pour étouffer ce bruit, il vous faut épouſer,
Non pas ! mais, au contraire, après ce mariage
On préſumeroit tout à mon deſavantage ;
Et vous voir refuſé fera mieux croire à tous
Qu'il ne s'eſt rien paſſé que de juſte entre nous.

CLÉANDRE.
Puis-je fur cét espoir...
PHYLIS.
C'eft affez vous en dire.

SCÉNE II.

ALIDOR, CLÉANDRE, PHYLIS.

ALIDOR.

Cléandre a-t'il enfin ce que fon cœur defire ?
Et fes amours changez, par un heureux hazard,
De celuy de Phylis ont-ils pris quelque part ?
CLÉANDRE.
Cette nuit tu l'as veuë en un mépris extréme,
Et maintenant, amy, c'eft encor elle-mefme :
Son orgueil fe redouble étant en liberté,
Et devient plus hardy, d'agir en feureté.
J'efpére touteffois, à quelque point qu'il monte,
Qu'à la fin...
PHYLIS.
Cependant que vous luy rendez conte,
Je vay voir mes parens, que ce coup de malheur
A mon occafion accable de douleur ;
Je n'ay tardé que trop à les tirer de peine.
ALIDOR *retenant Cléandre qui la veut fuivre.*
Eft-ce donc tout de bon qu'elle t'eft inhumaine ?
CLÉANDRE.
Il la faut fuivre. Adieu. Je te puis affeurer
Que je n'ay pas fujet de me defefpérer.
Va voir ton Angélique, et la conte pour tienne,
Si tu la vois d'humeur qui reffemble à la fienne.
ALIDOR.
Tu me la rends enfin ?
CLÉANDRE.
Dorafte tient fa foy :
Tu poffédes fon cœur ; qu'auroit-elle pour moy ?
Quelques charmans appas qui foient fur fon vifage,
Je n'y fçaurois avoir qu'un fort mauvais partage :
Peut-eftre elle croiroit qu'il luy feroit permis

De ne me rien garder ne m'ayant rien promis;
Il vaut mieux que ma flame à ſon tour te la céde.
Mais, derechef, adieu.

SCÉNE III.

ALIDOR.

          Ainſi tout me ſuccéde;
Ses plus ardens deſirs ſe réglent ſur mes vœux:
Il accepte Angélique, et la rend quand je veux;
Quand je taſche à la perdre, il meurt de m'en défaire;
Quand je l'aime, elle ceſſe auſſi-toſt de luy plaire.
Mon cœur preſt à guérir, le ſien ſe trouve atteint,
Et mon feu rallumé, le ſien ſe trouve éteint;
Il aime quand je quitte, il quitte alors que j'aime,
Et, ſans eſtre rivaux, nous aimons en lieu meſme.
C'en eſt fait, Angélique, et je ne ſçaurois plus
Rendre contre tes yeux des combats ſuperflus.
De ton affection cette preuve derniére
Reprend ſur tous mes ſens une puiſſance entiére.
Les ombres de la nuit m'ont redonné le jour.
Que j'eus de perfidie, et que je vis d'amour!
Quand je ſceus que Cléandre avoit manqué ſa proye,
Que j'en eus de regret, et que j'en ay de joye!
Plus je t'étois ingrat, plus tu me chériſſois,
Et ton ardeur croiſſoit, plus je te trahiſſois.
Auſſi j'en ſuis honteux; et, confus dans mon ame,
La honte et le remords rallumérent ma flame.
Que l'amour pour nous vaincre a de chemins divers!
Et que malaiſément on rompt de ſi beaux fers!
C'eſt en vain qu'on réſiſte aux traits d'un beau viſage;
En vain, à ſon pouvoir refuſant ſon courage,
On veut éteindre un feu par ſes yeux allumé,
Et ne le point aimer quand on s'en voit aimé:
Sous ce dernier appas l'amour a trop de force,
Il jette dans nos cœurs une trop douce amorce,
Et ce tyran ſecret de nos affections
Saiſit trop puiſſamment nos inclinations.

ACTE V.

Aussi ma liberté n'a plus rien qui me flate;
Le grand soin que j'en eus partoit d'une ame ingrate;
Et mes desseins, d'accord avecque mes desirs,
A servir Angélique ont mis tous mes plaisirs.
Mais, hélas! ma raison est-elle assez hardie
Pour croire qu'on me souffre après ma perfidie?
Quelque secret instinct, à mon bonheur fatal,
Ne la porte-t'il point à me vouloir du mal?
Que de mes trahisons elle seroit vengée,
Si, comme mon humeur, la sienne estoit changée!
Mais qui la changeroit, puis qu'elle ignore encor
Tous les lasches complots du rebelle Alidor?
Que dy-je, malheureux? ah! c'est trop me méprendre.
Elle en a trop appris du billet de Cléandre;
Son nom au lieu du mien en ce papier souscrit
Ne luy montre que trop le fond de mon esprit.
Sur ma foy touteffois elle le prit sans lire;
Et, si le ciel vengeur contre moy ne conspire,
Elle s'y fie assez pour n'en avoir rien leu.
Entrons, quoy qu'il en soit, d'un esprit résolu;
Dérobons à ses yeux le témoin de mon crime:
Et si pour l'avoir leu sa colére s'anime,
Et qu'elle veuille user d'une juste rigueur,
Nous sçavons les moyens de regagner son cœur.

SCÉNE IV.

DORASTE, LYCANTE.

DORASTE.

Ne sollicite plus mon ame refroidie.
Je méprise Angélique après sa perfidie;
Mon cœur s'est révolté contre ses lasches traits;
Et qui n'a point de foy n'a point pour moy d'at-
[traits.
Veux-tu qu'on me trahisse, et que mon amour dure?
J'ay souffert sa rigueur, mais je hay son parjure,
Et tiens sa trahison indigne à l'avenir
D'occuper aucun lieu dedans mon souvenir.
Qu'Alidor la posséde : il est traistre comme elle;

Jamais pour ce ſujet nous n'aurons de querelle.
Pourrois-je avec raiſon luy vouloir quelque mal
De m'avoir délivré d'un esprit déloyal?
Ma colére l'épargne et n'en veut qu'à Cléandre:
Il verra que ſon pire étoit de ſe méprendre;
Et, ſi je puis jamais trouver ce raviſſeur,
Il me rendra ſoudain et la vie, et ma ſœur.

LYCANTE.

Faites mieux; puisque à peine elle pourroit prétendre [1]
Une fortune égale à celle de Cléandre,
En faveur de ſes biens calmez voſtre courroux,
Et de ſon raviſſeur faites-en ſon époux.
Bien qu'il euſt fait deſſein ſur une autre perſonne,
Faites-luy retenir ce qu'un hazard luy donne;
Je croy que cét hymen pour ſatisfaction
Plaira mieux à Phylis que ſa punition.

DORASTE.

Nous conſultons en vain, ma pourſuite étant vaine.

LYCANTE.

Nous le rencontrerons, n'en ſoyez point en peine;
Où que ſoit ſa retraite, il n'eſt pas toûjours nuit:
Et ce qu'un jour nous cache, un autre le produit.
Mais, dieux! voilà Phylis qu'il a déja renduë.

---

1. Dans toutes les éditions, jusqu'en 1654 inclusivement, la réponse de Lycante commence par les vers suivants, que Corneille a retranchés depuis:

> Écoutez un peu moins voſtre ame généreuſe.
> Que feriez-vous par là qu'une ſœur malheureuſe?
> Les ſoins de ſon honneur que vous devez avoir
> Pour d'autres intéreſts vous doivent émouvoir.
> Après que par hazard Cléandre l'a ravie,
> Elle perdroit l'honneur s'il en perdoit la vie,
> On la croiroit ſon reſte, et, pour la poſſéder,
> Peu d'amans ſur ce bruit ſe voudroient hazarder.

SCÉNE V.

DORASTE, PHYLIS, LYCANTE.

DORASTE.

a sœur, je te retrouve après t'avoir perduë !
Et, de grace, quel lieu me cache le voleur
Qui, pour s'estre mépris a causé ton malheur?
Que son trépas...
PHYLIS.
Tout beau; peut-estre ta colére,
Au lieu de ton rival, en veut à ton beau-frére.
En un mot, tu sçauras qu'en cét enlévement
Mes larmes m'ont acquis Cléandre pour amant;
Son cœur m'est demeuré pour peine de son crime,
Et veut changer un rapt en amour légitime.
Il fait tous ses efforts pour gagner mes parens,
Et, s'il les peut fléchir, quant à moy, je me rens;
Non, à dire le vray, que son objet me tente;
Mais, mon pére content, je dois estre contente.
Tandis, par la fenestre ayant veu ton retour,
Je t'ay voulu sur l'heure apprendre cét amour,
Pour te tirer de peine, et rompre ta colére.
DORASTE.
Crois-tu que cét hymen puisse me satisfaire?
PHYLIS.
Si tu n'és ennemy de mes contentemens,
Ne pren mes interests que dans mes sentimens;
Ne fay point le mauvais, si je ne suis mauvaise,
Et ne condamne rien à moins qu'il me déplaise.
En cette occasion, si tu me veux du bien,
C'est à toy de régler ton esprit sur le mien.
Je respecte mon pére, et le tiens assez sage
Pour ne résoudre rien à mon desavantage;
Si Cléandre le gagne, et m'en peut obtenir,
Je croy de mon devoir...
LYCANTE.
Je l'aperçoy venir,
Résolvez-vous, monsieur, à ce qu'elle desire.

SCÈNE VI.

DORASTE, CLÉANDRE, PHYLIS, LYCANTE.

CLÉANTE.

Si vous n'êtes d'humeur, madame, à vous dédire,
Tout me rit deſormais, j'ay leur conſentement.
Mais excuſez, monſieur, le transport d'un amant;
Et ſouffrez qu'un rival, confus de ſon offenſe,
Pour en perdre le nom entre en voſtre alliance.
Ne me refuſez point un oubly du paſſé;
Et, ſon reſſouvenir à jamais effacé,
Banniſſant toute aigreur, recevez un beau-frére
Que voſtre ſœur accepte après l'aveu d'un pére.

DORASTE.

Quand j'aurois ſur ce point des avis différens,
Je ne puis contredire au choix de mes parens;
Mais, outre leur pouvoir, voſtre ame généreuſe,
Et ce franc procedé qui rend ma ſœur heureuſe,
Vous acquiérent les biens qu'ils vous ont accordez,
Et me font ſouhaiter ce que vous demandez.
Vous m'avez obligé de m'oſter Angélique;
Rien de ce qui la touche à préſent ne me pique:
Je n'y prens plus de part, après ſa trahiſon,
Je l'aimay par malheur, et la hay par raiſon.
Mais la voicy qui vient, de ſon amant ſuivie.

SCÈNE VII.

ALIDOR, ANGÉLIQUE, DORASTE, CLÉANDRE, PHYLIS, LYCANTE.

ALIDOR.

Finiſſez vos mépris, ou m'arrachez la vie.

ANGÉLIQUE.

Ne m'importune plus, infidelle. Ah! ma ſœur!
Comme as-tu pû ſi-toſt tromper ton raviſſeur?

Acte V.

PHYLIS, *à Angélique*.
Il n'en a plus le nom; et son feu légitime,
Authorisé des miens, en efface le crime;
Le hazard me le donne, et, changeant ses desseins,
Il m'a mise en son cœur aussi-bien qu'en ses mains.
Son erreur fut soudain de son amour suivie;
Et je ne l'ay ravy qu'après qu'il m'a ravie.
Jusque-là tes beautez ont possédé ses vœux;
Mais l'amour d'Alidor faisoit taire ses feux.
De peur de l'offenser te cachant son martire,
Il me venoit conter ce qu'il ne t'osoit dire;
Mais nous changeons de sort par cét enlévement:
Tu perds un serviteur, et j'y gagne un amant.

DORASTE *à Phylis*.
Dy-luy qu'elle en perd deux, mais qu'elle s'en console,
Puisqu'avec Alidor je luy rends sa parole.

A Angélique.
Satisfaites sans crainte à vos intentions;
Je ne mets plus d'obstacle à vos affections.
Si vous faussez déja la parole donnée,
Que ne ferez-vous point après nostre hyménée?
Pour moy, mal-aisément on me trompe deux fois:
Vous l'aimez, j'y consens, et luy céde mes droits.

ALIDOR.
Puisque vous me pouvez accepter sans parjure,
Pouvez-vous consentir que vostre rigueur dure?
Vos yeux sont-ils changez? vos feux sont-ils éteints?
Et quand mon amour croist, produit-il vos dédains?
Voulez-vous...

ANGÉLIQUE.
          Déloyal, cesse de me poursuivre,
Si je t'aime jamais, je veux cesser de vivre.
Quel espoir mal conceu te rapproche de moy?
Aurois-je de l'amour pour qui n'a point de foy?

DORASTE.
Quoy! le bannissez-vous parce qu'il vous ressemble?
Cette union d'humeurs vous doit unir ensemble.
Pour ce manque de foy c'est trop le rejetter:
Il ne l'a pratiqué que pour vous imiter.

Angélique.
Cessez de reprocher à mon ame troublée
La faute où la porta son ardeur aveuglée.
Vous seul avez ma foy, vous seul à l'avenir
Pouvez à vostre gré me la faire tenir ;
Si toutesfois, après ce que j'ay pû commettre,
Vous me pouvez haïr jusqu'à me la remettre,
Un cloistre desormais bornera mes desseins;
C'est là que je prendray des mouvemens plus sains;
C'est là que, loin du monde et de sa vaine pompe,
Je n'auray qui tromper, non-plus que qui me trompe.
Alidor.
Mon soucy.
Angélique.
Tes soucis doivent tourner ailleurs.
Phylis, *à Angélique.*
De grace, pren pour luy des sentimens meilleurs.
Doraste, *à Phylis.*
Nous leur nuisons, ma sœur; hors de nostre présence
Elle se porteroit à plus de complaisance ;
L'amour seul, assez fort pour la persuader,
Ne veut point d'autre tiers à les r'accommoder.
Cléandre, *à Doraste.*
Mon amour, ennuyé des yeux de tant de monde,
Adore la raison où vostre avis se fonde.
Adieu, belle Angélique, adieu, c'est justement
Que vostre ravisseur vous céde à vostre amant.
Doraste, *à Angélique.*
Je vous eus par dépit, luy seul il vous mérite;
Ne luy refusez point ma part que je luy quitte.
Phylis.
Si tu t'aimes, ma sœur, fais-en autant que moy,
Et laisse à tes parens à disposer de toy.
Ce sont des jugemens imparfaits que les nostres :
Lè cloistre a ses douceurs; mais le monde en a d'autres,
Qui, pour avoir un peu moins de solidité,
N'accommodent que mieux nostre instabilité.
Je croy qu'un bon dessein dans le cloistre te porte:
Mais un dépit d'amour n'en est pas bien la porte;
Et l'on court grand hazard d'un cuisant repentir

De se voir en prison sans espoir d'en sortir.
   CLÉANDRE, *à Phylis.*
N'acheverez-vous point ?
     PHYLIS.
       J'ay fait, et vous vay suivre.
Adieu. Par mon exemple appren comme il faut vivre,
Et pren pour Alidor un naturel plus doux.
 Cléandre, Doraste, Phylis et Lycante rentrent.
    ANGÉLIQUE.
Rien ne rompra le coup à quoy je me résous :
Je me veux exempter de ce honteux commerce
Où la déloyauté si pleinement s'éxerce ;
Un cloiftre est desormais l'objet de mes desirs.
L'ame ne goufte point ailleurs de vrais plaisirs.
Ma foy qu'avoit Doraste engageoit ma franchise ;
Et je ne voy plus rien, puis qu'il me l'a remise,
Qui me retienne au monde, où m'arrefte en ce lieu :
Cherche une autre à trahir ; et pour jamais, adieu.

SCÉNE VIII.

ALIDOR.

ue par cette retraite elle me favorise !
Alors que mes desseins cédent à mes amours,
Et qu'ils ne sçauroient plus défendre ma
         [franchise,
Sa haine et ses refus viennent à leur secours.
J'avois beau la trahir, une secrette amorce
Rallumoit dans mon cœur l'amour par la pitié ;
Mes feux en recevoient une nouvelle force,
Et toûjours leur ardeur en croiffoit de moitié.
 Ce que cherchoit par là mon ame peu rusée,
De contraires moyens me l'ont fait obtenir ;
Je suis libre à présent qu'elle est desabusée,
Et je ne l'abusois que pour le devenir.
 Impuissant ennemy de mon indifférence,
Je brave, vain amour, ton débile pouvoir :
Ta force ne venoit que de mon espérance,
Et c'est ce qu'aujourd'huy m'ofte son desespoir.

Je cesse d'espérer, et commence de vivre ;
Je vy doresnavant, puisque je vis à moy ;
Et quelques doux assauts qu'un autre objet me livre,
C'est de moy seulement que je prendray la loy.

Beautez, ne pensez point à rallumer ma flame ;
Vos regards ne sçauroient asservir ma raison ;
Et ce sera beaucoup emporté sur mon ame
S'ils me font curieux d'apprendre vostre nom.

Nous feindrons toutesfois, pour nous donner carriére,
Et pour mieux déguiser nous en prendrons un peu ;
Mais nous sçaurons toûjours rebrousser en arriére,
Et, quand il nous plaira, nous retirer du jeu.

Cependant Angélique enfermant dans un cloistre
Ses yeux, dont nous craignions la fatale clarté,
Les murs qui garderont ces tyrans de paroistre
Serviront de remparts à nostre liberté.

Je suis hors de péril qu'après son mariage
Le bonheur d'un jaloux augmente mon ennuy ;
Et ne feray jamais sujet à cette rage
Qui naist de voir son bien entre les mains d'autruy.

Ravy qu'aucun n'en ait ce que j'ay pû prétendre,
Puisqu'elle dit au monde un éternel adieu,
Comme je la donnois sans regret à Cléandre,
Je verray sans regret qu'elle se donne à Dieu.

Fin du cinquiéme et dernier acte.

EXAMEN
DE LA PLACE ROYALLE

Je ne puis dire tant de bien de celle-cy que de la précédente. Les vers en font plus forts; mais il y a manifestement une duplicité d'action. Alidor, dont l'esprit extravagant se trouve incommodé d'un amour qui l'attache trop, veut faire en sorte qu'Angélique sa maîtresse se donne à son amy Cléandre; et c'est pour cela qu'il luy fait rendre une fausse lettre qui le convainc de légéreté, et qu'il joint à cette supposition des mépris assez piquans pour l'obliger dans sa colére à accepter les affections d'un autre. Ce dessein avorte, et la donne à Doraste contre son intention; et cela l'oblige à en faire un nouveau pour la porter à un enlévement. Ces deux desseins, formez ainsi l'un après l'autre, font deux actions, et donnent deux ames au poëme, qui d'ailleurs finit assez mal par un mariage de deux personnes épisodiques, qui ne tiennent que le second rang dans la piéce. Les prémiers acteurs y achévent bizarrement, et tout ce qui les regarde fait languir le cinquiéme acte, où ils ne paroissent plus, à le bien prendre, que comme seconds acteurs. L'épilogue d'Alidor n'a pas la grace de celuy de *la Suivante*, qui, ayant été tres-intéressée dans l'action principale, et demeurant enfin sans amant, n'ose expliquer ses sentimens en la présence de sa maîtresse et de son pére, qui ont tous deux leur conte, et les laisse rentrer pour pester en liberté contre eux et contre sa mauvaise fortune, dont elle se plaint en ellemesme, et fait par là connoistre au spectateur l'assiette de son esprit après un effet si contraire à ses souhaits.

Alidor est sans doute trop bon amy pour estre si

mauvais amant. Puisque fa paffion l'importune tellement qu'il veut bien outrager fa maîtreffe pour s'en défaire, il devroit fe contenter de ce prémier effort, qui la fait obtenir à Doraste, fans s'embaraffer de nouveau pour l'intereft d'un amy, et hazarder en fa confidération un repos qui luy est fi précieux. Cét amour de fon repos n'empefche point qu'au cinquiéme acte il ne fe montre encor paffionné pour cette maîtreffe, malgré la réfolution qu'il avoit prife de s'en défaire, et les trahifons qu'il luy a faites; de forte qu'il femble ne commencer à l'aimer véritablement que quand il luy a donné fujet de le haïr. Cela fait une inégalité de mœurs qui eft vicieufe.

Le caractére d'Angélique fort de la bienféance, en ce qu'elle eft trop amoureufe, et fe réfout trop toft à fe faire enlever par un homme qui luy doit eftre fuspect. Cét enlévement luy reüffit mal; et il a été bon de luy donner un mauvais fuccès, bien qu'il ne foit pas befoin que les grands crimes foient punis dans la tragédie, parce que leur peinture imprime affez d'horreur pour en détourner les spectateurs. Il n'en eft pas de mefme des fautes de cette nature, et elles pourroient engager un esprit jeune et amoureux à les imiter, fi l'on voyoit que ceux qui les commettent vinffent à bout, par ce mauvais moyen, de ce qu'ils defirent.

Malgré cet abus, introduit par la néceffité, et légitimé par l'ufage, de faire dire dans la ruë à nos amantes de comédies ce que vray-femblablement elles diroient dans leur chambre, je n'ay ofé y placer Angélique durant la réfléxion douloureufe qu'elle fait fur la promptitude et l'imprudence de fes reffentimens, qui la font confentir à époufer l'objet de fa haine : j'ay mieux aimé rompre la liaifon des fcénes et l'unité de lieu qui fe trouve affez éxacte en ce poëme, à cela près, afin de la faire foûpirer dans fon cabinet avec plus de bienféance pour elle, et plus de feureté pour l'entretien d'Alidor. Philis, qui le voit fortir de chez elle, en auroit trop veu, fi elle les avoit aperceus tous deux fur le théatre; et, au lieu du foupçon de quelque intelligence renoüée entr eux qui la porte à l'obferver durant le bal, elle auroit eu fujet d'en prendre une entiére certitude, et d'y donner un ordre qui euft rompu tout le nouveau deffein d'Alidor et l'intrique de la piéce. En voilà affez fur celle-cy; je paffe aux deux qui restent dans ce volume [1].

1. Dans l'édition de 1664, puis dans celle de 1682, le premier volume renferme, outre les six pièces contenues dans celui-ci, *Médée* et *l'Illusion comique*.

TABLE DES PIÈCES

CONTENUES

DANS LE TOME PREMIER.

———

	Pages
Avertissement de l'éditeur........................	j
Préface de Corneille (1644).......................	1
Préface de Corneille (1663, 1664, 1682).......	2
Mélite, comédie....................................	7
Clitandre, tragédie................................	91
La Vefve, comédie.................................	173
Vers adressés à Corneille par les poëtes contemporains à l'occasion de cette pièce.......	179
La Galerie du Palais, comédie.................	275
La Suivante, comédie.............................	355
La Place Royalle, comédie......................	431

www.ingramcontent.com/pod-product-compliance
Lightning Source LLC
Chambersburg PA
CBHW071936240426
43669CB00048B/1685